Bernhard P. Wirth

Alles über Menschenkenntnis, Charakterkunde und Körpersprache

Dieses Buch ist meiner Frau Birgit gewidmet,
durch sie ist der Inhalt dieses Buches
in unserem alltäglichen Leben
ganz persönlich lebendig geworden.

Bernhard P. Wirth

Alles über Menschenkenntnis, Charakterkunde und Körpersprache

Von der Kunst, mit Menschen richtig umzugehen

mvgverlag

Bibliografische Information der Deutschen Nationalbibliothek:
Die Deutsche Nationalbibliothek verzeichnet diese Publikation in der Deutschen Nationalbibliografie; detaillierte bibliografische Daten sind im Internet über http://d-nb.de abrufbar.

Für Fragen und Anregungen:
info@mvg-verlag.de

10. Auflage 2015

Nymphenburger Straße 86
D-80636 München
Tel.: 089 651285-0
Fax: 089 652096

Umschlaggestaltung: Atelier Seidel, Teising
Abbildungen: © Bernhard P. Wirth
Satz: Jürgen Echter, Landsberg am Lech
Druck: GGP Media GmbH, Pößneck
Printed in Germany

ISBN Print 978-3-636-06382-3
ISBN E-Book (PDF): 978-3-86415-032-6
ISBN E-Book (EPUB, Mobi): 978-3-86415-251-1

INHALTSVERZEICHNIS

Danke

Es gibt erfüllte Momente im Leben eines Autors, in denen er innehält und er seine eigenen Gedanken zu der Frage hinführt: Wem will ich für meine Bucherfolge (die insgesamt 12 nationalen und internationalen Auflagen dieses Werkes) danken? All den interessierten Lesern dieser eigenwilligen und doch tief menschlichen Thematik, denn nur durch sie ist letztendlich diese neu überarbeitete Auflage möglich geworden.

Auch bei dieser erweiterten Auflage wirkten wieder engagiert mit: Dr. Thomas Conrad mit seinen „nächtlichen" Inspirationen und Annette Scheidacker mit ihrer „taghellen" Verkörperung der Ideen.

Widmung

Dieses Buch ist meiner Frau Birgit gewidmet, durch sie ist der Inhalt dieses Buches in unserem alltäglichen Leben ganz persönlich lebendig geworden.

Einleitung

Körpersprache und Charakterkunde oder Warum Sie dieses Buch lesen und durcharbeiten sollten

„Man kann einen Menschen nichts lehren. Man kann ihm nur helfen, es in sich selbst zu entdecken."

(Galileo Galilei)

Diese Grunderfahrung hat wohl jeder von uns irgendwann in seinem bisherigen Leben gemacht: Es verläuft vielerorts anders, als der Einzelne es erwartet hat, sei es in der Partnerschaft, im Berufsalltag oder im persönlichen Bereich. Und das sowohl im positiven, erfreulichen als auch im negativen, schmerzlichen Sinne. Unser Leben kann sich urplötzlich problemlos gestalten, obwohl wir eigentlich mit Konflikten fest gerechnet haben. Unerwartete Schwierigkeiten zeigen sich genau da, wo wir sie am wenigsten vermutet hätten. Hoffnungen zerschlagen sich, für unwahrscheinlich gehaltene Wendungen zum Guten in einer schier ausweglosen Situation treten auf einmal ein. Jeder hat das schon erlebt und auf den ersten Blick scheint es, als wäre das ganz normal und man brauchte sich bei diesen Feststellungen nicht lange aufzuhalten: Unser Leben ist eben so!

Das sieht dann schon etwas anders aus, wenn wir uns fragen, woran es denn liegt, dass „unser Leben eben so ist", dass sich Erfolg und Misserfolg die Hand reichen, dass auf erfüllte Erwartungen Enttäuschungen folgen, dass womöglich nach Jahren einer glücklichen Partnerschaft der eine wortlos geht?

Anders gesagt: In unserem Leben gibt es Momente, in denen wir spüren, wie plötzlich alles, was uns sicher erschien, zu wanken und zu schwanken beginnt und Lebenssituationen, die wir fest im Griff hatten, zerbröckeln.

Hier angekommen, neigen wir schnell dazu, die äußeren Umstände, unsere Mitmenschen oder ein unbegreifliches Schicksal für das Auf und Ab in unserem Leben verantwortlich zu machen. Es gibt Situationen, in denen wir manchmal sogar unfähig sind, unser Glück zu begreifen, und es lediglich als Geschenk betrachten.

Bestimmt erinnern Sie sich: Auf seiner einsamen Insel bekam Robinson Crusoe von dem Zeitpunkt an, als Freitag auftauchte, eigentlich erst seine wirklichen Probleme. Sicher wissen Sie auch noch, dass Robinson mit Schuldzuweisungen rasch bei der Hand war und die Schwierigkeiten im Zusammenleben mit Freitag ausschließlich bei diesem suchte! Damit tat unser Schiffbrüchiger nichts anderes als wir oft heute: An vielen Orten unseres Lebens betrachten wir uns nicht als „Spieler“, sondern als „Spielball“ in einem „Spiel“, das hauptsächlich durch unsere zwischenmenschlichen Beziehungen geprägt wird. In der geschilderten Situation können wir jede Verantwortung für die Gestaltung dieser Beziehungen von uns weisen oder uns zumindest mit der Überlegung beruhigen, dass es ja schließlich immer die anderen sind, die …

Wirklich???

Sind es immer die anderen, denen ich Erfolg oder Misserfolg anlasten kann? Sind es tatsächlich nur die anderen, die für eigene Enttäuschungen in die Pflicht zu nehmen sind? Lag es wirklich nur am anderen, dass Gefühle verstummen?

Wir alle kennen die Situation, in der wir uns darüber beschweren, dass andere nicht hinhören, wenn wir etwas sagen. Vielleicht haben Sie es auch schon einmal im Berufsalltag erlebt, dass Sie der Meinung waren, mit diesem Kollegen einfach „nicht zu können“, weil Sie beim besten Willen „den Draht“ zu ihm nicht finden konnten. Jedenfalls war das Ihre Meinung. Und so oder so hat vielleicht der eine oder andere die folgende Geschichte schon selber erlebt: Die bisherigen Nachbarn sind plötzlich ausgezogen. Sie haben sich gut mit ihnen verstanden. Waren sie im Urlaub, gossen Sie ihre Blumen, waren Sie für längere Zeit abwesend, haben sie Ihre Katze gefüttert.

In der leer stehenden Wohnung gegenüber tat sich zunächst nichts, bis plötzlich ein neues Namensschild an der Tür hing. Hier musste also jemand in aller Stille eingezogen sein, jedenfalls haben Sie nichts bemerkt und begannen, neugierig zu werden. Endlich begegnen Sie einem jungen Mann und irgendwie wirkt er auf Sie verschlossen und wenig mitteilsam. Ihre Gespräche beschränken sich aufs Wetter oder den Austausch unverbindlicher Höflichkeiten. Mit der Zeit gibt Ihnen das Rätsel auf und Sie beginnen ihm womöglich Unnahbarkeit, ein ungeselliges Wesen oder Kontaktschwierigkeiten zu unterstellen. Es wird nicht mehr lange dauern und Sie kommen zu der Überzeugung:

„Der“

ist aber komisch. Damit haben Sie eigentlich alles getan, um den Aufbau einer vernünftigen zwischenmenschlichen Beziehungen von vornherein abzublocken. Von nun an werden Sie mit Ihrem Nachbarn nicht so umgehen, wie er wirklich ist, sondern schieben zwischen sich und ihn immer das Bild, das Sie sich von ihm im Laufe der Zeit gemacht haben.

Bislang freuten Sie sich auf morgendliche Begegnungen und tolerierten es, wenn die Arbeiten gemäß der Hausordnung erst drei Tage später gemacht wurde. Man sprach über das Tagesgeschehen, die Wichtigtuerei des Hausmeisters und lachte ihn gemeinsam heimlich aus. Sie fühlten sich wohl in Ihrem Haus. Und jetzt: Sie lauschen auf jedes Geräusch aus der

Wohnung gegenüber, lassen Ihre Schuhe nicht mehr wie gewohnt vor der Wohnungstür stehen und haben angesichts Ihres bevorstehenden Urlaubs ein Problem mit der Katze. Sie hören sich oft selber sagen, dass früher alles anders war, fühlen sich aber keinesfalls „schuldig“ und suchen die Ursachen für Ihr Unwohlsein beim Nachbarn. Sie glauben, ihn beurteilen zu können, schließlich haben Sie ja Menschenkenntnis.

Mit dieser Behauptung stehen Sie nicht allein. Menschenkenntnis – wer behauptet wohl nicht, sie zu haben. Schließlich ist das eine einfache Kunst, das haben Sie vielleicht schon mal bei dem berühmten Philosophen und Mathematiker Georg Christoph Lichtenberg (1742–1799) gelesen und der musste es wissen. Man sagt ihm nach, mit beiden Beinen im Leben gestanden zu haben.

Nun kann es sein, dass Sie dabei einen kleinen Nebensatz überlesen haben. Lichtenberg sagt sinngemäß nämlich auch, dass Selbsterkenntnis die Voraussetzung von Menschenkenntnis sei. Für den berühmten Zeitgenossen und Berufskollegen Lichtenbergs Immanuel Kant (1724–1804) ist wahre Philosophie übrigens nichts anderes als praktische Menschenkenntnis.

Die Frage nach dem eigenen Ich ist eine der ältesten Fragen der Menschheit und sie wurde in den unterschiedlichsten Versionen gestellt. Heute lautet sie: „Wer bin ich wirklich?“ Sie ist die vielleicht zentralste aller Fragen. Von ihrer Beantwortung hängt es für mich ab, ob ich mich im Spannungsfeld der zwischenmenschlichen Beziehungen als „Spieler“ oder „Ball“ bewege.

Wenn Sie sich bemühen, den manchmal verborgenen Sinn und Nutzen Ihres eigenen Verhaltens, die Symbolik Ihres Körpers, die Mimik und Gestik Ihrer Bewegungen, Ihre Sprache und Ihre seelische Befindlichkeit zu verstehen, wenn Sie erkannt haben, wer Sie selber sind, und das für sich anerkennen, werden Sie dieses Verständnis auch zum Maßstab im Umgang mit Ihren Mitmenschen machen und sie akzeptieren.

Wenn Sie wissen, wie andere ihre Welt erleben, wie sie von dieser Welt wahrgenommen werden und sich in ihr einrichten, werden Sie andere besser verstehen und mit ihnen umgehen können. Voraussetzung hierfür ist, dass Sie mit sich selbst besser auskommen.

Dahinter verbirgt sich wieder die Frage: „Wer bin ich wirklich?" Niemand kann diese Frage für Sie beantworten, das müssen Sie selber TUN! Kein Arzt der Welt wird es schaffen, Ihnen von heute auf morgen z. B. das Rauchen abzugewöhnen. Den notwendigen Willen hierfür müssen Sie selber aufbringen, ein Mediziner oder Therapeut kann Ihnen dabei nur hilfreich zur Seite stehen. So versteht sich auch das vorliegende Buch, das Sie gerade in Händen halten und zu lesen begonnen haben:

Sie

sind sein eigentliches Thema und es will Ihr lebenslanger Begleiter immer dann sein, wenn Sie Antworten auf diese Fragen suchen. Wenn Sie an sich erkannt haben, dass Sie rasch für neue Herausforderungen zu begeistern sind, weil Sie ein sanguinischer Typ sind und sich bislang über einen Mitmenschen wunderten, der diese Begeisterung mit Ihnen nicht teilen konnte und Problemen mit Grübeleien und Pessimismus begegnete, werden Sie das in Zukunft vielleicht anders sehen. Ihrer Verwunderung oder gar Ablehnung steht nun die Einsicht gegenüber, dass die Welt nicht nur aus Sanguinikern, sondern auch aus Melancholikern besteht.

Diese Einteilung – sie kennt neben diesen zwei Typen noch den Choleriker und Phlegmatiker – stellt keine willkürliche Erfindung dar. Sie ist über 2400 Jahre alt und geht auf den griechischen Arzt Hippokrates (um 460 – um 377 v. Chr.) zurück. Seine Lehre von den vier Temperamenten stellt den vier Grundelementen Luft, Wasser, Feuer und Erde vier menschliche Temperamente gegenüber, die in Folge unterschiedlicher Mischung verschiedener Körpersäfte zustande kommen sollen.

Aristoteles (384–322 v. Chr.) übernahm diese Auffassung, meinte aber, dass der Beschaffenheit des Blutes eine besondere Bedeutung bei der Ausbildung des menschlichen Charakters zukommt. So beschrieb er dann den Sanguiniker als Leichtblütigen, den Choleriker als Heißblütigen, den Phlegmatiker als Kaltblütigen und den Melancholiker als Schwerblütigen. In der Antike wird später diese Lehre nochmals bei Galen (129–199 n. Chr.) eine Rolle spielen.

Sicherlich wird heute die Behauptung des kausalen Zusammenhangs zwischen bestimmten „Körpersäften" und jeweiligen menschlichen Charakteren niemand mehr teilen wollen. Geblieben ist aber die dieser Auffassung zugrunde liegende Idee, wonach das Temperament, der Charakter eines Menschen und seine Körperlichkeit in einem Zusammenhang stehen.

Die Lehre von den Körpersäften der Griechen unterliegt einer Analogie, einer Entsprechung. Blut z. B. stand als Symbol des Lebens und der Lebenskraft. Sanguinisch bedeutet „aus Blut bestehend, lebensvoll". Diese Lebensfülle beinhaltet Heiterkeit, Optimismus, ein gesundes Selbstwertgefühl sowie eine unkomplizierte Lebensphilosophie. Was steht dem entgegen, auch heute noch Menschen, an denen man vorwiegend diese Eigenschaften bemerkt und deren Auswirkungen auf ihr Denken und Handeln erfahren kann, als Sanguiniker zu bezeichnen?

Wichtige Anregungen verdanke ich der Typenlehre des Tübinger Psychiaters Ernst Kretschmer (1888–1964). Ich teile seine Grundauffassung, dass das äußere Erscheinungsbild eines Menschen mit seinen individuellen Eigenschaften zusammenhängt bzw. dass sich der Charakter eines Menschen durchaus auch in seinem äußeren Erscheinungsbild widerspiegelt. Ich habe immer versucht, diese Erkenntnis in meinem Verständnis von Menschenkenntnis anzuwenden.

Ich will zwar nicht behaupten, dass z. B. die „Stupsnase“ zwangsläufig einen gesunden Menschenverstand nach sich ziehen muss. Vielmehr machte ich in meinem bisherigen Leben und hier insbesondere über meine Tätigkeit als Trainer die Erfahrung, dass ich für Menschen mit einer Vielzahl gemeinsamer Eigenschaften auch grundlegende gemeinsame Merkmale in ihrem äußeren Erscheinungsbild konstatieren konnte. Von hier aus unternahm ich dann den Schritt, vom Erscheinungsbild auf den Charakter zu schließen, um dann feststellen zu können, dass in der Tat Charakterzüge dem äußeren Bild eines Menschen entsprechen. Diese Beobachtung machte ich an Menschen in den unterschiedlichsten Lebenssituationen: neben Variationen in ihrem charakterlichen Verhalten konnte ich immer eine Reihe wiederkehrender, beständiger oder überwiegender Eigenschaften feststellen.

In diesem Zusammenhang möchte ich Sie auf den Schweizer Psychologen Carl Gustav Jung (1875–1961) aufmerksam machen. Die im heutigen Sprachgebrauch und auch in meinem Buch häufig anzutreffenden Formulierungen vom Introvertierten und Extrovertierten gehen auf seine Forschungen zurück, in deren Ergebnis er diese beiden gegensätzlichen Menschentypen herausstellte. Nun war Jung weit davon entfernt zu behaupten, dass Menschen entweder ausschließlich extrovertiert oder introvertiert seien. Jeder Mensch hat Elemente von beidem in sich. Erst das Überwiegen des einen „Mechanismus“ über den anderen macht den jeweiligen Typ aus.

Diesem Gedanken unterliegt die Anerkennung des Gesetzes der Polarität, welches in meinem Buch mehrfach herausgestellt und angewandt wird. Aus diesem Blickwinkel heraus gilt für mich hinsichtlich der Feststellung einer menschlichen Charaktereigenschaft immer das gleichzeitige Mitdenken ihres Gegenteils. Angesichts unterschiedlicher Lebenssituationen kann ich für einen Menschen nicht behaupten, dass er ausschließlich ehrlich und offen ist. Auch der vermeintlich offenherzigste Charakter kann einmal verschlossen sein. Das will ich nie aus den Augen verlieren, wenn ich von jemandem behaupte, er habe einen aufrichtigen Charakter. Auch hier überwiegt eine Eigenschaft eine andere und bedingt so einen Grundcharakter.

Die Anregungen, Hinweise und Mitteilungen zum Thema Menschenkenntnis, die ich bisher erfahren und annehmen konnte, sind so vielfältig, dass ich sie hier im Einzelnen nicht nennen kann. Im Zusammenhang mit meinen Ausführungen zur Grafologie will ich jedoch darauf verweisen, dass deren Feststellungen nicht von ungefähr kommen. Grafologie ist eine Methode der angewandten Psychologie und als solche habe ich sie in meinem Buch unter Berücksichtigung eigener Erfahrungen zum Tragen kommen lassen. Hierbei galt für mich immer bindend, was bereits vor über 200 Jahren sinngemäß Johann Kaspar Lavater (1741–1801) meinte, als er schrieb, dass sich nicht der ganze Charakter und nicht alle Charaktere, aber von manchen Charakteren viel und von einigen wenig aus der bloßen Handschrift erkennen lässt.

Das Thema Körpersprache hat heute einen großen Stellenwert und verfügt demgemäß über eine Vielzahl von Literatur, die zum Teil im Quellenverzeichnis zu diesem Buch wiederzufinden ist. Dass ich das gesamte Instrumentarium der Möglichkeiten körpersprachlicher Äußerungen nicht erfassen konnte, versteht sich von selbst. Vielmehr war ich bemüht, Ihnen Grundarten menschlicher Gestik und Mimik vorzustellen, deren analoge Deutung ich zum großen Teil einer Vielzahl von Begegnungen mit anderen Menschen verdanke. Dabei war es für mich wichtig, Körpersprache nicht nur als Ausdruck momentaner Situationsbewältigung darzustellen, sondern nonverbale Signale auch als Widerspiegelung grundlegender menschlicher Eigenschaften zu verstehen.

KAPITEL 1

Unser Gehirn und unser Denken

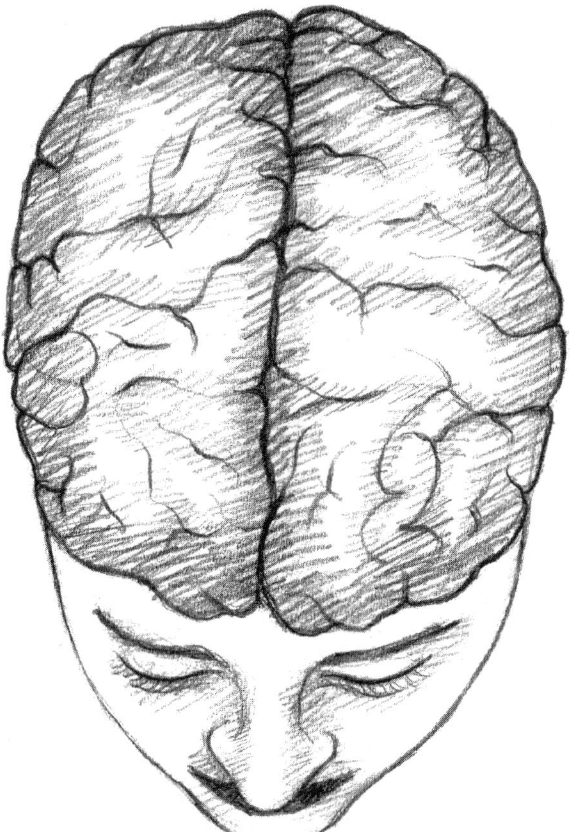

Assoziation und Dissoziation

Die Wörter Assoziation wie Dissoziation haben ihren Ursprung im Lateinischen. Hier bedeutet „associare" beigesellen, vereinigen und verbinden. „Dissociatio" hingegen steht für Trennung.

Heute tritt uns das Wort Assoziation auf den unterschiedlichsten Wissensgebieten entgegen: In der Biologie z. B. bezeichnet man mit Assoziation eine Gruppe von Pflanzen, die sich aus verschiedenen, charakteristischen Arten zusammensetzt.

Die Chemie spricht von Assoziation, wenn sie die Vereinigung mehrerer gleichartiger Moleküle zu einem Molekülkomplex betrachtet.

Die moderne Psychologie gebraucht dieses Wort, um zu verdeutlichen, dass eine gedankliche Vorstellung mit etwas verknüpft wird. Das klingt sehr sachlich und will zum Ausdruck bringen, *wie* ich etwas sehe, etwas wahrnehme.

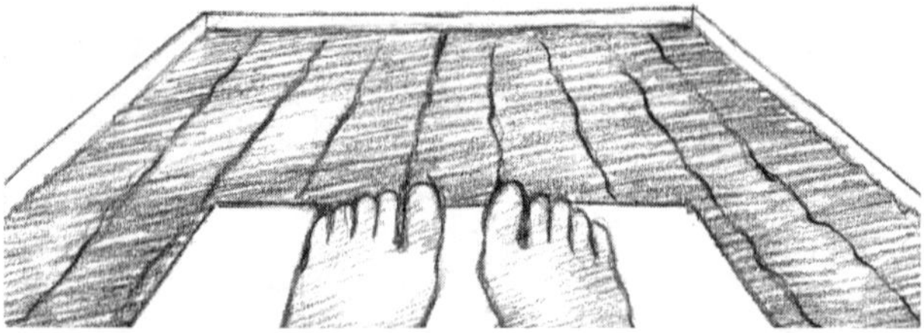

Anders formuliert: Wenn Sie Erlebnisse aus der Vergangenheit vor Ihr „geistiges Auge" führen, mit allen Ihren Sinnen „nacherleben" oder Ereignisse der Gegenwart auf sich einwirken lassen, als wären Sie mit ihnen „verschmolzen", dann sind Sie assoziiert. Zwischen Ihnen und dem Ereignis besteht dann eine unmittelbare gefühlsmäßige Beziehung.

Erfahren Sie ein Ereignis aus der Vergangenheit – Ihren ersten Schultag, Ihren Eintritt ins Berufsleben, Ihre Hochzeit, die Geburt Ihres Kindes, Ihr erster Sprung vom Sprungbrett – nochmals so, als wären Sie „voll dabei“, freuen sich nochmals auf die Süßigkeiten in der Zuckertüte, spüren wieder den Schweiß auf der Stirn, als Sie sich in einer sehr angespannten Situation befanden, oder Ihre innere Erregung, als Sie das Sprungbrett betraten, dann sind Sie assoziiert.

Sehe ich die Gegenwart nicht als objektiver Betrachter, sondern begebe mich sozusagen mit allen meinen Sinnen in eine gegenwärtige Situation hinein, beteilige mich mit meinen Gefühlen und Emotionen an dieser Gegenwart und ergreife Partei, was bei einem Streit mit einem Mitmenschen schnell der Fall sein kann, bin ich assoziiert.

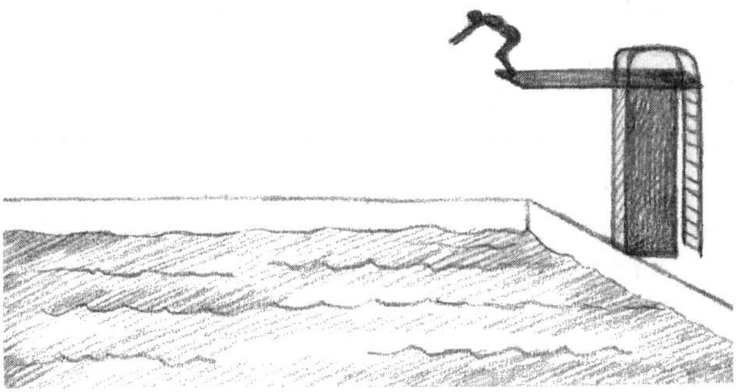

Nun besteht auch die Möglichkeit, Ereignisse aus Vergangenheit und Gegenwart auf „neutralem Boden“ wahrzunehmen. Was heißt das? Wir nehmen ein Beispiel: Sie erzählen, dass Sie damals weiche Knie bekommen haben, als Sie auf dem Sprungbrett gestanden haben. Können Sie das so berichten, ohne das dazugehörige Körperempfinden zu verspüren, sind Sie **dissoziiert**.

Sie erzählen distanziert von Ihren Gefühlen angesichts dieses oder jenes Ereignisses, ohne sofort Schweißperlen oder das bekannte Kribbeln unter der Haut zu bekommen. Wenn Sie im Zustand der Dissoziation ein Gefühl haben, dann in der Regel das, „daneben zu stehen, ohne dabei zu sein".

Der assoziierte und dissoziierte Wahrnehmungszustand haben, gewollt oder ungewollt, Einzug in unsere Alltagssprache gefunden.

assoziiert: „Herr Meyer ist ein tüchtiger Mitarbeiter."
dissoziiert: „Man hat mir berichtet, dass Herr Meyer ein tüchtiger Mitarbeiter ist."
assoziiert: „Du gehst mir mit Deiner Fragerei auf die Nerven!"
dissoziiert: „Manche Mitmenschen können einem gewaltig auf die Nerven gehen."
assoziiert: „Ich war ein guter Schüler."
dissoziiert: „Aus meinen Beurteilungen ging immer hervor, dass ich ein guter Schüler gewesen bin."
assoziiert: „Ich kann an meinem Verhalten nichts Schlechtes finden."
dissoziiert: „Andere fanden mein Verhalten gut."
assoziiert: „Ich kann meine damaligen Gefühle nicht aussprechen!"
dissoziiert: „Ich kann heute über das, was damals in mir vorgegangen ist, sprechen, ohne gleich rot zu werden."
assoziiert: „Sie sind Melancholiker und Sie Choleriker!"
dissoziiert: „Es gibt Melancholiker und Choleriker!"

Melancholiker und Choleriker sind unterschiedliche Charaktertypen. Sie werden sie im Laufe dieses Buches noch näher kennenlernen.

Spätestens hier wird Ihnen noch einmal deutlich, warum für mich diese Unterscheidung von Assoziation und Dissoziation so wichtig ist. Durch meine über 20-jährige Trainertätigkeit festigte sich in mir die Überzeugung, dass Menschenkenntnis, Charakterkunde und Körpersprache sowohl dissoziiert als auch assoziiert vermittelt und aufgenommen werden müssen. Deshalb werde ich in manchen Kapiteln eine dissoziierte, in anderen eine assoziierte Herangehensweise benutzen. Nur so kann der Leser mit der nötigen Aufrichtigkeit seinen wahren Charakter erkennen.

Aus dem Puzzle von Körpertypen und -formen und ihrer jeweiligen Bedeutung ergibt sich die Individualität des einzelnen Menschen. Schubladendenken ist hier nicht gefragt.

Die Selbst-erfüllende-Prophezeiungs-Person

Wir alle kennen den oft daher gesagten Satz „Ich stelle mir vor, dass ich ein … bin oder etwas … ist“.

Sie stellen sich vor, Millionär zu sein, und doch ist der damit verbundene Reichtum nur in Ihrer Vorstellung und nicht wirklich vorhanden. Man nennt das eine Imagination. Sie kennen sie auch als Fantasie. Wenn Sie fantasieren, stellen Sie sich etwas vor, bildlich, anschaulich. Sie denken sich etwas aus. Das gilt auch für die Selbst-erfüllende-Prophezeiungs-Person, kurz: SEPP.

Stellen Sie sich bitte den SEPP als kleines Männchen in unserem Gehirn vor. Diese Vorstellung wird sich als hilfreich erweisen, die komplizierten und vielschichtigen Prozesse, die in unserem Gehirn ablaufen, besser zu verstehen. Führen Sie sich vor Augen, dass unser SEPP im Gehirn bestimmte und wichtige Aufgaben zu erledigen hat.

Der amerikanische Psychologe P. G. Zimbardo schrieb einmal in seiner „Psychologie“:

> „Die Wahrnehmung ist der Schlüssel, der uns die Türen zu der Welt um uns herum öffnet.“

Damit wird die Bedeutung unseres SEPP nur unterstrichen. Er nimmt alle Sinneswahrnehmungen auf und ordnet sie sozusagen als Bilder im Gehirn ein. In einem meiner früheren Bücher habe ich das immer mit jenen Bildern verglichen, die wir selbst in Fotoalben einkleben. Diese werden dann in Regalen abgelegt und tragen die unterschiedlichsten Überschriften, damit sie vom SEPP leichter wiedergefunden werden: „Hochzeit“, „Unser Kind“ oder „Urlaub Griechenland, 1995“.

Mit jeder neuen Wahrnehmung erhält unser SEPP Arbeit. Zum einen sortiert er neue Bilder ein, zum anderen greift er auf bereits vorhandene und abgelegte Bilder zurück. Beides ist ungemein wichtig, damit Sie Ihre Bilder denken und aussprechen können. Wie Sie Ihre Bilder denken und was und wie Sie kommunizieren, hängt auch von den „Eigenarten“ Ihres SEPP ab.

So ist er z. B. glücklich (Happy-SEPP), wenn er es mit der Verwaltung Ihrer Bilder, deren Ein- und Aussortieren einmal nicht ganz so genau nehmen muss oder auf bekannte Bilder zurückgreifen kann.

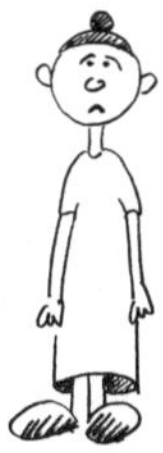

Unglücklich, traurig hingegen (Sad-SEPP) tritt er Ihnen dann entgegen, wenn Sie ihn mit Befehlen wie „100%“, „exakt“ oder „vollkommen“ traktieren. Superlative jedweder Art sind ihm ein Gräuel.

Bei Sinneswahrnehmungen, zu denen Ihr SEPP eine Vielzahl von Bildern aus seinen Lieblingsalben holen kann, läuft er zu Höchstform auf (Hyperaktiv-SEPP) und Sie können diese Bilder gar nicht so schnell denken und sprechen, wie er sie hervorholt.

Häufig ist eine geniale Idee nur eine richtige Idee zur richtigen Zeit am richtigen Ort. Verantwortlich hierfür ist Ihr Super-SEPP.

Hervorgeholt werden können aber auch Bilder, mit denen Sie gerade jetzt am wenigsten anfangen können oder die Sie in die falsche Richtung lenken. Die Folge sind Missverständnisse im Umgang mit anderen. Sie können sich sicher sein: Hier hat sich Ihr SEPP als Super-DEPP eingebracht.

Sinneswahrnehmungen, die Neues und Unbekanntes mit sich bringen, lösen bei Ihrem SEPP eine Aktivität der besonderen Art aus: einen durchaus aktiven Eigensinn. SEPP wird zum Stur-SEPP.

Ganz offensichtlich hat unser SEPP einen ganztägigen Full-Time-Job. Zum Schlafen (Schlaf-SEPP) kommt er kaum, auch nachts nicht. Sie träumen und ohne zu träumen kann kein Mensch überleben.

Im Verlauf unseres Lebens also legt unser SEPP alle Erfahrungen und Wahrnehmungen in Form von Bildern in unserem Gehirn ab. Mit diesen Bildern können sich die unterschiedlichsten Sinnes- und Gefühlseindrücke verbinden.

Ihre Intensität sowie positive als auch negative Färbung stehen in Abhängigkeit von den Umständen, Situationen und Zusammenhängen, unter denen sie entstanden und von Ihnen aufgenommen worden sind.

Die beiden Hirnhälften – Ratio und Irratio

Das menschliche Gehirn ist das komplexeste Gebilde im Universum, das wir derzeit kennen. Es ist die Steuerzentrale für unsere Vitalfunktionen – Hunger, Durst, Schlaf und Sexualität –, hier werden die vielen, vielen Signale buchstabiert und entziffert, die vom Körper und von der Außenwelt kommen.

Wir könnten weder ein- noch ausatmen, gäbe es das Gehirn nicht. Hier kommunizieren ca. 100 Milliarden Nervenzellen miteinander, ununterbrochen tauschen sie biochemische Signale aus. Miteinander verbunden sind sie durch die kaum vorstellbare Anzahl von 100 Billionen sogenannten Synapsen (Umschaltstellen zwischen Nervenfortsätzen, an denen Reize weitergeleitet werden). Die rein rechnerische Möglichkeit von „Umschaltungen" übersteigt die Gesamtzahl aller Atome im uns derzeit bekannten Universum!

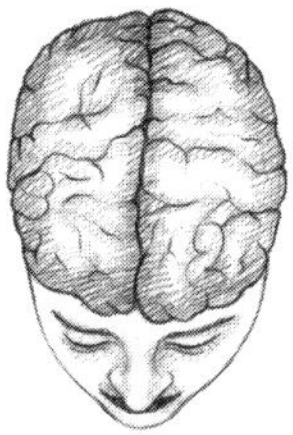

Über das Blut wird das Gehirn mit Sauerstoff und Glukose versorgt, um seinen beachtlichen Energieverbrauch zu garantieren. Dieses elfenbeinfarbene Gebilde wiegt ca. 1300 Gramm, besteht hauptsächlich aus Eiweiß und hat auf Grund seiner Fülle an Geheimnissen den Menschen schon vor langen Zeiten in seinen Bann gezogen.

Dem derzeitigen Stand der Dinge nach zu urteilen, waren es die alten Ägypter, die als Erste das Gehirn mit einem eigenen Wort bedachten.

Es ist einem Zufall zu verdanken, dass ein Amerikaner am Ende des 19. Jahrhunderts eine Papyrusrolle erstand, die sich dann bei späterer Übersetzung als medizinisches Schriftstück erwies. Inzwischen vermutet man, dass das Original dieses Textes 3000 Jahre v. Chr. niedergeschrieben wurde. Neben einer Vielzahl von Erläuterungen zu Kopf- und Halsverletzungen enthält dieses Dokument u. a. äußerst anschauliche Beschreibungen von anatomischen Einzelheiten, die uns heute als Gehirnfurchen und -windungen geläufig sind.

Trotz ihrer hervorragenden medizinischen Kenntnisse räumten die Ägypter in ihrer Gesamtschau auf den menschlichen Körper dem Gehirn nur einen geringen Stellenwert ein. Aus heutiger Sicht ist das nur allzu verständlich: Medizin trat noch im Verbund mit religiösen, philosophischen und mystischen Überlegungen auf und das Herz stand im Mittelpunkt der Überlegungen.

Ähnlich dachte wohl auch der Grieche Homer. Wenngleich seine historische Existenz nicht belegt ist, wird die Entstehung der Epen „Ilias“ und „Odyssee“ auf das 8. Jahrhundert v. Chr. datiert. Hier wird erzählt, dass das Herz der Sitz von Intelligenz und Gefühl ist.

Anderer Auffassung waren die Schüler des Pythagoras (um 570 – 496 v. Chr.). Für sie stand fest, dass das Gehirn Sitz der menschlichen Seele und ein Werkzeug des Verstandes sei.

Der wohl bekannteste Arzt der Antike war Hippokrates von Kos (um 460 bis um 377 v. Chr.). Seine Schriften wurden im Jahre 1525 in Rom unter dem Titel „Corpus Hippocraticum“ (hippokratische Schriften) veröffentlicht. Es ist schon erstaunlich, hier lesen zu können, dass rechtsseitige Hirnverletzungen zu motorischen Störungen in der linken Körperhälfte und umgekehrt führen. Weiterhin überliefern uns diese Schriften erste Kenntnisse über den Zusammenhang von „Hirntätigkeit“ und einer Krankheit, die zu schweren Verkrampfungen des Körpers führt und heute als Epilepsie bekannt ist.

Der große Aristoteles (384–322 v. Chr.) wiederum verlieh erneut dem Herzen eine Vorrangstellung im menschlichen Körper. In seinem Verständnis war es der Sitz der Empfindungen, Leidenschaften und des Verstandes. Solange man sich dem Hirn nur über die Betrachtung näherte, war Aristoteles nicht zu widerlegen.

Erst der römische Arzt Galenos (Galen; um 131–201) führte Experimente durch und kam schließlich zu der Einsicht, dass die geistige Tätigkeit ihren Ursprung in der Gehirnsubstanz selbst hat. Von Interesse sind die von Galenos unternommenen Versuche, die unterschiedlichsten Hirnfunktionen zu lokalisieren.

Das menschliche Gehirn wurde nun nicht mehr als unterschiedslose, einheitliche Masse verstanden, obwohl Galen bestimmte Gehirnhälften noch nicht unterschied.

Genauere Konturen nehmen diese Überlegungen dann bei Nemesius an (um 400; Bischof von Emesa und einer unserer Kirchenväter).

In seinem Werk „Über die Natur des Menschen" werden speziellen Gehirnregionen spezielle Funktionen zugewiesen. Nemesius kannte drei Gehirnkammern. Das Vorstellungsvermögen siedelte er in der vorderen, die Vernunft in der mittleren und das Gedächtnis in der hinteren an.

An dieser Stelle machen wir in der Geschichte einen großen Schritt nach vorn, um in die zweite Hälfte des 19. Jahrhunderts zu gelangen, genauer, in das Jahr 1836.

In Montpellier in Frankreich fand eine Ärztetagung statt, auf der der unbekannte Landarzt Marc Dax einen Vortrag zu einem Thema hielt, das so neu eigentlich nicht war. Monsieur Dax sprach über den Zusammenhang zwischen Hirnschädigungen und dem Verlust oder der Beeinträchtigung des Sprachvermögens. Allerdings fiel unserem Landarzt auf, dass ganz offensichtlich ein Zusammenhang zwischen dem Verlust der Sprache und Schädigungen der linken Hälfte (Hemisphäre) des Gehirns besteht. Er schlussfolgerte, dass jede Gehirnhälfte unterschiedliche psychische Funktionen beherbergt und kontrolliert. Wir gehen inzwischen davon aus, dass die linke Hirnhälfte die rechte Körperseite und die rechte Hirnhälfte die linke Körperseite steuert. Das gilt gleichermaßen für Rechts- wie für Linkshänder.

Logisches Denken
Sachinformationen
Zahlen
Daten
Fakten
Vernunft

Emotionen
Bilder
Empfindungen
Instinkt
Ahnungen
Innere Stimme

Man schenkte seinen Ausführungen nur wenig Interesse. Marc Dax geriet in Vergessenheit. Heute sind Untersuchungen zu den Funktionen der linken und rechten Gehirnhälfte wieder brandaktuell.

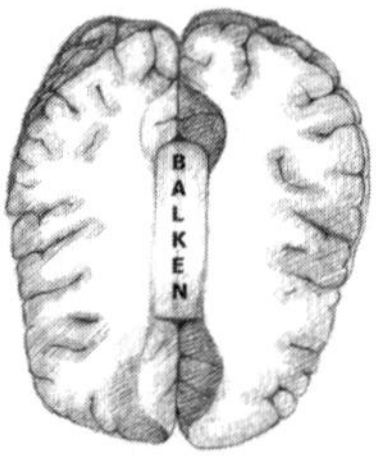

Führend im Umfeld dieser Forschungen war der am California Institute of Technology tätige Arzt Roger Sperry (Nobelpreis für Medizin 1981). Eigentlich beschäftigte sich Sperry mit Problemen der Epilepsie. In schweren Fällen der auch als Fallsucht bekannten Krankheit entschied man sich in den 50er- und 60er-Jahren des vergangenen Jahrhunderts zu einer radikalen Methode. Man durchtrennte die Hauptverbindung zwischen linker und rechter Hirnhälfte, den Balken (Corpus callosum), operativ. Spezielle medizinische Schlussfolgerungen beschäftigen uns hier weniger.

Aufschlussreich sind jedoch einige Gedanken Sperrys, die Bedeutung für unseren Gegenstand haben:

> „Jede Gehirnhälfte … besitzt ihre … eigenen Empfindungen, Wahrnehmungen, Gedanken und Vorstellungen, die alle von den entsprechenden Erfahrungen in der gegenüberliegenden Hemisphäre abgeschnitten sind … Jede getrennte Gehirnhälfte scheint in vieler Hinsicht einen ‚eigenen Geist' zu haben."

Wie sind diese Gedanken zu deuten? Es handelt sich ganz offensichtlich darum, dass die jeweiligen Gehirnhälften für verschiedene Denkvorgänge zuständig sind. Eine Vielzahl von wissenschaftlichen Experimenten bestätigte diese Ansicht.

links

Digitales Denken:
Sprechen,
Wissenschaft, Mathematik,
Schreiben, Lesen,
logisches Denken,
Organisation,
Details, Analyse,
Gedächtnis für Wörter
und Sprachen

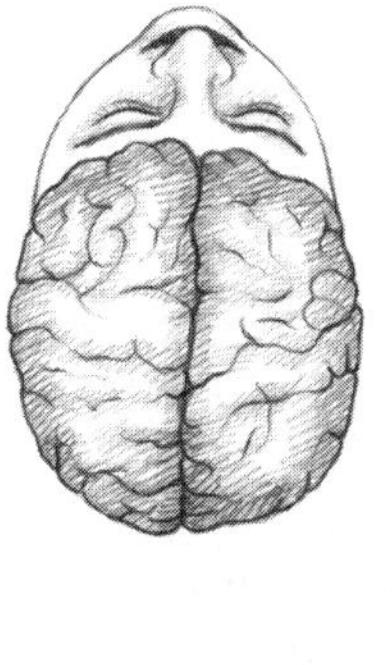

rechts

Analoges Denken:
Denken in Bildern,
Wahrnehmung,
ganzheitliche Erfahrung,
Kunst, Musik, Tanz,
Kreativität, Fantasie,
Gedächtnis für Personen,
Erlebnisse und Dinge

Die linke Hemisphäre ist zuständig für das rationale, die rechte für das irrationale Denken. „Rational" leitet sich von „Ratio" (lat.: Vernunft, Verstand) ab und lässt sich mit vernünftig, aus der Vernunft stammend oder von der Vernunft bestimmt übersetzen.

Anders ausgedrückt: Dieses Denken bemüht sich, unsere Welt, unser eigenes Ich und das unserer Mitmenschen sachlich-logisch zu erfassen und zu entziffern. Diesem Denken schreiben wir unsere Fähigkeit zu, sprechen, lesen und schreiben zu können. Es bemüht sich um kausale Zusammenhänge und kommt so gesehen eigentlich nie zur Ruhe.

Hat rationales Denken einen Sachverhalt als Ursache-Wirkung-Zusammenhang erfasst, wird es sich sofort darüber im Klaren sein, dass auch die erkannte Ursache nichts anderes ist als die Wirkung einer „dahinter stehenden", weiteren Ursache ad infinitum (lat.: bis ins Unendliche).

Dieser „Ruhelosigkeit" verdanken wir die großen Fortschritte in der Wissenschaft, die sie in Jahrtausenden errungen hat. Diese Entwicklung führte schließlich zu einer „Wissenschaftsgläubigkeit", die für ein Denken jenseits rationaler, sachlich-logischer Bahnen nur noch ein mitleidiges Lächeln aufbrachte.

In diesem Zusammenhang taucht vielerorts der Name des französischen Mathematikers und Philosophen René Descartes (1596–1650) auf. Er soll den Beginn einer Epoche verkörpern, die man als „Aufklärung" oder „Zeitalter der Vernunft" bezeichnet und deren Auswirkungen wir bis in unsere Gegenwart hinein verspüren.

Nach Descartes und damit vielerorts in der Philosophie und seit Isaak Newton (1643–1727) in der Naturwissenschaft ist man der Meinung, dass alles, was „vor dem Richterstuhl der Vernunft" (Kant, I.; 1724–1804) keinen Bestand hat, also kausal nicht zu erfassen und logisch darzustellen ist, von nun an, wenn überhaupt, eine zweitrangige Bedeutung hat. Mit dieser Sichtweise wird man Descartes, Newton und übrigens auch Kant wohl nicht ganz gerecht.

Sehen Sie, Newton gilt noch heute als einer der Geburtshelfer *der* modernen Naturwissenschaft. Das ist durchaus richtig, aber es sollte lange dauern, bis man wieder auf einen „anderen" Newton aufmerksam wurde: den Philosophen, den Theologen, den Alchemisten und den Künstler Isaak Newton, der darüber hinaus ein sehr gläubiger Mensch war.

In der Literatur stieß ich auf einige Gedanken des englischen Ökonomen John Maynard Keynes (1883–1946), die ich Ihnen nicht vorenthalten möchte:

> „Newton war nicht der erste Vertreter des Zeitalters der Vernunft. Er war der letzte Magier ... Warum ich ihn einen Magier nenne? Weil er das ganze Universum und alles, was darin existiert, als ein Rätsel betrachtet, als ein Geheimnis ..."

Oder nehmen wir Descartes. Vielleicht kennen Sie sein berühmtes „cogito ergo sum" oder „Ich denke, also bin ich". Für viele seiner Nachfolger war das die Geburtsstunde moderner Philosophie und Wissenschaft, weil Descartes den Versuch unternommen hat, die Welt und den Menschen mathematisch und damit rational zu entschlüsseln. Damit tat sich ein Problem auf, das in der Folge gern übersehen wurde. Für Descartes reduzierte sich die menschliche Vernunft ausschließlich auf die Ratio. Vernunft aber ist nun einmal mit ausschließlich mathematischen Mitteln nicht zu beschreiben. Sie bleibt nach wie vor in der „Schwebe". Und so kam es, dass eine eigenartige Situation entstand. Das eigentliche Zeitalter der Vernunft war das Zeitalter eines fanatischen Vernunftglaubens. Die Rationalität „begründete" sich also hier auf Irrationalität. Sie werden keine Definition der Vernunft finden. Die Ratio wird selbst in den brillantesten Abhandlungen dieser Zeit einfach vorausgesetzt, man war von ihrer Existenz überzeugt, man glaubte an sie.

Das, was menschlicher Vernunft zugänglich war, etablierte sich als Wissen und feierte Triumphe. Dass Wissen allein aber nicht alles sein kann, ahnte schon Kant, und das bei aller Hochachtung vor dem kausal-mechanischen Weltbild des Isaak Newton.

Dieses Weltbild erschloss bis dahin ungeahnte Möglichkeiten zur Erklärung der Entstehung des Weltalls. Und dennoch meinte der berühmte Philosoph:

> „ ... dass eher die Bildung aller Himmelskörper, die Ursache ihrer Bewegungen, kurz, der Ursprung der ganzen gegenwärtigen Verfassung des Weltbaues werde können eingesehen werden, ehe die Erzeugung eines einziges Krauts oder einer Raupe aus mechanischen Gründen deutlich und vollständig kund werden wird."

In unsere heutige Sprache übersetzt meint dieser Gedanke nichts anderes als die Überzeugung, dass kausales oder, wie wir heute sagen, „linkshirniges Denken", an Grenzen stößt.

Diese Grenzen mögen zu Kants Zeiten anders ausgesehen haben, als das jetzt der Fall ist. Ich möchte nur darauf aufmerksam machen, dass auch für Kant nicht irgendeine Wissenschaftstheorie im Mittelpunkt der Philosophie stand.

Stellen Sie sich ein Interview mit Kant im Königsberg seiner Zeit vor, in dem er nach den Aufgaben der Philosophie befragt wird. Die Antwort fällt erstaunlich aus: Gott, Freiheit und Unsterblichkeit der Seele. Diese Themen markieren im Verständnis Kants die Grenzen kausalen Denkens.

Wir erleben es doch immer wieder, dass wir über Dinge nachdenken, die sich rationalen Erklärungen entziehen und die vielerorts leider als „irrational" abgetan werden. „Leider" deshalb, weil wir zwischen zwei Übersetzungen schwanken. Zum einen bedeutet irrational so viel wie „mit der Vernunft, dem Verstand nicht fassbar", zum anderen „vernunftwidrig" oder „unvernünftig".

Bereits unsere Umgangssprache macht deutlich, dass wir uns häufig alternativ für die zweite Übersetzung entschieden haben. Das Wort „irrational" tritt uns hier negativ vorbelastet entgegen. Oft verwendet man Formulierungen wie „Das ist ja irrational" und meint damit abwertend: „Das kann ich jetzt aber nicht nachvollziehen, das verstehe ich nicht."

Dabei kennen wir alle, wie gesagt, Dinge, die allein kausal nicht zu erklären sind und die sich uns andererseits regelrecht aufdrängen. Wir denken Ursache – Wirkung – Ursache – Wirkung ad infinitum und gelangen schließlich zu einer Endursache, zu den „letzten Dingen". Sie „verschwinden" wieder, wenn ich sie „linkshirnig" zu erfassen versuche, denn dann stehen hinter ihnen sofort wieder andere Dinge usw.

Das mag die Welt erklärbarer machen, uns vielleicht aber ärmer? Dabei haben wir das gar nicht nötig, denn wir besitzen mit der rechten Hirnhälfte ein Vermögen, über das empirisch Messbare hinauszugelangen. Hier „denken" wir in Bildern und machen ganzheitliche Erfahrungen. Hier sind unsere Fantasie und Kreativität zu Hause, hier denken wir analog.

Digitales Denken ist kausales Denken und spricht damit von allgegenwärtiger Notwendigkeit. Durch diese Brille betrachtet, erscheint uns unsere Welt als Chaos: überall Kampf auf Leben und Tod, Fressen und Gefressenwerden. Selbst die kleinste Pflanze kämpft bis zum Äußersten um Wasser und Licht. Und trotzdem: Die Welt ist kein heilloses Durcheinander. Wir bemerken eine unvorstellbare Ordnung und Zweckmäßigkeit, der wir mitunter fassungslos gegenüberstehen. Diese Wunder an Form und Funktion begegnen uns überall und sind unerschöpflich: sei es das Pantoffeltierchen im abgestandenen Blumenwasser, der Bau eines einfachen Insekts, die Organisation eines Bienenvolks bis hin zum fast beispiellosen Familienleben der Hyänen in der afrikanischen Savanne. Sei es das Wunder der Kristalle, die Faszination eines Sonnenuntergangs bis hin zu den Kreisläufen der Milliarden Sternensysteme oder der „einfachen" Tatsache, dass jedes Jahr im Frühling das Leben neu erwacht. Gibt es hierfür eine Erklärung, hat das Ganze einen Sinn?

Mit der Frage nach dem Warum kommen wir über die elementarsten Naturgesetze nicht hinaus, die uns unsere Welt hinreichend erklären. Nur lassen sie keinen Sinn in dieser Welt erkennen und können die Großartigkeit dieses Geschehens nicht erfassen. Wir können nur staunen und sind damit doch nicht unvernünftig, nur weil wir an die Grenzen kausalen Denkens gestoßen sind. Das, was sich logischer Erklärung entzieht, muss doch noch lange nicht das Produkt einer krankhaften Fantasie sein. Diesem Vorwurf musste und muss sich irrationales Denken vielerorts stellen.

Wenn wir uns angesichts eines abendlichen Sternenhimmels bemühen, dieses Staunen in Worte zu fassen, es auszudrücken und nachzuempfinden, greifen wir sicherlich auf unsere Kenntnisse aus dem Physikunterricht zurück. Nur reichen sie nicht aus, um das zu erfassen, was dieser Anblick in uns auslöst.

Wir neigen nun aber einmal dazu, diesen Anblick zu „verstehen", indem wir nach den letzten Ursachen, den sinngebenden Gründen unserer Welt wie auch unseres eigenen Daseins suchen. Interessanterweise, ich will das hier nur einflechten, geschieht das häufig dann, wenn wir uns in einer Lebenskrise befinden.

Diese Sinngebung ist immer eine Wertgebung und vollzieht sich im analogen Denken. Hier findet die Sinngebung des Unfassbaren und Unbegreiflichen statt. Wir nähern uns ihm in Metaphern, Gleichnissen, „denken" bildlich, anschaulich, sinnbildlich und ganzheitlich. Das vollzieht sich nicht rational, sondern irrational. Irrationalität ist nicht etwas, was sich im Widerspruch zur Vernunft artikuliert. Es ist ein und dieselbe Vernunft, mit der ich die Welt, meine Mitmenschen wie auch mich selbst wahrnehmen kann: sowohl irrational als auch rational.

Sicherlich haben Sie irgendwann in Ihrem Leben schon einmal einen Vortrag über ein für Sie völlig neues Wissensgebiet gehört. Ich will Ihnen ein Beispiel geben. Viele von uns hat vielleicht schon einmal die Frage „Was war am Anfang?" beschäftigt. Sicherlich hörten oder lasen Sie dann in diesem Zusammenhang vom „Urknall", jener Theorie also, die behauptet, dass unser Universum in einer gewaltigen Explosion entstanden sei. Hier ist die Rede davon, dass vor etwa 13 Milliarden Jahren bei einer Temperatur von 100 Milliarden Grad Celsius die immer noch andauernde Ausdehnung des Universums begann. Dabei nahmen wir weitere Angaben zu Dichte und Zeitabläufen zur Kenntnis.

Und vielleicht kam dann der Augenblick, wo Sie dieser physikalischen Erklärung nicht mehr zu folgen vermochten. Ganz einfach deshalb, weil Ihre Fantasie nicht angesprochen wurde, weil Sie für die vermittelten Fakten und Zahlen keine Bilder hatten oder weil für Sie letztlich eine Frage offen blieb: „Und was war vor dem Urknall?“

Einer der bekanntesten Physiker des vergangenen Jahrhunderts, Werner Heisenberg (1901–1976), fordert daher zu Recht eine „metaphorische Bildersprache“, um z. B. diese Frage zu beantworten, eine Sprache,

> „ … die eine Verständigung ermöglicht über den hinter den Erscheinungen spürbaren Zusammenhang der Welt, ohne den wir keine Ethik und keine Wertskala gewinnen könnten … Diese Sprache ist der Sprache der Dichtung näher verwandt als jener der auf Präzision ausgerichteten Naturwissenschaft …“

Heisenberg hat hier die biblischen Schöpfungsberichte vor Augen, ein hervorragendes Beispiel für analoges Denken, und fährt fort:

> „Daher bedeuten die Wörter in beiden Sprachen oft etwas Verschiedenes. Der Himmel, von dem in der Bibel die Rede ist, hat wenig zu tun mit jenem Himmel, in den wir Flugzeuge oder Raketen aufsteigen lassen …“

Heisenberg sagt u. a., dass die Naturwissenschaft (linke Hirnhälfte, kausales Denken) versucht, ihren Begriffen eine objektive Bedeutung zu geben. Religiöse Sprache (rechte Hirnhälfte, analoges Denken) aber

> „… muss gerade die Spaltung der Welt in ihre objektive und ihre subjektive Seite vermeiden; denn wer könnte behaupten, dass die objektive Seite wirklicher wäre als die subjektive. Wir dürfen die beiden Sprachen also nicht durcheinander bringen, wir müssen subtiler denken, als dies bisher üblich war."

Jede religiöse Sprache bringt analoges Denken zum Ausdruck. Auf dieses Beispiel habe ich deshalb zurückgegriffen, weil hier vielleicht am deutlichsten wird, was analoges Denken als Fähigkeit der rechten Hirnhälfte meint. Ich möchte an dieser Stelle noch einen weiteren berühmten Physiker des vergangenen Jahrhunderts zu Wort kommen lassen, der für ein vollkommen neues physikalisches Weltbild verantwortlich zeichnet: Albert Einstein (1879–1955).

> „Das tiefste und erhabenste Gefühl, dessen wir fähig sind, ist das Erlebnis des Mystischen. Aus ihm allein keimt keine wahre Wissenschaft. Wem dieses Gefühl fremd ist, wer sich nicht wundern und in Ehrfurcht verlieren kann, ist bereits seelisch tot."

Heute weiß man, dass die Leistungsfähigkeit des menschlichen Gehirns viel größer ist, wenn beide Hirnhälften gleichberechtigt benutzt werden. Viele Menschen haben für sich erkannt, dass rationales, logisches und analytisches Denken für sich genommen nicht ausreicht, um jene Frage zu beantworten: „Wer bin ich wirklich?" Es genügt nicht, dass ich mich nur als Tatsache neben anderen Tatsachen wahrnehme. Der Mensch ist mehr, als Biologie, Chemie, Physik, Anthropologie oder Medizin es erahnen lassen.

Über irrationales Denken finden wir einen Zugang zu uns selbst, zu unseren Gefühlen, unseren Wünschen und Hoffnungen, unserer Befindlichkeit. Nur so finden wir auch einen

Zugang zu anderen und unserer Umwelt, einen Zugang, der uns womöglich bislang verschlossen blieb.

Unser ganzes Land spricht derzeit vom „indischen Software-Wunder“. In der Zeitschrift „Der Spiegel“ las ich kürzlich:

> „Die Inder haben eine Reihe gewissermaßen natürlicher Vorteile im Geschäft mit der digitalen Welt … seit Jahrhunderten hat in Indien ein Denken Tradition, das für das Programmieren programmiert: ‚Die doppelte Logik von Sanskrit und Mathematik‘ …“

Im Anschluss hieran wird festgestellt, dass sich die hochkomplizierte heilige Sprache des Sanskrit und die alte indische Perfektion in Astrologie und Astronomie als Vorteile im Konkurrenzkampf der Computersysteme erweisen. Geht es hier womöglich um mehr? Man sollte meinen: Ja! Es gibt keine digitale oder analoge Welt. Es gibt nur verschiedene Sichtweisen auf diese Welt. Die rationale Sichtweise erfährt nur dann einen Sinn, wenn sie mit dem Irrationalen vernünftig umgeht.

Wie kommen Erfahrungen und Bilder ins Gehirn?

Tieren sagt man mitunter wahre Höchstleistungen hinsichtlich ihrer „Wahrnehmungsfähigkeit“ bzw. Sinnesleistungen nach: Hunde haben eine sprichwörtlich gute Nase, Katzen können Mäuse laufen hören und wir alle kennen die Redewendung vom „Adlerauge“.

In der Kombination unserer fünf Sinne und im Einklang mit unserem Gehirn sind wir allerdings den Tieren haushoch überlegen. Es ist nicht das Ohr, das hört, die Nase, die riecht, das Auge, das sieht, die Zunge, die schmeckt, und die Haut, die fühlt. Alle diese Informationen werden im menschlichen Gehirn „verarbeitet“.

Ohren, Nase, Augen, Zunge und Haut sind unsere Sinnesorgane, die Informationen über die äußere Welt und den eigenen Körper empfangen und über das Nervensystem an das Gehirn weiterleiten, damit sie hier „gelesen“ werden können. Doch was geschieht sozusagen im Vorfeld? Unser Ohr registriert Schallwellen und damit im Prinzip nichts anderes als Luftdruckveränderungen.

Zunächst treffen die Schallwellen auf das Trommelfell und bringen es zum Vibrieren. Über die Gehörknöchelchen im Mittelohr – Hammer, Amboss und Steigbügel – werden diese Schwingungen auf das sogenannte „ovale Fenster“ übertragen, welches das Mittel- vom Innenohr trennt. Das akustische Eingangssignal wird dabei nochmals verstärkt. Letzteres setzt sich aus Gehörschnecke, Vorhof und drei Botengängen zusammen, die mit einer gallertartigen Flüssigkeit gefüllt sind. Die Schwingungen des ovalen Fensters übertragen sich auf diese Flüssigkeit (Endolymphe) und setzen ihrerseits äußerst kleine, haarähnliche Gebilde (Haarzellen) in der Gehörschnecke in Bewegung. Diese Bewegungen, gleichsam Signale, werden von den Haarzellen direkt an die Gehörnerven (nervus vestibulocochlearis) weitergeleitet, die dann diese Informationen an das Gehirn weitergeben.

So wie das Ohr nicht hört, sieht auch das Auge nicht. Es hat die Aufgabe, Licht und damit elektromagnetische Wellen in Nervenimpulse umzuwandeln, die dann ans Gehirn weitergeleitet werden. Was passiert? Anatomische Feinheiten übergehen wir hier einmal und erinnern an jenen Vergleich, der als klassisches Beispiel in jedem Biologieunterricht vorkommt:

Die Augen ähneln einer einfachen Kamera, in der eine Linse ein Kopf stehendes „Bild“ der äußeren Welt auf unserer Netzhaut erzeugt. Diese Netzhaut ist äußerst kompliziert aufgebaut, in etwa so groß wie ein Fünfmarkstück, dabei nur 1/5 mm stark, und setzt sich im Wesentlichen aus ca. 127 Millionen

Nervenzellen (Stäbchen/Grautöne und Zäpfchen/Farben) zusammen. Vergegenwärtigen Sie sich einmal, dass in einem einzigen Augenblick 100 Millionen Empfindungen von Lichtquellen in der Außenwelt über die Netzhaut unserer Augen und weiter über den Sehnerv (nervus opticus) zum Gehirn, genauer gesagt zu einem bestimmten Gebiet der Großhirnrinde (cortex), weitergegeben werden.

Um zunächst ähnliche „Transportleistungen" handelt es sich beim Riechen, Schmecken und Tasten. So ist unsere Nase mit den sogenannten olfaktorischen Haarzellen ausgestattet, von denen aus ein Geruchsreiz über Riechnerven (nervus olfactorius) ins Gehirn weitergeleitet wird. Die menschliche Zunge verfügt über ca. 10 000 Geschmacksknospen, wobei der eigentliche Geschmackssinn nur zwischen süß, sauer, salzig und bitter unterscheiden kann. Auch hier gelangen die entsprechenden Informationen über Nerven ins Gehirn. Unser Tastsinn schließlich registriert jede Berührung mit der Außenwelt über die Haut. Hier enden Nerven, die den jeweiligen Berührungsreiz über Nervenbahnen ins Gehirn weiterleiten.

Wie wir sehen, ist Wahrnehmung aus der Sicht des Physiologen zunächst nichts anderes als die Umwandlung unterschiedlicher physikalischer Energie in Nervenenergie oder -impulse. Was sich daran anschließt, verliert sich in den unterschiedlichsten Erklärungsmodellen, denen wir hier im Einzelnen nicht nachgehen wollen.

Doch Denken ist sicherlich mehr als nur die Aufnahme von Informationen durch die Sinnesorgane und ihre „Verarbeitung" durch das Gehirn. Auch hier finden wieder eine Vielzahl chemischer und physikalischer Vorgänge statt. Menschliches Denken ist aber auch weit mehr als nur Chemie und Physik. Es wäre für uns unverständlich, wenn jemand unser Denken auf diese Vorgänge reduzieren wollte.

Da muss noch etwas sein, was dafür verantwortlich ist, dass wir nicht nur einfache Schallwellen registrieren, sondern ein Klavierkonzert von Beethoven genießen. Wir sind auch nicht einer Flut willkürlicher elektromagnetischer Schwingungen ausgesetzt, sondern wir sehen unsere Umwelt, unsere Mitmenschen und uns selbst. Eines ist allerdings klar: Diese gesehenen, gehörten, gefühlten, gerochenen und geschmeckten Bilder in uns sind nie die Abbilder dieser Welt da draußen. Vielmehr nehme ich die Welt als meine subjektive Wirklichkeit wahr. Wie wäre sonst zu erklären, dass sich der eine an Beethoven erfreut, ein anderer bereits bei den ersten Tönen „graue Haare" bekommt?

Sie erinnern sich bestimmt an das, was wir über unseren SEPP geschrieben haben: Im Verlaufe unseres Lebens werden von ihm alle unsere Erfahrungen und Wahrnehmungen im Gehirn abgelegt. Mit diesen Erlebnissen verbinden sich für jeden von uns eigene Gefühlseindrücke. Ich werde im folgenden Abschnitt etwas näher auf sie eingehen.

Das limbische System

„Unser Gefühl selbst ist nichts anderes als eine innere Musik immerwährender Schwingungen der Lebensnerven."

(Johann Jakob Wilhelm Heinse; 1746–1803)

Die beiden Wissenschaftler James Olds und Peter Milner haben im Jahre 1954 ein aufsehenerregendes Experiment durchgeführt. Sie pflanzten Ratten einen feinen Draht ins Gehirn. Das hört sich zunächst nicht sonderlich spektakulär an. Aufregend ist jedoch die Absicht, die beide mit diesem Eingriff verbanden: Sie waren auf der Suche nach jenem Ort im Gehirn, in dem die Gefühle „zu Hause" sind. Der Draht wurde mit einer Taste verbunden und die Ratten konnten sich selbst kleinste Stromstöße versetzen. Das Ergebnis war erstaunlich, die Ratten legten ein völlig verändertes Verhalten an den Tag. Schlafen, Fressen und Saufen begannen für die Tiere völlig in den Hintergrund zu treten. Ihre Hauptbeschäftigung bestand nunmehr im Betätigen des Schalters, der einen Stromkreis schloss. Was die Stromstöße in den Ratten bewirkten, wollen wir hier nicht ausdiskutieren. Nur so viel soll gesagt sein: Es muss in ihnen so viel positive „Befindlichkeit" entstanden sein, dass eigentliche Vitalfunktionen in den Hintergrund traten. Pflanzten Olds und Milner den Draht weiteren Ratten nur wenige Millimeter entfernt an anderer Stelle im Gehirn ein, geschah genau das Gegenteil, die Tiere mieden die Taste.

Für die beiden Forscher stand fest, dass es im Gehirn Regionen geben muss, die für die Befindlichkeit verantwortlich sind. Einer Vielzahl weiterer Experimente verdanken wir inzwischen die Einsicht, dass unsere emotionalen Regungen und Gefühle hauptsächlich vom limbischen System ausgehen. Diese Region liegt oberhalb von Zwischenhirn und Hypothalamus und ist in seinem Aufbau ein System im System des Gehirns.

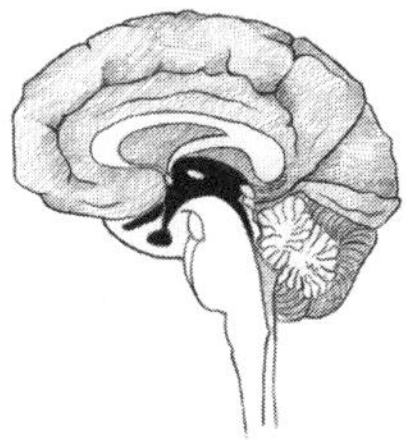

Dies ist das Steuerzentrum für unser Gedächtnis und unsere Gefühle. Was wir eingangs zunächst mit Fotoalben und Regalen, der Ablage und dem wieder Herausnehmen umschrieben haben, ist nichts anderes als Gedächtnis, Erinnerung. An keiner anderen Stelle des Gehirns finden wir eine eigene, bestimmte Region für unsere Gedächtnisleistungen. Das Zurückgreifen auf Erinnerungen und „abgelegte" Erfahrungen, also Bilder, ermöglicht es uns überhaupt, im Leben zu bestehen.
Ohne Gedächtnis verbleiben alle unsere Sinnesleistungen im leeren Raum: Ich höre, ohne zu wissen, was ich höre, und ich sehe, ohne zu wissen, was ich sehe.

Ein Beispiel soll diesen Sachverhalt verdeutlichen. Bereits im frühen 3. Jahrhundert v. Chr. war die Bibliothek von Alexandria in Ägypten mit einem Bestand von 500 000 Schriftstücken die größte Sammlung des antiken Wissens. Die Bibliothek galt als das Gedächtnis der Welt.

Zwischen 48 und 47 v. Chr. führte der römische Imperator Caesar wieder einmal Krieg: um Ägypten und auch ein wenig um Cleopatra. Alexandria blieb von den Wirren des Krieges nicht verschont, seine Bibliothek wurde völlig zerstört. Das war ein unersetzlicher Verlust für die Menschheit, nur zu vergleichen mit einem Gedächtnisverlust. An was sollte man anknüpfen, an was sollte man sich orientieren, womit sollte man vergleichen?

Unser Gedächtnis sammelt also unsere Erfahrungen, wir können auf sie zurückgreifen, sie überarbeiten und überprüfen. Sie bestimmen unser Verhalten. Und das nicht nur, weil wir in der Vergangenheit diese oder jene Erfahrung gemacht haben, sondern auch, weil zukünftiges Handeln wesentlich von jenen Bildern geprägt sein wird, die im Gehirn abgelegt worden sind. Das ist die eine Seite. Die andere: Wir machen unsere Erfahrungen immer in einem bestimmten persönlichen oder sozialen Umfeld. Die Vielzahl unserer Wahrnehmungen bestimmen unsere inneren Gefühle.

Unternehmen Sie einige gedankliche Reisen mit Ihrem SEPP durch Ihr Leben!

Welche Gefühle tauchen in Ihnen bei den folgenden Fragen auf?

- Wie war Ihr erster intensiver Kuss?
- Hatten Sie Liebeskummer in der Pubertät – wie erging es Ihnen in dieser Zeit?
- Die bestandene Führerscheinprüfung – wem haben Sie Ihre Freude als Erstem mitgeteilt?
- Die erste Nacht in Ihrer jetzigen Wohnung oder in den eigenen vier Wänden – welche Stimmung nahmen Sie wahr?
- Der Tod eines geliebten, nahe stehenden Menschen – welche Trauergefühle hatten Sie?
- Ihr bis heute größter persönlicher oder beruflicher Erfolg – wer oder was motivierte Sie dazu?

Alle diese Beispiele machen Ihnen deutlich, dass Erfahrungen mit negativen oder positiven Befindlichkeiten einhergehen. Erfahrungen bewirken in uns Gefühle. Unsere Gedanken sind immer mit Gefühlen verknüpft, z. B. mit Liebe, Hass, Freude, Zuneigung, Ärger, Leidenschaft oder Wut.

Unser gesamtes Erleben, unsere Wahrnehmungen über die Sinnesorgane, alles wird gefühlsmäßig im limbischen System eingefärbt. Die Bilder, die unser SEPP durch die fünf Sinne aufnimmt, alles, was wir erleben, „schleust" er durch das limbische System. Hier werden durch den SEPP die Bilder mit Gefühlsenergie versehen, positive Gefühlsenergie bei positiven Erlebnissen und negative Gefühlsenergie bei negativen Erfahrungen. Wobei positive wie negative Gefühlsenergie nochmals nach ihrer „Gewichtung", ihrer „Schwere" vom SEPP geprüft wird. Die Informationen „Gefühle plus/minus" und die „Gewichtung" werden vom SEPP mit dem jeweiligen Erlebnis verknüpft. Die Gefühlsenergie wandert nun durch das vegetative Nervensystem in den Körper, während der SEPP die gemachte Erfahrung mit der Gefühlsbewertung im Regal ablegt.

Holt unser SEPP die abgelegten Bilder oder Gedanken aus den Regalen für seinen Chef, den Menschen, wieder hervor, muss er diese als Erstes ins limbische System geben. Hier werden die hervorgeholten Bilder mitsamt den gespeicherten Informationen „Gefühle plus/minus" und der „Gewichtung" wieder freigegeben.

Gefühle sind Energie, Schwingungen, die unsere Befindlichkeit beeinflussen. Diese Energie wird über das vegetative Nervensystem an den Körper weitergeleitet und bestimmt unsere Empfindungen.

Wie viele Worte kennen Sie für positive Gefühle? Sie fühlen sich wohl, glücklich, beschwingt, heiter, ausgelassen, zufrieden, einfach gut, befriedigt, stolz, anerkannt, bestätigt. Damit sind Sie voller Energie, positiver Energie. Sie spüren sie in Ihrem Körper. Ausgelöst wurden sie durch Bilder aus der Erinnerung an eine Begebenheit, eine Situation, in der Sie sich genauso gefühlt haben, oder duch die gegenwärtige Situation. Wir erinnern uns sehr gerne an solche Begebenheiten oder Situationen.

Wie viele Worte kennen Sie für negative Gefühle? Sie fühlen sich matt, zerschlagen, unzufrieden, verlassen, traurig, einsam, leer. Auch hier sind Sie „voller“ Energie, negativer Energie. Was hat diese Energien ausgelöst? Bilder aus der Erinnerung an eine Situation, in der Sie sich genauso gefühlt haben, oder Bilder, die in Ihrer gegenwärtigen Lebenssituation entstanden sind? Und Sie müssen alles TUN® – hierauf komme ich an anderer Stelle zurück –, um solche Bilder aus der Vergangenheit zu bewältigen oder womöglich Lebenssituationen zu vermeiden, in denen die Gefahr besteht, dass Sie von negativer Energie vereinnahmt werden!

„... Schmetterlinge im Bauch“ oder: Der Körper spricht auch ohne Worte

Gefühle, ich will es noch einmal wiederholen, sind Energie, die unser Empfinden beeinflussen. Gefühle bestimmen unsere negative oder positive Befindlichkeit. Gefühle werden nicht erst in unserem Verhalten, z. B. Zustimmung oder Ablehnung, Enttäuschung oder Begeisterung, deutlich. Bereits unser Körper kann Gefühle und die sich damit verbindenden Energien „sichtbar“ machen, für jeden Einzelnen von uns selbst, aber auch für andere. Diese Energien werden somatisiert. Stress – ich werde auf dieses Phänomen später noch zu sprechen kommen – kann sich z. B. körperlich auf die unterschiedlichste Art und Weise mitteilen: andauerndes Durstgefühl, trockener Mund, Verdauungsprobleme, fehlendes Hungergefühl, mangelnde Abwehrkräfte, Herzbeschwerden bis hin zu Problemen im Sexualleben.

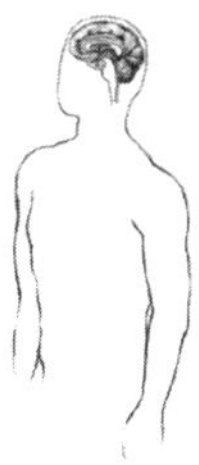

So gesehen kann Ihnen Ihr Körper bereits Befindlichkeiten signalisieren, noch ehe Sie sich ihrer bewusst geworden sind, Ihr „Körper spricht mit Ihnen“. Diese Sprache sollten Sie ernst nehmen und reagieren, zumal ein Gefühlsstau (in diesem Falle: die Anhäufung negativer Energien) unangenehme Auswirkungen auf Ihr Verhalten haben kann. Diese Energieströme werden durch das vegetative Nervensystem übertragen.

Vielleicht haben Sie in Ihrem persönlichen Umfeld schon irgendwann einmal von einem Bekannten die Äußerung vernommen: „Gerne fahre ich nicht Auto.“ Was sich zunächst wie eine nebenbei gemachte Bemerkung anhört, hat oft einen tieferen Sinn. Es ist nämlich möglich, dass man hier jemanden vor sich hat, der Angst vor dem Autofahren hat. Im Vorfeld kann vieles passiert sein: zwei verpatzte Fahrprüfungen, Unsicherheiten im Umgang mit dem Fahrzeug, ein kleiner, aber selbst verschuldeter Unfall gleich nach der endlich bestandenen dritten Fahrprüfung.

Die Bilder vom Autofahren, die der SEPP im limbischen System mit negativer Energie lädt, bewirken bei Ihrem Bekannten unangenehme Gefühle, wenn er nur ans Autofahren denkt.

Die Folge: Schweiß auf der Stirn und nasse Hände. Die Beine reagieren wie unkontrolliert und die Füße rutschen von den Pedalen. Der Motor wird „abgewürgt“, das Auto springt nach vorn und die Nachbarn am Fenster lächeln abfällig. Wieso, fragt sich Ihr Bekannter vielleicht noch, hängen die eigentlich immer dann am Fenster, wenn ich losfahren will?

Man kann bereits durch Worte im Partner oder anderen Mitmenschen Energien auslösen, die ähnliche Resultate erzeugen. Ein Beispiel: Sie erzählt ihm von ihrem erfolgreichen Vertragsabschluss und dem anschließenden Essen in einem für seine Küche berühmten Restaurant, in dem alles stimmt: das Ambiente, die Bedienung, die Atmosphäre, eben alles.

Sie berichtet vom Hauptgang, sagen wir, Kalbsbries und Kalbsleber auf getrüffeltem Lauchgemüse, dazu der passende Wein. Als Vorspeise hatte sie sich für einen bunten Salat mit Jakobsmuscheln entschieden. Zum Dessert gab es Melone auf Nougatcreme.

Wenn sie nun die Gabe besitzt, ihm von ihrem Essen so zu erzählen, dass er meint, getrüffeltes Lauchgemüse auf der Zunge zu verspüren, oder zumindest einen verstärkten Speichelfluss bemerkt, kann man sie eigentlich nur bewundern. Sie hat es vermocht, bei ihrem Partner nur auf Grund von Worten positive Energien auszulösen.

Für die meisten Menschen ist die erste große Liebe etwas ganz Besonderes. Man entdeckt in sich Gefühle, die einem bisher unbekannt waren sowie eine Befindlichkeit auslösen, die weit mehr bedeutet, als sich mit den Worten „Ich fühle mich gut" ausdrücken lässt.

Medizin und Psychologie haben einen Namen für diesen Zustand: Sie nennen ihn Eustress, wobei das „Eu" auf Euphorie verweist. Nun wird kaum jemand angesichts seiner ersten Liebe in einem Fremdwörterbuch nachschlagen, um zu erfahren, was in ihm vorgeht oder was ihm da widerfährt: Hochstimmung, Hochgefühl und Glückseligkeit!

Dieses Kribbeln, diese innere Unruhe und Ausgeglichenheit zugleich, das Gefühl zu schweben, ohne je wieder landen zu wollen, alles das kann mit den Worten Hochstimmung oder Hochgefühl zwar „auf den Begriff" gebracht werden, spiegelt aber keinesfalls das wider, was tatsächlich in mir vorgeht.

Die Wissenschaft vermag es heute, die energetischen Vorgänge im Zusammenhang mit unserem Gefühlsleben weitestgehend zu erklären. Doch Gefühle sind mehr als nur komplizierte chemische, physikalische und biologische Abläufe. Wenn sich jemand an seine erste Liebe erinnert und die damit verbundenen Gefühle wieder aufsteigen, denkt er sicherlich nicht an Nervenzellen, Synapsen oder Neurotransmitter.

Diese Erinnerung lässt wieder die „Schmetterlinge im Bauch" lebendig werden, somatisierte Energie also, die in uns die angenehmsten Gefühle auslöst.

Die Geschichte der Literatur kennt Abertausende wunderschöne Gedichte, die von der ersten Liebe erzählen. Und der Leser fragt sich, wie es möglich ist, dass sich jemand in einer so herrlichen, gleichnishaften und tiefen Sprache ausdrücken kann. Auch die „Schmetterlinge im Bauch" sind eine Metapher oder bildhafte Übertragung. Haben Sie schon einmal Schmetterlinge in der freien Natur beobachtet? Ihnen offenbart sich ein Farbenspiel, eine Lebendigkeit, eine Verspieltheit und Lebensfreude ohnegleichen. All das lässt uns Menschen dieses Auf und Ab, Hin und Her der Schmetterlinge an einem Sommertag als sinn- und wertvoll erscheinen, es bewirkt in uns Freude und Lust. Es kann daher nicht verwunden, wenn wir diesen Anblick mit jenen Gefühlen in Verbindung bringen, die Liebe in uns auslöst und die wir mit „Schmetterlinge im Bauch" umschreiben.

Diese analoge Sprache ist das Bemühen, anderen von unseren „Schmetterlingen im Bauch" zu erzählen, die junge Liebe zum Fliegen bringt. Und trotzdem bleibt es ein Bemühen, weil keiner die Gefühle des anderen wirklich fühlen kann. Dabei sind Gefühle so ungemein wichtig, denn sie begleiten alle unsere Wahrnehmungen, die von innen und von außen. Unsere Wahrnehmungen sind immer in Gefühle „eingetaucht". Erst so ergeben Wahrnehmungen ein Bild in uns, das bei der Erinnerung an eine vergangene Situation in unserem Leben, bei der Konfrontation mit einer gegenwärtigen oder in Vorfreude auf eine kommende abgerufen wird und positive oder negative Energien auslöst.

Diese Energien sind unsere „ureigenste Angelegenheit" und können von anderen nur aus unserem Verhalten geahnt und abgelesen werden. Sie lassen unseren Körper sprechen, ohne dass auch nur ein Wort gesagt wurde. Die Befindlichkeit jedes Einzelnen und die sie auslösenden Gefühle bleiben im „Verborgenen". Und doch sind sie da oder waren es. Wie sonst könnte die Erinnerung an sie so angenehme Gefühle und damit Energien wecken, die wohltuend unseren ganzen Körper durchströmen?

Gefühle lassen sich nicht begrifflich übersetzen und vielleicht ist das auch gut so. Begnügen wir uns damit, zu wissen, dass unsere Bilder mit Energie – positiver wie auch negativer – geladen und abgelegt werden. Über die analoge Sprache können wir uns ihnen nähern. Das ermöglicht es uns, sie gezielt anzufordern, um ein gutes Gefühl zu empfinden. Wir haben, wie ich in einem meiner früheren Bücher schrieb („In sieben Tagen zum Spitzenverkäufer"), die Fähigkeit, uns selbst so zu „konditionieren", dass positives Denken zu unserer Lebenseinstellung wird.

Analoges Denken und Sprechen ermöglichen es auch, dass wir uns über Bilder dem anderen zumindest so weit annähern, dass wir ihn konditionieren und damit bei ihm positive Energien frei werden lassen. Diese können eine wohltuende Wirkung auf seine Befindlichkeit auslösen. Erst dann kann man wirklich von sich behaupten, den anderen verstanden zu haben. „Ich habe verstanden …" meint daher im wahrsten Sinne des Wortes: „Ich habe Verständnis dafür entwickelt, was beim anderen innerlich vorgeht!"

Das geschieht selbstverständlich im wertfreien Raum – wie gesagt, ich kann die Gefühle meiner Mitmenschen nicht selbst fühlen. Verstehen meint keinesfalls manipulieren. Es macht keinen Sinn, wenn man dem anderen versucht einzureden, dass genau diese Rose im Garten schön sei. Er kann einer vollkommen gegenteiligen Ansicht sein. Sollte man aber bemerken, dass Blumen überhaupt beim anderen angenehme gefühlsmäßige Reaktionen auslösen und dass er beginnt, die entsprechenden Bilder abzurufen, ist man in der zwischenmenschlichen Kommunikation schon einen großen Schritt weitergekommen. Damit sind die besten Voraussetzungen geschaffen, um Menschen besser verstehen und erfolgreich mit ihnen umgehen zu können.

Was empfindet der Mensch als wichtig? – Woran erkennen Sie das?

Ähnlich erklärt sich übrigens die Wirkung großer Redner aus Vergangenheit und Gegenwart auf ihr Publikum. Was man auch immer unterstellt – Charisma (Ausstrahlung), Rhetorik oder Bekanntheit des Redners –, entscheidend ist die Wahl der Worte, mit denen er bei anderen positive Energien auszulösen vermag.

Sie befinden sich in einem Gespräch, verfolgen seinen Inhalt sehr angespannt und bemerken auf einmal, wie sich Ihre Stirn ganz unwillkürlich in Falten legt.

Das Gespräch muss einen derartigen Verlauf angenommen haben, dass in Ihnen etwas ausgelöst wurde und sich entsprechende Energien auf Ihrer Stirn somatisieren. Die „Wichtigkeit" dieses Gesprächs und damit die Gewichtung Ihrer Gefühle haben diese Falten ausgelöst (zur genauen Deutung der Falten kommen wir noch an anderer Stelle).

Sie bemerken diesen Sachverhalt übrigens noch an anderen Stellen. Haben Sie schon einmal beobachtet, was mit Ihrer Zunge „geschieht", wenn Sie angestrengt körperlich oder geistig eine Arbeit verrichten, die für Sie von größter Wichtigkeit ist? Genau, ganz unwillkürlich gerät sie in Bewegung, stößt von innen an die Lippen und zeigt sich schließlich in der „Öffentlichkeit".

Ich sprach am Anfang dieses Kapitels mit Ihnen über Assoziation und Dissoziation. Jetzt werden Sie vielleicht besser verstehen, dass assoziierte Wahrnehmung und die Wichtigkeit des gesprochenen Wortes auch an Ihrer Körperhaltung sichtbar werden können.

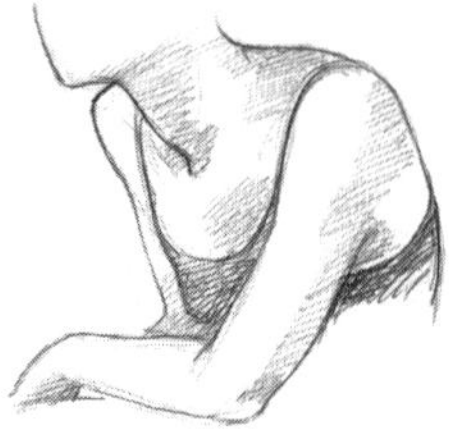

Sie lehnen Ihren Körper ganz unwillkürlich nach vorne, weil Sie sich im assoziierten Zustand befinden. Es sieht aus, als wollten Sie in das entsprechende Ereignis nochmals „hineintreten".

Unser „Kampf- oder Fluchtverhalten" – das Reptiliengehirn

Das menschliche Gehirn hat einen langen Entwicklungs- und Anpassungsprozess hinter sich, der sich in seinem anatomischen Aufbau widerspiegelt. Eine äußerliche Betrachtung unseres Gehirns macht deutlich, dass es aus drei miteinander verbundenen Teilen besteht: dem Großhirn, dem Kleinhirn und dem Stammhirn (Zwischenhirn, Mittelhirn, Gehirnbrücke, verlängertes Mark).

Durch seine beachtliche Oberfläche und die hochkomplizierte Struktur seiner äußeren Schicht (Neokortex) unterscheidet sich das menschliche Gehirn anatomisch offenkundig vom tierischen.

Die Forschung geht davon aus, dass sich die Oberfläche des menschlichen Gehirns im Verlaufe von 4,5 Millionen Jahren seit dem Australopithecus („Urmenschen", die zwar noch nicht als echte Menschen gelten, aber den Menschenaffen nicht mehr zugerechnet werden) verdreifacht hat, in den zurückliegenden ca. 100 000 Jahren aber nicht mehr gewachsen ist. Ihre Struktur bedingt die „intellektuellen“ Unterschiede zwischen Tier und Mensch. Für unsere Bewusstseinsleistungen haben wir inzwischen auch die Fähigkeit geltend gemacht, digital und analog zu denken.

An dieser Stelle will ich Sie darauf aufmerksam machen, dass große Denker in der Vergangenheit gerade die Fähigkeit, auch analog und damit irrational denken zu können, als das entscheidende Kriterium menschlichen Bewusstseins überhaupt ahnungsvoll herausstellten.

Arthur Schopenhauer (1788–1860), der es in einer herrlichen Sprache verstanden hat, Irrationales rational zu vermitteln, schrieb einmal:

> „Den Menschen ausgenommen, wundert sich kein Wesen über sein eigenes Dasein; sondern ihnen allen versteht dasselbe sich so sehr von selbst, dass sie es nicht bemerken. Aus der Ruhe des Blickes der Tiere spricht noch die Weisheit der Natur …“

Das Tier, so fährt Schopenhauer an anderer Stelle fort,

> „lebt ohne eigentliche Kenntnis des Todes: Daher genießt das tierische Individuum unmittelbar die ganze Unvergänglichkeit der Gattung, indem es sich seiner nur als endlos bewusst wird …“

Menschliche „Verwunderung“ nimmt Schopenhauer deshalb so ernst, weil sie bewusste Konfrontation mit dem Tod ist und:

> „Nur dem gedankenlosen Tiere scheint sich die Welt und das Dasein von selbst zu verstehen: dem Menschen hingegen ist sie ein Problem …“

Schopenhauer nennt an vielen Stellen seines Werkes Mittel zur „Problembewältigung“: neben den Philosophien Platons (427–347 v. Chr.) und Kants wird immer wieder die Bedeutung der Veden und der Upanischaden hervorgehoben.

Die Veden sind die heiligen Schriften des Vedismus, aus dem sich der Hinduismus (religiöse Hauptströmung in Indien) entwickelt hat. Ihre Entstehungszeit liegt zwischen 1500 und 1200 v. Chr. Sie gehören damit zu den ältesten Zeugnissen menschlicher Bemühungen, analog von der Welt Besitz zu ergreifen.

Sie werden sich fragen, warum ich an dieser Stelle nochmals auf die heute so aktuelle Beschäftigung mit der linken und rechten Gehirnhälfte, digitalem und analogem Denken zurückkomme? Ganz einfach deshalb, weil man hier und da gelegentlich ein „Denken“ oder Verhalten bemerkt, von dem man nach dem Gelesenen meinen sollte, dass es sich nicht so ohne weiteres der linken oder rechten Hirnhälfte zuordnen lässt.

In unsere Umgangssprache hat die Formulierung Einzug gefunden, dass jemand „ohne Sinn und Verstand“ gehandelt hat.

Wir stehen z. B. am frühen Morgen an der Bushaltestelle, bemerken, dass sämtliche Glasscheiben des Wartehäuschen zertrümmert sind, und fragen uns, was „die sich wohl dabei gedacht haben“. Oder nehmen wir die Raucher unter uns. Tagtäglich lesen sie auf ihren Zigarettenschachteln, dass Rauchen Herz- und Gefäßkrankheiten verursacht und die Gesundheit gefährdet. Sie ignorieren Signale aus dem Körper, obwohl sie um den Zusammenhang zwischen Rauchen und Lungenkrebs wissen. Trotzdem beginnt und endet der Tag mit einer Zigarette.

Die Nichtraucher treten an dieser Stelle an die Raucher mit dem Vorwurf heran, ihr Verhalten wäre irrational. Das genau ist ein falsches Verständnis von Irrationalität. Ist es nicht vielmehr so, dass wir in diesem Beispiel wie in vielen anderen

Situationen unseres Lebens „wider alle Vernunft“ handeln? Kann es sein, dass wir nicht nur bewussten, sondern auch unbewussten Steuerungen in unserem Verhalten unterliegen?

Wir haben inzwischen festgestellt, dass wir die bewusste Steuerung unseres Verhaltens dem Großhirn verdanken und hier u. a. jene Errungenschaften zu Hause sind, die uns von den Tieren unterscheiden: Sprache und Selbstbewusstsein, digitales und analoges Denken, Ratio und Irratio.

Unser Gehirn als Ganzes ist aber viel älter als das. Als Träger der Urform des Gehirns kennt man inzwischen das Lanzettfischchen. Aus den einfachen Strukturen seines Gehirns hat sich im Laufe von Millionen Jahren schließlich das menschliche Gehirn entwickelt. In diese Entwicklungslinie gehören auch jene unserer tierischen Vorfahren, von denen man manchmal lächelnd meint, es würde drei Tage dauern, bis der Schmerz im Kopf angekommen ist, nachdem man ihnen auf den Schwanz getreten hat: die Saurier.

Ihr Gehirn war nur in der Lage, viele primitive Grundfunktionen zu steuern, und hat sich im Laufe der Jahrmillionen nicht weiterentwickelt. Auch der Mensch besitzt einen Gehirnteil, den wir Stammhirn oder Reptiliengehirn nennen. Es ist, evolutionsgeschichtlich betrachtet, der „älteste“ Teil unseres Gehirns und steuert über das unwillkürliche Nervensystem nicht nur die Tätigkeit unserer inneren Organe und einen großen Teil der Hormonausschüttungen, sondern auch solche Körperfunktionen wie Schlafen, Essen, Trinken und Sexualverhalten. In einem Satz: Das Stamm- oder Reptiliengehirn ist für das Leben und somit auch für das Überleben verantwortlich.

Lesen wir noch einmal bei Arthur Schopenhauer nach:

> „Daher ist jedem Tiere wie die Sorge für seine Erhaltung, so die Furcht vor seiner Zerstörung angeboren: Diese also und nicht das bloße Vermeiden des Schmerzes ist es, was sich in der ängstlichen Behutsamkeit zeigt, mit der das Tier sich und noch mehr seine Brut vor jedem, der gefährlich werden

> könnte, sicherzustellen sucht. Warum flieht das Tier, zittert und sucht sich zu verbergen? Weil es lauter Wille zum Leben, als solcher aber dem Tode verfallen ist und Zeit gewinnen möchte. Ebenso ist von Natur der Mensch …“

Hier ist schon von dem die Rede, was später Charles Darwin (1809–1882) den „Kampf ums Dasein“ nennen wird.

Hinter dieser Metapher verbirgt sich das sehr augenscheinliche Fressen oder Gefressenwerden, dem man, seit es eine „Geschichte“ des Gehirns gibt, mit Flucht oder Kampf begegnete.

Schopenhauer war ein ausgezeichneter Menschenkenner und wusste, dass es nicht genügt, den Menschen nur als Vernunftwesen anzusehen. Von hier aus nimmt seine Feststellung über die Natur des Menschen, die einen symbolischen Charakter hat, dann auch ganz andere Konturen an.

Er ist zwar weit davon entfernt, den Menschen auf eine Stufe mit dem Tier zu stellen. Er ahnte aber, das wir alle in uns so etwas wie ein „tierisches Mitbringsel“ aus der Evolution haben. Heute sagen wir Reptiliengehirn dazu. Und wir sollten uns nicht darüber wundern, dass wir es haben.

Unsere Kenntnisse reichen inzwischen so weit, dass wir wissen, dass die Evolution auch auf der Weitergabe „erfolgreicher“ Gene an die nachfolgenden Generationen beruht. Damit vererben sich jene Fähigkeiten, welche die Anpassungsfähigkeit an die unterschiedlichsten Bedingungen und ein Überleben garantieren. Auch wir haben diese Fähigkeiten noch, gesteuert werden sie vom Reptiliengehirn.

Es steuert allzu oft und sichtbar unser Verhalten, und das in vielerlei Hinsicht. Lossagen können wir uns von ihm nicht, denn es gehört zur Natur des Menschen. Im Unterschied zum Tier können wir es zum Gegenstand unseres Denkens machen, doch geschieht das in der Regel im Nachhinein und kommt dann manchmal eben zu spät. Das will ohne Wertung verstanden sein, denn es gibt, wie ich anhand folgender Beispiele zeigen werde, auch Situationen, in denen wir froh sein sollten, auch ein Reptiliengehirn zu haben.

Es gibt Momente im Leben, in denen es darauf ankommt, schnell und ohne Überlegen zu handeln. Wenn es irgendwo brennt und Sie sehen am Fenster des in Flammen stehenden Hauses ein Kind, ist Nachdenken über die Ursachen dieser Katastrophe genauso wenig hilfreich wie die Ergriffenheit von der Gewalt des Feuers.

Das Reptilienhirn hat sich für Kampf entschieden und löst in Ihrem Körper eine Kette von Reaktionen aus, an deren Ende Sie genau über die Energie verfügen, um das Kind zu retten, damit es überlebt (Kampf).

Es gibt Menschen, die Kritik überhaupt nicht vertragen können und selbst gut gemeinte Ratschläge nicht annehmen, weil sie alles, was andere an sie herantragen, sofort persönlich nehmen. Sie fühlen sich beleidigt, verletzt oder gar angegriffen. Schaltet sich in solchen Situationen das Großhirn „aus" und das Reptilienhirn „ein", kann es zu folgenden Reaktionen kommen: Man ist beleidigt, schweigt, nimmt hin oder geht ganz einfach (Flucht).

Man kann aber auch wütend werden, den „Spieß umdrehen" oder womöglich aggressives Verhalten an den Tag legen (Kampf).

Auch körperlich spürt man „Umschaltungen" auf das Reptiliengehirn. In Abhängigkeit von der jeweiligen Veranlagung bekommt der eine schon einen trockenen Mund und zittrige Hände, wenn er nur vor drei Menschen einige Sätze sagen soll (Flucht). Andere können selbst vor hundert Zuhörern ihren Gefühlen freien Lauf lassen und diese damit in ihren Bann ziehen (auch eine Form des Kampfes).

Sie gehen spät am Abend durch eine wie ausgestorben wirkende Straße. Plötzlich stehen sieben, acht junge Männer vor Ihnen, die Sie bestimmt nicht nach der Uhrzeit fragen wollen. Sie sollten nicht erst lange überlegen, ob Ihre drei Stunden Ausbildung in Selbstverteidigung ausreichen könnten, eine befriedigende Lösung zu finden. Vertrauen Sie auf Ihr Reptiliengehirn und rennen Sie, so schnell Sie können (Flucht).

In unserer hektischen Welt leiden viele Menschen unter Stress. Stress – Druck, Anspannung oder Belastung – kann die unterschiedlichsten Ursachen haben, die Spanne ist sehr weit gefächert. Bereits geringfügige Veränderungen in der Umgebung eines Menschen können Stress auslösen, z. B. Lärm oder grelles Licht. Andere Ursachen sind Probleme und Ärger bei der Arbeit oder in der Familie, das Gefühl des Überfordertseins, das Ausbleiben von Anerkennung oder die plötzliche Konfrontation mit einer unheilbaren Krankheit.

Sosehr sich nun auch Stress auf die Befindlichkeit eines Menschen auswirken kann – ich möchte hier nochmals daran erinnern, dass es auch angenehmen Stress gibt –, er hat sehr viel mit dem Reptiliengehirn zu tun. Von hier aus wird Stress als Reaktion des Menschen auf seine Umwelt „gesteuert", hier werden in kürzester Zeit Energien freigesetzt, um die als Bedrohungen empfundenen Anspannungen und Belastungen auszuhalten und auch in als gefährlich empfundenen Situationen bestehen zu können. Entscheidend hierbei ist, dass dies alles ohne bewusste Vorbereitung geschieht.

Der Mensch wird also nicht nur von der Vernunft, sondern auch von einer Vielzahl anderer Einflüsse gesteuert. Diese Einflüsse müssen wir wahrnehmen und verstehen, um unsere Menschenkenntnis zu perfektionieren.

Ihre Aktivitäten – TUN®

- Welche Erkenntnisse haben Sie nach dem Lesen dieses ersten Kapitels für sich gewinnen können?
- Wie würden Sie Ihr eigenes Denken beschreiben?
- Halten Sie sich für einen eher rationalen oder irrationalen Menschen?
- Lesen Sie noch heute gerne Märchen oder Sagen und warum?
- Haben Sie Ihr Reptiliengehirn schon in Aktion erlebt?
- Woran liegt es, dass einem häufig erst nach einem Streit die besseren Argumente einfallen?
- Was sind Ihrer Ansicht nach Gefühle? Versuchen Sie doch einmal, einige zu beschreiben!

Kapitel 2

Die sinnliche Wahrnehmung

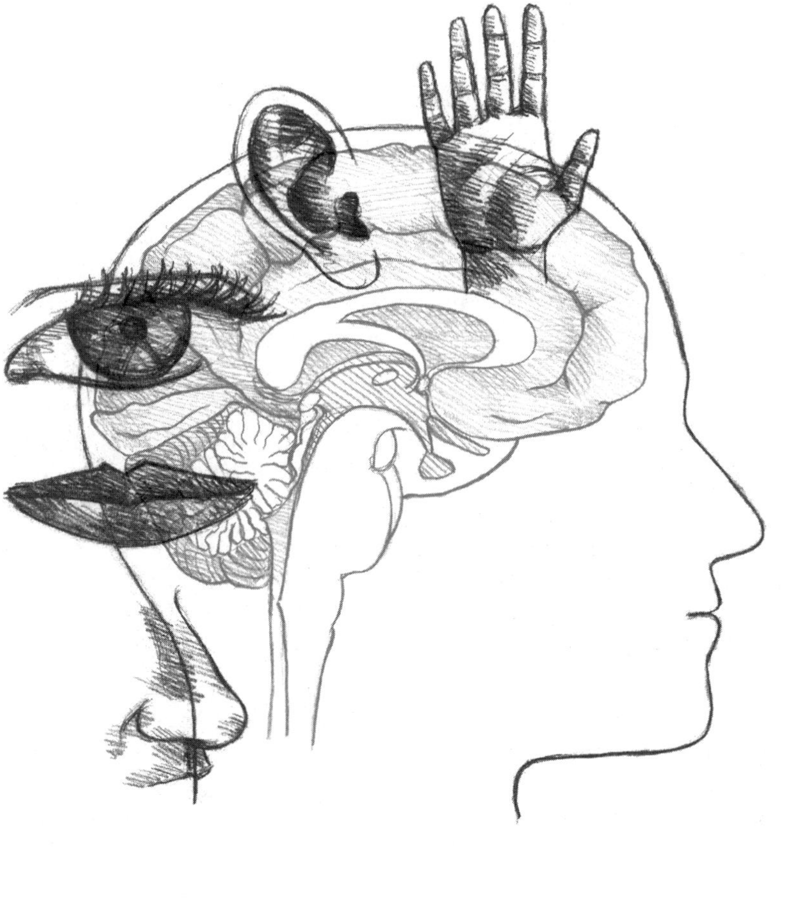

Wahrnehmung – Wahrheit – unsere Wirklichkeit

P.G. Zimbardo schreibt in seiner „Psychologie“:

> „Der naive Beobachter akzeptiert seine Sinneseindrücke, ohne sich darüber weiter Gedanken zu machen. Er glaubt, auf direkte, unmittelbare Weise Merkmale der sich in der Umwelt befindlichen Objekte wahrzunehmen. Er glaubt ferner, dass er direkten Kontakt mit diesen Objekten hat, und ist von der Genauigkeit seiner Wahrnehmungen ‚lebhaft‘ überzeugt.“

Ich habe bereits im ersten Kapitel davon gesprochen, dass wir mit unseren Ohren und Augen, unserer Nase, unserer Zunge und unserer Haut Informationen aus der äußeren Welt empfangen. Vom Nervensystem werden sie an das Gehirn weitergeleitet und hier buchstabiert, gelesen, entziffert und entschlüsselt.

An dieser Stelle will ich etwas ganz deutlich machen, weil es mir sehr wichtig ist: Die weit verbreitete Ansicht, dass unsere fünf Sinne die Welt so abbilden, wie sie wirklich ist, kann so nicht aufrechterhalten werden.

Seit Menschengedenken ist in den verschiedenen Wissenschaften und der Philosophie über diese Frage ein heftiger Streit entbrannt. Wir wären schlecht beraten, wenn wir von den erhaltenen Informationen über das, was wir die reale Welt nennen, auch behaupten würden: Genau so ist die Welt da draußen. Sehen Sie, jeder von uns ist auf seine Art ein Künstler, ein Maler, der die Welt in seinen Bildern festhält. Was macht sein Bild eigentlich zu einem Bild? Die Farben, die dem Künstler zur Verfügung stehen, die Qualität der Pinsel und seiner Leinwand und, wenn Sie so wollen, auch noch sein technisches Geschick? Dann würden sich vermutlich alle Bilder dieser Welt irgendwie ähneln, es würde genügen, dass in jedem Museum oder jeder Galerie nur ein Bild hängt.

Vielleicht erinnern Sie sich noch an Ihren Zeichenunterricht aus den Schultagen. Ich kann mich noch sehr gut daran erinnern, dass es unserem Lehrer sehr viel Freude bereitete, seine Schüler mit Kunstwerken aus vergangenen Zeiten bekannt zu machen, um sie dann interpretieren zu lassen. Auffallend war für mich immer, dass 20 Schüler zu 20 verschiedenen Auffassungen kamen und unser Lehrer die abgegebenen Arbeiten niemals zensierte.

Interpretation kommt vom lateinischen „interpretatio" und bedeutet Erklärung, Auslegung, Deutung oder Übersetzung. Später wurde mir dann klar, das Deutungen oder Auslegungen sehr individuell geprägt sein können. Sie sind abhängig von momentanen Verfassungen oder Stimmungen, Erfahrungen in den unterschiedlichsten Lebenssituationen, der Stellung in der Gesellschaft oder den ganz persönlichen Beziehungen. Das gilt aber nicht nur für den Betrachter eines Bildes, sondern auch für den, der es gemalt hat. Jeder Künstler nimmt die Welt durch das Prisma seiner Subjektivität wahr. Er malt oder zeichnet nicht die Welt, sondern immer seine Welt.

Ich will Ihnen mit einem uralten Gleichnis verdeutlichen, was ich meine. Es geht auf den griechischen Philosophen Platon (427–347 v. Chr.) zurück und ist in der Form eines Dialogs geschrieben. In diesem „Höhlengleichnis" spricht Sokrates für Platon.

> „*Sokrates*: Stelle dir Menschen vor in einer … Höhle; von Kind auf sind sie in dieser Höhle festgebannt mit Fesseln …; von oben aus der Ferne von rückwärts leuchtet ihnen ein Feuerschein; zwischen dem Feuer aber und den Gefesselten läuft oben ein Weg hin, längs dessen eine niedrige Mauer errichtet ist ähnlich der Schranke, die die Gaukelkünstler vor den Zuschauern errichten, um über sie weg ihre Kunststücke zu zeigen.

Glaukon: Das steht mir alles vor Augen.
Sokrates: Längs dieser Mauer … tragen Menschen allerlei Gerätschaften vorbei, die über die Mauer hinausragen … wobei, wie begreiflich, die Vorübergehenden teils reden, teils schweigen.
Glaukon: Ein sonderbares Bild, das du da vorführst, und sonderbare Gestalten!
Sokrates: Nichts weiter als unseresgleichen. Denn können erstlich solche Gefesselten von sich selbst sowohl wie gegenseitig voneinander etwas anderes gesehen haben als die Schatten, die durch die Wirkung des Feuers auf die ihnen gegenüberliegende Wand der Höhle geworfen werden? … Gilt von den vorübergetragenen Gegenständen nicht dasselbe?
Glaukon: Auch von ihnen haben sie nur Schatten gesehen.
Sokrates: Wenn sie nun miteinander reden könnten, glaubst du nicht, dass sie der Meinung wären, die Benennungen, die sie dabei verwenden, kämen den Dingen zu, die sie unmittelbar vor sich sehen?
Glaukon: Notwendig …
Sokrates: Durchweg also würden diese Gefangenen nichts anderes für wahr gelten lassen als die Schatten der künstlichen Gegenstände?
Glaukon: Notwendig."

Können wir denn dann die Wirklichkeit je so wahrnehmen, wie sie ist? Können wir die „Wahrheit" erkennen? Wahrheit und Wirklichkeit liegen in unserem Sprachgebrauch sehr dicht beieinander: „Ist das auch wirklich wahr?" oder „Wirklichkeit ist noch keine Wahrheit, Wahrheit keine Wirklichkeit".

Es wäre verlockend und spannend, dem Verhältnis von Wahrheit und Wirklichkeit im Denken der Vergangenheit nachzuspüren. Ich will mich auf ein kurzes, aber dafür prägnantes Beispiel beschränken.

Im Jahre 1690 erschien in London ein Buch, dessen Titel in der Übersetzung „Versuch über den menschlichen Verstand" lautet. Sein Verfasser war der Philosoph und Pädagoge John Locke (1632–1704).

Für ihn ist die Seele des Menschen bei der Geburt eine leere, unbeschriebene Tafel, eine „Tabula Rasa", in welche die Sinneseindrücke eingegraben werden wie in Wachs. „Nichts ist im Verstand, was nicht vorher in den Sinnen gewesen wäre", lautete die berühmte Formulierung John Lockes. Das ist vollkommen richtig. Vor ca. 300 Jahren sah das der deutsche Philosoph, Physiker und Mathematiker Gottfried Wilhelm Leibniz genauso, fügte jedoch den kleinen, aber entscheidenden Satz hinzu, den ich Ihnen sinngemäß wiedergeben will: „Nichts ist im Verstand, was nicht vorher in den Sinnen war, außer dem Verstande selbst." Leibniz hatte sehr wohl die Schwächen des John Locke und seines Modells erkannt.

Sie lagen im Bild der Wachstafel selbst. Vollkommen zu Recht könnte Leibniz heute mit unseren Worten einwenden, dass jede Tafel ihre eigene und besondere Oberfläche hat, wovon letztlich ihre Verwendung abhängt. Und weiter, was nützt mir die beste Tafel, wenn ich keine Kreide, keinen Griffel habe? Schließlich: irgendwann ist auch die größte Tafel einmal voll geschrieben. Der eine wischt sie mit dem Schwamm ab, dem anderen genügt ein Lappen.

Wenn also jeder von uns über seine Empfindungen mit der Welt da draußen in Kontakt tritt, bringt jeder seine eigene Tafel mit, in welche die Sinneseindrücke „eingegraben" werden, wie John Locke meinte.

Diese „eigene Tafel" ist es, die ich weiter oben zu umschreiben versuchte: Jeder von uns sieht die Welt gebrochen durch das Prisma oder, wenn Sie so wollen, durch die Brille der eigenen Subjektivität. Deswegen ist menschliche Wahrnehmung immer zugleich eine Interpretation, eine Deutung, eine Übersetzung unserer Außenwelt.

Schauen Sie sich dieses Bild ganz genau an!
Was erblicken Sie? Eine alte oder eine junge Frau?
Beide?

Man stößt in der einschlägigen Literatur oft auf die Formulierung von einer „Landkarte“, die jeder Wanderer mitnimmt, um sich in der Fremde zurechtzufinden. Und trotzdem weiß er ganz genau, dass diese Landkarte nie der Wirklichkeit entspricht. Die Wirklichkeit will damit nicht geleugnet werden. Sie ist, um mit Kant zu sprechen, ein „Ding an sich“. Sie existiert unabhängig vom erkennenden Subjekt. Jeder, der meint, „diese“ Welt wahrzunehmen, nimmt immer nur „seine“ Welt wahr.

Von den Menschen wissen wir, dass sie sich nur äußerst ungern in Schubkästen „ablegen“ lassen, weil wir ganz einfach zu verschieden sind. Gott sei Dank sind nicht alle Menschen gleich. Jeder von uns ist eine Individualität, eine Einzigartigkeit. Jeder von uns hat seine ganz persönlichen Merkmale: vom Charakter über die Sprache, Mimik und Gestik bis hin zu den Fingerabdrücken. Und jeder von uns hat seine besondere Art wahrzunehmen.

Jedem Menschen stehen tagtäglich unzählige Informationen zur Verfügung. Wir fügen in Abhängigkeit von unserer Gesamtpersönlichkeit Informationen zusammen. Das gilt sowohl für unsere äußeren als auch inneren Wahrnehmungen.

Menschen haben die Fähigkeit, Objekte, Ereignisse oder Lebewesen wahrzunehmen, ohne dass sie ihnen „gegenüberstehen“. Er kann sich sehr wohl im tiefsten Winter einen blühenden Kirschbaum vorstellen, während sie im Spätsommer weiß, wie herrlich die Tulpen im Vorgarten des Nachbarn blühten. So lehnt man sich entspannt zu Hause in seinem Sessel zurück und hört das Rauschen der Wellen, obwohl die

See hunderte von Kilometern entfernt ist. Oder man hat noch den Duft ihres Parfüms in der Nase, obwohl seit dem ersten gemeinsamen Abend inzwischen Wochen ins Land gezogen sind. Und man spürt noch immer die vom Waschen rauen Hände der Mutter, wenn man an seine Kindheit zurückdenkt.

Wichtig dabei ist, welche Bedeutung die Informationen für jeden Einzelnen haben. Nicht jeder erfreut sich an der Vorstellung eines blühenden Baumes, mag das Wellenrauschen oder liebt einen Duft. Die uns prägenden Bilder stehen in Abhängigkeit zu den Wahrnehmungskanälen, die jeder Einzelne von uns bevorzugt, um Informationen nach eigener Wahl aufzunehmen.

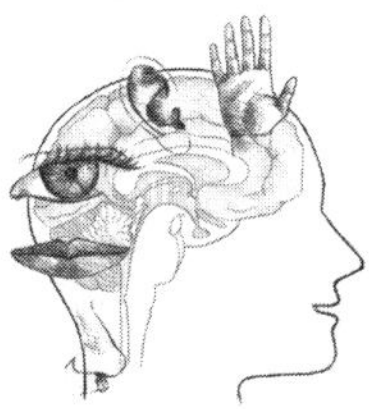

visuell – das Sehen betreffend
auditiv – das Hören betreffend
kinästhetisch – das Fühlen betreffend
olfaktorisch – das Riechen betreffend
gustatorisch – das Schmecken betreffend

Meine Erlebnisgeschichte

Ich will Sie an dieser Stelle zu einem Experiment auffordern! Nehmen Sie einmal Abstand vom Alltag und ziehen sich an einen ruhigen Ort in Ihrer Wohnung zurück. Versuchen Sie, sich an eine Begebenheit in Ihrem Leben zu erinnern, die für Sie von Bedeutung war. Es liegt ganz bei Ihnen, ob Sie hier an eine Situation zurückdenken, die Sie als positiv oder negativ, angenehm oder schmerzhaft empfunden haben. Und nun schreiben Sie diese Erlebnisgeschichte einfach auf!

Meine Erlebnisgeschichte:

Lesen Sie sich Ihre Erlebnisgeschichte nun nochmals in aller Ruhe durch; nehmen Sie sich hierfür alle Zeit, die Sie brauchen. Achten Sie aber besonders auf jene Worte, die Ihr Verhalten, Ihren Zustand oder Ihre Befindlichkeit zum Ausdruck bringen.

Diese Worte zeigen den Sinneskanal an

Diese Worte machen sichtbar, welche Wahrnehmungskanäle von Ihnen bevorzugt wurden. Ich will Ihnen Beispiele solcher Worte geben:

visuell	kinästhetisch	auditiv	olfaktorisch	gustatorisch
sehen	fühlen	hören	riechen	schmecken
schauen	empfinden	abhören	duften	kosten
gucken	erleben	zuhören	schnuppern	munden
beobachten	hineinver-	mithören	stinken	verspeisen
hinsehen	setzen	überhören	Duft	essen
wegsehen	tasten	weghören	Gestank	trinken
übersehen	berühren	lauschen	Geruch	köstlich
ansehen	anfassen	verstehen	wohl-	deftig
blicken	festhalten	vernehmen	riechend	fade
erblicken	einfühlen	verhallen	übel	salzig
erkennen	durchleben	aufschnap-	riechend	bitter
sichten	greifen	pen	ätherisch	süß
wahrneh-	nacherle-	schweigen	geruchs-	scharf
men	ben	reden	aktiv	sauer
durch-	drücken	singen		lieblich
schauen	anstoßen	klingen		abgestan-
vorstellen	schieben	summen		den
hell	spüren	flüstern		schal
dunkel	weich	einstimmen		würzig
farbig	fest	zustimmen		herb
farblos	hart	überreden		
blass	kalt	mitreden		
rot	warm	laut		
gelb	heiß	leise		
blau	glitschig	schrill		
rund	leicht	gedämpft		
eckig	schwer	ruhig		
gerade	porös	rauschend		
krumm	schmerz-	plätschernd		
schief	haft	knisternd		
klar	angenehm	„klick“		
düster	lustvoll			
neblig	fiebrig			
schummrig	beschwingt			
leuchtend	langweilig			
grell	unruhig			
glitzernd	lebhaft			

Sicherlich bemerken Sie inzwischen auch an der Wortwahl in Ihrer Erlebnisgeschichte, dass sie eine Zuordnung zu den von mir genannten Wahrnehmungskanälen gestattet.

Tragen Sie die von Ihnen verwendeten Worte in die folgende Tabelle ein!

visuell	kinästhetisch	auditiv	olfaktorisch	gustatorisch

Hinweise und Erläuterungen für Ihre persönliche Auswertung dieser Tabelle werde ich Ihnen später geben. Wir fahren an dieser Stelle in unserem Experiment einfach fort.

Wahrnehmung und Redewendungen

Redewendungen können die von Ihnen bevorzugten Wahrnehmungskanäle sichtbar werden lassen. Auch hier werde ich Ihnen zunächst wieder einige Beispiele geben.

visuell	kinästhetisch	auditiv	olfaktorisch	gustatorisch
jemanden vom Sehen her kennen, jemandem ähnlich sehen, jemandem auf die Finger sehen, er hat schon bessere Zeiten gesehen, alles grau in grau sehen, einem Menschen kann man nicht ins Herz sehen, Licht am Ende des Tunnels sehen, hinter die Kulissen schauen, dem Tod ins Auge schauen, lass dir nicht dauernd in die Karten gucken, seinen eigenen Augen nicht trauen.	seine Nähe fühlen, die Schamesröte im Gesicht verspüren, das Herz schlägt mir bis zum Halse, kalte Hände haben, das Blut zum Kochen bringen, in Schwung geraten, alle Fäden ziehen, in die Luft gehen, seinen warmen Atem spüren, eine schmerzhafte Erinnerung haben, ein feines Gespür für etwas haben, in Erinnerungen schwelgen, ein Schicksal durchleben, bange Minuten erleben, sich in seine Situation hineinversetzen.	himmlische Ruhe, höllischer Lärm, sich in Schweigen hüllen, Himmelsgeigenhören, in sich hineinhören, etwas von sich hören lassen, jemandem die Ohren voll jammern, ganz Ohr sein, ein feines Ohr für etwas haben, wie eine Katze schnurren, eine sanfte Stimme, ihr Schrei blieb mir noch lange im Ohr hängen, die Seele zum Klingen bringen.	ein Duft von frischem Heu, der Duft der großen, weiten Welt, in der Küche roch es nach Weihnachten, er konnte den kommenden Schnee schon riechen, ich kann ihn nicht riechen, ich mag ihr Parfüm, Geld stinkt nicht, seine Faulheit stank zum Himmel, sie hatte schon immer eine feine Nase, den Braten riechen können.	dem Gaumen schmeicheln, gallebitter, eine bittere Pille schlucken, das Essen war ein Hochgenuss, es schmeckt nach mehr, du bist das Salz in meiner Suppe, den bitteren Kelch bis auf den Grund leeren, das schmeckt mir wieder, sie ist feurig wie Paprika.

Haben Sie solche oder andere Redewendungen in Ihrer Erlebnisgeschichte verwendet? Tragen Sie diese entsprechend ihrer Zuordnung in die folgende Tabelle ein!

visuell	**kinästhetisch**	**auditiv**	**olfaktorisch**	**gustatorisch**

Ihnen wird sicherlich deutlich werden, dass Sie Ihre Worte und Redewendungen nicht nur in zwei oder gar nur eine Spalte eingetragen haben. Sie haben sich sozusagen während des Schreibens zwischen den Spalten „bewegt". Damit kann ich vorwegnehmend sagen, dass unser Experiment geglückt ist, denn es bestätigt Ihre Vielseitigkeit: Sie werden nie nur visuell oder kinästhetisch oder auditiv oder olfaktorisch oder auch gustatorisch wahrnehmen.

Die Wahl eines jeweiligen Wahrnehmungskanals ist immer situationsbedingt, geschieht aus den verschiedenen Lebenssituationen heraus. Dabei ist es vollkommen unwichtig, ob es sich um zeitlich begrenzte oder offene Lebenssituationen handelt. Ja, Sie werden eine ganz bestimmte Begebenheit in Ihrem Leben nie mit nur einem Wahrnehmungskanal reflektieren.

Zum anderen werden Sie an der von Ihnen ausgefüllten Tabelle bemerken, dass Sie vielleicht in der einen Spalte eine große Anzahl von Wörtern oder Redewendungen niedergeschrieben haben, in einer anderen nur wenige. Auch das sollte Sie nicht überraschen. Es bestätigt nur die Tatsache, dass wir im ständigen Wechsel der Wahrnehmungskanäle einen „Lieblingskanal" haben, über den wir uns die Welt erschließen.

Kein Mensch ist nur visuell, kinästhetisch oder auditiv eingestellt, er bevorzugt nur das eine vor dem anderen. Zu Hause, in Ihrem Privatleben oder in Ihrer Partnerschaft nehmen Sie Ihr Umfeld kinästhetisch wahr. In Ihrem Berufsleben hingegen „bewegen" Sie sich visuell oder auditiv.

Es ist nicht unwesentlich zu wissen, über welche Wahrnehmungskanäle man selbst oder andere um einen herum die unterschiedlichsten Lebenssituationen „verarbeiten". Ich will Ihnen ein Beispiel geben, das der eine oder andere von Ihnen bestimmt schon erlebt hat. Man erhält eine Einladung von Bekannten zu einem gemütlichen Abend, trifft sich wie verabredet, sitzt zusammen, plaudert und trinkt eine Flasche Rotwein. Und dann kommt er: der Dia-Vortrag zum Thema „Unser letzter Urlaub"! Mehr oder weniger wortlos wird Bild für Bild gezeigt und das Ganze zieht sich über eine Stunde hin. Die zu erwartende Frage folgt auf dem Fuß: „Na, war das nicht toll?" und es schließt sich ein höflich geantwortetes „Aber klar ..." an.

Wenn der Gastgeber hellhörig ist, wird er bemerken, dass der Abend irgendwie nicht so verlaufen ist, wie er sich das gedacht hat. Es hätte alles anders kommen können, wenn er seine Bilder (visuell) mit mehr Kommentaren versehen hätte (auditiv), nicht nur den Berg gezeigt (visuell), sondern von den Anstrengungen und Mühen erzählt hätte, mit denen er erklommen wurde (kinästhetisch). Manchmal genügen auch schon ein paar Mitbringsel aus fremden Länder, die man anfassen und berühren kann (kinästhetisch), die kleine Kostprobe einer landestypischen Spezialität (olfaktorisch) oder das Schnuppern an einem fremden Gewürz (gustatorisch), um ein wirkliches Gespräch über das Erlebte zu Stande kommen zu lassen.

Es heißt so schön: „Über Geschmack lässt sich nicht streiten." Das ist richtig. Es ließen sich aber in der zwischenmenschlichen Kommunikation viel Streit und Missverständnisse vermeiden, wenn man die Tatsache unterschiedlicher und vom anderen jeweils favorisierter Wahrnehmungskanäle respektiert. Um sie zu bemerken, ist es ganz wichtig, aufmerksam auf die Sprache des anderen zu achten, um überhaupt verstanden zu werden oder auf den anderen eingehen zu können. Bevorzugt z. B. Ihr Gesprächspartner visuelle Wahrnehmungsstrategien und Sie auditive, laufen Sie Gefahr, dass er Ihnen nicht zuhört oder Sie nicht versteht. Kommunikation wird an dieser Stelle sinnlos, man redet zwar miteinander und doch aneinander vorbei.

Das Gedachte und Gefühlte an den Augenbewegungen erkennen

Wer kennt sie nicht? Jene bewegende Filmszene aus dem amerikanischen Streifen „Casablanca": Humphrey Bogart als Rick und Ingrid Bergman als Ilsa stehen dicht beieinander und es fällt jener berühmte Satz, der Kinogeschichte geschrieben hat: „Schau mir in die Augen, Kleines!"

Weniger Erfreuliches spricht zunächst dagegen aus anderen, gleichfalls oft gehörten Sätzen: „Schauen Sie mich an, wenn ich mit Ihnen rede!" (Richter – Angeklagter; Unteroffizier – Rekrut oder Lehrmeister – Auszubildender) oder „Sieh mir gefälligst in die Augen, wenn ich mit dir spreche!" (Vater/Mutter – Kind, Lehrer – Schüler, Partner – Partnerin).

Was immer der Hintergrund und konkrete Anlass für das Aussprechen dieser Sätze ist, eines haben sie ganz offensichtlich gemeinsam: Fehlender Blickkontakt lässt den einen im Zweifel darüber, was der andere denkt, fühlt, meint oder glaubt. Man weiß nicht, welche Bilder er von der Außenwelt hat, wie er sich selbst sieht oder wie diese Bilder zu Stande gekommen sind.

Ich werde an anderer Stelle noch darauf zu sprechen kommen, dass gerade die Augen eines Menschen ausgezeichnete Rückschlüsse auf sein Wesen und seinen Charakter gestatten. Hier geht es mir um etwas anderes. Bislang haben wir darüber gesprochen, wie Menschen verbal ihre jeweils bevorzugten Wahrnehmungskanäle zu erkennen geben. Das geschriebene oder gesprochene Wort verlangt in diesem Zusammenhang unsere größte Aufmerksamkeit. Sie werden bald feststellen, dass die Sprache die Art und Weise unseres Denkens widerspiegelt und somit ein Schlüssel zu unseren inneren Vorgängen ist.

Zugang zum anderen findet man jedoch nicht nur, indem man ihm aufmerksam zuhört, sondern auch, indem man ihn unvoreingenommen ansieht. Wenn man mit Menschen spricht, kann man beim anderen Augenbewegungen registrieren, die mitunter so rasch geschehen, dass es nicht immer leicht ist, ihnen zu folgen. Man sollte sich bemühen, sie nicht zu übersehen, denn auch Augenbewegungen geben uns wichtige, nonverbale Hinweise darauf, wie unsere Mitmenschen ihre Welt und sich selbst wahrnehmen.

Das Thema dieses Buches ist Menschenkenntnis. Jeder meint, er hat sie, und doch wird sich bei näherer Betrachtung herausstellen, dass es ganz so einfach mit der Menschenkenntnis ja nun doch nicht ist. Demgegenüber steht die tägliche Einsicht, dass gerade Menschenkenntnis im privaten wie beruflichen Bereich nicht wegzudenken ist. Man braucht sie, um andere Menschen zu verstehen, auf sie einzugehen und sie zu motivieren. Und schließlich kann Menschenkenntnis recht hilfreich für mich selbst sein, immer dann, wenn ich herausfinden will, wer ich denn eigentlich bin.

Hier gibt es die unterschiedlichsten Anstrengungen. Auf eine will ich Sie kurz aufmerksam machen, das „Neurolinguistische Programmieren", kurz NLP genannt. Es ist in den 70er-Jahren des vergangenen Jahrhunderts in den USA entwickelt worden. Mit seinen Anfängen verbinden sich die Namen des Linguistikers John Grinder und des Informatikers Richard Bandler. Ihre wissenschaftlichen Bemühungen waren auf die Erforschung erfolgreichen menschlichen Kommunikationsverhaltens gerichtet. Es handelte sich für beide nicht darum, diese Forschungen um ihrer selbst willen durchzuführen. Ihnen kam es vielmehr darauf an, anderen ihre Methode als Grundlage erfolgreicher Kommunikation vorzustellen.

Das Wort „neuro" verweist auf seine Herkunft von dem griechischen Wort „neuron" (Nerv) und begegnet uns in solchen Zusammenhängen wie Neurochirurgie oder Neurologie (Wissenschaft vom Aufbau und der Funktion unseres Nervensystems). Im Gesamtzusammenhang NLP meint „neuro" insbesondere, dass wir über unsere Sinne äußere und innere Wahrnehmungen realisieren, sie im Gehirn verarbeiten, abspeichern und abrufbar machen.

Das Wort „linguistisch" leitet sich vom lateinischen Wort „lingua", Sprache ab. Seine Bedeutung im NLP haben Sie bereits kennen gelernt: Sie spiegelt auf ganz besondere Art und Weise die Art unseres Denkens wider (visuell, kinästhetisch usw.). Programmieren schließlich steht für die Tatsache, dass menschliches Verhalten durch Programme gesteuert wird. Hierauf komme ich noch an anderer Stelle zu sprechen.

Es waren Bandler und Grinder, die herausgefunden haben, dass unsere Augenbewegungen nicht nur Hinweise auf die in unserem Inneren ablaufende Informationsverarbeitung abgeben, sondern gleichzeitig erkennen lassen, über welche bevorzugten Wahrnehmungskanäle diese Informationen aufgenommen worden sind bzw. wie sie reflektiert werden.

Bewegen sich die Augen rein zufällig in diese Richtung oder folgen sie einem bestimmten Muster? Die Augenbewegungsmuster lassen Abweichungen in der Deutung zu. Im Allgemeinen sind folgende Zugangsmuster bei Rechtshändern möglich:

visuell erinnert

Diese nach links oben gehende Augenbewegung bemerkt man in der Regel dann, wenn der Befragte seine Antwort mithilfe solcher Bilder formuliert, die schon einmal gesehene Dinge, Situationen oder andere Menschen zum Inhalt haben. Fragen, die diese Augenbewegung auslösen, können z. B. die folgenden sein:

- „Wie sah eigentlich die Wohnung aus, ehe du umgebaut hast?“
- „Kannst du dir noch vorstellen, wie Herr Meyer damals ohne Bart ausgesehen hat?“
- „Kannst du dich erinnern, dass genau an dieser Stelle, an der jetzt der Supermarkt eröffnet hat, früher einmal unser Elternhaus stand?“
- „Was für eine Augenfarbe hatte eigentlich unsere Mutter?“
- „Kannst du dich noch an dein Hochzeitskleid erinnern?“

visuell konstruiert (sich etwas ausdenken)

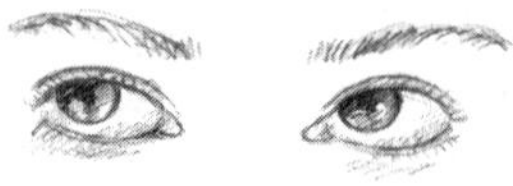

Diese nach rechts oben gehende Augenbewegung bemerkt man oft dann, wenn der Befragte seine Antwort mithilfe solcher Bilder formuliert, die Dinge, Situationen oder andere Menschen zum Inhalt haben, die man noch nie in seinem Leben gesehen hat, sich aber durchaus vorstellen kann. Z. B.:

- „Was meinst du, wie werde ich wohl mit Brille aussehen?“
- „Kannst du dir eigentlich vorstellen, dass auch Napoleon auf die Toilette gegangen ist?“
- „Wie mag wohl mein Urgroßvater ausgesehen haben?“
- „Kannst du dir einen giftgrünen Elefanten mit vielen lila Pünktchen vorstellen?“
- „Was meinst du, wie wird unsere Welt in tausend Jahren aussehen?“

auditiv erinnert

Diese nach links gehende Augenbewegung bemerkt man sehr häufig, wenn der andere aufgefordert wird, sich an bereits gehörte Klänge, Stimmen, gesprochene Worte oder Geräusche zu erinnern. Z. b.:

- „Sie hat gestern zu dir gesagt, dass sie am nächsten Wochenende kommen will. Hast du das schon vergessen?“
- „Weißt du noch, wie kläglich unsere Katze miaut hat, als sie nicht mehr vom Dach herunterkam?“
- „Kennst du den Schlager wirklich nicht mehr? Wir haben ihn doch früher so oft und gerne gehört?“
- „Kannst du dich noch daran erinnern, wie gespenstisch der Wind durchs Haus heulte, wenn Großvater mal wieder vergessen hatte, die Dachluke zu schließen?“
- „Weißt du noch, wie es geklungen hat, wenn wir Weihnachten Tante Friede zuliebe vor der Bescherung immer singen mussten?“

auditiv konstruiert (sich etwas ausdenken)

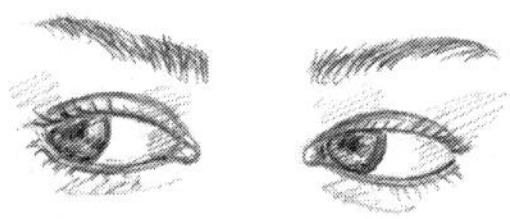

Diese nach rechts gehende Augenbewegung bemerkt man in der Regel dann, wenn andere darum gebeten werden, sich Stimmen, Geräusche, gesprochene Worte oder Klänge vorzustellen, die sie noch nie in ihrem Leben gehört haben können. Z. B.:

- „Wie es wohl geklungen hat, als Händel die Aufführung seiner Feuerwerksmusik in London selbst dirigiert hat?"
- „Kannst du dir vorstellen, dass die Rolling Stones das Ave Maria singen?"
- „Ist dir klar, was für einen Krach unser Nachbar anschlagen wird, wenn er erfährt, dass wir sein Auto angefahren haben?"
- „Was hat er eigentlich gesagt?"
- „Glaubst du wirklich, dass er singen kann?"

innerer Dialog

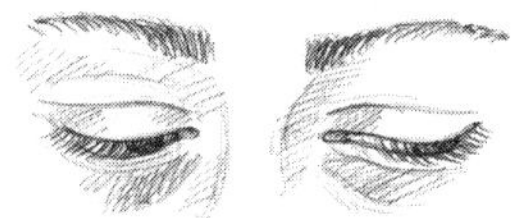

Diese nach links unten gehende Augenbewegung bemerkt man häufig dann bei anderen, wenn sie sich zurückgezogen haben, Zwiesprache mit sich selbst führen oder auf ihre „innere Stimme" hören. Den Dialog eines Menschen mit sich selbst sollte man durch Fragen nicht stören. Es steht zu vermuten, dass der Betreffende versucht, für sich Sinn- oder schwere Sachfragen zu beantworten.

kinästhetisch

Diese nach rechts unten gehende Augenbewegung bemerkt man oft dann an anderen, wenn sie ihre inneren oder äußeren Wahrnehmungen gefühlsmäßig verarbeiten. Es ist hier unwesentlich, ob das erinnernd oder konstruktiv geschieht. Fragen und Aufforderungen, die diese Augenbewegung auslösen, können z. B. die folgenden sein:

- „Wie geht es dir?“
- „Wie hast du dich gefühlt, als du erfahren hast, dass deiner Partnerin bei ihrem Autounfall nichts weiter passiert ist?“
- „Verbinden sich mit deinem Urlaub angenehme Erinnerungen?“
- „Wie fühlt sich das Stück Metall in deiner Hand an?“
- „Fühlst du noch immer den warmen, weichen Sand zwischen den Zehen?“

Warum Sie die Wahrnehmungsstrategien kennen sollten

Im folgenden Abschnitt werde ich Ihnen anhand eines Beispiels zeigen, worin Sinn und Nutzen der Kenntnis bevorzugter Wahrnehmungssysteme und Zugangshinweise bestehen können. Hier und da habe ich es im bisherigen Text ja bereits angedeutet.

Der Sohn eines Bekannten brachte, solange er auf der Grundschule war, die denkbar besten Noten in den Fächern Chemie und Biologie mit nach Hause. Sein Chemielehrer förderte seinen begabten Schüler weit über den Unterricht hinaus und ermöglichte es ihm, auch gegen den anfänglichen Widerstand seiner Eltern zu Hause zu experimentieren, was zugegebenermaßen nicht immer ungefährlich war. Seine Experimentierfreudigkeit war unerschöpflich.

Er besuchte dann später das Gymnasium, weil es sein großer Wunsch war, nach dem Abitur Biochemiker zu werden. Auf einmal trat ein, womit niemand gerechnet hatte und was sich niemand erklären konnte: In einem Brief teilte der neue Chemielehrer unseren Bekannten mit, dass die Leistungen ihres Sohnes insbesondere in den naturwissenschaftlichen Fächern immer weiter absinken würden. Guter Rat war teuer und eine lebhafte Suche nach den Ursachen begann. Lag es am vielleicht überschätzten Auffassungsvermögen des Schülers, der den Anforderungen des Gymnasiums doch nicht so recht gewachsen war? War es vielleicht die neue Freundin, die seine Aufmerksamkeit zu sehr beeinträchtigte? Dass er zu Hause nur noch selten experimentierte, war inzwischen schon aufgefallen. Eltern neigen gelegentlich dazu, dem betreffenden Lehrer schulische Probleme ihres Sprösslings anzulasten, und es passierte auch in diesem Falle. Dabei konnte man dem Lehrer mangelnde fachliche Kompetenz nicht unterstellen. Er galt als herausragender Fachvertreter. Irgendwann verliefen dann die vielen Gespräche, Aussprachen sowie „Ursachenforschungen" im Sande.

Eines wurde jedoch klar: Die Konturen eines lang gehegten Studienwunsches verblassten immer mehr und am Schluss fing der Sohn unserer Bekannten dann gar kein Studium an.

Das ist zunächst nichts Außergewöhnliches und schon gar nichts Ehrenrühriges. Viele Mütter und Väter können von ihren Kindern bestimmt Ähnliches berichten. Und doch gibt es irgendwie zu denken.

Da ist zunächst ein junger Mensch: intelligent, interessiert und ganz offensichtlich auch begabt. Und da ist ein Lehrer, der seinen Schüler nicht nur unterrichtet und fördert, sondern auch begeistert. Unser junger Mann wurde im weiteren Verlauf der Schulzeit sicherlich nicht dümmer. Und sein neuer Lehrer, wie gesagt, galt als Kapazität.

Viel später erst stellte sich heraus, dass der Unterschied zwischen beiden Fachlehrern ganz einfach in ihren jeweiligen Auffassungen von Unterrichtsgestaltung bestand. Das hört sich simpel an, geschieht aber so oft und jeden Tag in jeder Schule.

Der eine Lehrer vermochte es, Chemie „nahe zu bringen", der andere „berichtete" über Chemie. Der eine experimentierte und ließ seine Schüler selbst experimentieren (kinästhetisch, ja sogar olfaktorisch und gustatorisch), um sie dann nach den theoretischen Hintergründen zu befragen und diese zu erklären (visuell, auditiv).

Für den einen ist Schwefel zunächst ein hellgelber, meistens pulverförmiger und stechend riechender Stoff, der mit einer herrlich blauen Flamme verbrennt, um damit noch üblere Gerüche zu verbreiten, die irgendwie an verfaulte Eier erinnern. Erzählt wird von chinesischen Kaisern vor langer, langer Zeit und ihrem Wunsch nach Unsterblichkeit sowie der erfolglosen Suche nach dem Elixier des Lebens. Alchemisten sollten diesen geheimnisvollen Stoff selbst herstellen und experimentierten zufälligerweise auch mit Salpeter, Kohlenstoff und Schwefel. So wurde das Schießpulver „erfunden" (visuell, auditiv, kinästhetisch, olfaktorisch).

Für den anderen ist Schwefel ein chemisches Element mit dem Symbol S und der Ordnungszahl 16. Es hat eine relative Atommasse von 32,06 und ist ein Nichtmetall. Im Periodensystem der Elemente findet man Schwefel in der 6. Hauptgruppe, sein Schmelzpunkt liegt bei 114,6 °C.

Diese Mitteilungen enden meistens mit „Habt Ihr das verstanden? Gut, dann gehen wir weiter!" (ausschließlich auditiv).

Unser erster Lehrer verstand es, die Vielfalt der Wahrnehmungskanäle seiner Schüler „anzusprechen". Damit will nicht gesagt werden, dass er überhaupt solche Wahrnehmungskanäle kennt. Er TUT es ganz einfach und ist letztlich ein erfolgreicher Lehrer.

Unser zweiter Lehrer, der über ein großes fachliches Wissen verfügt, scheitert ganz offensichtlich daran, dieses Wissen auch zu vermitteln. Das nicht zuletzt, weil seine Vermittlung in den Bahnen seines bevorzugten Wahrnehmungskanals verläuft.

Hier wäre die Kenntnis anderer Wahrnehmungskanäle sicherlich sehr hilfreich. Und vielleicht wäre er dann auch in der Lage, die Augenbewegungen seiner Schüler zu deuten, um sich besser auf sie einstellen zu können. Es genügt schon zu bemerken, dass ein Viertel seiner Schüler mit den Augen „nach links unten schaut". Eigentlich könnte er sie nach Hause schicken. Aber das ist ja wohl nicht der Sinn der Sache.

Die Wahrnehmungskanäle anderer wahrzunehmen und gezielt anzusprechen kann uns aber nicht nur im Unterricht weiterhelfen. Diese Fähigkeit ist genauso wichtig im Alltag, im Beruf und in der Partnerschaft.

Der visuelle und der kinästhetische Grundtyp

Während meiner langjährigen Trainertätigkeit ist mir immer klarer geworden, dass die Aneignung und Vermittlung von Menschenkenntnis, Körpersprache und Charakterkunde einsichtiger wird und wesentlich treffender ausfällt, wenn man sich an sogenannten „Grundtypen" orientiert.

Für mich haben sich in diesem Zusammenhang der visuelle und der kinästhetische herauskristallisiert. Im Kontext kausalen Denkens kann und will ich diese „Festlegung" nicht begründen. Sie hat sich mir aber im Umgang mit anderen Menschen immer wieder bestätigt. Beschränkte sich dieser Umgang mit Menschen zunächst auf solche, die mir in meinen engsten persönlichen Beziehungen und im familiären Umfeld begegneten, so konnte ich bald feststellen, dass sich meine

Beobachtungen im beruflichen und sozialen Alltag wiederholten. Die hierbei gewonnenen Erkenntnisse nutzte ich dann entsprechend in meinen Seminaren.

Das bedeutet nicht, dass wir solchen Grundtypen in der Welt da draußen gegenüberstehen werden. Zuordnungen dürfen an dieser Stelle keinesfalls absolut vorgenommen werden, weil, wie inzwischen mehrfach betont wurde, jeder Mensch ein Individuum ist und in keine Schablone passt. Aus dieser individuellen Sichtweise auf andere Menschen heraus konnte ich feststellen, dass es eben möglich ist, Menschen sowohl als visuellen Typ als auch als kinästhetischen wahrzunehmen und zu charakterisieren. Diese Erfahrungen sind Gegenstand meiner Seminare und ich will sie Ihnen über dieses Buch vermitteln. Hierbei ist es wichtig, einzelne Lebenssituationen eines Menschen „herauszulösen“ (wie Sie auf dem Schaubild unten erkennen können) und diese während der Betrachtung auf die Ebene der Grundtypen zu übertragen.

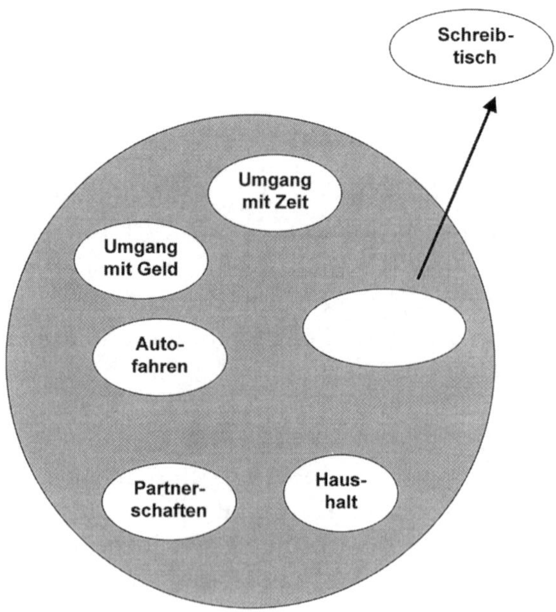

Um es noch einmal zu bekräftigen: Ich unterscheide zwischen dem visuellen und dem kinästhetischen Grundtyp. Sie werden besser verstehen, was ich hiermit meine, wenn Sie sich die folgenden Bilder genau anschauen!

visueller Mann

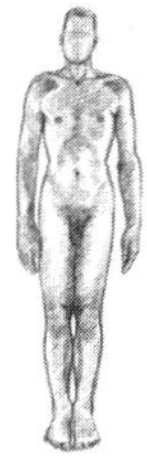

kinästhetischer Mann

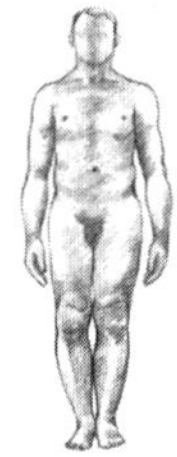

visuelle Frau

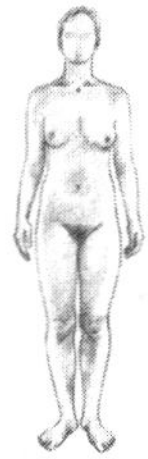

kinästhetische Frau

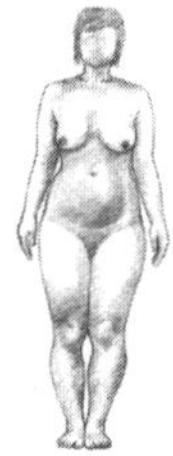

Was wir hier feststellen können, gilt analog für die menschliche Hand:

visuelle Männerhand

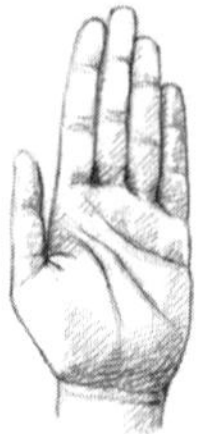

kinästhetische Männerhand

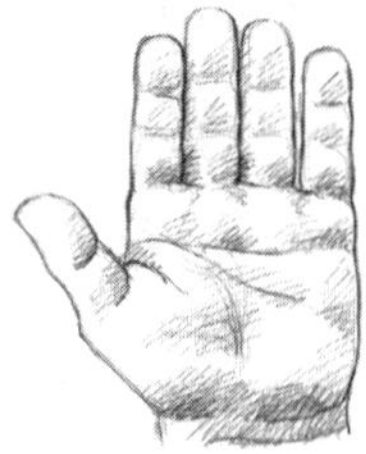

visuelle Frauenhand

kinästhetische Frauenhand

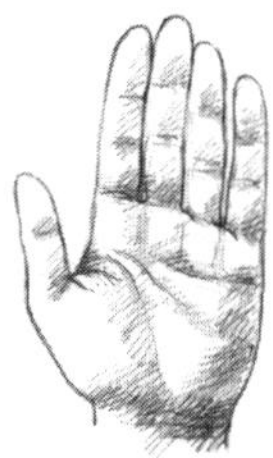

Schließlich will ich Ihnen noch das „visuelle" und „kinästhetische Gesicht" vorstellen.

visuelles Gesicht

kinästhetisches Gesicht

Auf Begleittext werde ich an dieser Stelle bewusst verzichten, vielmehr geht es mir darum, dass Sie sich diese Bilder betrachten und meine Beobachtungen aktiv begleiten. Das wird am besten gelingen, wenn Sie anhand der folgenden Tabelle versuchen, sich selbst einzuschätzen, und Ihre Häkchen in die freien Stellen setzen!

	visuell	**kinästhetisch**
Körperbau	lang, dünn	Bauch, rundlich, fleischig
Kopf	oval, lang	rund
Brust (weiblich)	klein	groß
Atmung	Brust	Bauch
Finger	lang, dünn	kurz, dick
Körperempfinden	wenig	mehr
Streicheln des Körpers	schnell	langsam
Sexualität	schauen	Bewegung
Essen	schnell	langsam
Lebensweise	Denker	Praktiker
Sprache	schnell	langsam
Gangart	rasant	verweilend
Motivation	schnell begeistert	muss begeistert werden und bleibt dabei
Ausdauer	wenig Geduld	geduldiger
Denken	in vielen Bildern	1,2,3,4, … Detail

Strategie	Visionär	Macher
Aggressionsverhalten	Zähne, Fingernägel	wenig äußere Reaktion
Zeitwahrnehmung	wenig	Ruhe
Wortbenutzung	spontan	wohl überlegt
Geld	Ausgeber	Sparer
Kochen	rasch	gerne
Haushalt	oberflächlich sauber	im Detail sauber
Schreibweise	flott	blumig
Unterlagen	schnelle Ordnung	sehr ordentlich
Auto	sportlich	praktisch
Hausaufgaben	schnell fertig	braucht seine Zeit
Blumen	Grünpflanzen	Blühpflanzen
Urlaub	Rundreise	Wandern
Wohnungsgestaltung	Glas, Stein	Holz, sehr gemütliche Atmosphäre
Farben	bunte intensive Farben	dezente und gedeckte Farben
Trinken	schnell den Durst stillen	genießerisch
Schuhpflege	oberflächlich	reinliche Pflege
Rauchen	hastige, schnelle Züge	genussvoll

Kleidung	intensive Farben und Muster	unauffällig
Brille (Gestell)	farbig, modern	Hornbrille
Parfüm	leichte, luftige Düfte	schwere, intensive Düfte
Accessoire	ausgefallen	gediegen
Schreibtisch	geordnetes Chaos	wohl sortiert
Duschen	fertig	genüsslich
Zähneputzen	prüfender Blick in den Spiegel, schnell fertig	genaue Rotation der Zahnbürste nach medizinischen Gesichtspunkten

Auch hier gilt, was ich im Zusammenhang mit den Wahrnehmungskanälen bereits ausgeführt habe. Beim Überblicken Ihrer ausgefüllten Tabelle werden Sie feststellen, dass Sie Ihre Häkchen unterschiedlich „verteilt“ haben, weil sie unterschiedliche Lebenssituationen, Konstellationen, Gegenstände und Handlungen betreffen.

Andererseits wird Ihnen auffallen, dass Sie mehr zum kinästhetischen oder visuellen Typ tendieren. Sprach ich oben von Menschen in meiner engeren und weiteren Umgebung, möchte ich mit dem Thema der visuellen und kinästhetischen Grundtypen Ihre Aufmerksamkeit noch stärker auf sich selbst richten. Damit sind Sie in der Lage, nicht nur anhand von offenbar werdenden verbalen und nonverbalen Wahrnehmungskanälen Rückschlüsse auf andere und sich selbst zu ziehen. Diese Schlussfolgerungen können noch viel deutlicher ausfallen, wenn Sie nicht nur bemerken, was Sie oder andere tun, sondern wie Sie oder andere es tun.

Lieber TUN® und erfolgreich sein!

„Werde, der du bist."

(Friedrich Nietzsche; 1844–1900)

Im Laufe der Jahre, bereits vor meiner heutigen Tätigkeit und dann vor allen Dingen als Trainer, bemerkte ich eine in den unterschiedlichsten Situationen und Orten wiederkehrende Tatsache, die ich Ihnen an einem kurzen Dialog verdeutlichen möchte, der so überall stattgefunden haben könnte:

Er: „Ich war dann gestern Abend doch noch im Kino."
Sie: „Das habe ich mir gedacht. Als ich versucht habe, dich telefonisch zu erreichen, ging nur dein Anrufbeantworter. Und, hast du dich gut unterhalten?"
Er: „Bestens. Du solltest dir diesen Film unbedingt ansehen! Du hast echt etwas verpasst, wenn du das nicht machst."
Sie: „Meinst du wirklich? In was für einem Film warst du eigentlich?
Er: „Na, in … mit …"
Sie: „Davon habe ich gehört. Ich kenne die Filmkritik, es muss ein wahnsinnig guter Film sein. Du hast Recht, ich werde ihn mir noch heute ansehen …"
Am nächsten Tag:
Er: „Na, wie war's?"
Sie: „Was?"
Er: „Na, der Film!"
Sie: „Ach so. Nein, ich konnte nicht …"
Er: „Dumm gelaufen, denn heute ändert das Kino sein Programm!"
Sie: „Das ist ärgerlich, ich kann es aber auch nicht ändern."

Auf den ersten Blick erscheint eine solche Geschichte nicht der Rede wert. So etwas und Ähnliches geschieht wie gesagt tagtäglich zu jeder Zeit an jedem Ort. Genau das ließ mich aber dann irgendwie hellhörig werden.

Mir fiel auf, dass Menschen vieles „kennen“, es aber nicht können oder machen:

- Er kannte die Zielstellung seiner Firma, konnte sich aber nicht dazu durchringen, etwas einzubringen.
- Sie kannte die Tücken ihres Autos, konnte sich aber nicht entschließen, nun endlich mal in die Werkstatt zu fahren.
- Er kannte seine Fehler, konnte sich aber nicht dazu durchringen, hier etwas zu ändern.

Immer wieder wird dieses „Kennen“ und „Nicht-Können“ sichtbar. Es ist an der Tatsache abzulesen, dass sie einen womöglich einzigartigen Film verpasst hat, er sich in zunehmendem Maße in seiner Firma unwohl fühlt, sie immer noch mit ihrem kaputten Auto durch die Gegend fährt, er immer deutlicher die Abneigung seiner Partnerin zu spüren bekommt und sie inzwischen regelrecht tablettensüchtig ist.

Im Laufe meiner weiteren Überlegungen kam ich dahin, „Kennen“ durch „Wissen“ und später durch GEIST zu ersetzen sowie „Können“ durch TUN®. Dass es sich nicht um eine einfache veränderte Wortwahl handelt, will ich betonen. Wissen ist mehr als nur Kennen. Kennt jemand etwas und macht es dennoch nicht, wird es passieren, dass er sich auf einmal in einer unerwarteten Situation wiederfindet, die ihm zum Schaden gereicht.

Weiß jemand etwas und macht es dennoch nicht, nimmt er bewusst in Kauf, dass sich an seiner jetzigen Situation und damit für ihn nichts ändern wird. Eigentlich ist das nur allzu verständlich, denn Kennen und Wissen allein hat noch niemals etwas am Hier und Jetzt verändert!

Neidvoll und bewundernd bestaunt man die Erfolgsstorys heute berühmter Persönlichkeiten wie Bill Gates, liest begierig die Biografien jener, die es „vom Tellerwäscher zum Millionär“

gebracht haben oder nimmt mit einer Zeitschrift zur Kenntnis, dass es da jemanden gibt, der in den 90er-Jahren von einer steilen politischen Karriere träumte.

> „Er brauchte gerade mal 17 Monate, um vom zweitrangigen Beamten in der Moskauer Präsidialverwaltung zum Präsidenten aller Russen aufzusteigen ... Anfang 1999 kannte ihn erst eine verschwindende Minderheit der Russen, Ende März 2000 wählten ihn 52,2 Prozent ins höchste Staatsamt: Wladimir Putin, ‚Wolodja' genannt, Liebling der Götter ..."

Es ist symbolisch gemeint, wenn die gleiche Zeitschrift vorher noch schreibt:

> „Wer sagt denn, Märchen würden nie wahr: Eine gütige Fee hat diesem Knaben ... ganz und gar nicht gewöhnliche Wünsche erfüllt."

Bill Gates, die „Millionäre" und auch der derzeitige russische Präsident sind keine Lieblinge der Götter und keine gütige Fee hat ihnen zu ihren Erfolgen verholfen. Gemeinsam ist ihnen, dass sie einen Traum hatten, den Traum vom Erfolg.

Er hat mich schon lange beschäftigt und ich kam zu dem Ergebnis, dass dieser Traum keine Einzelerscheinung ist: Die überwiegende Zahl der Menschen träumt ihn. Das wäre nicht weiter schlimm, nur: Die meisten Menschen verbleiben in ihren Träumen.

Wir Menschen verfügen über Wissen, wir können uns Bilder machen, wir haben Ideen und können Gedanken aussprechen. Kurz: Wir haben GEIST und damit etwas, „was nicht von dieser Welt ist". Wir können den GEIST nicht „riechen, schmecken, sehen, hören oder fühlen". Mit dem Geist ist uns Menschen aber die riesige und gewaltige Möglichkeit gegeben, unser TUN® ideell vorwegzunehmen, es zu „träumen". Doch man sollte sich nochmals die Frage gefallen lassen, was die besten Ideen bewirken, die vornehmsten Absichten nützen und wozu die besten Reden führen, wenn sich ihnen kein TUN® anschließt, um unseren GEIST zu MATERIE werden zu lassen.

„Handeln, handeln, das ist es, wozu wir da sind …“, schrieb einmal der deutsche Philosoph Johann Gottlieb Fichte (1762–1814). Und man sollte meinen: Genau darum geht es. Die Gegenüberstellung von faul und fleißig, aktiv und passiv interessiert hier nicht. Würden wir nur träumen, wären das Rad heute noch viereckig und Windpocken unser Todesurteil.

Ich habe diesem Abschnitt ein Nietzsche-Wort vorangestellt: Werde, der du bist. Ich will hier ergänzen: Träume nicht von dem, der du sein könntest!

TUN® hat etwas „Heiliges“ an sich: TUN® ist „heilig“, wenn es getan wird, im Hier, Jetzt und Heute!

Man sieht die Bilder (visuell) einer gescheiterten Beziehung, sie kehren immer wieder, sie verlassen einen nicht, sie wirken erdrückend. Man sieht seine Zukunft im Lichte dieser Bilder aus der Vergangenheit (visuell), die damit gleichsam bedrückend erscheint.

Verbleibt man in diesem Wechselspiel der Bilder, nimmt man sich lediglich vor, dieser Beziehung ein Ende zu machen. Man malt sich aus, wie es dann sein könnte.

Sie sitzen sozusagen auf einer Wolke und tauchen (kinästhetisch) nicht in diese Wolke ein, um sich schließlich auf einer anderen wiederzufinden. Sie verbleiben im GEIST!

Ich habe das nur allzu oft bemerken müssen. Ein ehemaliger Kollege von mir war in seiner gelernten und dann ausgeübten Tätigkeit sehr unglücklich. Er hat viel darüber gesprochen und, soviel ich weiß, auch häufig darüber nachgedacht, sich beruflich zu verändern. Kürzlich sah ich ihn zufällig von weitem, als ich mich besuchsweise in meiner Heimatstadt aufhielt. Er bringt den Leuten immer noch Tag für Tag die Post.

Eine Bekannte erzählte, dass ihr Mann sie schon seit Jahren hintergeht und betrügt. Ich kann mich erinnern, dass sie schon oft die Absicht geäußert hat, sich von ihrem Partner zu trennen. Sie leben zwar noch zusammen, aber nebeneinander her.

Diese Beispiele könnte ich fortführen. Sie würden mir nur immer und immer wieder bestätigen: Die meisten Menschen gehen nur selten den Schritt „aus dieser Welt" (GEIST) „in diese Welt" (MATERIE), sie wachen, indem sie träumen, und nehmen sich damit Stück für Stück etwas von ihrem Selbstwertgefühl.

Und spätestens hier habe ich mich immer wieder gefragt, warum das so ist? Warum nutzen viele Menschen so selten ihre Fähigkeit, Machbares, Erreichbares, Wertvolles, Erfüllendes nicht nur geistig vorwegzunehmen, sondern es in die Wirklichkeit zu entlassen? Was veranlasst nur wenige Menschen, über ihr bisheriges Sein und Handeln hinauszugelangen und dabei selbst „Schmerz" auf sich zu nehmen, bis an die „Schmerzgrenze" vorzustoßen?

Und genau dieser Schmerz ist es – hier meine ich nicht nur den körperlichen Schmerz im engeren Sinne –, den ich dafür verantwortlich mache, dass wir so häufig „NICHTS-TUN®": Traditionen, Konventionen, Weltanschauungen, überkommene ethische Anschauungen, soziale und familiäre Bindungen, Normen und Vorschriften.

Wir haben Angst davor, mit diesen Traditionen zu brechen, Normen aufzubrechen und Vorschriften zu verletzen. Das meint Schmerz und man will ihn vermeiden. Deshalb fühlen sich viele Menschen in der Welt des Geistigen wohl, denn sie tut nicht weh. Hier wird es nicht „stachelig" und hier kennt man eigentlich keine Probleme. Widerstände sind nicht zu erwarten, Veränderungen oder vorübergehende Einschnitte nicht zu befürchten.

Stecken Sie einmal Ihre Faust ins Wasser, sei es in der Badewanne, im Freibad oder am Meer. Natürlich verspüren Sie dabei keinen körperlichen Schmerz. Und dennoch stoßen Sie auf Widerstand. Ihre Energie verdrängt eine andere, viel größere. Sie erzeugen diese Verdrängung, es kostet Ihre Energie.

Genauso verhält es sich mit Ihren Gedanken, Ihrem GEIST. Der GEIST ist eine gewaltige Energie und wir wissen, dass es tote Energie nicht gibt. Mit dieser Energie muss etwas „geschehen"! Nur durch das TUN® entlasse ich meine Energie aus ihrem geistigen „Gefängnis", befreie sie von ihrer Geistigkeit. Sie tritt mir als greifbares Selbstwertgefühl, Selbstbestätigung und Erfolg (MATERIE) gegenüber. Nur hier erfährt man optimale Zufriedenheit, Glück, nur hier kommt man zu einer fast grenzenlosen Einsatzbereitschaft und erfährt Höhepunktserlebnisse. Das sind Momente höchsten Glücks und höchster Erfüllung, schreibt Zimbardo und fährt fort:

> „Sie können mit unterschiedlichster Intensität und in den verschiedensten Erfahrungsbereichen des Lebens auftreten: in der Erotik, beim Erlebnis der Gesellschaft, bei schöpferischen Tätigkeiten, ästhetischen Wahrnehmungen, Naturerlebnissen und sogar bei intensiv sportlicher Betätigung."

Träumt der Leistungssportler fortwährend von dem, der er sein könnte, wird er zwar schwimmen, laufen oder springen, aber nie schneller und höher als andere. Träumt der Vertreter einer Firma jeden Freitag ab 13.00 Uhr nur von dem, der er sein könnte, und nutzt diese Zeit nicht zum Akquirieren, wird er Mittelmaß bleiben.

Der Mitarbeiter, der von seiner Karriere nur träumt, kann sie eigentlich jetzt schon vergessen. Der, der nur meint, dass früher alles besser war, sollte nicht damit rechnen, dass morgen nun alles anders wird.

Zeitschiene

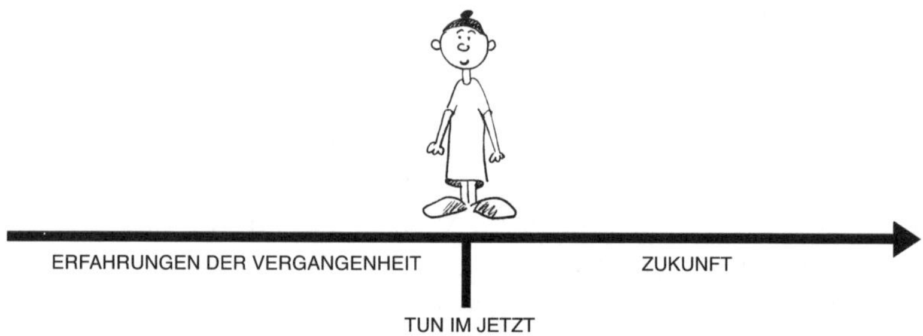

Vielleicht bemerken Sie schon, worauf ich hinauswill. TUN® kann nur in den Dimensionen von hier, jetzt und heute stattfinden. In der Vergangenheit und in der Zukunft leben Sie nur im GEIST und da bemerken Sie dann auch den eigentlich tiefen Sinn jenes schnell dahingesagten Sprichwortes: „Was du heute kannst besorgen, das verschiebe nicht auf morgen!"

Sehen Sie, viele Menschen fragen sich manchmal, was gewesen wäre, wenn sie dieses oder jenes getan hätten. Sie kennen das. Ihr Bekannter bedauert fortwährend, dass er seinerzeit nicht doch diese oder jene Investition getätigt hat. Andere meinen dauernd, dass es vielleicht doch besser gewesen wäre, wenn sie … Ich frage sie ganz offen: „Wenn Sie was?" Ganz offensichtlich alles, nur eines nicht: Sie haben nichts getan, sonst wäre diese Frage überflüssig.

Sie kennen noch eine andere oft getroffene Feststellung: „Tja, hätte ich gewusst, dass das so und so kommt, na dann hätte ich aber …“ Auch dieser Mensch muss sich eine Frage gefallen lassen: „Was hätte er dann?“

Auch hier ganz offensichtlich alles, nur eines nicht: Er hat es nicht getan. Er hat womöglich geplant, vorausberechnet, sich etwas vorgenommen und Ziele gesteckt: GEIST!

Und dann kommen die vielen Entschuldigungen dafür, dass man es eben nicht getan hat. „Wer konnte denn wissen, was die Zukunft bringt?“ oder „Bei günstigeren Voraussetzungen hätte ich damals schon etwas für meine berufliche Weiterbildung getan“. Immer wieder Vergangenheit und Zukunft. Erfahrungen und Visionen, immer wieder Bilder (visuell). Natürlich können Sie Vergangenheit und Zukunft kinästhetisch reflektieren, aber es bleiben Bilder und damit GEIST. Und immer werden Sie Ihre Zukunft im Lichte der Vergangenheit sehen, wiederum Bilder und damit GEIST: „Hätte ich damals nicht Paula, sondern Pauline geheiratet, ginge es mir vielleicht besser …“ Und somit habe ich damals (Vergangenheit) nichts getan und tue ganz offensichtlich im Jetzt, Hier und Heute auch nichts, denn die andauernde Strapazierung der Möglichkeitsform (Zukunft) bringt deutlich zum Ausdruck, dass ich auch weiterhin nichts zu tun gedenke.

Eine verpasste Gelegenheit in der Vergangenheit kann man entschuldigen. Sie kann sogar die innere Befindlichkeit aufbessern, denn TUN® ist ja jetzt unmöglich! Es gibt weder „die Vergangenheit“ noch „die Zukunft“. Es gibt nur Ihre Vergangenheit und Ihre Zukunft! Die sich fortlaufend bewegende „Schnittstelle“ zwischen beiden sind Sie und diese Bewegung nenne ich TUN®. Sie müssen Sie fühlen, spüren, in sie eintauchen und ergreifen (kinästhetisch).

Ich will Ihnen das Gesagte verdeutlichen. Vielleicht kennen Sie noch die Prometheus-Sage? Um Prometheus ranken sich uralte Mythen und Geschichten, die Künstler, Dichter und Philosophen bis weit in unsere Gegenwart hinein inspirierten.

Sie gehen alle auf Hesiod zurück (um 700 v. Chr.), einen bereits zu Lebzeiten bekannten griechischen Dichter. In seinen Werken taucht erstmalig die Prometheus-Sage auf.

Worum geht es hier? Prometheus (griech. der „Vorausdenkende“) hatte der Legende nach offensichtlich immer Probleme mit dem Göttervater Zeus. Es wird berichtet, Prometheus hätte die Menschen aus Lehm geformt, andere Stellen schreiben davon, dass die Asche der Stoff ist, aus dem er die Menschen gemacht haben soll. Wie auch immer, man sagt, dass Prometheus seine Schöpfungen Zeus zur Begutachtung vorzulegen pflegte. Eines Tages formte er einen besonders schönen Jungen und verschwieg Zeus seine Schöpfung. Ihm war nur allzu gut bekannt, dass Zeus einer Vielzahl seiner Liebschaften in Tiergestalt begegnete, und er wusste auch um die Vorliebe des Herrschers des Olymp für ganz junge Männer.

Der erste Konflikt nahm seinen Lauf. Zeus entführte diesen einen in den „Himmel“, wo er von nun an als Planet seine Bahnen zog. Wir kennen ihn unter dem Namen Jupiter.

Das verstärkte nur die Zuneigung des Prometheus zu den Menschen und seinen Zorn auf Zeus. Man muss wissen, dass man den antiken Göttern unter anderem durch Opfergaben huldigte. Prometheus brachte den Menschen bei, wie man diese Opfer umgehen kann, und betrog damit die Götter. Zeus nahm ihm dies übel und rächte sich zunächst bitter an den Menschen, indem er ihnen das Feuer vorenthielt und ausschließlich als Privileg der Götter betrachtete. Prometheus stahl das Feuer und brachte es zu den Menschen auf der Erde.

Die Bestrafung durch Zeus fiel fürchterlich aus: Er ließ von Hephaistos, dem Gott des Feuers und der Schmiedekunst, eine Frau erschaffen und schickte sie als „schönes Übel“ zu den Menschen. Man nannte sie Pandora. Geblendet von ihrer Schönheit, nahm Epimetheus, Bruder des Prometheus, sie zur Frau und schlug damit alle seine Warnungen in den Wind, keine Geschenke des Göttervaters anzunehmen.

Denn Pandora hatte ein Fass mit auf die Erde gebracht, welches ihr Gatte nächtens öffnete. Ungewollt ließ er damit die darin eingeschlossenen Übel über die Menschheit kommen, die sie von nun an plagen sollten.

Zeus ließ Prometheus an einen Felsen im Kaukasus schmieden. Doch damit nicht genug. Am Tag schickte er ihm einen Adler, der seine Leber heraushackte, die in der Nacht wieder nachwuchs. Erst Herakles (Herkules) befreite Prometheus.

An dieser Geschichte muss auffallen, dass Prometheus seiner Schöpfung nicht betrachtend gegenübertrat oder sie als einmaligen Akt verstand. Er nahm sich der Menschen an, indem er etwas für sie tat, und forderte damit göttlichen Zorn heraus. Ja, er hat trotz des zu erwartenden Leidens etwas getan. Er hat nicht irgendetwas getan. Sie erinnern sich, das Feuer war göttliches Privileg. Indem er es den Menschen brachte, schenkte er ihnen nicht nur Licht und Wärme. Er erhob sie vielmehr aus dem Staub, aus dem er sie geschaffen hatte, und gab ihnen damit etwas, was wir heute Selbstwertgefühl nennen. Damit verband sich eine Aufgabe an die Menschen. Von nun an lag es an ihnen selber, sich durch ihr eigenes TUN® ihr Selbstwertgefühl zu erhalten, ihre Bestimmung zu erfüllen.

Nehmen wir Christoph Kolumbus (1451–1506) als zweites Beispiel. Er hatte eine Vision: die Entdeckung des Seewegs nach Indien in westlicher Richtung. Trotz widrigster Umstände unternahm er vier riskante Fahrten, um sein Ziel zu erreichen. Andere an seiner Stelle wären erst gar nicht losgesegelt. Und das, obwohl sich mit dem Seeweg nach Indien sehr handfeste Interessen verbanden: Gewürze, Seide, Edelsteine und Gold.

Ungeachtet dieser in Aussicht gestellten Reichtümer hatte Kolumbus Schwierigkeiten, seine Schiffsmannschaften zusammenzustellen. Selbst Sträflinge, denen man bei Beteiligung an seinem Vorhaben nicht nur Reichtum, sondern die Freiheit in Aussicht stellte, zogen einen Verbleib in spanischen Verliesen vor. Diejenigen, die nichts mehr zu verlieren hatten – Räuber, Mörder und Meuterer –, sagten zu. Er scheute sich nicht, sie in seine Mannschaft aufzunehmen, wenngleich er um die Gefahren wusste, die von ihnen ausgingen, ein mitunter tödliches Risiko.

Kolumbus, der Genuese in spanischen Diensten, war schon zu Lebzeiten eine umstrittene und unbequeme Persönlichkeit. Aber gerade solche Menschen machen deutlich, dass es sicherlich nicht genügt, ein Leben lang über den kürzesten Seeweg nach Indien nur nachzudenken, das vorhandene Kartenmaterial zu studieren und Routen zu berechnen.

Wir wissen heute, dass diese Berechnungen sowieso falsch waren. Kolumbus wusste das nicht und fuhr trotzdem los, entdeckte zwar nicht die gewünschte Seeroute, aber den amerikanischen Kontinent. Ich bezweifle, dass Kolumbus zu seinen Taten fähig gewesen wäre, hätte er auf Befehl gehandelt. Dann wären ihm seine Fahrten zur Last geworden und er wäre sehr rasch im ersten Sturm an die Grenzen seiner Leistungsfähigkeit geraten. Stattdessen überzeugte er die königliche Familie davon, ihm diesen Auftrag zu geben. Er führte ihn aus, weil er in der Umsetzung seines Vorhabens seine Erfüllung suchte und schließlich seine Bestimmung fand.

Der träumende Mensch wird nie seine Bestimmung erfahren oder: Eine Hummel wiegt ca. 1,2 g und hat eine Flügelfläche von 0,7 cm^2. Ein Flugzeug käme nicht einen Zentimeter von der Startbahn weg, ständen Masse und Tragflächen analog in einem solchen Verhältnis zueinander. Das widerspräche allen Gesetzen der Physik. Das Verblüffende an dieser Angelegenheit ist, dass die Hummel keine physikalischen Gesetze kennt und dennoch fliegt, sie TUT es einfach.

Was für einem Grundtyp Sie also auch immer entsprechen oder welche Veranlagung Sie haben – Sie können im Endeffekt immer selbst entscheiden, was Sie TUN® werden. Verstecken Sie sich also nicht hinter Ausreden – TUN® Sie es!

TUN®-Management

Ich will hier dem Leser bewusst machen, dass das einmalige Hören von Seminarinhalten oder Lesen von Büchern nicht ausreicht, um die erlernten und kennen gelernten Inhalte im täglichen TUN® kontinuierlich umzusetzen. Wie ungeheuer wichtig aber dieses Umsetzen für unser gesamtes Leben ist, fällt mir immer dann ein, wenn ich an den bekannten Gedanken Erich Kästners denke, wonach es nicht Gutes gibt, es sei denn, man TUT es.

Die Lehre vom TUN®-Management

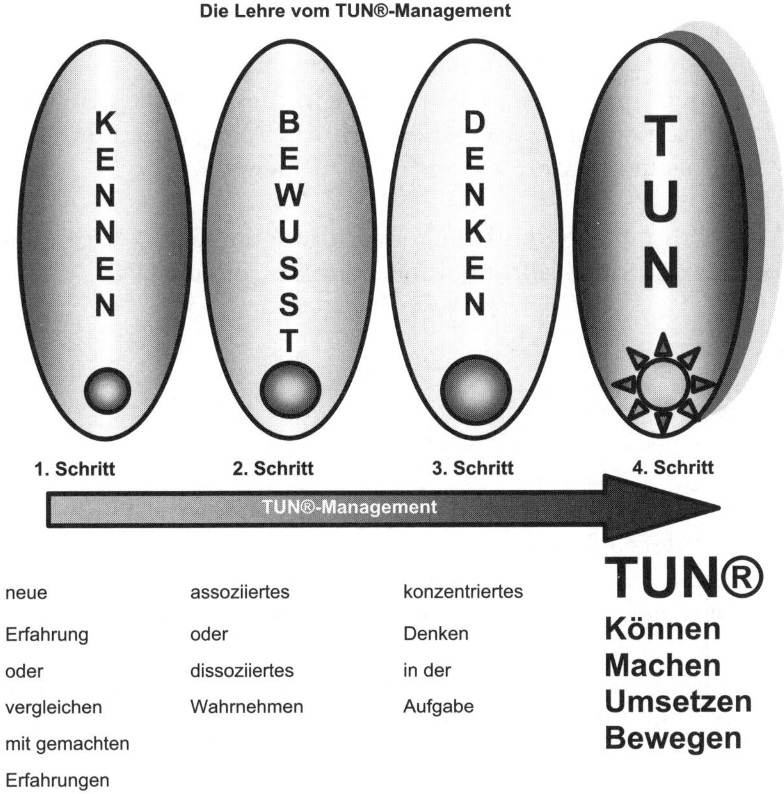

TUN®-Management ist die Begleitung vom 1. Schritt bis zum 4. Schritt.

Das TUN®-Management als Lösungsansatz verwirklicht sich in vier Schritten.

1. Kennen – Neue Erfahrung machen bzw. Vergleich mit alter Erfahrung anstellen.
2. Leser oder Hörer muss in der Lage sein, sich persönlich von seinem bisherigen Verhalten zu dissoziieren (siehe hierzu Assoziation und Dissoziation im vorliegenden Buch).
3. Der gewonnene neue Standpunkt muss durch konzentriertes Denken in der Aufgabe (siehe hierzu „Die Selbst-erfüllende-Prophezeiungs-Person“ im vorliegenden Buch) in die Selbstverständlichkeit des Denkens gehoben werden.
4. Erst jetzt ist es tatsächlich möglich, dieses Denken in den unterschiedlichsten Perspektiven des Alltags zu „können“, zu „machen“, „umzusetzen“ und zu „bewegen“.

Weiterführende gedankliche Erörterungen hierzu verbieten sich aus der Sache selbst heraus, denn Sie sollen TUN®.

Ihre Aktivitäten – TUN®

- Worauf werden Sie nach dem Durcharbeiten dieses Kapitels besonders achten?
- Welche Erkenntnisse wollen Sie für sich persönlich nutzen?
- Wie schätzen Sie sich nach dem Kennerlernen dieses Kapitels selbst ein?
- Wenden Sie Ihre Erkenntnisse auf Ihren Partner, Ihre Bekannten und Arbeitskollegen an!

KAPITEL 3

Programme, die unser Leben steuern

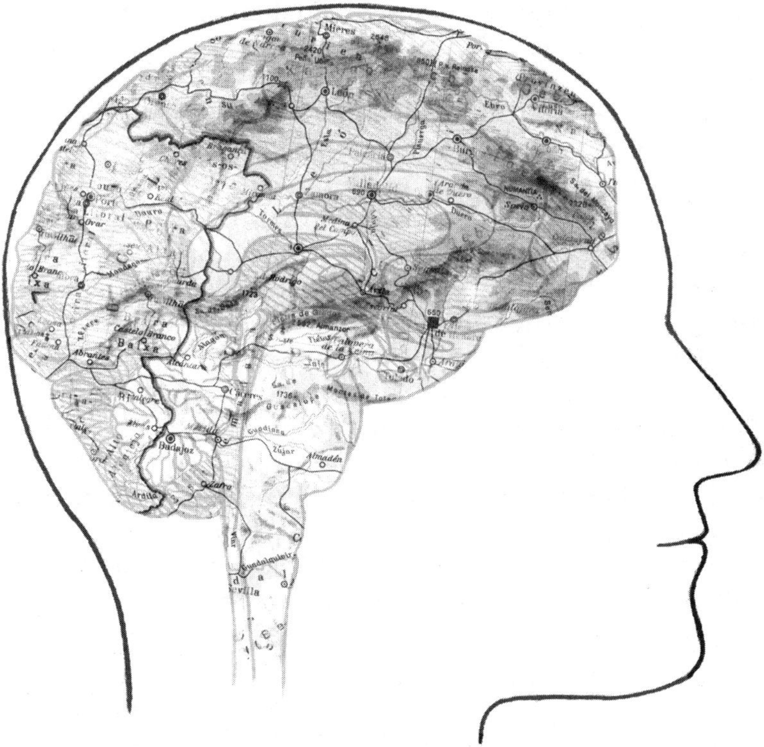

Wir leben in Programmen: Die 14 Verhaltensprogramme

Die Programme, von denen ich nun reden werde, laufen unbewusst in uns ab. Es ist durchaus möglich, dass wir handeln, ohne zu wissen, warum, oder ohne dass uns die wahre Ursache direkt einsichtig wäre. Die Kunst besteht darin, zu verstehen, dass es solche Programme gibt und dass es darauf ankommt, mit ihnen umzugehen. Es sind sozusagen „Schalterstellungen" im Gehirn, mit denen man unbewusst den Umgang mit sich selbst, anderen und der Umwelt gestalten kann oder bestimmen kann, wie man auf sich selbst, andere und auf die Umwelt reagiert. Im Umgang eines Menschen mit anderen oder angesichts menschlicher Reaktionen auf Situationen und Gegebenheiten werden sie sichtbar.

Woher sie kommen, vermag ich Ihnen nicht zu sagen. Diese Programme sagen nichts über Wahrheit oder Falschheit aus und bestimmen nicht über Gut oder Böse im Zusammenhang mit menschlichem Verhalten. Verzweifeln Sie also nicht an der womöglichen Sturheit Ihres Partners, Nachbarn oder Arbeitskollegen, um es ganz deutlich zu machen. Er ist so oder: Er kann nichts dafür!

Die Sache wird vielleicht einsichtiger, wenn wir an dieser Stelle mal wieder unseren SEPP bemühen. Im Laufe Ihres bisherigen Lebens hat er sich eine Vielzahl bestimmter Programme angeeignet. Wir können „Programm" einfach mit „Handlungsmuster" übersetzen. Sind sie einmal von unserem SEPP gespeichert – weil ihr Ergebnis uns vorteilhaft erschien –, werden sie von uns immer wieder nachvollzogen.

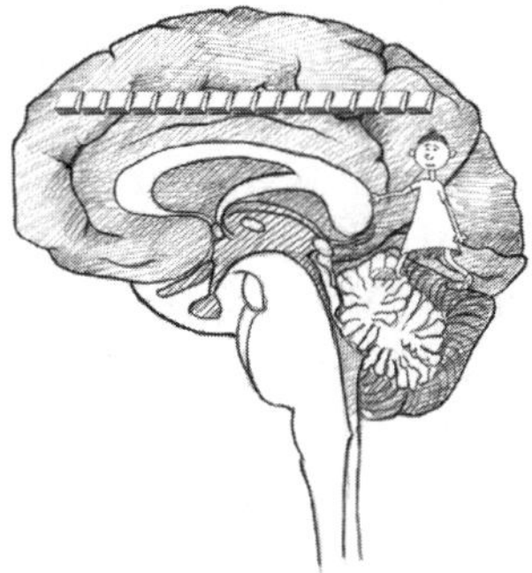

Mit anderen Worten: Es handelt sich um Gewohnheiten, irgendetwas in einer bestimmten Art und Weise immer wieder zu tun oder auch wahrzunehmen.

Nehmen wir ein Beispiel. Hört unser SEPP irgendwelche Vor- oder Nachnamen, verbindet er sie sofort mit bestimmten Personen, er holt Ihnen Bilder von Menschen hervor und verknüpft sie mit einer gegebenen Situation. Analog zu diesen Bildern verhält es sich mit unseren Programmen. Jeder von uns hat seine eigenen Programme im Gehirn abgespeichert. In ähnlichen Situationen wird Ihr SEPP sie immer wieder hervorholen. Ihr Denken und Handeln vollzieht sich so gesehen immer wieder nach einem Programm. Störungen in seinem Ablauf können zu Stress führen.

Vielleicht fahren Sie schon seit Jahren mit Ihrem Auto von zu Hause ein und dieselbe Strecke zu Ihrer Arbeitsstelle. Sie kennen jede Straße, jede Kreuzung und wissen um mögliche Gefahrenstellen. Über Nacht und urplötzlich wird an irgendeiner Stelle Ihrer Fahrstrecke gebaut: Umleitungen, Stau und andere Dinge treten ein. Ich denke, ich brauche hier nicht weiter auszuholen, damit Sie mich verstehen. Sie kennen die Reaktionen, die eine solche Störung in Ihrem Programmablauf hervorruft, am besten.

Unsere Programme steuern unser Leben und es fällt bestimmt nicht schwer zu verstehen, dass das auch so sein muss. Diese Programme erleichtern Ihnen Ihr Denken und Handeln, das Zusammenleben mit anderen, Ihr Privat- und Berufsleben. Sie reichen bis in die Intimsphäre hinein.

In meinem Buch „In Sieben Tagen zum Spitzenverkäufer“ schrieb ich davon, dass es natürlich auch Programme gibt, die uns daran hindern, unser Leben erfolgreich zu gestalten. Ich nannte dies damals die „Aufschieberitis“. Menschen, die von diesem Programm gesteuert werden, werden an ihrem Schreibtisch andauernd in Bergen von Papier versinken. Ihr SEPP wird Ihnen genau an dieser Stelle vorgaukeln, dass es noch wichtigere Aufgaben als das Abarbeiten liegen gebliebener Aufgaben gibt, und sucht die herrlichsten Begründungen. Nur, ist es vielleicht nicht eher so, dass Sie sich innerlich so gar nicht damit anfreunden können, etwas Neues zu beginnen, weil es zu Änderungen in Ihrem bisherigen und gewohnten Lebensablauf führen und Umdenken nach sich ziehen könnte? Man verbleibt mit seinem Denken nur allzu gerne in gewohnten Bahnen und wird hierbei von seinem SEPP noch tatkräftig unterstützt. Man kann den Wald voller Warn- und Verbotsschilder regelrecht sehen, den Ihr SEPP aufbaut: „Ja nicht, um Gottes willen, fang es erst gar nicht an, lass alles so, wie es ist …!“

Vor was „warnt“ uns unser SEPP eigentlich? Genau: Umdenken heißt nichts anderes als ein Denken jenseits gewohnter Bahnen oder ein Programm zu verlassen.

Wir haben im Verlaufe dieses Buches bereits die Wahrnehmungstrategien als bevorzugte Möglichkeiten einer programmierten Strategie kennen gelernt. Nun möchte ich Sie in den nächsten Abschnitten mit den 14 Verhaltensprogrammen vertraut machen.

Ergreifen Menschen die Initiative?

Zunächst können wir Menschen danach unterscheiden, ob sie eher die Initiative ergreifen oder ob sie darauf warten, dass andere dies für sie tun.

Aktiv/extrovertiert

Menschen mit einem aktiven/extrovertierten (nach außen gerichteten) Verhaltensprogramm versuchen, in vielen Lebensbereichen die Initiative zu ergreifen und an sich zu nehmen. Sie zögern nicht lange, wenn es darum geht, Aufgaben und damit Verantwortung zu übernehmen.

Mitunter haben sie die mögliche Tragweite ihrer raschen Entschlüsse nicht voll durchdacht und können sich damit in Situationen wiederfinden, in denen es auch für sie keine 100-prozentigen Ergebnisse gibt.

Ihr Tatendrang und Unternehmungsgeist im privaten Bereich ist mitunter grenzenlos, kann aber gerade hier bei anderen auf Unverständnis, wenn nicht gar Ablehnung stoßen.

Menschen mit einem aktiven/extrovertierten Verhaltensmuster fällt es leicht, sich veränderten Gegebenheiten rasch anzupassen und auf neue Anforderungen flexibel zu reagieren. Sie sind gesellig, aus sich herausgehend, aktiv, mitunter impulsiv und „hart im Nehmen“.

Beispiele:

Der Ehemann, der am Wochenende seine Familie mit einer Vielzahl von Vorschlägen zur gemeinsamen Freizeitgestaltung regelrecht überhäuft und sie zur aktiven Teilnahme drängt, gehört sicherlich zu jenen Menschen, die ein aktives/extrovertiertes Verhaltensprogramm aufweisen. Das wird noch deutlicher, wenn er hierbei Ansprüche seiner Familienmitglieder auf

Ruhe, Nichtstun oder einfache Entspannung (Lesen, Fernsehen) übergeht.

Wir haben in unserer Firma auf Teneriffa eine Mitarbeiterin, die in Meetings rasch bereit ist, neue Aufgabenstellungen zu übernehmen. Es kam in der Vergangenheit allerdings schon vor, dass ihr das nicht immer zum Vorteil gereichte, weil sie hier und da das Pro und Contra einer neuen Herausforderung in ihren Überlegungen ausblendete.

Mit diesem Verhaltensmuster ist sicherlich auch jener Partygast ausgestattet, der im Verlauf des Abends die ganze Gesellschaft unterhält, gelegentlich zuhört, um dann aber sofort wieder das Wort zu ergreifen.

Das scheint auch auf unseren Nachbarn zuzutreffen, der viele Dinge auf einmal beginnen kann, aber angesichts neuer Herausforderungen auch vieles unerledigt liegen lässt.

Für Menschen mit diesem Verhaltensprogramm können solche Formulierungen typisch sein:

- „Sagen Sie mir, was zu tun ist, und ich werde Ihnen in der kommenden Woche die ersten Ergebnisse vorlegen!"
- „Ich kann mir nicht vorstellen, dass etwas dagegenspricht, noch heute mit den Arbeiten an dem neuen Projekt zu beginnen."
- „Hier brauch' ich nicht lange zu überlegen. Ich bin dabei!"
- „Liebling, warum willst du die Angelegenheit noch ewig überschlafen? Wir kaufen das Grundstück, es ist ein einmaliges Angebot."

Passiv/introvertiert

- Menschen mit einem passiven/introvertierten (nach innen gewandten) Verhaltensprogramm sind meistens daran interessiert, von ihrem Leben so wenig wie möglich an die Öffentlichkeit dringen zu lassen.

Ihre Lebensäußerungen und Aktivitäten orientieren sich hauptsächlich an einem intensiven Seelenleben. Die psychische Befindlichkeit dieser Menschen, die vielerorts sehr nachdenklich und vorsichtig auftreten, ist der Ausgangspunkt für ihren gesamten Umgang mit der Außenwelt, in der sie die Initiative gerne anderen überlassen.

Menschen mit einem passiven/introvertierten Verhaltensmuster bringen daher in die Gestaltung ihrer menschlichen wie auch sachlichen Bindungen meistens persönliche Sichtweisen ein.

Für sie spielen beim Aufbau ihrer zwischenmenschlichen Beziehungen auch die Wertvorstellungen, der Charakter und die Persönlichkeit des anderen eine wichtige Rolle.

Beispiele:

Ein Mensch, der seinem Partner/seiner Partnerin gut zuzuhören vermag und auch die geringste seelische Unstimmigkeit registriert, besitzt offensichtlich ein passives/introvertiertes Verhaltensmuster. Es kann passieren, dass eigene Gedanken und Ansichten unausgesprochen bleiben.

Es gibt Mitarbeiter, die sich im Zusammenhang mit beabsichtigten Unternehmensumstellungen häufig Gedanken auch um deren Folgen für die Persönlichkeit der Beteiligten machen.

Menschen mit diesem Verhaltensmuster laufen unter Umständen Gefahr, dass sie sich nach ersten, gescheiterten Kontaktversuchen zu ihren Kolleginnen und Kollegen abkapseln oder völlig in sich zurückziehen und zu Einzelgängern werden.

Typische Formulierungen für Menschen mit diesem Verhaltensprogramm sind:

- „Meine innere Stimme sagt mir, dass er Recht hat."
- „Ich glaube nicht, dass meine Ansicht noch etwas zur Entscheidungsfindung beitragen kann."

- „Ich denke, dass ich heute nicht gut genug drauf bin, um diese Aufgabe noch zu erledigen."
- „Mir wäre es eigentlich recht angenehm, in dieser Angelegenheit nicht das letzte Wort haben zu müssen."

Körperliche und emotionale Reaktionen

Worte, Sie erinnern sich, haben eine magische, zauberhafte Wirkung. Das gesprochene Wort vermag es, bei Ihren Mitmenschen emotionale und/oder körperliche Reaktionen auszulösen. Diese können sowohl positiv als auch negativ sein. Mit Worten können Sie andere, aber auch sich selbst auf ein bestimmtes Verhalten festlegen, Einfluss auf die Befindlichkeit des anderen wie auf die eigene nehmen. Durch die Wahl meiner Worte habe ich die Möglichkeit, in jemandem verwandte Saiten aufklingen zu lassen, aber auch die Möglichkeit, Ablehnung hervorzurufen. Was in diesem Fall für mich gilt, gilt selbstverständlich auch für den anderen neben mir, wobei diese Worte bewusst eingesetzt werden können oder auch unbewusst eine Rolle spielen.

Bewusst eingesetzt

Beispiele:

Als Schüler wussten wir um die heimliche Leidenschaft unseres Kunstgeschichtelehrers für romantische Malerei. Erkundigten wir uns angesichts eines für uns uninteressanten Themas nach Einzelheiten aus dem Leben des Malers Spitzweg, geriet er ins Schwärmen und wir empfanden den Unterricht als weniger langweilig.

Unser neuer Mitarbeiter war wenig mitteilsam und es war für alle schwierig, mit ihm ins Gespräch zu kommen. Zufällig erfuhren wir, dass er passionierter Angler ist. Brachten wir unsere bislang stockenden Dialoge auf seine Erfolge oder auch Misserfolge beim Angeln, kam endlich ein richtiges Gespräch zustande, das dann auch andere Themen berührte.

Als unsere Großmutter infolge schwerer Erkrankung zum Pflegefall wurde, gestaltete sich der Umgang mit ihr mitunter nicht einfach. Sie war mit sich und der Welt verständlicherweise unzufrieden. Wir bemerkten immer dann ein Lächeln in ihrem Gesicht, wenn wir unsere Gespräche mit ihr auf die Vergangenheit lenkten.

Ein Freund erzählte mir von einer neuen Bekanntschaft und damit von einer Beziehung, die so gar nicht recht über das Stadium anfänglicher Belanglosigkeiten hinauskommen wollte. Seine Befindlichkeit war dementsprechend. Er wurde das Gefühl nicht los, sie mit seinen Unterhaltungen zu langweilen. Eines Tages traf ich ihn strahlend wieder und erfuhr, dass er eine geplante Wochenendverabredung eigentlich mit einer Ausrede platzen lassen wollte. Er hatte ihr von einem notwendigen Besuch bei seinen Großeltern auf dem Lande erzählt und u. a. erwähnt, dass sie neben Kühen und Schweinen auch ein paar Pferde hätten. Sie war begeistert und bat, mitkommen zu dürfen. Nun wusste er endlich auch von ihren Interessen, ihre Kommunikation verlief von nun an gleichberechtigt.

Will ich jemanden, von dem ich weiß, dass er sich seit mehreren Jahren vergeblich um eine feste Partnerschaft bemüht, in eine negative Befindlichkeit versetzen, so frage ich ihn ganz einfach: „Na, was macht die Liebe?“

Das Gleiche gilt für folgende Situation: Mein Nachbar ist zum wiederholten Male durch die Führerscheinprüfung gefallen. Erkundige ich mich permanent nach dem Stand der Dinge und beziehe sein bereits gekauftes und ungenutzt vor der Türe stehendes Auto in die Betrachtungen mit ein, wird seine Befindlichkeit ins Negative abrutschen.

Dem Gerichtsmediziner, der um die Empfindlichkeit der Partnerin weiß, was Einzelheiten seines Berufs angeht und dennoch zum Abendbrot seinen Tagesablauf schildert, kann es passieren, dass sie die Mahlzeit abbricht und das Zimmer verlässt.

Unbewusst

Oft sind wir den Worten anderer und den Gefühlen, die sie bei uns auslösen, hilflos ausgeliefert. Eine unbedachte Bemerkung kann bei anderen starke Gefühle auslösen. Menschenkenntnis hilft, solche Situationen zu vermeiden.

Beispiele:

In allen nur möglichen Details schilderte ein neuer Kollege morgens den schlimmen Unfall, dessen Zeuge er auf dem Weg zur Arbeit geworden ist. Er bemerkte gar nicht, dass eine unserer Kolleginnen zunehmend schweigsamer wurde und gleichzeitig innerlich aufgewühlt erschien. Er konnte nicht wissen, dass sie ihren Partner im vergangenen Jahr bei einem Autounfall verloren hatte.

Eigentlich konnte es mein Nachbar nicht verstehen, dass sich seine Frau so wahnsinnig darüber aufgeregt hat, als er etwas angetrunken von einer Männerrunde nach Hause gekommen ist. Das kommt bei ihm nun wirklich selten vor. Das stimmt und das hat er ihr auch gesagt und den Nachsatz angehängt: „Nun hab' dich nicht so wegen dem kleinen Schluck zu viel!" Sie hatte ihm nie erzählt, dass ihr Vater alkoholkrank war.

Mein Freund erzählte mir von der ersten Einladung zu den Eltern seiner neuen Partnerin. Der Abend muss wohl irgendwie nicht so richtig gelaufen sein. Er hatte dort von der Notwendigkeit einschneidender Veränderungen in nur allen möglichen Bereichen der Gesellschaft gesprochen und nicht bedacht, dass seine „Schwiegereltern" im Grunde ihres Herzens konservative Menschen sind. Ich nenne das auch den „Fettnäpfcheneffekt".

Wie gestalten Menschen ihr Handeln?

Ein weiteres Verhaltensprogramm erkennen wir daran, wie Menschen ihr Handeln gestalten. Werden sie durch Ziele oder Probleme motiviert?

Ziele erreichen

Menschen mit einem zielorientierten Verhaltensprogramm fühlen sich dann motiviert, wenn sie ihrem Handeln einen „Endpunkt" setzen können, den sie gleichzeitig als persönlichen Erfolg empfinden. Dieser Erfolg kann materieller (z. B. Karriere im Berufsleben, höheres Einkommen usw.), ideeller (Selbstbestätigung und Anerkennung durch andere) sowie persönlicher Art (harmonische Partnerschaftsbeziehung) sein.

Diese Menschen setzen sich nicht nur ein Ziel, sie benötigen für ihr Handeln eine Aufgabenstellung, an der sie sich direkt orientieren können.

Ihre zielbewusste, direkte Handlungsweise kann dazu führen, dass es ihnen mitunter schwer fallen wird, Einzelprobleme zu erkennen. Sie haben für alles meistens eine Lösung parat und sind bemüht, mögliche Schwierigkeiten erst gar nicht zur Sprache zu bringen. Dadurch wirken sie auf andere durchaus begeisterungsfähig und anspornend.

Beispiele:

Der Ehemann, der zu seiner Frau beim Verlassen der Wohnung sagt, er sei pünktlich um 17.00 Uhr wieder zu Hause, hat sicherlich ein zielorientiertes Verhaltensprogramm.

Das gilt auch für den Vorgesetzten, der die Vergabe von Arbeitsaufgaben terminlich exakt fixiert. Hierunter kann das sogenannte Betriebsklima leiden, weil mitunter Mitarbeiter sich nur noch als Mittel zum Zweck begreifen.

Wir kennen einen jungen Mann, der im öffentlichen wie im privaten Bereich seine gesamten Lebensinhalte einer sich selbst gestellten oder angenommenen Zielstellung unterordnet.

Für Menschen mit diesem Verhaltensprogramm können solche Formulierungen typisch sein:

- „Ich darf Sie bitten, diese Angelegenheit bis spätestens morgen früh erledigt zu haben!"
- „Ziel/Problem erkannt? Na dann los!"
- „Für mich ist nicht entscheidend, wie etwas gemacht wird. Entscheidend ist, was bei der ganzen Sache herauskommt."
- „Ich frage mich manchmal schon, was werden wird, wenn ich das Rentenalter erreicht habe. Keine Aufgaben, keine Ziele mehr!"

Probleme lösen

Menschen mit einem problemorientierten Verhaltensprogramm handeln alles andere als ziellos. Nur werden sie weniger durch eine direkte Aufgabenstellung und mehr durch das Ausprobieren unterschiedlichster Lösungswege hin zum Erfolg motiviert.

Sie sind in Diskussionen und Besprechungen von Zielvorgaben immer daran zu erkennen, dass sie das Für und Wider ihrer Verwirklichung auf die Tagesordnung heben und mögliche Widerstände zur Sprache bringen.

Menschen mit einem problemorientierten Verhaltensmuster treffen auch im Privaten ungern Entscheidungen für sich allein und sind offen für Argumentationen und Einwände ihres Partners.

Sie sollten allerdings in allen Lebensbereichen darauf achten, dass ihr Problembewusstsein nicht die alleinige Richtlinie ihres Handelns wird, sonst kann es passieren, dass sie sich eines Tages womöglich selbst zum Problem werden.

Beispiele:

Ein problemorientiertes Verhaltensprogramm demonstriert der Mitarbeiter, der die schlichte Frage in den Raum stellt: „Habt Ihr euch eigentlich mal überlegt, wie wir das in so kurzer Zeit schaffen wollen?"

Im Kontext dieses Verhaltensmusters bewegt sich auch jener Kunde, der vor Abschluss einer Lebensversicherung alle möglichen beruflichen wie privaten Situationen in Erwägung zieht, die ihm womöglich die Finanzierung seiner Beiträge unmöglich machen könnten.

Es gibt viele Ehefrauen, die ihre Partner angesichts einer verfahrenen Situation mit dem Satz aufmuntern, sie sollen nicht gleich den Kopf hängen lassen. Denn es gibt noch andere Wege und Möglichkeiten, um eine Lösung zu finden.

Menschen mit diesem Verhaltensprogramm benutzen häufig Formulierungen wie:

- „Ich habe dir doch gleich gesagt, dass hier noch etwas schief geht!"
- „Hast du dir überhaupt überlegt, was du da gesagt hast?"
- „Meinst du nicht auch, dass wir uns mit dem Kauf dieses Autos doch etwas übernehmen?"
- „Sie gestatten, dass ich Ihrem Vorschlag gegenüber gewisse Bedenken anmelde?"

Wodurch werden Menschen motiviert?

Menschen unterscheiden sich auch darin, woher sie die Motivation für ihr Handeln nehmen. Finden sie ihre Motivation in sich selbst oder brauchen sie äußere Anstöße?

In sich selbst

Menschen mit diesem Verhaltensprogramm bringen sich entsprechend der eigenen Wert- und Zielvorstellungen in ihre private wie auch öffentliche Umwelt ein. Sie werden durch ihr eigenes Selbstwertgefühl motiviert.

Sie haben die Beweggründe ihres Handelns fast immer in sich selbst, was bei anderen nicht immer auf Zustimmung stoßen muss.

Diese Menschen werden oft versuchen, äußere Zwänge, Verhaltensmaßstäbe und andere externe Regelungen von sich zu weisen, was das Zusammenleben mit ihnen nicht immer einfach gestaltet. Das wird besonders in Partnerschaftsbeziehungen dann sichtbar, wenn der eine seine Maßstäbe und Kriterien an das Verhalten des anderen anlegt.

Im Berufsleben haben Menschen mit diesem Verhaltensmuster mitunter ein Problem damit, Anweisungen von Vorgesetzten zu akzeptieren. Haben sie sich hingegen mit einer Aufgabenstellung identifiziert, ist es in der Regel unnötig, sich dauernd nach dem Stand der Dinge zu erkundigen, zumal sie viele Handlungen von selbst beginnen. Sie benötigen kein Feedback. Allerdings geben sie auch selten etwas an andere weiter.

Beispiele:

Begegnet man im Berufsleben Menschen, die eindeutig zu verstehen geben, dass sie nicht dauernd auf Anweisungen „von oben“ warten wollen, bewegen sie sich offensichtlich im Verhaltensprogramm der inneren Motivation.

Antwortet jemand auf die Frage nach dem Warum einer Entscheidung mit: „Ich weiß einfach, dass sie richtig ist …“, gilt für ihn dieses Verhaltensmuster.

Es ist auch typisch für einen Stellenbewerber, der in seinem Bewerbungsschreiben unter anderem formuliert: „Ich fand Ihre Ausschreibung nicht zuletzt deshalb so interessant, weil ich glaube, in die Umsetzung der von Ihnen genannten Aufgaben meine Erfahrungen einbringen zu können …“

Der Ehemann, der seiner Partnerin zu verstehen gibt, dass er es auf Dauer nicht einsieht, sich immer nach ihr richten zu müssen, lebt eigentlich nach diesem Verhaltensprogramm.

Typische Formulierungen:

- „Ich weiß es eben!“
- „Wollen Sie wirklich warten, bis die da oben eine Entscheidung getroffen haben?“
- „Soll ich mal ganz ehrlich zu Ihnen sein? Mir ist es egal, was der Chef von meiner Arbeit hält.“
- „Und wenn du tausendmal Recht haben solltest. Ich mache es so, wie ich es für richtig halte.“

Von außen

Menschen mit diesem Verhaltensprogramm benötigen äußere Anstöße, ehe sie eine Handlung beginnen. Klare und von anderen abgesteckte Ziele sind für sie wichtig.

Sie bewerten eigene Handlungen nicht selbst, sondern orientieren sich an den Meinungen, Stellungnahmen oder Einschätzungen anderer. Hier finden sie ihre Motivation, die durch häufiges Feedback aufrechterhalten werden muss. Wenn das geschieht, bringen sie sich als wertvolle Mitarbeiter ins Berufsleben ein.

Im Privaten fehlt diesen Menschen häufig der innere Schwung, um eine Beziehung lebendig zu gestalten. Sie verlassen sich in diesem Fall lieber auf ihren jeweiligen Partner.

Beispiele:

Ruft ein Vorgesetzter seinen Mitarbeiter mehrmals in der Woche an, um sich nach der Umsetzung einer Aufgabenstellung zu erkundigen, hat er ganz offensichtlich erkannt, dass sich dieser Mitarbeiter in einem Verhaltensmuster bewegt, das unter anderem von äußeren Motivationen bestimmt wird.

Der Lehrer, der in einem Brief Eltern bittet, Einfluss auf die Anfertigung der Hausaufgaben ihres Sohnes zu nehmen, schreibt damit über einen Schüler, der auf Motivation von außen angewiesen ist.

Lesen Menschen mit diesem Verhaltensmuster z. B. in einer Abschlussbeurteilung, dass es ihnen stellenweise schwer gefallen ist, dieser oder jener Anforderung zu entsprechen, kann das bei ihnen unter Umständen bis zum Selbstzweifel führen. Ist jemand für Aufmunterungen empfänglich oder sogar dankbar, wenn ihm Entscheidungen abgenommen werden, bewegt er sich im Kontext dieses Verhaltensprogramms.

Typische Formulierungen für Menschen mit diesem Verhaltensmuster sind:

- „Nun sag mir doch endlich, ob mir die neue Frisur steht!"
- „Wenn er mir nicht gleich klipp und klar sagt, was zu tun ist, werfe ich das Handtuch!"
- „Wenn du meinst, Liebling …"
- „Wenn da nicht die leidigen Termine wären, würde ich die Angelegenheit geruhsamer angehen."

Alte Bahnen – neue Wege

Ein weiterer Unterschied zwischen Menschen mit verschiedenen Verhaltensprogrammen ist, ob sie bereit sind, neue Wege einzuschlagen, oder ob sie lieber traditionellen Regeln folgen. Manche Menschen sind mutiger, während andere ein größeres Bedürfnis nach Sicherheit und Komfort haben.

Mut und Risikobereitschaft

Menschen mit diesem Verhaltensprogramm sind in ihren Handlungsweisen neuen Zielen und Strategien gegenüber aufgeschlossen und nehmen auch Risiken gern in Kauf. Innovationen üben auf diese Menschen eine ungeheure Anziehungskraft aus, der sie sich nur schwer entziehen können.

Ihren privaten Bereich versuchen Menschen mit diesem Verhaltensmuster erfahrungsgemäß so einzurichten, dass er sich links und rechts von ausgefahrenen Gleisen bewegt. Wer mit diesen Menschen engere zwischenmenschliche Beziehungen eingeht, hat damit zu rechnen, häufig von spontanen Entschlüssen oder Vorhaben überrascht zu werden.

Die Gelegenheit, überkommene und auch bewährte Normen und Regeln zu verabschieden, stellt für diese Menschen eine Herausforderung und wichtiges Moment ihrer Selbstverwirklichung dar.

Allerdings besteht für Menschen mit diesem Verhaltensprogramm gleichzeitig die Gefahr der Selbstüberschätzung. Ihre Unvoreingenommenheit sowie ihr Mut zum Risiko lassen sie manchmal verantwortungslos erscheinen, da sie beides ohne Umschweife auf andere übertragen.

Beispiele:

Wenn sich die seit Jahrzehnten in einem kleineren Unternehmen bewährte und unersetzliche Sekretärin ohne Umschweife dazu bereit erklärt, einen PC-Lehrgang zu besuchen, gehört sie zu den Menschen mit diesem Verhaltensprogramm.

Menschen, die sich auf den unterschiedlichsten Gebieten für Reformen stark machen, zählen ebenfalls dazu. Mut und Risikobereitschaft sprechen für die Eltern, die ihren Kindern nicht jeden Tag die Mahnung vor Augen führen, dass früher eigentlich alles anders und besser gewesen sei.

Der Ehemann, der seiner Partnerin zum Hochzeitstag, anstatt der obligatorischen Blumen eine gemeinsame Last-Minute-Flugreise irgendwohin schenkt, ist ohne Zweifel ein Mensch mit diesem Verhaltensprogramm.

Es ist allerdings auch bei jenen Menschen zu finden, die sich z. B. im Wintersport jenseits der zugelassenen Pisten bewegen oder ständig bei Rot die Straße überqueren.

Für Menschen mit diesem Verhaltensprogramm können solche Formulierungen typisch sein:

- „Wenn sich hier nicht bald etwas ändert, war ich den letzten Tag hier."
- „Los, mach mit, was soll denn schon passieren!"
- „Du langweilst mich!"
- „Ein bisschen Mut zum Risiko wäre hier schon vonnöten!"

Sicherheit und Komfort

Menschen mit diesem Verhaltensprogramm bevorzugen in ihren Handlungen bewährte Regeln, Normen und Ablaufpläne. Sie fühlen sich motiviert, wenn sie den genauen Ablauf einer Handlung kennen, diese in bewährter Weise zum Erfolg führt und die Aufrechterhaltung eines gewissen Komforts garantiert.

Sie sehen ihr Selbstwertgefühl dann in Gefahr, wenn sich in ihren privaten wie öffentlichen Lebensbereichen plötzlich Veränderungen abzuzeichnen beginnen. Durch solche Abweichungen von ihrer bisherigen Lebensführung können diese Menschen verunsichert werden.

Menschen mit diesem Verhaltensmuster legen großen Wert auf ihren Komfort, soziale Sicherheit und stabile zwischenmenschliche Beziehungen. Da sie sicherlich zu Recht meinen, das Niveau des Erreichten ihren bisherigen Handlungsweisen zu verdanken, wird es ihnen schwer fallen, hier Veränderungen zuzulassen.

Beispiele:

Mitarbeiter, die sich innerhalb ihrer Firma geplanten Strukturveränderungen gegenüber sperren, weil sie Gefahren für ihren eigenen Status befürchten, sind Menschen mit einem solchen Verhaltensprogramm.

Vorgesetzten wird es schwer fallen, solche Mitarbeiter z. B. arbeitsbedingt an einen anderen Wohnort zu versetzen, auch wenn sich hiermit perspektivisch eventuell ein Karrieresprung verbinden könnte.

Wenn es in Partnerschaftsbeziehungen zu kriseln beginnt, liegt es nicht selten daran, dass der eine Partner es dem anderen auf Grund dieses Verhaltensprogramms nicht gestatten will, den bisherigen Charakter seiner Lebensführung aufzugeben, um „vollkommen neu anzufangen". Mit Neuanfängen verbindet sich bei diesen Menschen immer ein gewisses Risiko.

Eltern, Lehrer oder Erzieher, die in ihren jeweiligen pädagogischen Bemühungen häufig Autoritäten bemühen, haben ein derartiges Verhaltensmuster.

Es ist auch für jene Menschen typisch, die ein ausgeprägtes Traditionsbewusstsein haben. Menschen mit diesem Verhaltensprogramm verwenden häufig solche Formulierungen:

- „Ich kann nicht begreifen, was das jetzt soll. Bisher hat es doch auch funktioniert."
- „Und wenn sich die anderen vor Lachen ausschütten. Ich werde es weiterhin so machen, wie ich es gewöhnt bin!"
- „Liebling, meine Großmutter kam ohne Mikrowelle aus, meine Mutter brauchte auch keine. Ich kann mir nicht erklären, wieso du auf einmal eine brauchst."
- „Solange ich weiterhin mein Geld so verdiene, sehe ich doch nicht ein, Wochenendseminare zu besuchen!"
- „Ich will es ohne Umschweife sagen: Ich lege doch einen gewissen Wert auf Komfort und Lebensniveau!"

Private und berufliche Veränderungen

Ein weiteres Verhaltensprogramm zeigt sich darin, wie oft im privaten oder beruflichen Leben eines Menschen entscheidende Veränderungen stattfinden.

Gleichheit (Veränderungen ca. alle 15 bis 20 Jahre)

Menschen, die von diesem Verhaltensprogramm gesteuert werden, sind kaum daran interessiert, dass in ihrem privaten wie beruflichen Umfeld auch über einen großen Zeitraum hinweg gravierende Veränderungen stattfinden.

Für diese Menschen ist die Welt, so wie sie ist, in Ordnung und sie haben sich in ihr eingerichtet und mit ihr arrangiert. Auf andere wirken diese Menschen auf Grund ihres Verhaltensmusters zuverlässig, beständig und in ihren Reaktionen berechenbar.

Beispiele:

Ein Mensch, der nur schwer zu bewegen ist, sich in kurzen Zeiträumen beruflich zu verändern, wird von diesem Verhaltensprogramm gesteuert und ist bei entsprechender Qualifikation für jeden Arbeitgeber interessant.

Wir haben einen Bekannten, der seit 15 Jahren in die Toscana in den Urlaub fährt. Es steht nicht zu erwarten, dass sich hier etwas ändern wird.

Eine junge Frau wird es schwer haben, ihren langjährigen Lebensgefährten nun doch für eine Eheschließung zu begeistern, wenn er von diesem Verhaltensprogramm geprägt wird.

Eltern sollten an irgendeiner Stelle ihre Hoffnungen begraben, Großeltern zu werden, wenn ihre Kinder/Schwiegerkinder im Verlauf einer nun auch schon langjährigen Ehe bewusst den Gedanken an Nachwuchs zur Seite geschoben haben. Beide bewegen sich im Verhaltensmuster der Gleichheit.

Es kann durchaus sein, dass ein Mensch mit diesem Verhaltensprogramm seine inzwischen als gescheitert zu betrachtende Ehe aufrechterhält, nur weil er gravierende Veränderungen für sich angesichts einer Scheidung befürchtet.

Für den jungen Mann, dessen Mutter ihm bald zwei Jahrzehnte und länger alle Dinge des Lebens abgenommen hat, bricht dann eine Welt zusammen, wenn man ihn in die Selbstständigkeit des Lebens entlässt und er von diesem Verhaltensmuster geprägt ist.

Typische Formulierungen für solche Menschen sind:

- „Ich darf gar nicht daran denken, was passiert, wenn …!"
- „Ich kann es mir eigentlich gar nicht vorstellen, eine andere berufliche Tätigkeit auszuüben!"
- „Mit dem, was ich bisher erreicht habe, bin ich doch recht zufrieden. Ich kann mir nicht vorstellen, dass hier noch Verbesserungen möglich sind."
- „Von mir aus könnte die Zeit jetzt stehen bleiben."

Unterschiedlichkeit (Veränderungen ca. alle 3 bis 7 Jahre)

Menschen mit diesem Verhaltensmuster werden für sich, aber auch für ihren jeweiligen Partner, keine langfristige Lebensplanung anstellen. Gravierende Veränderungen innerhalb ihrer eigenen Lebensverhältnisse können, wenn sie als positiv empfunden werden, eine unwahrscheinlich motivierende Wirkung haben.

Diese Menschen wollen unerträgliche Lebenssituationen nicht weiter aushalten und sind dazu bereit, einen radikalen Schlussstrich zu ziehen. Für sie ist die Welt, wie sie ist, eigentlich nie so richtig in Ordnung und sie sind ständig auf der Suche nach Freiräumen, um Veränderungen vorzunehmen.

Beispiele:

Der Nachbar, der sich alle fünf Jahre einen neuen Wagen kauft, auch wenn es ihn finanziell ganz offensichtlich überfordert, bewegt sich in diesem Verhaltensmuster.

Der Personalchef einer Firma, der im Lebenslauf eines Bewerbers liest, dass dieser bereits sechs verschiedene Arbeitgeber hatte, sollte wissen, dass er einen Menschen vor sich hat, für den das Verhaltensprogramm der Unterschiedlichkeit prägend ist.

Von einer Bekannten, über die man weiß, dass sie in ihrem bisherigen Leben schon neun Mal umgezogen ist, sollte man annehmen, dass sie nach dem Unterschiedlichkeitsmuster lebt. Das gilt ebenfalls, zugespitzt formuliert, für den Freund, der bislang als Informatiker sehr erfolgreich war und nun urplötzlich seine Sachen packt, um in Südafrika Hühner zu züchten.

Es muss nicht immer Gefühlskälte sein, die eine zwischenmenschliche Beziehung auseinander bringt. Wenn einer der Partner die Ansicht äußert, dass der andere ihn mit seiner

Gefühlswärme „einengt und erdrückt“, lebt er offensichtlich in diesem Verhaltensmuster.

Typische Formulierungen sind hier:

- „Damit werde ich mich nie abfinden können!“
- „Für mich ist unbegreiflich, wie du das aushältst. Ich an deiner Stelle hätte hier aber schon lange die Segel gestrichen.“
- „Es wird langsam Zeit, mal wieder einen Tapetenwechsel vorzunehmen.“
- „Ich kann dir nicht mit Sicherheit sagen, was ich in fünf Jahren machen werde. Aber eins weiß ich mit Sicherheit: das hier nicht!“

Welche Wege gehen Gedanken?

Richten Menschen ihren Blick auf das Ganze oder gehen sie ins Detail, denken Schritt für Schritt?

Blick auf das Ganze

Menschen mit diesem Verhaltensprogramm sind in der Lage, sich rasch in die unterschiedlichsten Lebenssituationen hineinzuversetzen, sie zu verstehen und entsprechend zu handeln. Aufgabenstellungen können sie dank ihrer guten Auffassungsgabe ohne größere Vorreden umsetzen, sie benötigen keine „Schritt-für-Schritt-Anleitungen“ und gehen schnell zur Tagesordnung über.

Auch angesichts unerwarteter Ereignisse in ihrem Leben verschaffen sich Menschen mit diesem Verhaltensmuster sofort einen Überblick. Sie sind für die Lösung kurzfristig entstandener Probleme bestens geeignet. Sie favorisieren konzeptionelle Handlungsweisen.

Beispiele:

Der Vorgesetzte, der sich in einer Arbeitsbesprechung nicht lange mit detaillierten Angaben zu einem neuen Produkt aufhält, sonders es sofort in den Zusammenhang mit dem Betriebsprofil stellt, bewegt sich in diesem Verhaltensprogramm.

Teilnehmer eines Seminars, die bei dem fast schon obligatorischen Satz „Hat noch jemand eine Frage?“ innerlich aufstöhnen, sind gleichfalls von diesem Verhaltensmuster geprägt.

Das gilt auch für die Ehefrau, die ihrem Partner angesichts seiner minutiösen Ausführungen zum Verlauf des gestrigen Abends im Freundeskreis klipp und klar ins Gesicht sagt: „Ich habe dich schon verstanden, du kannst Paul und Paula einfach nicht leiden!“

Menschen mit diesem Verhaltensmuster sind gern gesehene Gäste auf Grillpartys. Sie lassen diese nicht in eine Arbeitsbesprechung umschlagen und werden sofort fragen, wo der Grill steht.

Wird ein Vater ungehalten, wenn er seiner Tochter zum wiederholten Male den Lösungsweg einer Mathematikaufgabe erklären muss, können wir davon ausgehen, dass er nach diesem Verhaltensprogramm lebt.

Um es deutlich zu machen: Menschen mit diesem Verhaltensmuster sind nicht für den Beruf des Fahrlehrers geeignet.

Typische Formulierungen:

- „Bitte konzentrieren Sie sich auf das Wesentliche!“
- „Halten wir uns nicht länger mit Kleinigkeiten auf!“
- „Irgendwann werden Sie es auch noch lernen, die Spreu vom Weizen zu trennen.“
- „Ich frage mich nun schon die ganze Zeit, wann du endlich mal zum Kern der Sache kommst?“

Schritt für Schritt

Menschen mit diesem Verhaltensprogramm sind analytische Denker, richten ihren Blick vornehmlich auf Einzelheiten und zeichnen sich durch Liebe zum Detail aus.

Ihre manchmal auf andere ermüdend wirkenden Situationsschilderungen sprechen andererseits davon, dass sie große Geduld aufbringen, ihren Mitmenschen etwas verständlich zu machen.

Sie werden sich nicht mit Gesamtdarstellungen abfinden können, sondern immer wieder, auch kritisch, hinterfragen. Sie benötigen einfach eine Vielzahl von Einzelinformationen, um sich ein Bild zu machen.

Diese Menschen sind hervorragend für logistische und organisatorische Aufgaben geeignet.

Beispiele:

Ein Zuhörer, der den Redner dauernd mit der Frage „Einen Moment bitte, wie war das jetzt?" unterbricht, hat ganz offensichtlich dieses Verhaltensprogramm. Das gilt auch für jenen ehemaligen Mitschüler, dem man unbesehen die Vorbereitung eines Klassentreffens anvertraut.

Jedem Autohändler wird einiges abverlangt, trifft er im Verkaufsgespräch auf einen Kunden, der sich im „Schritt-für-Schritt-Programm" bewegt. Ihm werden knappe Anmerkungen zu Hubraum und Höchstgeschwindigkeit sicherlich nicht genügen.

Mitarbeiter, die sich nicht mit der Bekanntgabe einer neuen Aufgabenstellung zufrieden geben, sondern hier eine Vielzahl von Erläuterungen und Erklärungen wünschen und auch benötigen, werden von diesem Programm gesteuert. Das gilt auch für Menschen, die eine Vorliebe für genaue und gründliche Betriebsanweisungen haben.

Typische Formulierungen:

- „Das musst du mir noch mal erklären!"
- „Das muss ich mir erst noch mal genau durch den Kopf gehen lassen."
- „Diesen Vertrag kann ich erst dann unterschreiben, wenn ich ihn Punkt für Punkt durchgegangen bin."
- „Liebling, du hättest erst das Kleingedruckte lesen sollen!"

Wie gehen Menschen mit Erfahrungen um?

Dieses Verhaltensmuster zeigt sich darin, ob Menschen auf die Erfahrungen anderer achten oder ob sie ihre eigenen Erfahrungen benutzen.

Die Erfahrungen anderer

Menschen mit diesem Verhaltensprogramm erleben ihre Welt häufig mit den Augen anderer und greifen in ihren Handlungen vielerorts auf Vorbilder zurück. Sie setzen ein großes Vertrauen in die Lebenserfahrungen anderer Menschen und sind bestrebt, sie im eigenen Leben, privat wie öffentlich, nutzbringend umzusetzen.

Bei Menschen mit diesem Verhaltensmuster wird man es nie erleben, dass sie einsame Entscheidungen treffen. Sie sind offen für die Urteilskraft ihrer Mitmenschen oder ihres Partners und ziehen deren Stellungnahmen, Meinungen und Ansichten in eigene Überlegungen unbedingt mit ein.

Diese Menschen können die positiven und negativen Erfahrungen, die andere in ihrem Leben gemacht haben, übernehmen.

Beispiele:

Der junge Mann in der Straßenbahn, der in einem Buch mit etwa dem Titel „100 Tipps, um reich zu werden" liest, bewegt sich im Kontext dieses Verhaltensprogramms.

Menschen, die sich andauernd fragen, wie sich wohl andere in der gleichen Situation verhalten würden, die sie derzeit durchleben, zeigen dieses Verhaltensmuster. Das trifft auch auf den Mitarbeiter zu, der sich angesichts einer für ihn neuen Aufgabe ausschließlich Ratschläge bei den Kollegen holen wird, die in der Vergangenheit mit genau dieser Aufgabe schon beschäftigt und hier erfolgreich waren.

Der Ehemann, der sich von seiner Partnerin sagen lassen muss, dass er seinem Vater immer ähnlicher werde, ist wesentlich von diesem Programm geprägt.

Typische Formulierungen:

- „Am besten wird es sein, ich frage den Kollegen Müller, was er an meiner Stelle tun würde."
- „Hören Sie auf den Rat von Herrn Meier. Er ist schon länger in der Firma als Sie!"
- „Liebling, mein Vater hat es mit dieser Einstellung weit gebracht und ich werde es genauso machen!"
- „Meine sehr verehrten Damen und Herren, ich kann nur hoffen, dass unser scheidender Vereinsvorsitzender uns weiterhin mit seinem reichen Erfahrungsschatz zur Seite stehen wird!"

Eigene Erfahrungen

Menschen mit diesem Verhaltensprogramm durchleben ständig das Gefühl, die Welt neu „erfinden" zu müssen. Sie werden immer bestrebt sein, in allen Lebensbereichen ihre eigenen Erfahrungen zu machen, um sich selbst zu verwirklichen.

Menschen mit diesem Verhaltensmuster verlassen sich in letzter Instanz nur auf sich selbst und ihre Sicht der Dinge. Sie werden sich sicher die Meinungen, Ansichten und das Wissen anderer anhören, aber häufig genau das Gegenteil von dem tun, was ihnen gesagt wurde.

Beispiele:

Menschen, die häufig in Gesprächen die Ansicht vertreten, dass man dies oder jenes selbst erst erlebt haben müsste, um mitreden zu können, bewegen sich in diesem Verhaltensprogramm.

Gleiches gilt für die, die einerseits problembeladen durch die Welt gehen, sich aber andererseits von ihren Mitmenschen nicht helfen lassen wollen.

Typische Formulierungen:

- „Ich bin dir dankbar, dass du mir helfen willst. Aber da muss ich selber durch!"
- „Das ist ja alles ganz schön und gut, was du da sagst. Aber ich muss das erst selbst gemacht haben, ehe ich mir hier ein Urteil erlaube."
- „Du kannst nicht von mir verlangen, die Angelegenheit unbesehen weiterzuleiten!"
- „Ich akzeptiere Ihren Standpunkt zu dem Problem. Aber Sie werden vielleicht verstehen, dass ich die Angelegenheit ganz anders durchführen würde, denn auch ich habe mich eingehend mit ihr beschäftigt!"

Der Umgang mit Stress

Wie reagieren Menschen auf Stress? Manche tun dies emotional, andere wertfrei oder sachlich.

Emotional

Menschen mit diesem Verhaltensprogramm reagieren auf Stress, also Druck, Anspannung und Belastung, mit gravierenden Veränderungen ihrer inneren Befindlichkeit, die sich mitunter einer rationalen Kontrolle entzieht und bis zur seelischen Erregung steigern kann.

Im schlimmsten Falle kann diese Art von „Stressbewältigung" zu Handlungen im Affekt führen.

Beispiele:

Menschen, die in Stresssituationen mitunter „ausrasten", haben ein emotionales Verhaltensmuster.

Das betrifft auch Menschen, die sich an einer Stress auslösenden Situation gefühlsmäßig so stark beteiligen, dass sie sich und ihre Umwelt am Ende selbst in Frage stellen. Sie werden erfahrungsgemäß über den Tod eines geliebten Mitmenschen, die Konfrontation mit einer unheilbaren Erkrankung, den Verlust der Arbeit oder das Ausbleiben von Anerkennung und Erfolg kaum hinwegkommen.

Typische Formulierungen:

- „Ich halte das hier einfach nicht mehr aus!"
- „Ich könnte wahnsinnig werden, wenn ich nur an morgen denke!"
- „Wenn sie mich verlässt, hat alles keinen Sinn mehr."
- „Wenn er mir das antut, kann ich für nichts garantieren!"

Wertfrei

Menschen, die in Stresssituationen überwiegend gefühlsmäßig reagieren und dennoch nicht sofort in Endzeitstimmung verfallen, haben dieses Verhaltensmuster.

Sie reagieren auf Druck oder Anspannung durchaus sensibel und zeigen veränderte seelische Befindlichkeiten, leben aber auch von der Hoffnung, dass die momentane Situation eine vorübergehende ist und andere ebenso treffen kann.

Menschen mit diesem Verhaltensmuster werden sich deshalb den Problemen und Sorgen anderer gegenüber sehr aufmerksam und teilnahmsvoll verhalten.

Beispiele:

Der Nachbar, von dem ich weiß, dass ihn der Verlust seines Arbeitsplatzes hart getroffen hat und der dennoch mit der jetzigen Situation umzugehen versteht, hat ein solches Verhaltensmuster. Das gilt auch für den Ehemann, dessen Partnerin sich einem anderen zugewandt hat und der weiterhin freundschaftliche Kontakte zu ihr unterhält.

Menschen, die innerlich sehr erregt sind und ungeachtet dessen Beherrschung an den Tag legen, leben nach diesem Verhaltensprogramm. Das betrifft auch den Bekannten, der zurzeit viel Ärger in der Arbeit hat, ihn aber keinesfalls an anderen auslassen würde.

Typische Formulierungen:

- „Was du nur hast. Andere hat es in diesem Falle schon viel härter getroffen."
- „Glaube mir, das Leben wird irgendwie weitergehen!"
- „Lass mal, das Leben hat auch seine schönen Seiten."
- „Sie wissen genau, dass mir dieser Vorwurf sehr nahe geht. Und trotzdem werden Sie mich nicht aus der Reserve locken!"

Sachlich

Menschen mit diesem Verhaltensprogramm zeigen auch in Stresssituationen meistens eine ausgeglichene Gefühlslage und begegnen Konflikten, Druck und Spannungen mit dem Verstand und handeln dementsprechend.

Für diese Menschen hat Stress etwas ganz Normales an sich und gehört einfach zum Leben: Er hat Ursachen, also können sie dagegen angehen und wollen es auch.

Menschen mit diesem Verhaltensmuster empfinden, zugespitzt formuliert, Stress nicht als Stress. Sie wären höchstwahrscheinlich unglücklich und genau dann gestresst, wenn ihr Leben nur in Harmonie verlaufen würde.

Beispiele:

Mein Freund, den ich dafür bewundere, wie gelassen er mit der Tatsache umgeht, dass man drei Mal hintereinander in sein Wochenendhaus eingebrochen hat, lebt nach diesem Verhaltensprogramm.

Der Bekannte, der nach einem schweren Unfall seiner Partnerin zu verstehen gab, froh darüber zu sein, dass nicht mehr passiert ist, hat dieses Verhaltensmuster. Das trifft auch auf den Mitarbeiter zu, der selbst in Zeiten größter betrieblicher Hektik einen klaren Kopf behält.

Typische Formulierungen:

- „Statt jetzt zu verzweifeln, sollten wir lieber überlegen, wie wir aus dieser verfahrenen Situation wieder herauskommen."
- „Betrachten wir die Angelegenheit doch einfach mal ganz nüchtern!"
- „Was du dich nur dauernd aufregst. Es können nicht alle Erwartungen erfüllt werden."
- „Nimm die Sache so, wie sie ist, und mach' was draus!"

Teamgeist – „Einzelkämpfer"

Ein weiteres Verhaltensprogramm bestimmt, in welchem Umfeld Menschen besonders effizient sind: wenn sie etwas alleine tun, mit anderen zusammenarbeiten oder mit anderen ihre Verantwortung teilen können.

Alleine

Menschen mit diesem Verhaltensprogramm werden Handlungen bevorzugen, in denen sie sich ihre Unabhängigkeit von anderen bewahren können. Ihr Selbstwertgefühl bekommt häufig dann einen „Dämpfer", wenn sie sich die Erledigung einer Aufgabenstellung plötzlich mit einem anderen teilen müssen.

Menschen mit diesem Verhaltensmuster erledigen den größten Teil anstehender Arbeiten lieber selbst und haben manchmal ein Problem damit, sich anderen über den Stand der Dinge mitzuteilen.

Beispiele:

Die Mutter, die mit ihrer Tochter keinen Kuchen gemeinsam backen kann, lebt in diesem Verhaltensprogramm.

Es ist auch für den Mitarbeiter typisch, den andere als „Einzelkämpfer" bezeichnen und der eigentlich nur dann motiviert ist, wenn er seine Aufgaben für sich alleine erledigen kann. Er wird darüber hinaus bemüht sein, nur solche Aufträge anzunehmen, von denen er genau weiß, dass sie sich ohne die Mitwirkung anderer erledigen lassen.

Menschen, die Hilfeleistungen anderer selbst bei schweren körperlichen Arbeiten ablehnen, haben dieses Verhaltensmuster.

Typische Formulierungen:

- „Lass mich das mal lieber alleine machen.“
- „Ehe hier etwas schief läuft, mache ich das mal lieber selber!“
- „Ich weiß schon, was ich zu tun habe. Bitte rede mir nicht dauernd dazwischen!“
- „Ich schaffe das durchaus alleine!“

Zusammenarbeiten

Menschen mit diesem Verhaltensprogramm fühlen sich eigentlich nur dann wohl, wenn sie im weitesten Sinne des Wortes mit anderen kommunizieren, zusammenarbeiten und sich Erfolge, aber auch Niederlagen teilen können.

Ihr Privatleben findet häufig in einem großen Freundeskreis statt, mit dem viel gemeinsam unternommen wird.

Menschen mit diesem Verhaltensmuster bevorzugen Partnerschaften, in denen man keine Geheimnisse voreinander hat sowie den Alltag wirklich gemeinsam erlebt und gestaltet.

Beispiele:

Stellenausschreibungen, aus denen hervorgeht, dass den betreffenden Bewerber ein starkes und motiviertes Team erwartet, wollen besonders Menschen mit diesem Verhaltensprogramm ansprechen.

Dieses Verhaltensmuster trifft auch auf Herrn Meier zu, der einer Beförderung sehr skeptisch entgegensah, weil er vermutete, von nun an allein arbeiten zu müssen.

Die junge Medizinerin, die auf die Übernahme der Praxis ihres Vaters verzichtet und die weniger lukrative Stelle einer Assistenzärztin in einem kleinen Krankenhaus antritt, wird ganz offensichtlich von diesem Verhaltensprogramm bestimmt.

Typische Formulierungen:

- „Ich bin dir für deine Mitarbeit wirklich dankbar!“
- „Es würde mich freuen, wenn sich alle Mitarbeiter an der Lösung dieser Aufgabenstellung beteiligen würden!“
- „Ist es wirklich notwendig, dass ich ein Büro für mich alleine habe?“
- „Weißt du eigentlich was ich an unserer Beziehung so schätze? Wir haben in unserem bisherigen Zusammensein alle Schwierigkeiten gemeinsam lösen können.“

Verantwortung teilen

Menschen mit diesem Verhaltensprogramm haben in der Regel keine Schwierigkeiten, Verantwortung zu übernehmen. Einsame und womöglich selbstherrliche Entscheidungen sind ihnen aber fremd. Sie hören nicht nur auf den Rat ihrer Mitmenschen, sondern akzeptieren ihn auch und bringen ihn in die eigenen Überlegungen mit ein.

Diese Menschen kennen keine Schuldzuweisungen im eigentlichen Sinne des Wortes, da sie ihr Handeln stets als von gemeinsamer Verantwortung getragen verstehen. Das bedeutet nicht, dass sie zu jenen gehören, die die Verantwortung gerne auf andere schieben.

Beispiele:

Der junge Mann von nebenan, der zusammen mit zwei Studienkollegen ein kleines Softwareunternehmen gegründet hat, lebt höchstwahrscheinlich nach diesem Verhaltensprogramm.

Eltern, die sich darin einig sind, für die Erziehung ihres Kindes gemeinsam die Verantwortung zu tragen, bewegen sich in diesem Verhaltensmuster. Diese Menschen werden es sicherlich nie verstehen, dass jemand davon überzeugt ist, aus alleiniger Verantwortung heraus für seine Mitmenschen sprechen zu können.

Typische Formulierungen:

- „Ich wäre aufrichtig daran interessiert, dass wir die Verantwortung für das Gelingen unseres Vorhabens zu gleichen Teilen tragen."
- „Ich kann und will Ihnen die Verantwortung für Ihren Tätigkeitsbereich nicht abnehmen!"
- „Was wir gemeinsam angefangen haben, bringen wir auch gemeinsam zu Ende."

Die Sach- und Beziehungsebene

Menschen unterscheiden sich auch darin, ob sie in ihrem Handeln eher an Personen und deren Gefühle oder an Dinge/ Gegenstände denken.

Personenbezogen

Menschen mit diesem Verhaltensprogramm machen einen großen Teil ihrer Lebensäußerungen von der Qualität ihrer zwischenmenschlichen Beziehungen abhängig. Das betrifft ihr Privat- wie Berufsleben.

Sie sind nicht nur daran interessiert, mit ihren Mitmenschen oder ihrem Partner „gut auszukommen", sondern fühlen sich häufig erst dann richtig motiviert, wenn sie ihren eigenen Beitrag zur Verbesserung und Ausgestaltung zwischenmenschlicher Beziehungen leisten können.

Beispiele:

Unser Nachbar, der seiner Frau fast täglich Blumen schenkt und das wirklich mit der Absicht tut, ihr eine Freude zu machen, hat dieses Verhaltensprogramm.

Dieses Verhaltensmuster hat der Vorgesetzte, an den sich Mitarbeiter vertrauensvoll auch dann wenden können, wenn sie ein persönliches Problem haben. Hier können wir auch den Bekannten einordnen, der von der Polizei über einen Autounfall seiner Partnerin informiert wurde und sich als Erstes nach ihrem Befinden erkundigte.

Von diesem Verhaltensprogramm sind die Mitarbeiter wesentlich bestimmt, die an der Aufrechterhaltung eines guten „Betriebsklimas" interessiert sind. Auch wer sich trotz der interessantesten und gut dotierten Tätigkeit in seinem Team unwohl fühlt, hat ganz offensichtlich dieses Verhaltensmuster.

Für Menschen mit diesem Verhaltensprogramm können solche Formulierungen typisch sein:

- „Trotz der momentanen Verstimmung bin ich an der Aufrechterhaltung unserer Freundschaft interessiert."
- „Ich würde gerne wissen, was du von mir hältst. Vielleicht kann ich dann in meinem Verhalten dir gegenüber wirklich etwas ändern!"
- „Es tut mir Leid, dich gekränkt zu haben!"
- „Ich möchte nicht, dass unsere Beziehung unter diesem Vorfall leidet!"

Sachbezogen

Menschen mit diesem Verhaltensprogramm akzeptieren ihre zwischenmenschlichen Beziehungen in der Regel so, wie sie sind, und können sich ohne größere innere Anteilnahme in ihnen recht gut bewegen.

Sie lehnen in einer Vielzahl von Lebenssituationen persönliche Betrachtungsweisen oder die Einbeziehung von Gefühlen ab und sind mehr an der materiellen Ausgestaltung einer Beziehung interessiert.

Menschen, für die Verbesserungen in ihrer Arbeitswelt vorzugsweise von der Neuanschaffung technischer Geräte abhängen, leben ganz offensichtlich in diesem Verhaltensmuster.

Beispiele:

Der Ehemann, der von der Polizei über den Autounfall seiner Partnerin informiert wird und als Erstes fragt, ob das Auto schlimm beschädigt sei, lebt zum großen Teil in diesem Verhaltensprogramm.

Eine Vielzahl von Ehen, die z. B. unter dem Gesichtspunkt der Vermögensvermehrung geschlossen wurden, sind nur dann von Dauer, wenn beide Partner sich in diesem Verhaltensmuster bewegen.

Der Vorgesetzte, der der Meinung ist, seine Mitarbeiter ausschließlich über Sonderzuwendungen motivieren zu müssen, lebt in diesem Verhaltensprogramm.

Das betrifft auch jenen Mitarbeiter, der zwar sofort bemerkt, dass mal wieder ein anderer seinen Computer benutzt hat, aber das durch Krankheit bedingte Fehlen einer Kollegin erst nach drei Wochen registriert. Diesem Mitarbeiter kann man bedenkenlos die anstehende Jahresinventur anvertrauen, aber nicht die Vorbereitung einer Betriebsfeier. Sie wird garantiert zur Arbeitsbesprechung.

Menschen mit diesem Verhaltensprogramm verwenden oft solche Formulierungen:

- „Jeder ist zu ersetzen!“
- „Das Betriebsklima ist mir eigentlich egal. Die Mittel sind entscheidend, um meine Aufgaben erfüllen zu können.“

- „Ich habe mich im Urlaub mit meiner Partnerin laufend gestritten. Mir tut jetzt noch das Geld Leid, das ich für diese Reise bezahlt habe!“
- „Ob ich nun einen guten Draht zu meinen Mitarbeitern habe oder nicht, Hauptsache, die materiellen Rahmenbedingungen sind in Ordnung!“

Unsere Denkmuster und die der anderen

Unsere Verhaltensprogramme zeigen sich auch darin, welche Denkmuster wir für uns und für andere anwenden. Dabei gibt es fünf Möglichkeiten: Manche Menschen denken, ihr Denkmuster gelte für sie und für andere. Andere meinen, ihr Muster gelte nur für sie; die Denkmuster anderer sind ihnen egal. Wieder andere finden, sie bräuchten zwar keine Denkmuster, andere aber schon. Dann gibt es Menschen, die denken, dass ihr Denken nur für sie gelte, für andere gelte ihr eigenes Denken. Schließlich verhalten sich manche Menschen in einer Weise, die zeigt, dass sie zuerst an den anderen denken und dann erst an sich selbst.

Mein Denkmuster gilt für mich und für andere

Menschen mit diesem Verhaltensprogramm haben ein mitunter überzogenes Selbstwertgefühl und -vertrauen. Sie machen anderen gerne Vorschriften, sei es im privaten oder öffentlichen Bereich.

Ihnen liegt viel daran, anderen ihre Lebenseinstellung zu vermitteln, weil sie meinen, dass sich die ihrige bisher erfolgreich bewährt hat.

Beispiele:

Großväter, die ihren Enkeln gerne Geschichten erzählen, in denen sie selbst vorkommen und die Lebenserfahrungen vermitteln sollen, haben erfahrungsgemäß dieses Verhaltensprogramm. Das betrifft auch jenen erfolgreichen Mitarbeiter, der aus seinem Lebenslauf kein Geheimnis macht.

Typische Formulierungen:

- „Mache es wie ich und denke ganz einfach positiv!"
- „Also ich an deiner Stelle würde das so und so machen ..."
- „Ich will dir deine Illusionen nicht nehmen. Nur, mit dieser Lebenseinstellung wirst du im Berufsleben nicht weit kommen. Siehst du, als ich meine erste Stelle angetreten habe, da ..."
- „Ich war schon mal in einer ähnlichen Situation wie du. Willst du wissen, was ich damals gemacht habe?"
- „Glaube mir, es kommt manchmal nur auf die richtige Lebenseinstellung an! Oder willst du meine Erfolge bestreiten?"

Mein Denkmuster gilt für mich, die Gedanken der anderen sind mir egal

Menschen mit diesem Verhaltensprogramm haben mitunter Probleme zu akzeptieren, dass ihre Mitmenschen andere Denkmuster aufweisen können als sie.

Oft werden sie das tun, von dem sie meinen, dass sie es ganz einfach tun müssen. Positive oder negative Reaktionen anderer auf ihr Handeln spielen für sie dann keine Rolle.

Beispiele:

Mitbewohner eines Mietshauses, die es nicht verstehen können, dass häufig Beschwerden anderer über ruhestörenden

Lärm beim Hausverwalter eingehen, haben sicherlich dieses Denkmuster. Das trifft auch auf jenen Grundstücksnachbar zu, der immer sonntags zwischen 13.00 Uhr und 15.00 Uhr seinen Rasen mäht.

Der Kollege, an dem Vorwürfe hinsichtlich seiner Unzuverlässigkeit regelrecht abprallen, lebt in diesem Verhaltensmuster. Hier sind auch jene Autofahrer einzuordnen, die zwar Bußgelder und Fahrverbote als schmerzlich empfinden und dennoch andere Verkehrsteilnehmer ignorieren.

Typische Formulierungen:

- „Mir ist egal, was du von mir denkst!"
- „Du kannst dich ruhig beschweren. Ich werde es trotzdem wieder machen!"
- „Was du dich nur aufregst, das ist doch mein Problem!"
- „Ich kann einfach nicht verstehen, wieso dich das stört!"

Ich brauche keine Denkmuster, aber die anderen

Menschen mit diesem Verhaltensprogramm betrachten Denkmuster in der Regel als Beeinträchtigungen ihrer Persönlichkeitsentfaltung, sehen sie aber für ihre Mitmenschen als durchaus notwendig an.

Sie lehnen Vorschriften für sich persönlich ab und leiten sie gerne an andere weiter.

Beispiele:

Das Lebensmotto eines meiner Bekannten lautet: „Was Hans darf, darf Hänschen noch lange nicht!" Er hat ganz offensichtlich dieses Verhaltensmuster. Das gilt auch für jenen Mitarbeiter, der zwar ständig die Hausordnung umgeht, sie für seine Auszubildenden aber verbindlich macht.

Typische Formulierungen:

- „Es kann schon sein, dass er Recht hat, und ich empfehle dir zu machen, was er gesagt hat. Für mich betrachte ich es als nicht verbindlich."
- „Sicherlich gibt es so etwas wie eine allgemeine Meinung. Ich schließe mich hier aber gerne aus."

Mein Denken gilt nur für mich, dein Denken gilt für dich

Menschen mit diesem Verhaltensprogramm sind in der Verfolgung eigener Prinzipien und Normen sehr konsequent, betrachten sie aber als nur für sich geltend.

Sie teilen ihre Richtlinien mit niemandem, reden anderen in ihre Art der Lebensführung niemals hinein und tolerieren unvoreingenommen deren Lebenseinstellung.

Beispiele:

Dieses Verhaltensprogramm ist für den Inhaber eines kleinen Unternehmens maßgebend, der es akzeptiert, dass seine Kinder trotz der Erwartungen der ganzen Familie nicht den elterlichen Betrieb übernehmen, sondern meinen, im Lehrerberuf ihre Erfüllung zu finden.

Menschen, die kein Problem damit haben, mit Menschen anderer Hautfarbe, anderer Religion, ethischer Auffassungen usw. zusammenzuarbeiten, können erfahrungsgemäß hier eingeordnet werden. Dieses Verhaltensmuster hat auch der Tourist, der an fremde Kulturen nicht den Maßstab seiner eigenen anlegt.

Der Chef, der für sich auf Pünktlichkeit, Ordnung und Genauigkeit in der Arbeit achtet und dennoch seinen Mitarbeitern gegenüber nicht als Pedant auftritt, hat es höchstwahrscheinlich auch.

Menschen mit diesem Verhaltensprogramm benutzen häufig Formulierungen wie:

- „Ich könnte zwar nicht so wie er leben, wenn er aber meint, es ist gut für ihn, dann bitte!"
- „Ich für mich kann es nicht nachvollziehen, dass jemand so sein kann wie sie. Aber es stört mich nicht."
- „Rede mir bitte nicht dauern rein. Ich sage doch auch nichts, wenn du …"
- „Auch wenn ich es nicht verstehe, ich muss es akzeptieren."

Ich denke an dich, dann erst an mich

Menschen mit diesem Verhaltensmuster sind häufig geneigt, ihre eigene Persönlichkeit zu Gunsten anderer in den Schatten zu stellen, wenn nicht gar aufzugeben.

Sie geben allzu gerne nach und bemerken dabei viel zu spät, dass sie oft der in jeder Beziehung Benachteiligte sind. Für diese Menschen ist das Bedürfnis kennzeichnend, es anderen um jeden Preis recht zu machen.

Beispiele:

Eine gute Freundin unserer Familie wird seit Jahren von ihrem Ehemann betrogen und vernachlässigt. Sie will jedoch das Thema „Scheidung" nicht zur Kenntnis nehmen, weil sie glaubt, ihr Mann wäre ohne sie „verloren".

Unser Nachbar wirkt manchmal schon lächerlich in seinen Bemühungen, seiner Partnerin jeden Wunsch von den Augen abzulesen.

Wir haben einen Mitarbeiter, der jeden Auftrag ohne Widerspruch annimmt. Er lebt ganz offensichtlich in diesem Verhaltensmuster.

Solche Menschen gebrauchen häufig Formulierungen wie:

- „Ich kann zu dem zweitägigen Betriebsausflug nicht mitkommen. Was soll mein Mann denn ohne mich anfangen?"

- „Das kannst du nicht machen. Was sollen denn die Nachbarn sagen?“
- „Gehen Sie ruhig schon nach Hause. Ich werde die paar Akten noch abarbeiten!“
- „Mir ist der Lärm egal, Kinder. Aber nehmt bitte Rücksicht auf euren Vater!“

Wie kommen Informationen in unser Gehirn?

Wie wir bereits besprochen haben, sind manche Menschen eher durch das Sehen bestimmt (visuell), andere durch das Hören (auditiv), andere wieder durch das Fühlen und Tun (kinästhetisch), durch das Schmecken (gustatorisch) oder das Riechen (olfaktorisch).

Diese Wahrnehmungskanäle bestimmen, wie wir Informationen aufnehmen, und beeinflussen dadurch auch unser Verhalten.

Wie entscheidungsfreudig sind Menschen?

Unterschiede zwischen Menschen ergeben sich auch daraus, wie sie Entscheidungen treffen. Manche brauchen zahlreiche Informationen, andere eher wenig. Manche bleiben lange skeptisch, andere wieder brauchen eine gewisse Zeit, um Entscheidungen treffen zu können.

Zahlreiche Informationen

Menschen mit diesem Verhaltensprogramm benötigen eine Vielzahl der unterschiedlichsten Informationen, um eine Situation beurteilen zu können. Dabei sind sie in der Lage, die für sie notwendigen Informationsmengen auch in kürzester Zeit zu verarbeiten.

Entscheidungen treffen sie in der Regel erst dann, wenn sie meinen, auch wirklich genügend erfahren zu haben, um verantwortungsvoll handeln zu können.

Beispiele:

Der Mitarbeiter, der mehr als nur einen Hinweis benötigt, um den Sinn der Produktionsumstellung einzusehen, hat höchstwahrscheinlich dieses Verhaltensprogramm. Das betrifft auch den Personalchef, dem die kargen Antworten eines Stellenwerbers nicht ausreichen, um ihn einschätzen zu können.

Auch der Schüler, der bei der Anfertigung seiner Hausaufgaben nicht nur in das entsprechende Schulbuch schaut, sondern ein Lexikon zur Hand nimmt, hat dieses Verhaltensmuster. Es ist auch für Menschen typisch, die mit einer großen Informationsflut umgehen können.

Typische Formulierungen für Menschen mit diesem Verhaltensprogramm sind:

- „Mir genügt es nicht, eine These in den Raum zu stellen. Ich werde sie durch eine Vielzahl von Informationen belegen."
- „Je mehr Informationen ich erhalten kann, desto besser!"
- „Ich verstehe es nicht, wie du dich in der heutigen Welt ohne Informationen zurechtfinden willst!"
- „Diese knappe Auskunft kann mich nicht von den Vorteilen des neuen Produkts überzeugen!"

Wenig Informationen

Menschen mit diesem Verhaltensprogramm benötigen nur knappe und wenig Informationen, um sich von einer gegebenen Situation ein Bild zu machen. Es fällt ihnen leicht, mit wenig Informationen Entscheidungen zu treffen.

Beispiele:

Ich bewundere einen Freund von mir, bei dem ein bis zwei Informationen ausreichen, und er kann sich ein Bild von der Lage machen. Er lebt höchstwahrscheinlich nach diesem Verhaltensprogramm.

Das gilt ganz offensichtlich auch für meinen Vorgesetzten, der auf ein umfängliches Berichtswesen verzichtet und trotzdem über alles und jeden in seiner Abteilung gut Bescheid weiß.

Der Prüfer, der einen Kandidaten unterbricht um festzustellen, dass ihm das Gesagte genügt, um zu einer Note zu kommen, hat dieses Verhaltensmuster.

Für Menschen mit diesem Verhaltensprogramm können solche Formulierungen typisch sein:

- „Danke. Mir genügt die eine Vorführung, um mich von der Qualität des Produkts zu überzeugen!“
- „Ich benötige hier keine weiteren Fakten. Ich glaube dir auch so!“
- „Mir reicht es aus, wenn ich die Schlagzeilen meiner Tageszeitung zur Kenntnis nehme.“
- „Tragen Sie Ihr Anliegen kurz und knapp vor! Ich werde dann sofort eine Entscheidung treffen.“

Skepsis

Für Menschen mit diesem Verhaltensprogramm ist es in der Regel unwesentlich, ob im Vorfeld ihrer Entscheidungen wenig oder viele Informationen stehen: Ein Rest Selbstzweifel ist für diese Menschen immer gegeben – Skepsis am Inhalt ihrer Informationen wie auch Skepsis gegenüber den eigenen Entscheidungen.

Menschen mit diesem Verhaltensmuster sind, wenn überhaupt, nur schwer von etwas zu überzeugen.

Beispiele:

Im Grunde genommen war seine Partnerin auch nach stundenlangen Gesprächen von den Vorteilen der Anschaffung eines Zweitwagens nicht überzeugt. Ihr Ehemann hat es nicht immer leicht, seine Frau bewegt sich in diesem Verhaltensprogramm.

Das betrifft auch den Mitarbeiter, der trotz einer Vielzahl von Gesprächen die getroffene Entscheidung nur mit halbem Herzen trägt.

Wenn man irgendwo übereinstimmend zu der und der Ansicht gekommen ist, wird es garantiert jemanden geben, für den das nicht zutrifft – einen Menschen mit diesem Verhaltensmuster.

Typische Formulierungen für Menschen mit diesem Verhaltensprogramm:

- „Es spricht vieles dafür. Trotzdem habe ich irgendwie Bedenken bei dieser Entscheidung!"
- „Tut mir Leid, aber das kann mich nicht restlos überzeugen!"
- „Und wenn du tausend Schwüre leistest, ich kann dir einfach nicht glauben!"
- „Glaubst du etwa, dass die Informationen in unserem Urlaubsprospekt so stimmen?"

Zeitschienen

Menschen mit diesem Verhaltensprogramm genügen aneinander gereihte Informationen nicht. Vielmehr wollen sie ihre gewonnenen Kenntnisse miteinander vergleichen, sie gegeneinander abwägen und überprüfen, ehe sie eine Entscheidung treffen. Das verlangt mitunter viel Zeit.

Es ist fast immer sinnlos, von diesen Menschen spontane Entscheidungen erwarten zu wollen.

Beispiele:

Ich bat einen Bekannten am Montag, sich zu überlegen, ob wir am Samstag in aller Frühe zum Angeln fahren wollen. Er sagte mir am Freitagabend zu. Es steht zu erwarten, dass dieses Verhaltensprogramm für ihn prägend ist. Das trifft auch höchstwahrscheinlich für den Mitarbeiter zu, dem man von vornherein Bedenkzeiten einräumt, wenn Entscheidungen zu fällen sind.

Der Ehemann, dessen Stimmung umkippt, wenn seine Partnerin verkündet, dass man sich heute noch für den Kauf des neuen Kühlschranks entscheiden müsse, bewegt sich in diesem Verhaltensmuster.

Das betrifft auch den Kunden eines Reisebüros, der mit festen Zielvorstellungen den Laden betritt, ein zweistündiges Gespräch mit einem Angestellten führt und dann doch lediglich mit einem dicken Packen Prospekten nach Hause geht.

Typische Formulierungen:

- „Lass mir bitte Zeit, Liebling!“
- „Ich kann mich nun einmal nicht von heute auf morgen entscheiden!“
- „Es ist sinnvoller, die Besprechung heute abzubrechen und in der kommenden Woche fortzusetzen. Wir kommen sonst zu keinem Resultat.“
- „Rechnen Sie mit einem Gutachten nicht vor Ablauf des Monats!“

Wie können Programme geändert werden? Welchen Nutzen bringt die Kenntnis der 14 Verhaltensprogramme?

An den Anfang dieses Abschnitts setze ich die Behauptung, dass Programme geändert werden können. Die Betonung in diesem Satz liegt auf „ändern" und meint keinesfalls die Änderung, die beispielsweise ein Schneider an Ihrer soeben gekauften Hose vornimmt.

Sie erinnern sich, ich formulierte zu Beginn dieses Abschnittes, dass die Programme, die unser Leben steuern, unbewusst verlaufen. Wenn ich hier also von „ändern" spreche, ist klar, dass ich natürlich diese Programme zuerst kennen muss. Es ist hier wie mit Newton und dem Apfel: Er fiel schon vom Baum, noch ehe das Gravitationsgesetz aufgestellt wurde.

Auf einmal weiß ich von mir, dass es alles andere als zufällig ist, wenn ich plötzliche Veränderungen in meinem beruflichen Leben eigentlich gar nicht mag. Das geschieht nicht aus einer vorübergehenden Stimmungslage oder momentanen seelischen Befindlichkeit heraus und trifft nicht nur auf das Heute zu, sondern auch auf das Gestern sowie das Morgen. Berechtigterweise werden Sie dann fragen: Gut, ich weiß jetzt, dass für mein Verhalten ein bestimmtes Programm zuständig ist, doch ich kann fatalerweise nichts an seinen Auswirkungen ändern. Das ist sowohl richtig als auch falsch. Richtig ist, dass diese Programme „in Ihnen sind" und sie von Ihnen nicht gelöscht werden können, endgültig und unwiderruflich.

Falsch ist aber die Annahme, nur von einem Programm „gesteuert" zu werden. Sie werden beim Durchlesen der 14 Verhaltensprogramme in ihren jeweiligen und unterschiedlichen Varianten festgestellt haben, dass eigentlich dieses und jenes Programm für Sie zutrifft. Damit sind wir schon einen großen Schritt weitergekommen, den Schritt vom einfachen Kennen hin zu der Tatsache, dass Ihnen etwas bewusst geworden ist. Sie haben mit anderen Worten die eigentlich in Ihrem Unterbewusstsein verankerten Programme in Ihr Bewusstsein gehoben. Damit aber haben Sie die große Möglichkeit gewonnen, nicht mehr vom SEPP gesteuert zu werden, sondern selbst zu steuern.

Ich möchte Sie dazu aufrufen, mit Ihrem SEPP eine Abmachung zu treffen. Wann immer er beginnt, ein Programm anzuwerfen, dem Sie nicht mehr folgen möchten, dann befehlen Sie ihm durch ein einfaches Codewort, das Programm abzubrechen. Die 14 Verhaltensprogramme laufen unbewusst ab und es ist schwierig, sie sich abzugewöhnen. Wie die Crew eines Schiffs muss Ihr SEPP die neuen Befehle erst mühsam erlernen, während die alten ihm in Fleisch und Blut übergegangen sind. Tun Sie also die neuen Befehle immer wieder kund, sodass Ihre Mannschaft sie verinnerlicht.

Damit wir uns auch wirklich verstehen: Ein Programm zu verwerfen meint nicht, es zu löschen. Gemeint ist vielmehr, dass das Bewusstwerden dieser Programme es uns ermöglicht, zwischen ihnen zu entscheiden. Wir entscheiden uns für die Programme, von denen wir meinen, dass sie unser Verhalten so beeinflussen, dass wir letztlich erfolgreich sind.

Befragt nach dem Nutzen dieser Programme für jeden Einzelnen von uns antworte ich immer, dass sie zunächst einmal „Bestandteil“ menschlichen Selbstbewusstseins sein müssen. Unter dieser Voraussetzung können Sie sich und Ihre Mitmenschen motivieren. Damit besteht die echte Chance, private und berufliche Erfolge zu erreichen. Sie befähigt Sie, richtig mit Ihren Mitmenschen umzugehen. Sie können für sich und andere Berufsprofile erstellen, sind in der Lage, Ihre Neigungen und Talente zu entdecken sowie auf die Fähigkeiten anderer aufmerksam zu werden. Für sich und andere können Sie Ziele vereinbaren und wissen den Weg, wie sie zu erreichen sind. Und schließlich: Von nun an können Sie die unterschiedlichsten Lebenssituationen richtig erfassen und meistern.

Ihre Aktivitäten – TUN®

Analysieren Sie sich, Ihren Partner und andere Mitmenschen, indem Sie für die jeweilige Person folgende Fragen beantworten.

1. Ergreift sie die Initiative oder wartet sie darauf, dass andere die Initiative für sie ergreifen?

   aktiv, extrovertiert ❍ reaktiv, introvertiert ❍

2. Welche Gedanken oder Worte lösen körperliche und/oder emotionale Reaktionen bei ihr aus? Werden diese Worte

   bewusst eingesetzt ❍ unbewusst eingesetzt ❍

3. Wie gestaltet dieser Mensch sein Handeln? Wird er durch Ziele oder Probleme motiviert?

   Ziele erreichen ❍ Probleme lösen ❍

4. Woher nimmt er seine Motivation? Findet er seine Motivation in sich selbst oder braucht er äußere Anstöße?

   in sich selbst ❍ von außen ❍

5. Betritt er neue Wege oder folgt er traditionellen Regeln?

   Mut und Risikobereitschaft ❍ Sicherheit und Komfort ❍

6. Wie oft fanden im privaten oder beruflichen Leben dieses Menschen entscheidende Veränderungen statt?

   Gleichheit ❍ Unterschiedlichkeit ❍
   ca. alle 15 bis 20 Jahre ca. alle 3 bis 7 Jahre

7. Richtet er seinen Blick auf das Ganze oder geht er ins Detail?

   Blick auf das Ganze ❍ Schritt für Schritt ❍

8. Achtet er auf die Erfahrungen anderer oder benutzt er seine eigenen Erfahrungen?

   die Erfahrungen anderer ❍ eigene Erfahrungen ❍

9. Wie reagiert er auf Stress?

   emotional ❍

   wertfrei ❍

   sachlich ❍

10. In welchem Umfeld ist dieser Mensch besonders effizient? Wenn er etwas alleine tun, mit anderen zusammenarbeitet oder wenn Menschen die Verantwortung teilen können?

    alleine ❍

    zusammenarbeiten ❍

    Verantwortung teilen ❍

11. Denkt er an Personen und deren Gefühle oder an logische Dinge/Gegenstände?

    Personen und Gefühle ❍ Dinge/Gegenstände ❍

12. Welche Denkmuster wendet er für sich und andere an?

    Mein Denkmuster gilt für mich und für andere ❍

Mein Denkmuster gilt für mich,
die Gedanken der anderen sind mir egal ❍

Ich brauche keine Denkmuster, aber die anderen ❍

Mein Denken gilt für mich, dein Denken gilt für dich ❍

Ich denke an dich, dann erst an mich ❍

13. Wie nimmt er Informationen auf?

sehen ❍ riechen ❍

hören ❍ schmecken ❍

tun – fühlen ❍

14. Wie trifft er Entscheidungen?

Zahlreiche Informationen ❍ Skepsis ❍

Wenig Informationen ❍ Zeitschienen ❍

Kapitel 4

Menschen sehen und verstehen

„Der Körper, der Übersetzer der Seele ins Sichtbare …“
(Christian Morgenstern)

Die Körpertypologie

Unter dem Titel „Körperbau und Charakter“ stellte 1921 zum ersten Mal der Tübinger Psychiater Ernst Kretschmer (1888–1964) seine bis dahin gemachten Beobachtungen zum Zusammenhang von Körperbau und seelischer Struktur eines Menschen der Öffentlichkeit in Buchform vor. Seine Lehre von den „Konstitutionstypen“ (lat. constitutio: Beschaffenheit) war das Ergebnis jahrelanger klinischer Beobachtungen. Eine seiner wohl wichtigsten Schlussfolgerungen ist, dass das äußere Erscheinungsbild unserer Mitmenschen wie auch unser eigenes Aussehen in einem Zusammenhang mit unseren individuellen Eigenschaften stehen und nicht zufällig sind. Kretschmer macht für diese Tatsache die Vererbung von Veranlagungen verantwortlich.

Eine weitere Betrachtungsweise ist die sogenannte Lehre von den Temperamenten, die auf den griechischen Arzt Hippokrates (um 460 – um 377 v. Chr.) zurückgeht. Die Idee dieser Lehre besteht darin, dass das Temperament eines Menschen körperlich bedingt ist. Aristoteles (384–322 v. Chr.), auch Grieche und Philosoph, hat sie übernommen und ergänzt. Für ihn kommt der Beschaffenheit des Blutes eine besondere Bedeutung bei der Bildung des Charakters zu. Er unterschied den Sanguiniker (den Leichtblütigen), den Choleriker (den Heißblütigen), den Phlegmatiker (den Kaltblütigen) und den Melancholiker (den Schwerblütigen). Wenngleich die diesen Ideen zugrunde liegende Lehre von den „Körpersäften“ heute keine Rolle mehr spielt, hat die Einteilung in die genannten vier Typen noch Geltung.

Der Schweizer Psychologe Carl Gustav Jung (1875–1961) fand bei seinen umfangreichen Forschungen zwei äußerst gegensätzliche Menschentypen: den Extrovertierten (der nach außen gewendete Mensch) und den Introvertierten (der nach innen gewendete Mensch) und bemerkte hierzu sinngemäß, dass jeder Mensch beide Mechanismen besitzt, sowohl das der Extroversion als das der Introversion und nur das relative Überwiegen des einen oder des anderen den Typus ausmacht. Der extrovertierte Mensch zeichnet sich u. a. durch erfolgsorientiertes Denken und Handeln, Zielstrebigkeit und Kontaktfreudigkeit aus. Der Introvertierte hingegen bevorzugt die Einsamkeit, die Stille, mag keine größeren Veränderungen in seinem Leben und gestaltet es sehr selbstbezogen.

Neben dieser Zweiteilung stammt von Jung noch die Einteilung nach sogenannten Funktionstypen. Hier kennt Jung den Gefühlstyp (sein Denken und Handeln nimmt seinen Anfang ausschließlich beim Gefühl), den intuitiven Typ (sein Handeln ist nicht das Ergebnis eines vorangegangenen systematischen Denkens, sondern vollzieht sich aus einem situationsgebundenen Erfassen der Wirklichkeit heraus), den Denkertyp (sein Handlungsmuster wird von sachlichem und logischem Denken beherrscht) und den Empfindungstyp (er lehnt die verstandesmäßige Durchdringung der Welt für sich ab und baut auf seine Sinnlichkeit). Im Einzelnen soll auf diese unterschiedlichen Typenlehren – von denen es noch mehr gibt – hier nicht eingegangen werden. Wir beschränken uns auf die Lehre von den Körpertypologien und die der Temperamente, aus denen wir viele wichtige Einsichten darüber gewinnen können, wie wir am besten mit uns selbst und anderen umgehen.

Die drei Körpertypologien

oder „ … von der Art, das Innere des Menschen am Äußeren zu erkennen“.

(Immanuel Kant)

Der schlankwüchsige oder leptosome Körperbautyp

Schlankwüchsige Menschen bewegen sich in der Regel in einem Gefühlsmuster, das zwischen den Polen Überempfindlichkeit und emotionaler Kühle festgemacht werden kann. Wir sollten uns daher nicht wundern, wenn diese Menschen auf eine Reihe von Ereignissen in ihrem Leben äußerst sensibel reagieren, während sie andererseits Problemen ihrer Mitmenschen manchmal fassungslos gegenüberstehen.

Hinter diesen Tatsachen lässt sich ein unausgeglichenes und unruhiges Seelenleben vermuten. Das Problem hierbei ist, dass diese Menschen ihr Gefühlsleben meistens verschlossen halten. Damit wirken sie auf andere introvertiert und unzugänglich. Sie führen oft ein „Leben in sich hinein". Es kann lange dauern, bis sie auf äußere Ereignisse sichtbar reagieren. Vielmehr ist es häufig so, dass sie das Geschehen in ihrer Umgebung nicht sofort verarbeiten und es zu Gefühlsanstauungen kommen kann. Hier besteht die Möglichkeit der Entstehung von Frustrationen, was zu explosionsartigen Gefühlsentladungen führen kann. Beides gestaltet den Umgang mit ihnen problematisch, zumal ihr Erscheinungsbild nicht immer ihre innere Verfassung widerspiegelt und sie in ihren Handlungen vielerorts ein Verhalten an den Tag legen, das für andere völlig unerwartet kommt. Sie besitzen die Fähigkeit zum logischen Denken und verfügen über ein gutes Gedächtnis. Es fällt schwer, sie in ihren Überlegungen zu beeinflussen. Mitunter gehen sie hier sehr eigenwillige Wege und neigen zu Gedankensprüngen. Das wirkt sich auf ihre Kreativität möglicherweise positiv aus.

Der rundwüchsige oder pyknische Körperbautyp

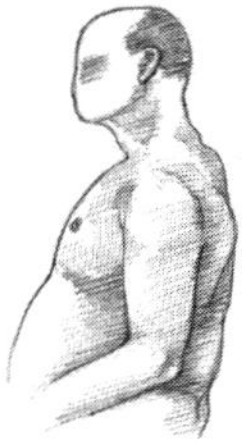

Das Gefühlsleben der Pykniker ist ebenfalls schwer festzumachen und schwankt zwischen den Polen heiter und traurig. Festgehalten werden kann, dass ihr Denken intensiv von ihrem Gefühlsleben beeinflusst wird. Sie verstecken es vor niemandem und halten mit ihren Ansichten nicht hinter dem Berg.

Diese Menschen strahlen eine unkomplizierte Lebensphilosophie aus, die nicht zuletzt von einer gewissen Zufriedenheit mit sich und ihrer Umwelt spricht. Sie beherrschen die Kunst, sich das Leben leichtzureden und sich veränderten Situationen problemlos anzupassen. Den Sorgen und Leiden anderer gegenüber zeigen sie sich aufgeschlossen und können sie gut nachvollziehen. Geraten sie dabei selbst in Schwermut, spricht das für ihre Neigung, zunächst alles tragisch zu nehmen, ohne in andauernde Melancholie zu versinken. Pykniker blasen gerne Trübsal und fühlen sich in Mitleid und Selbstmitleid mitunter durchaus wohl. Beides gehört ganz einfach zu ihrem Leben. In ihren Überlegungen sind sie vielseitig, manchmal weitschweifig und umständlich. Das beeinträchtigt ihre Fantasie und Fähigkeit zum bildhaften Denken nicht. Ihr Handeln ist leicht zu beeinflussen und zeigt manchmal mangelnde Selbstbeherrschung. Handlungen aus dieser Gefühlslage heraus werden von ihnen schnell bereut, was nicht zuletzt für ihr eigentlich geselliges Wesen spricht. Sie mögen den Umgang mit anderen Menschen, sind zugänglich und sehr gesellig.

Der athletische oder kraftwüchsige Körperbautyp

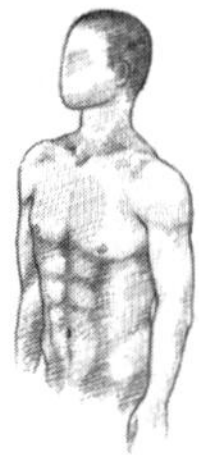

An diesen Menschen ist eine unerschütterliche Gelassenheit auffallend. Wenn andere schon längst das Handtuch geschmissen haben, beginnen sie sich für das anstehende Problem zu interessieren. Sie strahlen eine geradezu bewundernswerte Ruhe und große körperliche wie seelische Belastbarkeit aus.

Die vier Temperamente

oder: „Wir spielen unsere Gedanken gegeneinander aus, in Wirklichkeit unsere Temperamente …“

(Christian Morgenstern)

Das „leichtblütige Temperament“ – der Sanguiniker

Sanguiniker sind heitere, temperamentvolle und sehr lebendige Menschen. Sie strahlen einen unerschütterlichen Optimismus aus und hinterlassen den Eindruck, als wären sie allen Problemen des Lebens gewachsen. In ihrem Denken sind sie unbekümmert, was häufig unbesonnenes, plan- und zielloses Handeln nach sich ziehen kann.

Sie zeichnen sich durch Gedankenreichtum aus und besitzen ein gehobenes, aber gesundes Selbstwertgefühl und meinen deshalb, überall und über alles mitreden zu können. Diese Menschen haben ein geselliges Wesen, sind begeisterungsfähig und gerade hier unbeständig. Ein heute gefasster Entschluss kann bereits am kommenden Tag keine Bedeutung mehr für sie haben, da sie leicht zu beeinflussen sind. Grundsätze, Verhaltensregeln und Vorschriften lehnen Sanguiniker in der Regel für sich ab. Sie haben kein Problem damit, als oberflächlich oder leichtsinnig zu gelten. Mit ihnen ist immer zu rechnen, aber man sollte nie auf sie bauen. Sie sind nicht nachtragend und verkraften Kritik oder Misserfolge mühelos, indem sie sich einfach darüber hinwegsetzen. Zeigen sie Reue oder Bedauern, ist das ehrlich und aufrichtig gemeint, aber nicht von langer Dauer. Sanguiniker leben im Heute und machen sich keine Sorgen um den kommenden Tag.

Das „heißblütige Temperament" – der Choleriker

Choleriker neigen zu heftigen Gefühlsausbrüchen, regen sich rasch auf und können ohne erkennbaren Grund und ohne Vorwarnung in gereizter, wenn nicht gar aggressiver Form reagieren. Es sind leidenschaftliche Menschen, energisch und vital.

Für andere gestaltet sich der Umgang mit ihnen nicht problemlos: Sie lassen sich nur ungern etwas sagen, sind eigensinnig und versuchen allzu oft, mit dem Kopf durch die Wand zu gehen. Widerspruch wird nur selten geduldet. Die seelische Gemütslage von Cholerikern entzieht sich häufig jeder Verstandeskontrolle, wobei es ihnen im Nachhinein oft Leid tut, sich zu Handlungen hinreißen zu lassen, die auf ihre Mitmenschen schwer nachvollziehbar wirken.

Das „kaltblütige Temperament" – der Phlegmatiker

Phlegmatische Menschen sind nur schwer aus ihrem körperlichen und seelischen Gleichgewicht zu bringen. Sie zeigen sich selbst dann noch unerschüttert, wenn andere schon lange entnervt aufgegeben haben. Ihre typische Schwerfälligkeit spiegelt sich in Beständigkeit, Ausdauer sowie Gutmütigkeit wider.

Diese Eigenschaften können auch in einer gewissen Zufriedenheit mit sich und der Welt ihren Grund haben. Die Lebensphilosophie der Phlegmatiker ist unkompliziert, sie stellen keine größeren Ansprüche an sich und das Leben. Auf andere wirken sie verträglich und umgänglich, können aber lebhafte Menschen infolge ihres leidenschaftslos wirkenden Erscheinungsbildes zur puren Verzweiflung treiben.

Das „schwerblütige Temperament" – der Melancholiker

Melancholiker haben ein reiches Gefühlsleben, das sich allerdings in Trübsinnigkeit gefallen kann. Sie sind empfindsam und sensibel. Diese Menschen neigen zu Schwermut, andauernder Grübelei und ziehen das Unergründliche der Tatsachenwelt vor. Diese ist ihnen eine Last, bereitet ihnen Kummer und Sorge.

Melancholische Menschen bevorzugen die Einsamkeit und Abgeschiedenheit. Ihre tiefe Nachdenklichkeit muss so vielerorts unbemerkt bleiben, zumal sie im Umgang mit anderen kontaktscheu sind. Melancholiker leiden oft unter mangelndem Selbstvertrauen. Sie sind sehr empfänglich für die Leiden anderer, denen sie verständnisvoll und geduldig entgegentreten. Melancholiker sind groß im Mitleiden.

Menschenkenntnis von Kopf bis Fuß

Es sind eine Vielzahl von Informationen, die Ihnen der andere bei einem Zusammentreffen sendet: seine Körpersprache, seine Kleidung, seine Bewegungen, seine Art zu sprechen usw. Ohne Zweifel bestimmt auch das natürliche Aussehen des anderen das Bild, das Sie sich von ihm machen. Im Folgenden will ich Ihnen Deutungen der augenscheinlichsten Formen menschlichen Aussehens mitteilen, die ich im Laufe der Zeit bei unzähligen Begegnungen mit anderen Menschen immer wieder bestätigt fand.

Die wichtigsten Kopfformen

der quadratische Kopf

Menschen mit dieser Kopfform sind in der Regel willensstark und zeichnen sich durch Entschlussfreudigkeit und Entscheidungsfähigkeit aus. Ihre Handlungen verraten Tatkraft.

der runde Kopf

Hier begegnen uns Menschen mit einem sehr geselligen Wesen. Sie besitzen die Fähigkeit, rasch und zügig Urteile zu treffen. Hilfsbereitschaft, Uneigennützigkeit und Entschlusskraft gehören zu ihren herausragenden Eigenschaften.

der ovale Kopf

Menschen mit dieser Kopfform besitzen einen sehr lebhaften Geist und sind in ihrem Denken beweglich und flexibel. Sie reagieren dann heftig, wenn ihre eigene Persönlichkeit infrage gestellt wird.

der dreieckige Kopf

Diese Kopfform spricht für Menschen, die einen gesunden Menschenverstand haben. Sie vertrauen aber auch auf ihr „Bauchgefühl“ und beherrschen die Kunst, schwierige Probleme diplomatisch zu lösen.

der trapezförmige Kopf

An dieser Kopfform kann man Menschen erkennen, die sich besonders gut für praktische Aufgabenstellungen eignen. Sie haben in der Regel sehr geschickte Hände und sind in ihrem Denken und Handeln erfolgsorientiert ausgerichtet. Diese Menschen stehen mit beiden Beinen fest im Leben.

die dominante Stirn

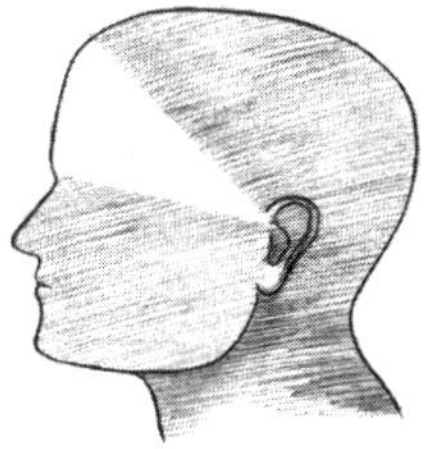

Die dominante Stirn spricht für intellektuelle Menschen. Ihr Verhaltensmuster wird von Verstand und Vernunft bestimmt, ohne das Gefühlsleben zu vernachlässigen. Sie besitzen die Fähigkeit, hier eine eindeutige Trennungslinie zu ziehen.

der dominante Oberkopf

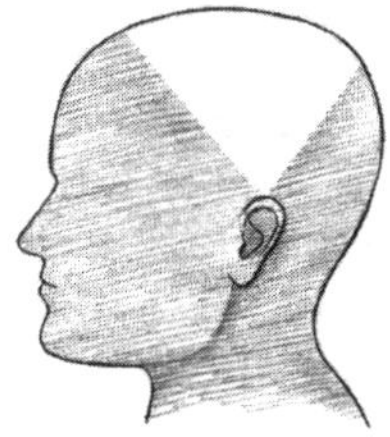

Wir haben „Gefühlsmenschen“ vor uns, deren Wesen von einem intensiven Seelenleben bestimmt wird. Ihr Denken und Handeln orientiert sich an sittlich-ethischen Vorgaben und ist oft im Glauben begründet.

der dominante Hinterkopf

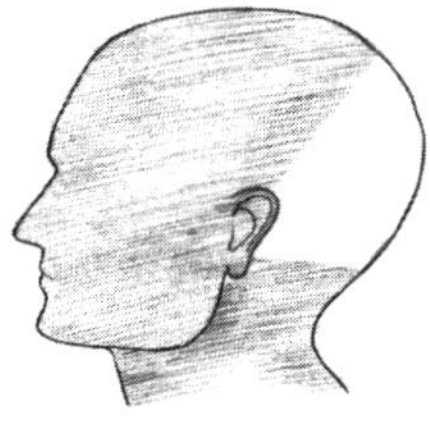

Der dominante Hinterkopf kennzeichnet „Tatmenschen“. Sie zeichnen sich durch ein hohes Leistungsvermögen, Dynamik und Beharrlichkeit aus.

Unser Gesicht als Visitenkarte

„Das Gesicht ist die Visitenkarte der allgemeinen Situation eines Individuums …"

(Ernst Kretschmer)

das schmale Gesicht

Menschen mit einem schmalen Gesicht sind in ihrem Wesen meistens nicht festzulegen. Was festgehalten werden kann, ist ihre Beweglichkeit im Denken und Handeln sowie ihre Anpassungsfähigkeit an die unterschiedlichsten Situationen des Lebens. Sie können auf einer Vielzahl von Gebieten sehr talentiert sein, entfalten jedoch ihre Begabungen in der Regel jenseits praktischer Tätigkeiten. Ihren Mitmenschen gegenüber verhalten sie sich oft großzügig und unvoreingenommen. Mitunter neigen sie zu schwärmerischer Begeisterung, die rasch wieder abflauen kann.

das breite Gesicht

Ein breites Gesicht spricht häufig für Menschen, die in ihrem Denken ausgesprochen realitätsbezogen vorgehen und es fast immer in den Dienst eines erfolgsorientierten Handelns stellen. Dieser gewollt herbeigeführte Leistungsdruck beschneidet ihr Gefühlsleben und kann das Zusammenleben mit anderen problematisch gestalten.

das scharf geschnittene Gesicht

Menschen mit diesem Gesicht wirken auf andere meist kühl und unzugänglich. Sie strahlen eine gewisse intellektuelle Überlegenheit und emotionale Selbstbeherrschung aus, welche oft in ihren kompromisslosen und energischen Handlungen ihre Bestätigung finden. Sie stellen an sich und andere hohe Anforderungen und drängen auf deren Verwirklichung.

das runde Gesicht

Dieses Gesicht vermittelt erfahrungsgemäß ein Gefühl der Geborgenheit, menschlicher Güte und Glaubhaftigkeit. In diesem Gesicht spiegelt sich ein intensives Gefühlsleben wider, das mitunter Stimmungsschwankungen unterworfen sein kann. Diese haben aber keinen negativen Einfluss auf das Zusammenleben dieser Menschen mit anderen. Sie verfügen über Einfühlungsvermögen und achten das Selbstwertgefühl anderer. In ihrem eigenen sind sie für Zuwendungen dankbar.

TUN® UND WESEN, an der Stirne ist's zu lesen

die gerade Stirn

Menschen mit dieser Stirn sagt man nach, in ihrem Denken nachsichtig und verständnisvoll zu sein. Sie strahlen Wärme und Herzlichkeit aus und wirken auf ihre Mitmenschen sympathisch und glaubwürdig.

die hohe Stirn

Eine hohe Stirn spricht für Menschen, die sich in ihrem Denken und Handeln vom Verstand leiten lassen. Sie gehen sehr sachlich und vorurteilsfrei an alle Probleme des Lebens heran.

die gewölbte Stirn

Diese Form der Stirn verrät Menschen mit einer guten Beobachtungsgabe und einem sehr bildhaften Vorstellungsvermögen.

die breite Stirn

Es ist manchmal nicht einfach, angesichts einer Vielzahl von Eindrücken die Übersicht zu behalten und Wesentliches von Unwesentlichem trennen zu können. Menschen mit einer breiten Stirn besitzen diese Fähigkeit.

die schmale Stirn

Menschen mit dieser Stirn sagt man nach, in ihrem Denken nachsichtig und verständnisvoll zu sein. Sie strahlen Wärme und Herzlichkeit aus und wirken auf ihre Mitmenschen sympathisch und glaubwürdig.

Was uns die Falten der Stirn mitteilen wollen

senkrechte Stirnfalten

Diese Falten sprechen für Menschen, die andauernde geistige Anstrengung auf sich nehmen. Die sogenannte „Konzentrationsfalte“ spricht für die Fähigkeit zu höchster gedanklicher Anspannung und Sammlung. Diese Falten können aber auch der Hinweis auf Menschen sein, mit denen es das Leben bislang nicht gut gemeint hat und deren negative seelische Befindlichkeit inzwischen zum Dauerzustand geworden ist.

waagrechte Stirnfalten

Waagerechte Stirnfalten sprechen für Menschen, die ihre Umwelt und ihr eigenes Leben ernst und wichtig nehmen. Leichtfertigkeit im Denken und Handeln ist diesen Menschen fremd. Den Problemen anderer werden solche Menschen stets mit Aufmerksamkeit und Respekt begegnen.

waagrechte und senkrechte Stirnfalten

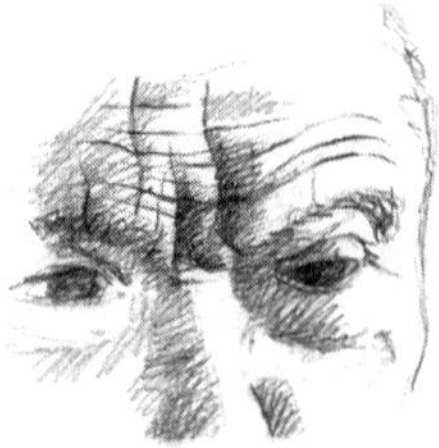

Diese Falten gestatten den Rückschluss auf Menschen, die oft mit sich und anderen Probleme haben, die ihnen als unlösbar erscheinen. Die Gemütslage dieser Menschen spricht von Unzufriedenheit und kann manchmal einem heillosen Durcheinander gleichen.

die Mittelfalte

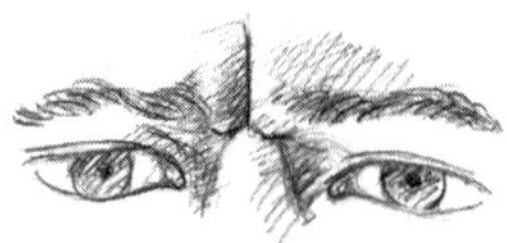

Menschen mit dieser Stirnfalte sind sowohl im rationalen als auch im irrationalen Denken zu Hause. Das befähigt sie, in ihren Überlegungen nicht nur mit bemerkenswerter Logik vorzugehen. Sie zeichnen sich vor allem durch originelle Überlegungen aus, deren Ursprung in ihrem intuitiven Vermögen und ihrer Fantasie liegt. An diesen Menschen fällt auf, dass sie selbst angesichts bedrückender Lebenssituationen bemüht sind, diesen einen Sinn abzugewinnen.

ohne Falten

Für diese Menschen haben die äußeren Umstände des eigenen Daseins ganz offensichtlich das Ergebnis gehabt, dass sie bisher ein glückliches und aus ihrer Sicht erfülltes Leben geführt haben.

Stellungen und Ausdruck der Augen

zusammenstehende Augen

Menschen mit dieser Augenstellung bewegen sich erfahrungsgemäß in einem Verhaltensmuster, das sowohl Handlungen aus reinem Idealismus als auch aus blindem Fanatismus zulässt. Sie sind in jedem Fall schnell begeisterungsfähig und hängen in ständiger Abfolge den unterschiedlichsten Weltanschauungen oder Leitbildern an.

auseinander liegende Augen

Menschen mit auseinander liegenden Augen sind in der Regel nüchterne Denker mit einem klaren Verstand. In ihren Überlegungen und Handlungen legen sie meist eine kühle Sachlichkeit an den Tag. Spekulatives Denken ist ihnen fremd. Es zählt letztlich für diese Menschen nur das, was der Erfahrung zugänglich und einsichtig ist.

offene Augen

Dieser Augenausdruck spricht für Menschen, die ein aufgeschlossenes Wesen haben und ihrer Umwelt interessiert gegenübertreten. Ihre Lebensphilosophie wird von Optimismus getragen. Sie haben einen weltoffenen Charakter, der viel Menschliches an sich hat und Lebensfreude ausstrahlt.

verhängte Augen

Dieser Augenausdruck ist für Menschen typisch, deren Verhaltensmuster von Interesselosigkeit und Gleichgültigkeit gekennzeichnet ist. In ihrem Denken und Handeln wirken sie oft teilnahmslos und antriebsschwach. Sie erwecken bei anderen häufig den Eindruck ständiger Niedergeschlagenheit.

weit geöffnete Augen

Menschen, die immer so schauen, haben einen weiten Horizont. Sie sind geistig rege sowie für sinnliche Eindrücke sehr empfänglich. Sie geben sich gern der beschaulichen Betrachtung hin.

abgedeckte Augen

Dieser Augenausdruck verrät uns Menschen mit einer außergewöhnlichen Konzentrationsfähigkeit. Sie schenken ihren Mitmenschen und der Umwelt viel Aufmerksamkeit und sind im angestrengten Nachdenken zu Hause.

Die Farbe unserer Augen

oder „ ... ein graues Auge – ein schlaues Auge;
Auf schelmische Launen deuten die braunen;
Des Auges Bläue bedeutet Treue;
– Doch eines schwarzen Auges Gefunkel
Ist stets, wie Gottes Auge, dunkel ...“

(Friedrich von Bodenstedt)

schwarze Augen

Menschen mit schwarzen Augen gelten in ihrem Verhalten als streitlustig. Sie leiden gelegentlich unter mangelnder Selbstbeherrschung. Sie sind sehr tatkräftig und können energisch zupacken. In der Verfolgung eigener Ziele und Interessen wirken sie ausgesprochen hartnäckig.

blaue Augen

Menschen mit blauen Augen sagt man zu Recht Großzügigkeit und Aufgeschlossenheit nach. Im Umgang mit anderen sind sie verträglich und geduldig. Sie haben ein sanftmütiges Wesen.

graue Augen

Graue Augen sprechen für Menschen, die sich anderen gegenüber meistens distanziert verhalten und kontaktarm sind. Es fällt mitunter schwer, ihr Interesse und Mitgefühl für die Probleme ihrer Mitmenschen zu wecken.

grüne Augen

Menschen mit grünen Augen zeigen sich sehr begeisterungsfähig und haben ein sinnliches, leidenschaftliches Wesen. Sie sind sehr aufgeschlossen für Gemütswerte. In der Befolgung und Annahme rationaler Leitbilder unterliegen sie oft Schwankungen. Hier eingenommene Positionen können rasch wieder aufgekündigt werden.

braune bzw. dunkelfarbige Augen

Mit diesen Augen verraten sich Menschen mit einem intensiven Gefühlsleben. Sie sind meistens introvertiert und in ihren Handlungen mitunter unbeherrscht.

Unsere Augenfalten deuten

Lachfalten

Menschen mit Lachfalten an den Augen haben ein heiteres Wesen. Sie nehmen das Leben fast immer von seiner positiven Seite, sind weltoffen und anderen gegenüber unvoreingenommen.

gespannte Augenfalten

Gespannte Falten an den Augen sprechen für Menschen, die häufig ein misstrauisches Wesen haben. Sie leiden unter dem Hang zu übertriebener Vorsicht und sind schwer zugänglich.

Was die Ohrenformen verraten

das Ohr

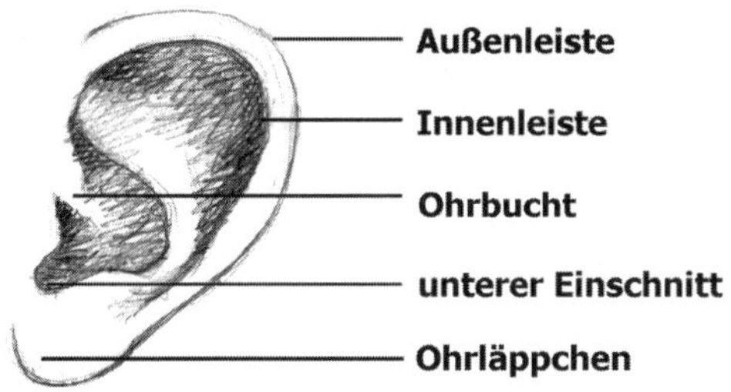

große Ohren

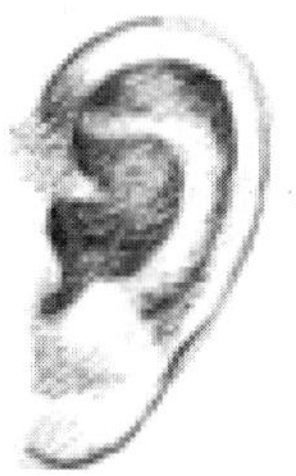

Große Ohren sprechen von Menschen mit einem gesunden Selbstbewusstsein und einem schöpferischen sowie lebhaften Verstand. Sie besitzen die Fähigkeit, logisch zu denken, haben ein selbstständiges Urteilsvermögen sowie Fantasie. Sie sind körperlich wie geistig belastbar und zeigen sich in ihrem Gefühlsleben beherrscht. In ihren Handlungen beweisen sie Zielstrebigkeit sowie Ausdauer. Sie können andere begeistern und mitreißen.

normal große Ohren

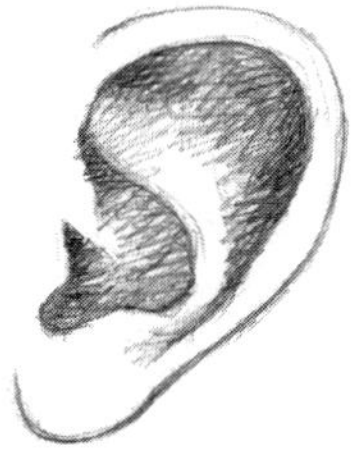

Menschen mit normal großen Ohren haben eine positive Einstellung zum Leben, besitzen Weitblick und können vorausschauend denken. In ihren Handlungen sind sie verantwortungsbewusst, zuverlässig und gründlich. Sie wirken selbstsicher und gelten in ihrem Wesen zu Recht als ausgeglichen und gefestigt. Anderen gegenüber treten sie herzlich, mitfühlend und verständnisvoll auf. Sie sind durchaus erfolgsorientiert.

kleine Ohren

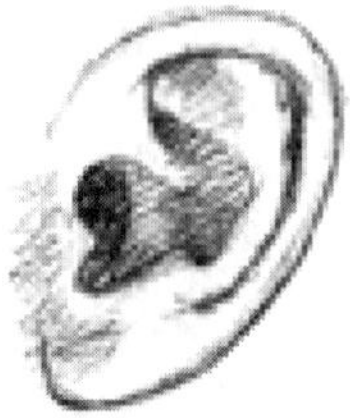

Kleine Ohren sprechen für eine musische Veranlagung sowie ein feinfühliges Wesen. Das muss eine unkomplizierte Lebensphilosophie nicht ausschließen. Menschen mit kleinen Ohren sind hilfsbereit und den Gefühlen anderer gegenüber aufgeschlossen. Im Umgang mit ihren Mitmenschen zeigen sie sich taktvoll und tolerant.

schmale Ohren

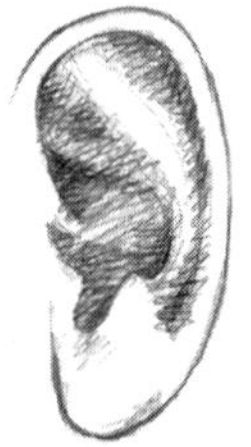

Menschen mit schmalen Ohren haben mitunter eine ichbezogene Lebensphilosophie. In die Wertung ihrer Umwelt und den Umgang mit anderen bringen sie verstärkt persönliche Sichtweisen ein. Sie treten selbstbewusst auf, sind willensstark und verfügen über eine ausgeprägte Zielstrebigkeit im Denken und Handeln. Auffallend an diesen Menschen ist ihr Mitteilungsbedürfnis.

breite Ohen

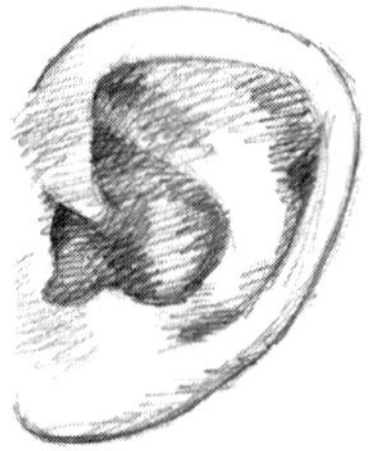

Menschen mit diesen Ohren haben in der Regel ein durchaus belastbares Seelenleben und zeigen sich auch von größeren Erschütterungen im Zusammenleben mit ihren Mitmenschen nicht wesentlich beeinträchtigt. Sie können Spannungen in ihren zwischenmenschlichen Beziehungen ertragen und anderen in krisenhaften Situationen hilfreich zur Seite stehen.

runde Ohren

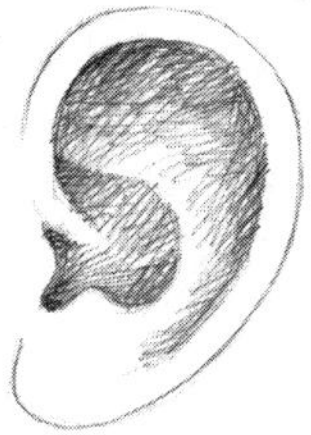

Menschen mit diesen Ohren haben ein vielschichtiges Innenleben und lassen sich in ihrem Denken und Handeln oft von ethischen Idealen leiten. Diese Menschen haben eine gewisse Ausstrahlungskraft und wirken auf andere begeisternd.

kantige Ohren

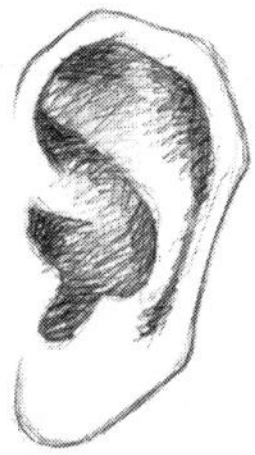

Menschen mit diesen Ohren durchleben häufig ein destruktives Verhältnis zu sich, ihren Mitmenschen und der Umwelt. Sie sind daher an vielen Stellen hart zu sich selbst und anderen. Häufig vermögen sie es nicht, sich an den schönen Seiten des Lebens zu erfreuen.

Ohren mit starker Außenleiste

Menschen mit diesen Ohren denken souverän sowie konzentriert und handeln zielstrebig. Sie sind in der Regel innerlich gefestigt und beweisen in der Umsetzung ihrer ausgeglichenen und gefestigten Gefühlslage eine hohe Eigendisziplin. Sie wird durch ein natürlich gehobenes Selbstwertgefühl gestützt. Ihren Mitmenschen gegenüber legen sie ein aufrichtiges und glaubwürdiges Wohlwollen an den Tag.

Ohren mit schwacher Außenleiste

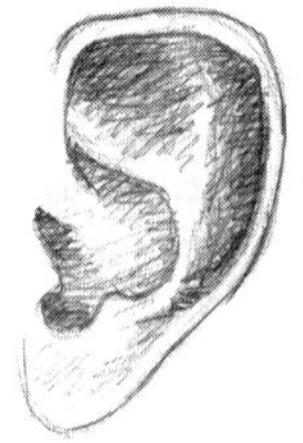

Diese Ohren machen auf Menschen aufmerksam, die vom Typ her als introvertiert und sensibel gelten sowie gelegentlich depressiv wirken. Sie leben oft intensiv im eigenen Ego, besitzen einen schwachen Handlungswillen und vermeiden gerne Entscheidungen. Ihre Sensibilität kann sich in ausgeprägten musischen Fähigkeiten niederschlagen, die unter Umständen zu künstlerischen Höchstleistungen führen.

Ohren mit starker Innenleiste

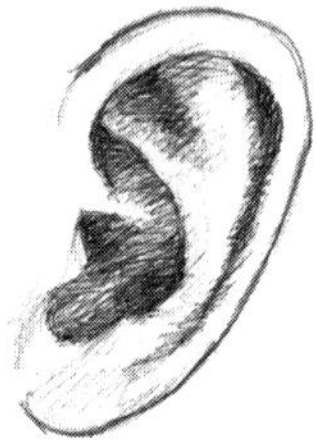

Ohren mit einer starken Innenleiste sprechen für ehrgeizige und zielstrebige, erfolgsorientierte Menschen. In ihrem Denken und Handeln wirken diese Menschen konsequent. Sie sind in jeder Beziehung belastbar und stellen an andere gleichfalls hohe Anforderungen. Sie beweisen viel Unternehmungsgeist und haben eine gewisse Ausstrahlung, die allerdings vorhandene Neigungen zur Selbstgefälligkeit nicht verbergen kann.

Ohren mit dünner Innenleiste

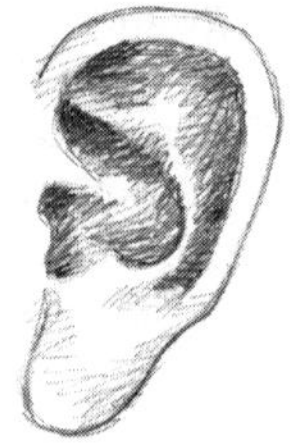

Ohren mit einer dünnen Innenleiste signalisieren ein verletzliches Seelenleben und sprechen für eine eher unauffällige Tatkraft, die jedoch im Stillen sehr engagiert wirken kann. Menschen mit diesen Ohren sind bescheiden und stellen an sich keine großen Anforderungen.

Ohren mit großer Ohrbucht

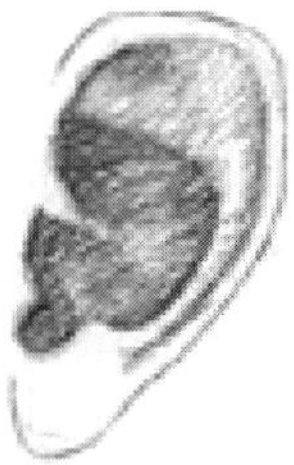

Diese Ohren geben Menschen zu erkennen, die eine gute Beobachtungsgabe besitzen und sich durch eine Vielfalt von Begabungen und Talenten auszeichnen. In ihrem Denken und Handeln sind sie sehr eigenständig und schwer zu beeinflussen. Sie haben eine ungeheure Vitalität und genießen das Leben in vollen Zügen. Eine gewisse Maßlosigkeit in der Umsetzung des eigenen intensiven Gefühlslebens kann hierbei bemerkt werden.

Ohren mit kleiner Ohrbucht

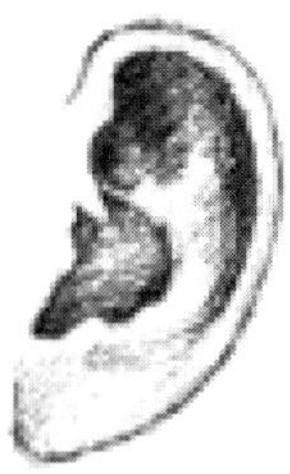

Die seelische Befindlichkeit von Menschen mit diesen Ohren ist mehr am Praktischen und Machbaren orientiert. Unter der Hand werden damit auch die schönen Dinge des Lebens häufig als Mittel zum Zweck betrachtet: z. B. Bilder lediglich als Wertanlage. Diese Menschen haben einen klaren Verstand und gelten zu Recht als nüchterne Rechner. In einer Vielzahl von Lebensbereichen sind sie sehr produktiv und beweisen Weitblick.

Ohren mit fehlendem unteren Einschnitt

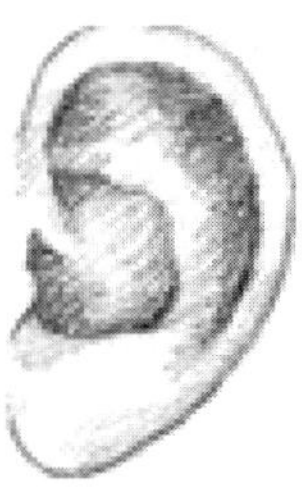

Menschen mit diesen Ohren verfahren in ihrem Denken und Handeln vielfach jenseits überkommener Konventionen. Ihr Gefühlsleben entzieht sich fast immer der Einflussnahme anderer. Die Garantie der eigenen Selbstverwirklichung wie der anderer zählt zu ihren Grundwerten.

Ohren mit kleinem unteren Einschnitt

Diese Ohren sprechen meistens für Menschen mit einem aufgeschlossenen, beweglichen und logischen Verstand. Sie beweisen häufig ihr selbstständiges Urteilsvermögen und neigen häufig zu wertungsfreien kritischen Herangehensweisen im Denken und Handeln.

Ohren mit großem unteren Einschnitt

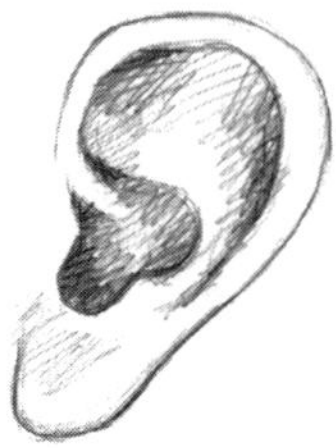

Menschen mit diesen Ohren beherrschen meist die Kunst, in ihrem Denken und Handeln äußerste Konzentration an den Tag zu legen. Sie sind auch für das kleinste Detail aufnahmefähig und behalten dennoch einen souveränen Überblick. In ihrem Gefühlsleben gehen sie mitunter recht eigenwillige Wege.

Ohren mit großen Ohrläppchen

Menschen mit großen Ohrläppchen können hervorragend in Bildern denken. Sie stellen an das Leben eine Vielzahl von Hoffnungen und Erwartungen, die mitunter realitätsfern und fantastisch wirken. Sie haben damit kein Problem, denn sie verkörpern den Träumer und visionären Typ, der sich seine Illusionen so ohne weiteres nicht nehmen lässt, auch wenn sie sich als unerfüllbar erweisen. In ihrem Denken wird das Irrationale das Rationale immer übertreffen. Diese Menschen haben einen ausgeprägten Sinn für Selbstbestimmung und Selbstverwirklichung.

Ohren mit kleinen Ohrläppchen

Kleine Ohrläppchen sprechen für Menschen, die Bilder, Spekulationen oder Visionen für sich ablehnen. Es handelt sich um die sprichwörtlichen nüchternen und kühlen Denker: objektiv und unvoreingenommen. Die Sachlichkeit ihres Verstandes prägt ihr gesamtes Handeln, obwohl sie nicht frei von Gefühlen sein müssen, diese aber völlig unter Kontrolle haben.

Ohren mit angewachsenen Ohrläppchen

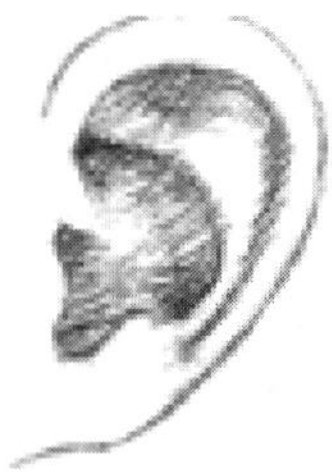

Menschen mit diesen Ohren sind erfahrungsgemäß frei von irgendwelchen Illusionen und ziehen den Verstand der Spekulation vor. Sie gehen äußerst nüchtern an Probleme des Alltags heran und vermeiden Gefühlsäußerungen.

„Man sieht's ihm an der Nase an"

die dünne, spitze Nase

Menschen mit einer dünnen, spitzen Nase neigen manchmal zur Selbstdarstellung und sind von den eigenen Plänen und Unternehmungen überzeugt. Aus diesem Selbstbewusstsein heraus gestaltet sich ihr gesamtes Denken und Handeln sehr energisch und resolut. Gefühlsäußerungen wird man bei ihnen nur selten bemerken.

die rundliche, füllige Nase

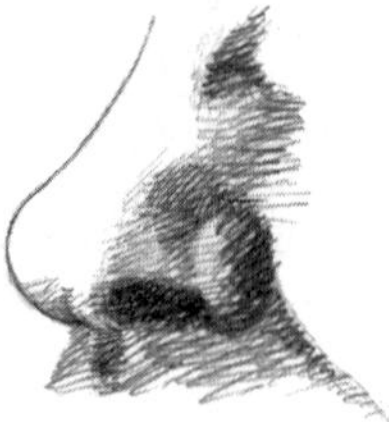

Rundliche, füllige Nasen sprechen für Menschen mit einem tiefen und intensiven Gefühlsleben. Wohlwollen gegenüber anderen sowie Güte gehören zu ihren Grundhaltungen. Sie begegnen allen möglichen Situationen des menschlichen Daseins verständnisvoll und tolerant.

die dicke Nase

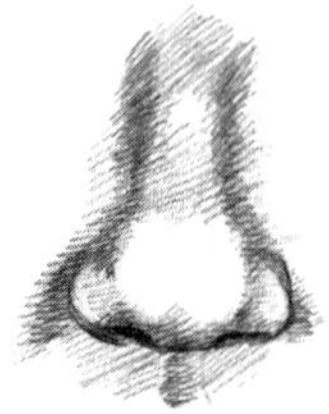

Mit dieser Nase können sich sinnlich veranlagte und häufig introvertierte Menschen mitteilen. Sie stehen den Wirren des Lebens manchmal hilflos gegenüber. Das lässt ihr Handeln mitunter als ziellos und unvernünftig erscheinen.

die platte Nase

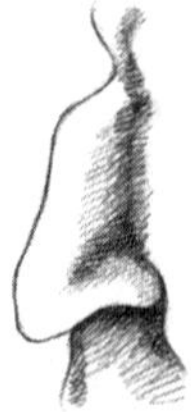

Menschen mit dieser Nase haben mitunter Probleme damit, die Ansichten und Ideen anderer zu akzeptieren und zu tolerieren. Gesteigerten Wert legen sie darauf, ein bereits vorhandenes Körperpotenzial weiter auszubilden. Diese Menschen können kraftvoll zupacken und werden in der Regel körperliche Arbeit anderen Tätigkeiten vorziehen.

die lange Nase

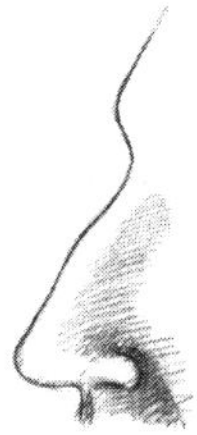

Menschen mit dieser Nase sind sehr selbstständig und verlassen sich in vielen Lebenslagen lieber auf sich selbst. Erfahrungen machen sie gerne allein und eignen sich Wissen häufig autodidaktisch an. Dabei halten sie es nicht unter Verschluss, sondern teilen es anderen mitunter sehr erfolgreich mit. Diese Menschen sind in ihrem Denken und Handeln sehr gründlich und umsichtig. Nicht selten legen sie ein großzügiges Verhalten an den Tag, müssen aber darauf achten, dass es von anderen nicht ausgenutzt wird.

die füllige, faltige Nase

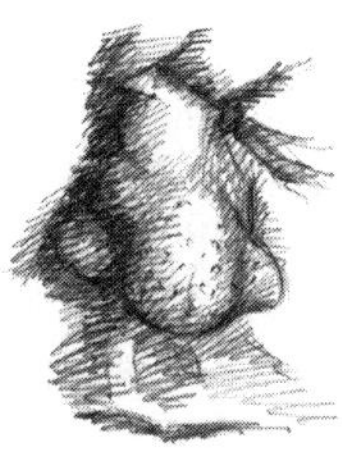

Mit dieser Nase kann sich Verschlossenheit zu erkennen geben. Menschen mit dieser Nase sind erfahrungsgemäß für andere schwer zugänglich. Sie teilen sich ungern mit und können hinter ihrem Schweigen durchaus Unsicherheiten verbergen wollen. Es besteht allerdings auch die Möglichkeit, dass dieses vermeintlich weltabgewandte Verhalten Ausdruck tiefsten Nachdenkens ist.

die „Stupsnase"

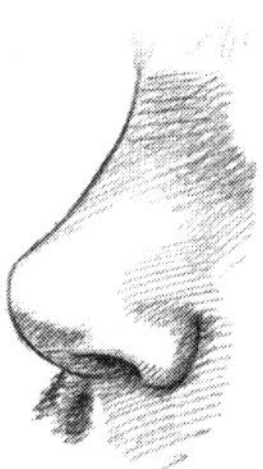

Die „Stupsnase" spricht für Lebensklugheit und einen gesunden Menschenverstand. Menschen mit dieser Nase kann man nur schwer etwas vormachen, wobei eine gewisse Neigung zur Selbstgefälligkeit nicht verborgen bleibt.

Der Mund sagt mehr, als man denkt

der große Mund

Dieser Mund ist typisch für Menschen mit einem intensiven Gefühlsleben und der Vorliebe für irrationale Denkmuster. Sie scheuen sich nicht vor öffentlichen Gefühlsäußerungen und gelten als Genussmenschen.

der kleine Mund

Dieser Mund spricht für Menschen, die ihre Gefühle schwerlich aussprechen werden. Ihr Denken bewegt sich in vorwiegend rationalen Bahnen. Sie wirken schüchtern und können in ihren Entscheidungen zögerlich sein.

der spitze Mund

Der spitze Mund ist typisch für Menschen, die im Umgang mit anderen ständig zur Auseinandersetzung tendieren. Sie neigen oft zu raschen Entschlüssen und geben sich viel Mühe, in ihren Leistungen andere zu überflügeln. Dabei stellen sie hohe Anforderungen an sich selbst und würden im Falle des Versagens die Schuld nie bei anderen suchen.

der offene Mund

Der ständig offene Mund kann auf Menschen aufmerksam machen, die in ihrem Denken und Handeln wenig einfallsreich und festgefahren sind. Sie ergreifen äußerst selten die Initiative und warten lieber darauf, dass andere es tun. Sind sie jedoch einmal von einer Idee ergriffen, verfolgen sie diese hartnäckig.

Lippen sind nicht nur zum Küssen da

volle Lippen

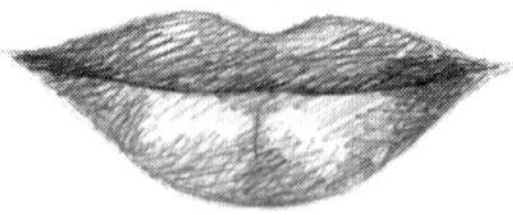

Diese Lippen wirken freundlich und liebenswürdig. Sie haben eine Ausstrahlung, die auf herzliche, mitfühlende und verständnisvolle Menschen schließen lässt. Sie sind in der Regel sehr gefühlsbetont und sinnlich veranlagt.

schmale Lippen

Diese Lippen sprechen von verhaltenen bis verschlossenen Menschen. In ihren Entscheidungen können sie manchmal schwankend sein. Sie sind bereit, Verzicht zu üben, und können Zugeständnisse an andere machen. Das trifft dann nicht zu, wenn es sich um die Wahrung ureigenster Interessen handelt.

die vorstehende Oberlippe

Sie verweist häufig auf Menschen mit bemerkenswerten intellektuellen Anlagen. Sie sind umgänglich, kontaktfreudig und zeigen sich oft anpassungsfähig.

die vorstehende Unterlippe

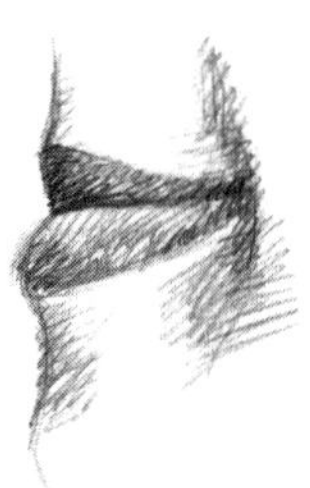

Menschen, deren Denken sich vorrangig in sachlichen und nüchternen Bahnen bewegt, haben häufig eine vorstehende Unterlippe. Sie wirken verschlossen und gehören zu den Schweigern. Wenn sie sich jedoch äußern, trifft das Gesagte in der Regel den Punkt. Dabei kann es passieren, dass sie sich anderen gegenüber wenig einfühlsam zeigen.

eingekniffene Lippen

Es ist oft zu erleben, dass Menschen mit diesen Lippen über Durchsetzungskraft, Konsequenz und Entschlossenheit im Denken und Handeln verfügen. Das kann zu Schwierigkeiten im Umgang mit anderen führen. Sie sind meistens unnachgiebig und bestrebt, eigene Wege zu gehen.

scharf geschnittene Lippen

Hier macht sich ein Intellekt bemerkbar, der in seiner Intensität fast ausnahmslos alle anderen menschlichen Regungen und Gefühle überschattet und beherrscht.

Was das Kinn offenbart

das volle, runde Kinn

Menschen mit diesem Kinn lieben die Annehmlichkeiten des Lebens und richten ihr Interesse vorrangig auf gesicherte materielle Verhältnisse. Hier können sie beachtliche Aktivitäten freisetzen, ansonsten zügeln sie bewusst ihre Tatkraft und vermeiden größere körperliche und geistige Anstrengungen. In ihrem Denken wirken diese Menschen meistens unbeschwert.

das spitze Kinn

Diese Form des Kinns gestattet den Rückschluss auf Menschen mit einem überdurchschnittlichen Intellekt. Trifft das zu, sind diese Menschen gleichfalls in der Lage, ihren Verstand geschickt einzusetzen. Größere Gefühlskundgebungen sind von ihnen nicht zu erwarten.

das breite Kinn

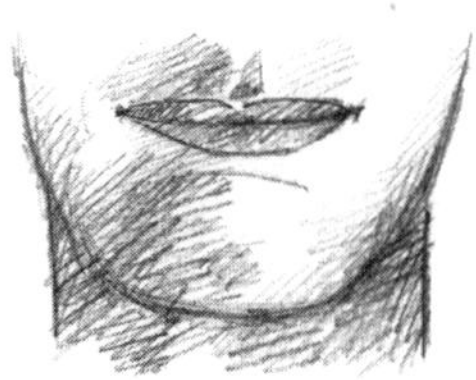

Ein breites Kinn signalisiert in der Regel die Fähigkeit von Menschen, ihre vorhandenen körperlichen Kräfte gezielt und bewusst einzusetzen. Ein intensives Nachdenken über das Wohin und Warum einer Handlung findet in diesem Zusammenhang meistens keine Beachtung.

das formlose Kinn

Dieses Kinn kann für Menschen sprechen, deren Leben sich bisher in andauernder Auseinandersetzung mit der Umwelt abspielte. Sie zeigen wenig Anpassungsfähigkeit und gelten für andere mitunter als der typische Querulant.

das kleine Kinn

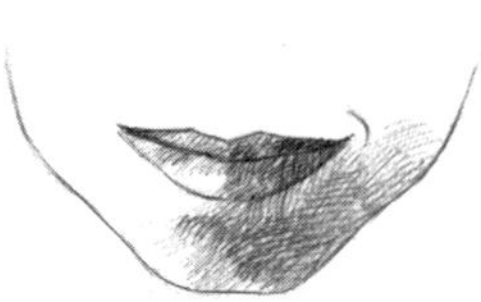

Mit diesem Kinn geben sich meistens Menschen zu erkennen, die schüchtern und zurückhaltend sind. Im Umgang mit anderen wirken sie gehemmt und unsicher. Sehr oft haben sie Angst davor, etwas falsch zu machen. Es besteht die Möglichkeit, dass sie nicht die Kraft besitzen, andauernde seelische Belastungen auszuhalten.

das glatte Kinn

Menschen mit einem glatten Kinn sind sparsam im Umgang mit ihren Gefühlen. Sie bevorzugen gründliches Nachdenken und legen in ihrem Handeln meistens eine übertriebene Vorsicht an den Tag.

das eckige Kinn

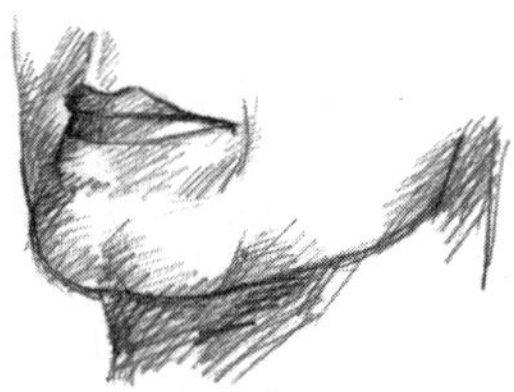

Diese Form des Kinns spricht wiederholt für Menschen, die einen ausgeprägten Geschäftssinn haben. Sie können vorausschauend sowie planend denken und neigen zur Risikobereitschaft. Diese Menschen verfügen über ein gesundes Selbstvertrauen sowie eine ausgeglichene und stabile Gefühlslage.

das vorspringende Kinn

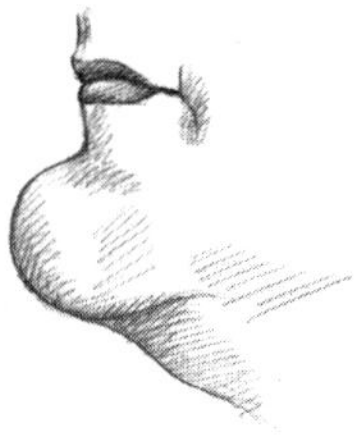

Es sind zumeist Menschen mit einem ausgeprägten Ehr- und Selbstwertgefühl, die ein solches Kinn haben. Sie treten selbstsicher auf und zeigen sich anderen gegenüber großzügig, aber auch bestimmt.

Auf den Hals achten

der lange Hals

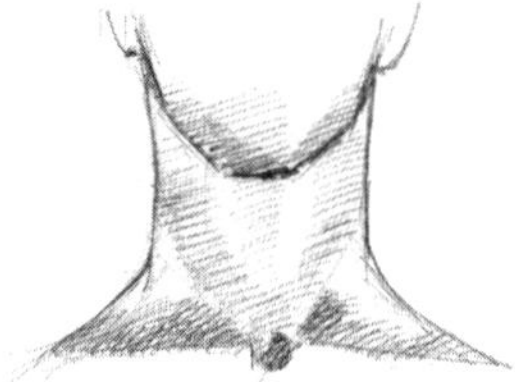

Menschen mit einem langen Hals sind meist schüchtern und ängstlich. Hier drückt sich eine Zurückhaltung aus, die in einer anfälligen körperlichen Gesamtbeschaffenheit begründet sein kann.

der dünne Hals

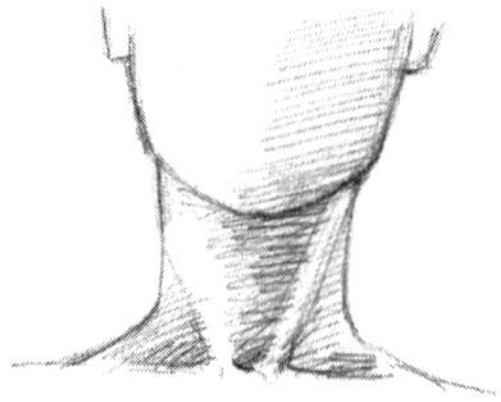

Es besteht die Möglichkeit, dass Menschen mit einem dünnen Hals ein unausgeglichenes Seelenleben führen und demgemäß nervös wirken. Sie können bereits auf alltägliche Ereignisse sensibel reagieren und haben oft ein empfindliches und verletzliches Wesen.

der kurze Hals

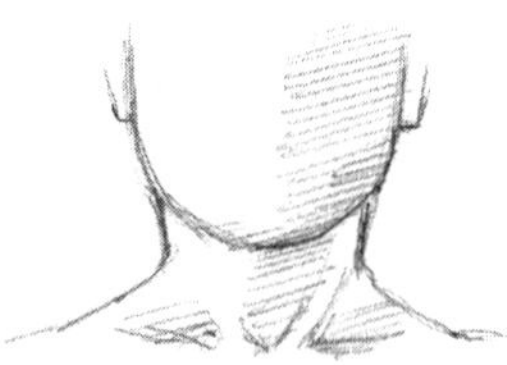

Menschen, die einen kurzen Hals haben, besitzen in der Regel das Normalmaß übersteigende körperliche Kräfte. Im Bewusstsein ihrer physischen Konstitution schreiten sie vielerorts rasch zur Tat, ohne das Wenn und Aber einer Handlung vorher groß zu bedenken.

der breite Hals

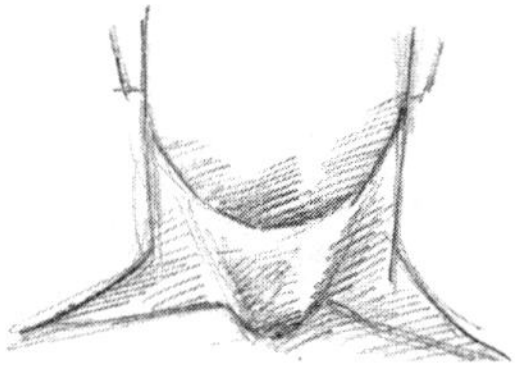

Diesen Hals findet man oft bei Menschen, die sich nur in ständigem und andauerndem Handeln wohl fühlen. Sie zeichnen sich durch rasche Entschlusskraft aus.

Unsere Haare als Antennen zur Außenwelt

lange, glatte Haare

Menschen mit langen, glatten Haaren strahlen Warmherzigkeit aus und vermitteln ein Gefühl der Geborgenheit. Sie gehen an die unterschiedlichsten Lebenssituationen meistens sachlich und überlegt heran.

lange, lockige Haare

Menschen mit langen, lockigen Haaren haben auf der Grundlage eines intensiven Seelenlebens ein gefühlsbetontes Verhaltensmuster, von dem ihr gesamtes Denken und Handeln wesentlich bestimmt wird.

kurze, glatte Haare

Menschen mit kurzen, glatten Haaren strahlen Strenge, Sachlichkeit und Unnahbarkeit aus. Es ist anzunehmen, dass sie sehr ordnungsliebend sind und ihr Leben fast immer in festen Strukturen verläuft. Diese Menschen verkörpern den sogenannten „Vernunftmenschen".

kurze, lockige Haare

Kurzes, lockiges Haar lässt Menschen mit einem rationalen Grundgefüge vermuten. Emotionale Regungen sind ihnen dennoch nicht fremd. Sie verkörpern den Typ des „Gefühlsdenkers" und sind in der Lage, intuitiv zu handeln, logisch zu denken und dabei empfindsam zu reagieren.

schwarze Haare

Menschen mit schwarzen Haaren gelten fast immer als leidenschaftlich. Sie haben ein offenes Wesen und können sehr sinnlich sein. Ihre Begeisterungsfähigkeit steigert sich oft in Enthusiasmus. Gelegentlich verfallen sie der Schwärmerei.

braune Haare

Menschen mit dieser Haarfarbe sind temperamentvoll und wirken gelegentlich hyperaktiv. Meistens sind es lustige und schwungvolle Menschen, die in ihrem Denken und Handeln sehr impulsiv vorgehen. Sie haben keine Probleme damit, bezogene Standpunkte durch die Gewinnung neuer Erkenntnisse wieder aufzugeben.

blonde Haare

Diese Haarfarbe gilt als Zeichen für Gefühlstiefe und Empfindsamkeit. Sie kann für gemütvolle und mitunter träumerisch veranlagte Menschen sprechen, die bereit sind, echtes und aufrichtiges Mitleid zu zeigen.

rote Haare

Rothaarige sind in ihrem Denken und Handeln häufig leidenschaftlich. Gelegentlich verhalten sie sich nachtragend und haben eine gewisse Neigung zur Ironie.

der rechte Scheitel

Menschen, die den Scheitel so tragen, sind meistens bestrebt, in der Öffentlichkeit nicht aufzufallen. Sie gelten in ihrem Denken und Handeln oft als zurückhaltend.

der linke Scheitel

Menschen, die den Scheitel so tragen, sind in ihrem Wesen korrekt und höflich. In ihrem Denken und Handeln sind sie glaubwürdig, wobei das Denken gelegentlich schwer zu durchschauende Wege gehen kann.

der Mittelscheitel

Menschen mit einem Mittelscheitel sind in ihren Überlegungen eigenständig. In ihren Handlungen lassen sie sich vorwiegend von Gefühlen leiten.

ohne Scheitel

Menschen ohne Scheitel sind in der Regel unkonventionell und haben eine unkomplizierte Lebensphilosophie.

Die Augenbrauen und ihr bewegtes Dasein

lang gezogene, schwungvolle Augenbrauen

Mit diesen Augenbrauen geben sich meistens heitere Menschen zu erkennen. Ihre Fröhlichkeit lässt auf Harmonie und Zufriedenheit mit sich und der Umwelt schließen. Dieser Gleichklang von Körper und Seele legt eine Gelassenheit an den Tag, die auf andere angenehm wirkt.

spärlich gezeichnete Augenbrauen

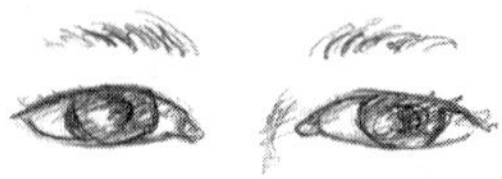

Wir stehen Menschen gegenüber, die sich nur wenig um die Probleme und Belange anderer kümmern. Aber auch in ihren Bemühungen um sich selbst wirken sie oft leidenschaftslos. Zeigen sich gefühlsmäßige Regungen, geschieht das mitunter im Streit mit anderen.

kräftige Augenbrauen

Sie kennzeichnen häufig leistungsfähige und belastbare Menschen, die in ihrem Denken und Handeln beharrlich und ausdauernd sind. Diese Ausdauer verlässt sie in der Regel auch dann nicht, wenn sie inzwischen an die Grenzen ihres Leistungsvermögens gestoßen sind.

buschige Augenbrauen

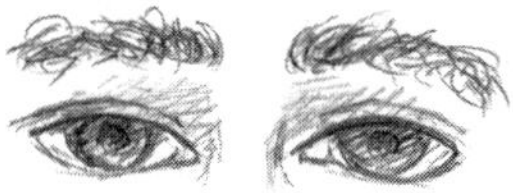

Sie sprechen von körperlich wie seelisch widerstandsfähigen Menschen, die sich erfahrungsgemäß durch eine kräftige Konstitution auszeichnen.

waagrechte Augenbrauen

Es sind meistens nachdenkliche Menschen, die solche Augenbrauen haben. Ehe sie handeln, lassen sie sich in ihrer gedanklichen Vorarbeit viel Zeit, beweisen Geduld und sind abwägend.

abfallende Augenbrauen

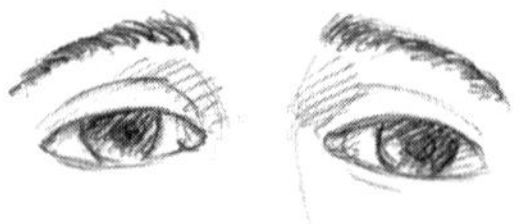

Es sind häufig Menschen mit der Fähigkeit zu spekulativem Denken, die diese Augenbrauen haben. Sie vertrauen mehr auf die Intuition als nur auf das, was menschlicher Erfahrung zugänglich ist.

kurze Augenbrauen

Diese Augenbrauen sprechen von Durchsetzungsvermögen, Entschlusskraft und einem starken Selbstvertrauen. Menschen mit diesen Augenbrauen lassen sich nicht so schnell entmutigen und scheuen in ihren Handlungen keine möglichen Gefahren.

tief sitzende Augenbrauen

Tief sitzende Augenbrauen können für Menschen sprechen, die in ihrem Denken bemerkenswert kreativ sind sowie die Fähigkeit zur geistigen Konzentration besitzen. Diese Augenbrauen können aber auch Menschen kennzeichnen, die in ihrem Grundverhalten melancholisch gestimmt sind.

abgewinkelte Augenbrauen

Diese Augenbrauen können für Menschen mit einer ungebremsten Vitalität typisch sein. Sie sind vielseitig interessiert und lassen keine neue Erfahrung aus.

mehrfach geschwungene Augenbrauen

Mehrfach geschwungene Augenbrauen zeugen in der Regel von Menschen, die in der Auseinandersetzung mit ihrer Umwelt heftig und durchaus unsachlich reagieren können. Das spricht meistens für ihre innere Unruhe und ein seelisches Ungleichgewicht.

hoch geschwungene Augenbrauen

Menschen mit diesen Augenbrauen können in ihrem Selbstwertgefühl rasch verletzbar sein. Selbst geringfügigste Spannungen in ihrem persönlichen Umfeld dürften ihre Gemütsverfassung aus dem Gleichgewicht bringen. Diese Menschen sind sehr sensibel und nehmen Hinweise sowie Anmerkungen zu ihrer Person fast ausnahmslos persönlich.

dunkle Augenbrauen

Dunkle Augenbrauen gestatten Rückschlüsse auf geduldige Menschen, die mit ihrem Energiehaushalt sparsam umgehen können. Man wird selten erleben, dass diese Menschen etwas übereilen oder überstürzen. Planlosigkeit, Hast und Hektik sind ihnen fremd.

schwarze Augenbrauen

Es sind meistens leidenschaftliche und temperamentvolle Menschen, die schwarze Augenbrauen haben. Sie erleben sich selbst und ihre Umwelt sehr intensiv.

helle Augenbrauen

Helle Augenbrauen kennzeichnen fast immer den intellektuellen Typ.

rote Augenbrauen

Diese Augenbrauen sprechen oft für sehr ehrgeizige Menschen und ihre Neigung, sich gerne in den Vordergrund zu spielen.

Nicht nur eine Modefrage – der Bart

der Spitzbart

Sein Träger will Scharfsinn, Weitblick und Kombinationsgabe unterstreichen. Es kommt vor, dass der Spitzbart an Menschen auffällt, die leicht reizbar sind.

der schmale Schnurrbart

Mit diesem Bart möchte sich der „Mann von Welt" zu erkennen geben, der von seiner Ausstrahlung überzeugt ist und vielerorts zur Selbstdarstellung neigt.

der starke Schnurrbart

Mit diesem Bart will jemand bewusst seine Charakterstärken nach außen hin betonen.

der Vollbart

Der Vollbart will als Symbol für Männlichkeit überhaupt verstanden werden. Diese Selbstdarstellung kann jedoch vorhandene Schwächen und Unsicherheiten auf Dauer nicht verschleiern.

der starke Vollbart

Sein Träger will ungehemmte Männlichkeit artikulieren. Er ist unkonventionell, naturverbunden und verbirgt hinter seinem Bart mitunter ein für andere nicht sofort zu erkennendes intensives Seelenleben.

der „Dreitagebart"

Diesen Bart trägt jemand, wenn sich sein Ego vorübergehend jenseits aller Strukturen bewegt. Vielerorts ist hinter diesem Bart auch der Wille zu vermuten, erotisch zu wirken.

Wenn Hände sprechen

oder: „In allen Teilen spiegelt sich das Ganze, da der Teil ein Teil des Ganzen ist. So spiegelt sich der ganze Mensch in der Hand ab, die eine richtige Proportion zum ganzen Menschen hat …"

(Nikolaus Cusanus)

die athletische Hand

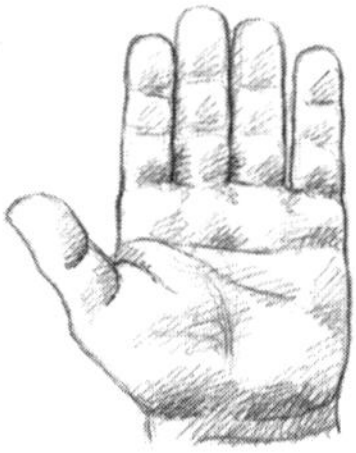

Menschen mit diesen Händen können kräftig zupacken. Sie vermitteln ein Gefühl des Bewusstseins um die eigene Kraft sowie körperliche und seelische Belastbarkeit.

die leptosomische Hand

Diese Hände sprechen von Menschen, denen körperlicher Einsatz nicht leicht fällt. Ihre Stärken liegen meistens im Denken. Hier erweisen sie sich als entschlossen, zielstrebig und ausgesprochen leistungsfähig.

die pyknische Hand

Menschen mit diesen Händen haben häufig ein gefühlsbetontes Wesen. Von anderen werden sie meistens als warmherzig, zugänglich und kontaktfreudig erlebt.

Die Finger – Symbolik der Lebenseinstellung

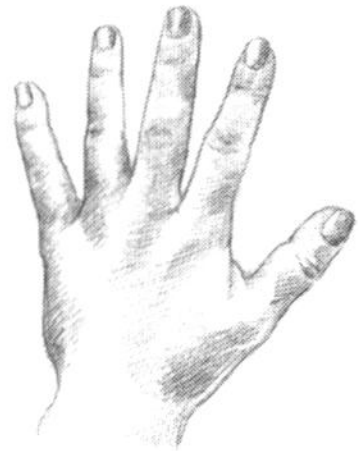

Der Daumen

Der Daumen ist das Symbol für Kraft und Stärke; er steht für Dominanz sowie Anpassungsfähigkeit.

der gerade Daumen – Dominanz

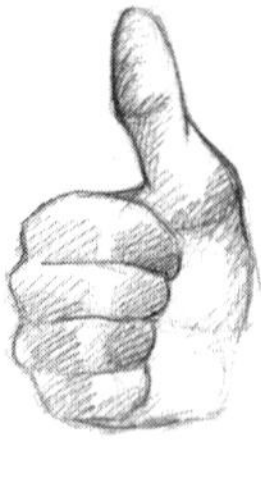

der beugsame Daumen – Anpassungsfähigkeit

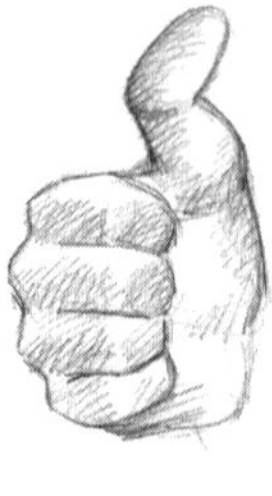

Der Zeigefinger

Der Zeigefinger symbolisiert Willenskraft und steht für sachliche Bezüge. In der Handanalyse wird er auch der Jupiterfinger genannt (der Jupiter der römischen Mythologie ist der Zeus der griechischen und damit höchste Gottheit) und repräsentiert das Ego, ein ausgeprägtes Selbstvertrauen und das Gefühl, das eigene Schicksal selbst zu steuern.

Der Mittelfinger

Der Mittelfinger steht für das Selbstbewusstsein des Menschen und symbolisiert das eigene Selbstwertgefühl. In der Handanalyse wird der Mittelfinger auch der Saturnfinger genannt (der Saturn oder Saturnus der römischen Mythologie ist der Kronos der griechischen und galt hier als gütiger Erntegott sowie Vater des Zeus) und repräsentiert das Interesse an den Grund- und Sinnfragen des Lebens, an Verantwortung sowie Besitzstreben.

Der Ringfinger

Die Analogien zum Ringfinger sind die Gefühle. In der Handanalyse wird er auch der Apollofinger genannt (der Apollo der römischen Mythologie ist der Apollon der griechischen und Gott des Lichtes, der Weissagung, des geistigen Lebens, der Heilkunst und der Künste überhaupt) und repräsentiert den Erfolg, die Kreativität, künstlerische Veranlagungen sowie den Sinn für Glück und Erfüllung.

Der kleine Finger

Der kleine Finger hat einen sozialen Aspekt und steht für gesellschaftliche Zugehörigkeit. In der Handanalyse wird er der Merkurfinger genannt (der Merkur oder Mercurius der römischen Mythologie ist der Hermes der griechischen, bekannt als Götterbote und bei den Römern Gott des Handels) und repräsentiert den Geschäfts- und Finanzsinn, die Fähigkeit zu gutem mündlichen und schriftlichen Ausdruck sowie ein ausgeprägtes Interesse an Selbstverwirklichung.

Der Mensch im Spiegel seiner Fingernägel

große und viereckige Fingernägel

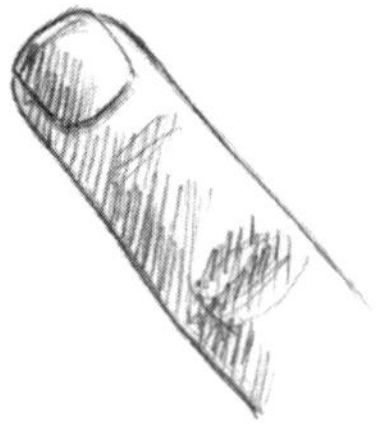

Diese Fingernägel sprechen meistens für Menschen, die ein ausgewogenes Gefühlsleben haben. Auf gravierende Veränderungen in ihrem persönlichen Umfeld reagieren sie gelassen und sind so schnell nicht aus der Ruhe zu bringen.

kleine und viereckige Fingernägel

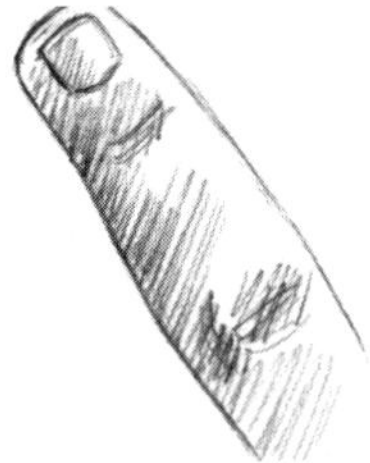

Menschen mit diesen Fingernägeln lassen sich mitunter nur schwer von unkonventionellen Gedanken oder Verhaltensweisen überzeugen. Sie bevorzugen traditionelle Leitbilder und reagieren oft schwerfällig auf Veränderungen, denen sie in der Regel kritisch gegenüberstehen.

rechteckige Fingernägel

Diese meistens nur am Daumen zu findende Nagelform verrät erfahrungsgemäß den leicht reizbaren Menschen.

ovale Fingernägel

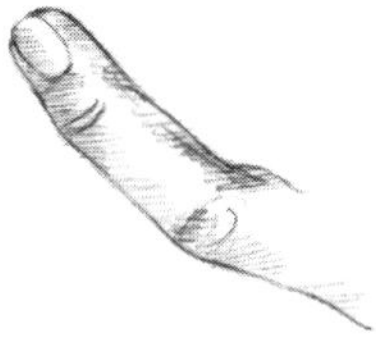

Menschen mit diesen Fingernägeln haben ein fast immer freundliches sowie offenes Wesen und sind ausgesprochen kontaktfreudig.

kleine und runde Fingernägel

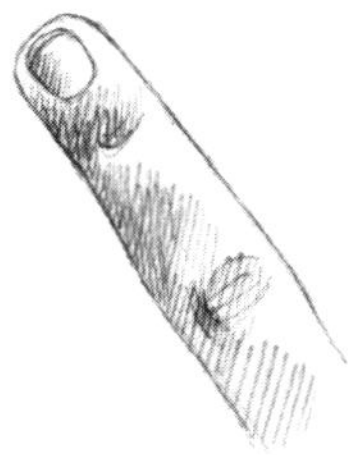

Menschen mit diesen Fingernägeln bevorzugen in ihren Überlegungen weniger die einzelne, unmittelbare Erfahrung. Dafür favorisieren sie ganzheitliches Denken und neigen mitunter zur Spekulation.

dreieckige Fingernägel

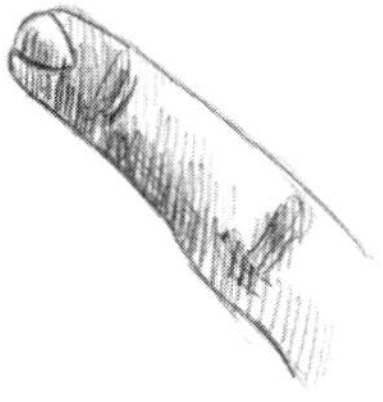

Die Form dieser Fingernägel lässt häufig auf Menschen schließen, die sich in einem Dauerzustand der inneren Unruhe befinden, ohne damit größere Schwierigkeiten zu haben.

Füße können mehr als laufen

der elementare Fuß

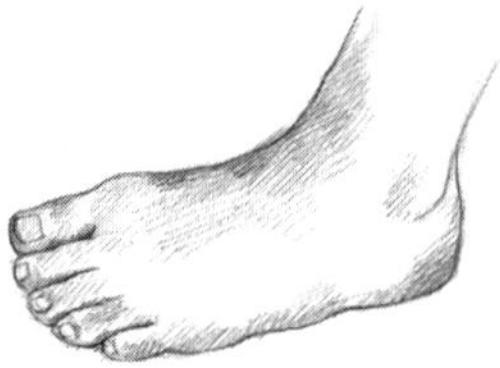

Menschen mit diesen Füßen verfügen über die Gabe, mit ihrem Verstand maßvoll und sehr erfahrungsorientiert umzugehen. In ihren Gefühlsäußerungen sind sie mitunter erfrischend direkt, leider manchmal auch verletzend.

der motorische Fuß

Den motorischen Fuß, der natürlich nicht bildlich dargestellt werden kann, stellen wir häufig an Menschen mit guter körperlicher Konstitution fest. Es handelt sich um kraftvolle Menschen, die es in der Regel verstehen, sich selbstbewusst und engagiert in die unterschiedlichsten Situationen einzubringen.

der athletische Fuß

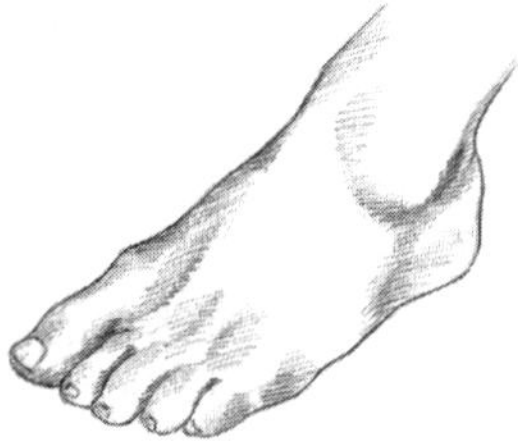

Dieser Fuß spricht vielerorts für Menschen, die entweder vorwiegend schwere körperliche Arbeit verrichten oder hart an sich selbst arbeiten. In ihrem Denken gehen sie überwiegend sachlich und wenig fantasievoll vor.

der motorisch-sensible Fuß

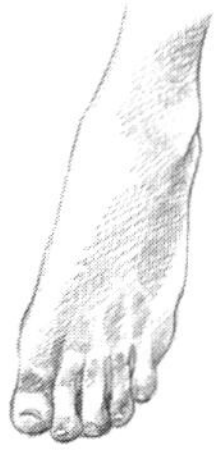

Diese Füße finden wir häufig bei Menschen mit künstlerischen Talenten oder wissenschaftlichen Begabungen.

Unsere Stimme, unsere Handschrift und vieles mehr …

Unsere Stimme verrät unsere Ängste

die tiefe Stimme

Zum einen ist die tiefe Stimme eine normale Stimmlage. Zum anderen kann sie Grundmuster unseres Charakters widerspiegeln. Sie spricht häufig von Gelassenheit sowie Selbstsicherheit. Diese Stimme klingt gütig, wohlwollend sowie herzlich und damit angenehm.

die hohe Stimme

Die hohe Stimme ist ebenfalls eine normale Stimmlage. Darüber hinaus kann sie sowohl andauernde innere seelische Anspannung als auch dadurch bedingte Unausgeglichenheit sowie Unzufriedenheit zum Ausdruck bringen.

die schrille Stimme

Diese Stimme wirkt unangenehm und will uns auf eine gereizte Befindlichkeit aufmerksam machen, die die unterschiedlichsten Ursachen haben kann. In dieser Stimme schwingen auf jeden Fall Unbehagen an der momentanen Situation, Verbitterung, aber auch Angst und Furcht mit. Eine schrille Stimme kann von Neigungen zu hysterischen Reaktionen sprechen.

die volle, dunkle Stimme

Diese Sprache klingt sympathisch und lässt auf einen warmherzigen, gefühlvollen Menschen schließen. Sie vermag es gleichfalls, andere für sich einzunehmen.

die scharfe, schneidende Stimme

Hinter dieser Stimme verbirgt sich in der Regel die Absicht, die eigene Position unbedingt zu stärken und beizubehalten. Sie zielt bewusst auf Distanz und will die Überzeugung von persönlicher Dominanz unterstreichen.

Unsere Sprache erzählt über unseren Charakter

die klare Aussprache

Hier kann man sich des Eindrucks nicht erwehren, dass man weiß, wovon gesprochen wird. Wort und Gedanken bilden eine Einheit. Sie klingt sachlich, unterdrückt damit aber keineswegs emotionale Regungen, mit denen man umzugehen versteht. Die klare Aussprache offenbart Selbstbeherrschung und ein ausgeprägtes Selbstwertgefühl, das sich anderen auf jeden Fall mitteilen will.

die undeutliche Aussprache

Häufig will eine undeutliche Aussprache Unklarheiten im Denken verbergen. Hier sind Überlegungen noch nicht zu Ende gebracht oder eindeutige Festlegungen nicht getroffen. Diese Aussprache spiegelt damit häufig fehlende Entscheidungsfähigkeit sowie eigene Unsicherheiten wider.

die lebhafte Sprache

In dieser Sprache zeigen sich Begeisterung und Begeisterungsfähigkeit. Diese Sprache will mitreißen. Sie macht deutlich, dass das Gesagte auch wirklich empfunden wird. Sie klingt überzeugend und, wenn sie sich nicht übertrieben theatralisch darstellt, ehrlich.

die monotone Sprache

Das ist die Sprache der übertriebenen Sachlichkeit, die infolge fehlender innerer Beteiligung am Gesagten auf andere einschläfernd wirken kann.

die langsame Sprache

Dieses Sprachtempo wirkt bedächtig, aber nicht langweilig. Es resultiert aus dem Gleichschritt von Denken und Sprechen. Hier wird gewollt, dass man zuhört.

die schnelle Sprache

Hier wird die Tatsache deutlich, dass schneller gesprochen als gedacht wird. Es teilen sich geistige Regsamkeit, gedankliche Breite sowie Vielfalt mit.

die hastige Sprache

Diese Sprache wirkt sehr unruhig und vermittelt offensichtliche innere Erregtheit. Die seelische Beteiligung am Geschehen ist so stark, dass es schwer fällt, sich anderen mitzuteilen.

Der Mensch und seine Handschrift

Grafologie ist die Wissenschaft von der Deutung der Handschrift als Ausdruck des Charakters. Handschriftendeutung kann uns also Kenntnisse über die jeweiligen menschlichen Charaktere verschaffen, uns helfen, sie besser zu verstehen. Schon der Philosoph und Universalgelehrte Gottfried Wilhelm Leibniz (1646–1716) vertrat die Meinung, dass insbesondere die Handschrift eines Menschen seine Gemütsart offenbaren könne.

Johann Wolfgang von Goethe (1749–1832) besaß eine umfängliche Handschriftensammlung und war stolz, sie anderen zeigen zu können und sie an seinen Deutungen teilhaben zu lassen.

Sprechen wir heute von Grafologie, fällt meistens der Philosoph und Psychologe Ludwig Klages (1872–1956) ein. Er gilt als der eigentliche Begründer der Grafologie, die im engsten Zusammenhang mit seiner Ausdruckspsychologie steht.

Für Klages stand fest, dass man bei der Betrachtung eines Menschen von seiner Gestalt auszugehen und von hier aus nach ihrem seelischen Gehalt zu fragen habe, d. h., der Leib ist die Erscheinung der Seele und diese wiederum der Sinn des lebendigen Geistes.

Die wohl wichtigste Veröffentlichung Klages' zur Grafologie ist das 1917 erstmals erschienene Buch „Handschrift und Charakter". Vielleicht werden Sie sich aber überhaupt fragen, was die Handschrift eines Menschen mit seinem Charakter, wie Klages behauptet, zu tun habe.

Die Grafologie begegnet einer Vielzahl von Einwänden und muss sich vielerorts den Vorwurf gefallen lassen, sie sei alles andere als eine seriöse Angelegenheit, ja, sie sei etwas Fragwürdiges und gehöre zum Handwerkszeug von Scharlatanen. Gehört sie nicht: Jeder ernst zu nehmende Grafologe wird sich weigern, anhand eines Schriftbildes Aussagen über die Zukunft eines Menschen zu treffen. Grafologische Gutachten sind z. B. auch heute noch in der modernen Kriminalistik anerkannte Hilfsmittel, um bislang unentdeckte Straftäter zu überführen.

Unbewusst übrigens haben Sie sich in Ihrem Leben schon „grafologisch betätigt". Im Zusammenhang mit Stellenausschreibungen beispielsweise taucht häufig der Vermerk auf, den Bewerbungsunterlagen einen handschriftlich formulierten Lebenslauf beizufügen.

Was machen Sie? Sie geben sich besonders viel Mühe und schreiben „schön". Warum machen Sie das? Sie vermuten zu Recht und ohne es auszusprechen, dass da jemand ist, der auch „in" Ihrer Schrift zu lesen vermag, und wollen eine Vielzahl Ihrer charakterlichen Eigenschaften hinter einer schönen Schrift verbergen. Indirekt geben Sie also zu, dass Sie einen Zusammenhang zwischen Ihrem Schriftbild und Ihrem Charakter, Ihrer Persönlichkeit sehen. Warum sonst würden Sie sich hier verstellen?

Das übrigens unterscheidet Sie dann vom Grafologen, der diesen Zusammenhang direkt sieht und behauptet. Es ist dann auch der Grafologe, der bemerken wird, dass Sie in Ihrem Lebenslauf bewusst „schön" geschrieben haben.

In der heutigen modernen Grafologie wird nicht mehr einfach von einem einzelnen Schriftzeichen auf die Eigenschaften eines Menschen geschlossen. Vielmehr ist man bemüht, vom Ganzen der Schrift eines Menschen auf sein Wesen, seinen Charakter zu schließen. Schließlich hat jede Handschrift etwas Einmaliges an sich. Die folgenden Beispiele und ihre Deutungen sollen Ihnen helfen, diese Zusammenhänge besser zu erkennen.

Seitenrand links: unregelmäßig

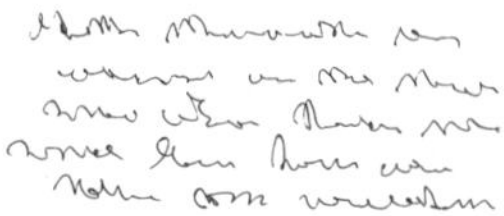

Die unregelmäßige Gestaltung des linken Seitenrandes kann Ausdruck der eigenen inneren Unsicherheit sein. Mangelnde Selbstdisziplin bringt sich so ebenfalls zum Ausdruck. Wer so schreibt, hält es erfahrungsgemäß selbst mit einer gewissen Grundordnung nicht ganz so genau. Gleichzeitig spricht diese Schreibweise von der Fähigkeit zu einer unkonventionellen sowie vorurteilsfreien Lebensweise.

Seitenrand links: breit

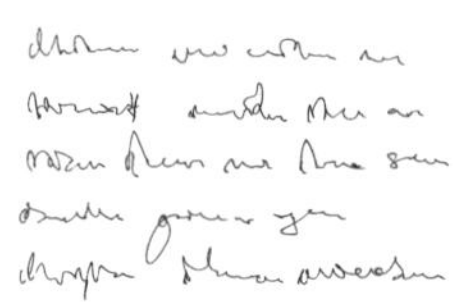

Ein breit gehaltener linker Seitenrand lässt einen Schreiber vermuten, dem generell eine großzügige Lebensweise eigen ist und der sich anderen gegenüber als sehr geduldig sowie hilfsbereit erweist. Das geschieht uneigennützig, Gegenleistungen werden nicht erwartet.

Seitenrand links: nach unten breiter werdend

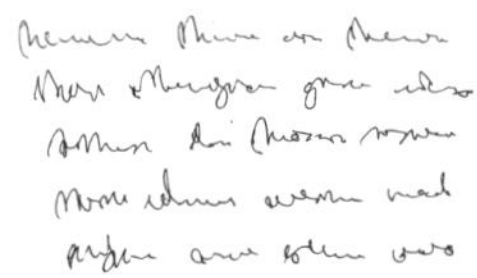

Wer so schreibt, überlegt in der Regel nicht lange, ehe er handelt. Was anderen als Unbesonnenheit erscheint, ist meistens ein innerer Drang zu freier und ungezwungener Selbstentfaltung. Oft steht das Gefühl am Anfang einer Handlung, die damit natürlich manchmal ungewollte Resultate zeigt.

Seitenrand links: nach unten schmaler werdend

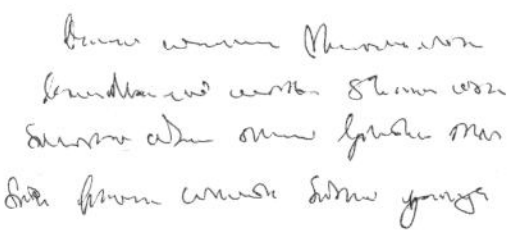

Der sich so darbietende Rand einer beschriebenen Seite spricht für eine zunächst optimistisch ausgerichtete Lebensphilosophie, die dann häufig nicht durchgehalten wird. Die Ursachen hierfür können verschieden sein. Meistens liegt es daran, dass sich urplötzlich vorher nicht gehabte Bedenken anmelden, die in ihrer Dichte aus dem einstigen Optimisten zumindest einen Zweifler werden lassen.

Seitenrand links: schmal

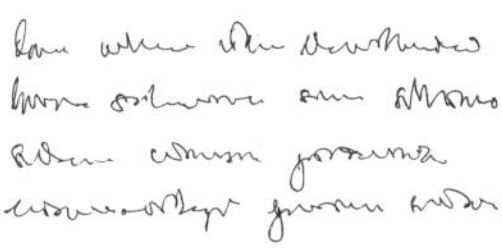

Wenn aus natürlicher Skepsis und einem gesunden Misstrauen schon bald ein krankhaftes wird, lässt das auf unverarbeitete Konflikte sowie eine Vielzahl schwerer Enttäuschungen schließen. Dieses Schriftbild spricht häufig für diese Tatsachen. Es ist damit zu rechnen, dass der, der so schreibt, in seinem Denken und Handeln äußerste Vorsicht an den Tag legen wird und sich häufig schwer damit tut, Gefühle zu erwidern.

Seitenrand rechts: schmal

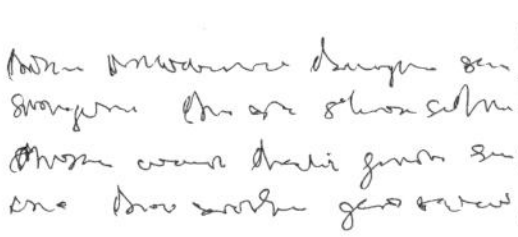

So offenbart sich im Schriftbild, wenngleich auch unbewusst, eine starke Bezogenheit auf das eigene Ego. Das übersteigerte Selbstwertgefühl kann sich sowohl in einem lebhaften Unabhängigkeitsbedürfnis zeigen als auch zu Rechthaberei, Überheblichkeit und Eitelkeit führen.

Seitenrand rechts: breit

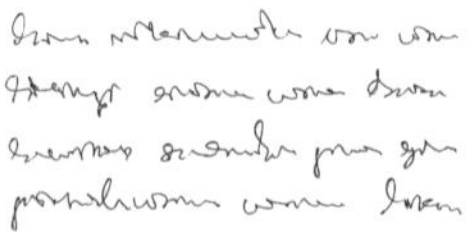

Hier artikuliert sich Gehemmtheit, die ihre Ursache fast immer in Minderwertigkeitsgefühlen hat. Sie zeigt sich oft in hilflos wirkenden Bemühungen um die Anerkennung des eigenen Selbstwertgefühls durch andere.

Seitenrand rechts: unregelmäßig

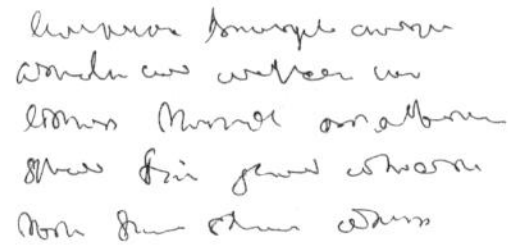

So schreibt häufig jemand, der sich für seine geplanten Handlungen gedanklich Spielräume vorgibt, die dann nicht ausgefüllt werden können. So kommt Überfordertsein zum Ausdruck, das auf zeitweilige Verunsicherungen des Schreibers schließen lässt.

Seitenrand rechts: nach unten breiter werdend

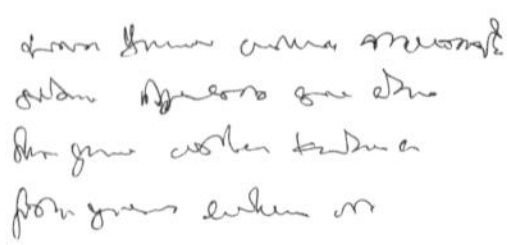

Über dieses Schriftbild teilt sich meistens Ängstlichkeit mit, die in die unterschiedlichsten Richtungen geht. Sie hat ihre Ursache in Selbstzweifeln und äußert sich in auffallender Zurückhaltung.

Seitenrand rechts: nach unten schmaler werdend

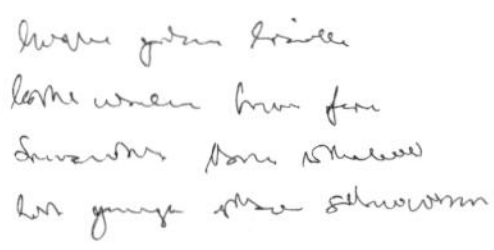

Wer seine Zeilen so anordnet, verfügt in der Regel über Weit- und Durchblick sowie ein logisches Denkvermögen. Hier artikuliert sich ein selbstständiges Urteilsvermögen. Das Problem des Schreibers besteht häufig darin, für die Umsetzung des Gedachten nicht die nötige Willensstärke zur Seite zu haben. Es ist der Typ des Vordenkers, der auf die Unterstützung und Hilfe anderer angewiesen ist.

Seitenrand oben: breit

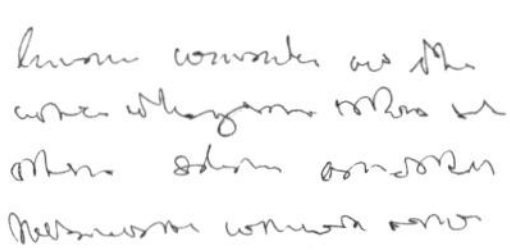

Hier schreibt ganz offensichtlich jemand, der in seinem Denken und Handeln sehr zögerlich vorgeht und für seine Entschlüsse viel Zeit braucht. Sind sie einmal getroffen, bezeugen sie Kompetenz. Dennoch lassen sich gewisse Schwierigkeiten in ihrer Übermittlung an andere nicht verbergen, obwohl der Schreiber selbst vermutete Unsicherheiten nicht nötig hat.

Seitenrand oben: schmal

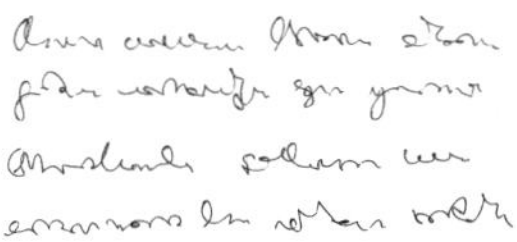

Dieser Anblick lässt zunächst den Eindruck entstehen, als sei hier etwas rasch und unüberlegt zu Papier gebracht. Häufig steht jedoch zu vermuten, dass hier jemand befürchtet, seine Gedankenfülle aus dem Auge zu verlieren. So offenbart sich meistens geistige Kreativität.

Seitenrand oben: schmal

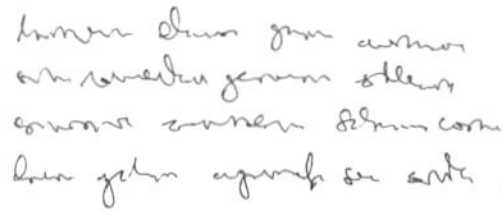

Dieser Schreiber berücksichtigt in seinen Betrachtungen fast immer das Verhältnis von Nutzen und Aufwand anstehender Handlungen. Es dürfte sich um einen vorwiegend praktisch und nüchtern denkenden Menschen handeln, der erfolgs- und sachorientiert ist.

Seitenrand unten: breit

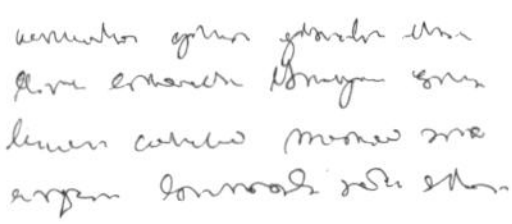

Hier zeigt sich in der Regel eine Lebenseinstellung, die im Heute zu Hause ist und sich um das Morgen keine großen Gedanken macht. Aus Angst, etwas zu versäumen, genießt jemand, der so schreibt, das Leben in vollen Zügen.

Seitenrand unten: nicht vorhanden

Es steht zu vermuten, dass hier jemand geschrieben hat, dem ein gewisses Gefühl für Ordnung abgeht. Diese Formschwäche kann unter Umständen inhaltsreiches Denken verbergen.

die übermäßig große Schrift

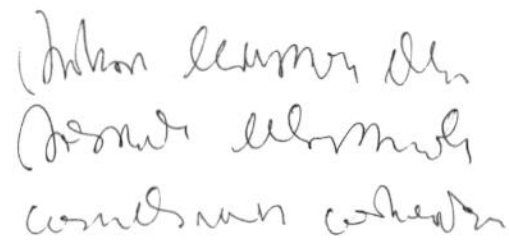

Hier zeigt sich Selbstbewusstsein, -vertrauen sowie Selbstwertgefühl. Das alles hat keine Überspanntheit zum Hintergrund, sondern steht in Übereinstimmung mit einem ausgeprägten Wirklichkeitssinn. Zu sichtbaren Gefühlsäußerungen wird es bei diesem Schreiber in der Regel dann kommen, wenn das eigene Unabhängigkeitsbedürfnis eingeschränkt oder in Frage gestellt wird.

die große Schrift

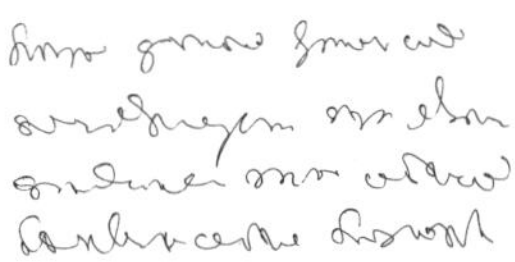

So schreibt der Gefühlsmensch, der über große seelische Reichtümer verfügt. Die gedankliche Erfassung des eigenen Ichs, der Mitmenschen und der Umwelt wird logisch-sachliche Überlegungen meistens ausklammern. Das lässt natürlich auf gewisse Stimmungsabhängigkeiten und Spontaneität im Handeln schließen.

die kleine Schrift

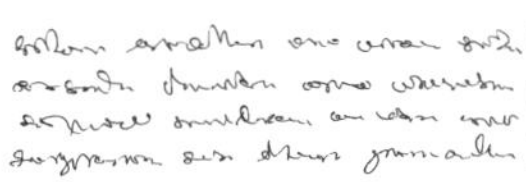

Meistens handelt es sich hier um die Schrift der Sachlichkeit, die ein nüchternes Denken zum Hintergrund hat. Sie will in der Regel Fakten oder Denkergebnisse mitteilen und davon so viel wie möglich. Diese Schrift bezeugt Selbstdisziplin.

die flache Schrift

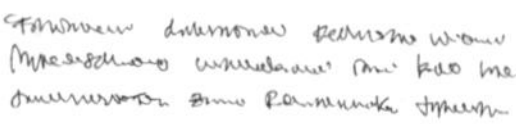

So schreibt jemand, der in der Regel mit sich und der Welt zufrieden ist, wobei diese Haltung ihre Unterstützung in einer auffallenden Bedürfnislosigkeit findet. Diese Schrift kann weiterhin davon sprechen, dass aus dieser Zufriedenheit heraus Veränderungen im eigenen Leben nicht angestrebt werden. Kontakte zu den Mitmenschen werden kaum gepflegt.

die auseinander gezogene Schrift

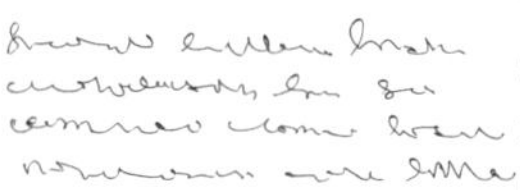

Über diese Schrift gibt sich ein willensstarker Mensch zu erkennen, der über eine schwer zu bremsende Durchsetzungskraft verfügt. Oft bezeugt diese Schrift die Tatsache, dass ihr Urheber in seinem Denken und Handeln bis an die Grenze der physischen und psychischen Belastbarkeit zu gehen vermag. Er besitzt eine positive Einstellung zum Leben und wird als konsequent empfunden.

die zusammengezogene Schrift

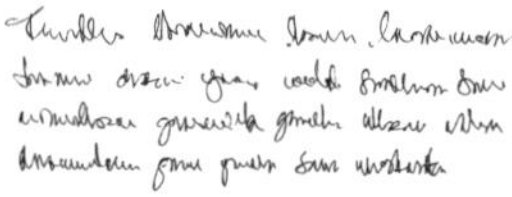

So kann jemand schreiben, der trotz manchmal fehlenden Selbstvertrauens die Kraft besitzt, den eigenen Schatten zu überspringen. Ist das erst einmal geschehen, werden Zielstrebigkeit und das Bemühen zu bemerken sein, auch erfolgreich zu handeln. Ein Rest Skepsis wird immer bleiben.

die schwache Schrift

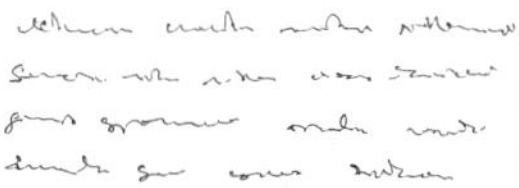

Mit dieser Schrift gibt sich meistens jemand zu erkennen, der sich nur ungern für etwas entscheiden sowie in seinem Denken und Handeln nur schwer festlegen kann. Das bringt ein ausgesprochenes Mitgefühl für die Probleme anderer mit sich. Allerdings äußerst es sich in der Regel wertneutral.

die starke Schrift

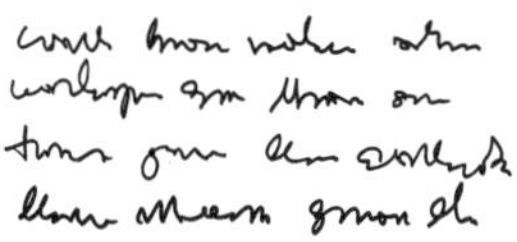

Ist jemand gewillt, große Anstrengungen sowie Entbehrungen auf sich zu nehmen, schreibt er meistens auch so. Das lässt auf Unbeirrbarkeit im Denken und Konsequenz im Handeln schließen.

die unregelmäßige Schrift

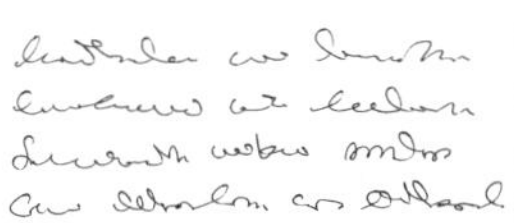

Über dieser Schrift gibt sich mitunter eine angespannte Empfindsamkeit zu erkennen. Damit besteht nicht die Gefahr, aus dem seelischen Gleichgewicht zu geraten. Wer unregelmäßig schreibt, ist in der Regel sehr empfänglich für sinnliche Eindrücke und kann andere begeistern und mitreißen.

die waagrechte Schrift

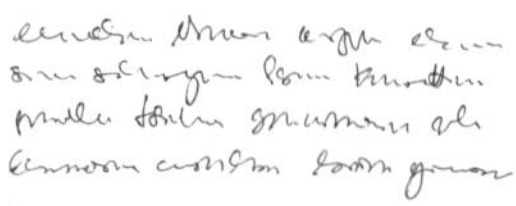

Meistens ist es geistige Regsamkeit, die sich in dieser Schrift zu erkennen gibt. Sie spricht für Leistungsbereitschaft, die keine Hektik kennt und gelassen wirkt. Für erbrachte Leistungen wird etwas erwartet, denn diese Schrift artikuliert auch Lebens- und Genussfreude, die erfüllt werden will.

die nach rechts ansteigende Schrift

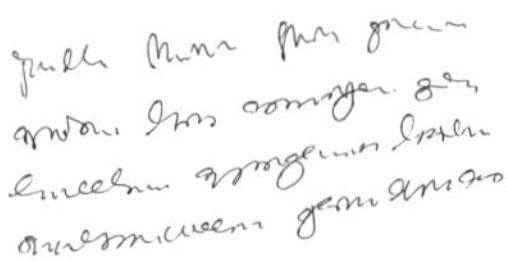

Diese Schrift spricht meistens für eine Lebenshaltung, die bestrebt ist, in anderen immer das Gute zu sehen, und deshalb vertrauensvoll in die Zukunft blickt. Handlungen vollziehen sich meistens aus diesem Idealismus heraus und bezeugen eine ausgeprägte emotionale Beteiligung an ihnen.

die nach links abfallende Schrift

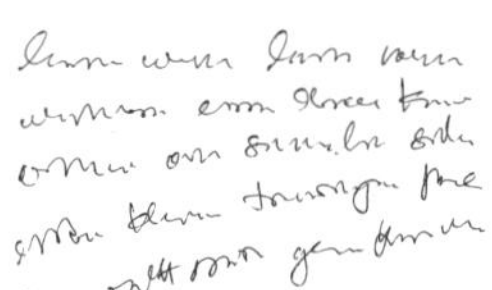

Fühlt sich jemand in seinem eigenen Selbstwertgefühl beeinträchtigt oder ist unzufrieden, wird er häufig so schreiben, dass die einzelnen Wörter nach links abfallen. Geraten diese negativen seelischen Befindlichkeiten außer Kontrolle, kann dieses Schriftbild zum Ausdruck von Unsachlichkeit werden.

die steile Schrift

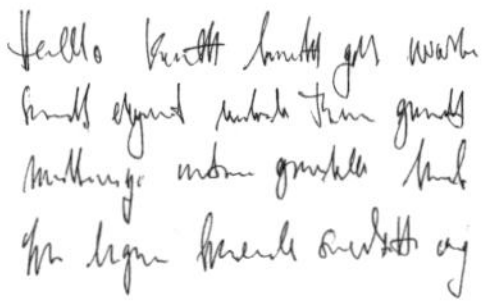

Wenn der Verstand das Gefühl beherrscht und vereinnahmt, wird meistens so geschrieben. Erfahrungsgemäß spricht diese Schrift dann von Übersicht, Klarheit und Nüchternheit im Denken. Nur in Ausnahmefällen wird es bei diesem Schreiber zu unüberlegten Handlungen kommen. Darüber hinaus beherrscht er in der Regel die Kunst, Wesentliches von Unwesentlichem zu unterscheiden.

die linkslastige Schrift

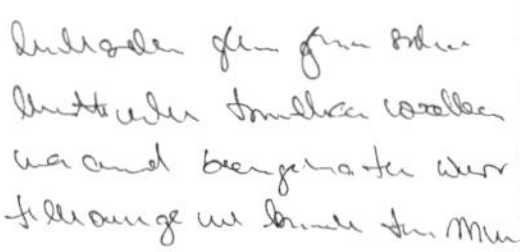

Diese Schrift spricht bei vordergründiger Betrachtung für eine ausgeprägte Ichbezogenheit und ein hohes Selbstwertgefühl, die sich bei näherer Betrachtung oft als Schutzmantel für innere Widersprüchlichkeiten und Hemmungen entpuppen. Das bedingt dann auch, dass getroffene Entscheidungen nicht auf Dauer gültig sind. Wer so schreibt, ist oft unzuverlässig.

die rechtslastige Schrift

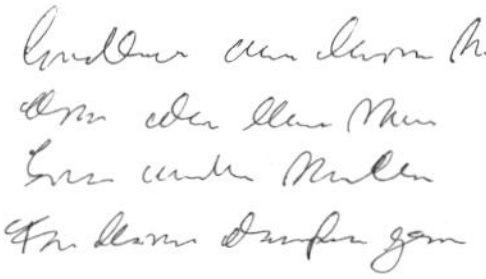

So bringen sich häufig Anpassungsfähigkeit und -bereitschaft zu Papier. Das will kein passives Geformtwerden durch die Umwelt bedeuten, sondern die Absicht bekunden, sie mit zu verändern und zu gestalten. Es kann auf Aufgeschlossenheit und ein nicht unbeträchtliches Hingabevermögen geschlossen werden.

die Schrift in „Winkeln“

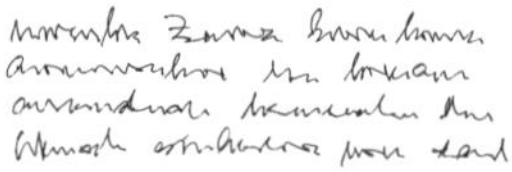

Wer so schreibt, ist meistens wenig kompromissbereit und hat so häufig Anpassungsschwierigkeiten. Das sind Folgen eines starken Willens zur Selbstbehauptung und der unbedingten Aufrechterhaltung eines Selbstwertgefühls, das keinerlei Beeinträchtigung gestattet.

die Schrift in „Arkaden“

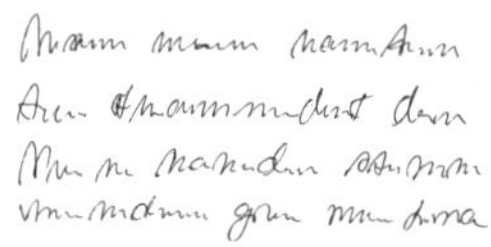

Es steht zu erwarten, dass diese Schrift für jemanden spricht, der bemüht ist, sein Inneres vor anderen verborgen zu halten. Sie gibt Verschlossenheit und fehlende Mitteilungsbereitschaft zu erkennen. Wer so schreibt, ist meistens sehr zurückhaltend und mitunter nicht ehrlich in dem, was er schreibt oder sagt.

die Schrift in „Girlanden“

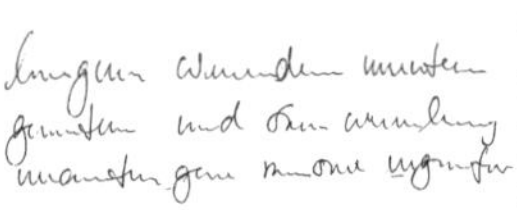

Schreibt jemand so, ist anzunehmen, dass er unter allen Umständen bemüht ist, ohne größere Schwierigkeiten durchs Leben zu kommen und Konflikte zu vermeiden. Auffallend ist das ständige Bemühen, es allen unter allen Umständen recht zu machen, was mitunter zu Beschädigungen des eigenen Ichs und seinem Selbstwertgefühl führen kann.

Tierkreiszeichen, Planeten und Häuser – Der Mensch im Spiegel der Astrologie

Astrologie

„Wir werden in einem vorausbestimmten Augenblick an einem vorausbestimmten Ort geboren, und wir haben, so wie der Jahrgang eines Weines, die Qualität des Jahres und der Jahreszeit, in der wir zur Welt kamen. Nicht mehr und nicht weniger behauptet die Astrologie."

(C. G. Jung)

Als der bekannte Gelehrte Galileo Galilei (1564–1642) die vier Jupitermonde entdeckt hatte, hielt er in Pisa im Beisein von Universitätsprofessoren einen Vortrag darüber. Die Professoren reagierten wütend. Die Jupitermonde könnten gar nicht existieren, weil es am Himmel nicht mehr als sieben bewegliche Objekte geben kann. Außerdem hätten die Astrologen in ihren Horoskopen bereits alles berücksichtigt, was sich am Himmel bewege. So dienten die „Mediceischen Gestirne" – so nannte man die Monde damals – zu nichts. Und da alles, was existiere, zu etwas nutze sei, existierten diese Gestirne auch nicht. Und das Fernrohr als Beweis? Der bedeutendste der anwesenden Professoren, Giulio Libri, weigerte sich einfach, hindurchzuschauen. Argument: Aristoteles erwähnte niemals ein Fernrohr! Weil aber Aristoteles als *die* Autorität galt, hätte er selbstverständlich auch schon ein Fernrohr gebaut. Hat er aber nicht. Also ist das Fernrohr unnütz und trügerisch. Selbst die Kollegen Galileis, die bereit waren, durch das Fernrohr zu schauen, erklärten das Gesehene für Trugbilder: Weil nicht sein kann, was nicht sein darf!

Rund 300 Jahre später begegnen wir erneut einer ähnlichen Situation. Der Astronom Wilhelm Hartmann (1893–1965), Direktor des Planetariums und der Sternwarte in Nürnberg, forderte Fachgenossen auf, zusammen mit ihm die Grundlagen der Astrologie astronomisch zu überprüfen. Die meisten lehnten ab. Ein Kollege begründete sinngemäß seine abschlägige Antwort: Ich lehne es ab, mich mit der Astrologie zu beschäftigen, denn es könnte etwas Positives dabei herauskommen – und dann bin ich als Wissenschaftler erledigt. Auch hier trifft zu: Weil nicht sein kann, was nicht sein darf!

Hartmann überprüfte die Astrologie ohne kollegiale Unterstützung und fand zunächst heraus, dass diese kosmische Impulslehre kein Glaube mehr, keine Annahme ist, sondern in ihren Grundzügen ein an tausend Beispielen bewiesenes Wissen. Sicherlich ist Hartmann in seiner Begeisterung für die Astrologie gelegentlich über das Ziel hinausgeschossen. Es bleibt aber die bemerkenswerte Tatsache, dass sich überhaupt ein Mann der exakten Naturwissenschaft der Astrologie geöffnet und nicht so getan hat, als gäbe sie es nicht bzw. wäre schlimmster Aberglaube.

Mit Erstaunen fand er weiterhin heraus, dass in Fachkreisen die Astrologie eigentlich keine Widersacher hat. Das mag verblüffend sein, ist aber rasch zu erklären: Die Astronomen vom Fach hatten von Astrologie, wie Hartmann rasch erfahren konnte und es auch so formulierte, keine blasse Ahnung. Dies verbietet folgerichtig eine Gegnerschaft im wahrsten Sinne des Wortes. Wie bei jedem beliebigen Thema gilt auch vor dem Hintergrund von Astrologie: Wer sie ernsthaft beurteilen möchte, muss sich genaue Kenntnisse darüber aneignen, Auskunfts- und Diskussionsverweigerung sind hier wenig hilfreich. Nicht alles, was nicht in unser gegenwärtiges wissenschaftliches Weltbild zu passen scheint, sollte per se als Unsinn verdammt werden.

Dabei meinen doch fast alle, das Phänomen Astrologie zu kennen, zumal es uns ja Woche für Woche beim Friseur oder in

Wartezimmern ärztlicher Praxen begegnet. Woche vom 16. bis 22. Oktober: Der Widder hat gerade eine tolle Phase, für den Skorpion hat sich die aufgebrachte Geduld gelohnt, der Steinbock wartet auf eine Entscheidung, die noch immer nicht gefällt ist, und der Wassermann soll die Zeit nutzen, um sich auf seine Karriere zu konzentrieren.

Diese Aussagen einer Illustriertenastrologie teilen die gesamte Menschheit kurzerhand in 12 Tierkreise ein und werden in der Regel von Journalisten ohne die geringsten astrologischen Kenntnisse verfasst oder frei erfunden. Hier scheiden sich die Geister. Die einen lehnen ab, die anderen – immerhin 50% der Bundesbürger – halten Zusammenhänge zwischen Planetenkonstellationen und Schicksal für möglich, jeder Zehnte ist davon überzeugt. Mehr als die Hälfte aller Bundesbürger liest Horoskope in Zeitungen und Zeitschriften. Kein Redakteur würde es wagen, die Rubrik Horoskop aus seinem Blatt zu streichen. Die Faszination, die von der Astrologie seit Jahrtausenden ausgeht, scheint auch heute ungebrochen. Astrologen stehen inzwischen in jedem Branchenbuch und Sie müssen über sehr viel Zeit verfügen, betreten Sie mit dem Suchwort Astrologie das World Wide Web. Angesichts der Vielfalt der Angebote ist zu Recht Vorsicht geboten. Warnschilder kann ich hier nicht aufstellen, vielleicht genügt der Hinweis auf ein Beispiel. Das schwäbische Lokalfernsehen BTV 4U bietet inzwischen die Versendung eines persönlichen Horoskops aufs Handy an: „Über unseren neuen SMS-Astro-Service können Sie jederzeit persönliche Horoskope bekommen ... Die Nutzung dieses Services ist ganz einfach: Sie registrieren sich per SMS mit Passwort und Geburtsdatum bei einer Kurzwahl. Sie erhalten dann sofort den aktuellen Astro-Tagestipp sowie eine weitere SMS mit Hinweisen. Und schon können Sie Ihre Fragen an die Sterne stellen, die auch prompt beantwortet werden. Die Fragen können beliebig in Umgangssprache formuliert sein, also z. B. Liebt mich mein Mann noch? oder Werde ich bald krank? Die Antwort kommt sofort, rund um die Uhr.“

Ich kann hier auch nicht auf die Querelen eingehen, die eine Vielzahl von Astrologen untereinander ausfechten, und vermag auch keine schlichte Einteilung in „seriös – unseriös" vornehmen.

Aber ich will hier einige Namen nennen: Hippokrates, Aristoteles, Paracelsus (1493-1541), Shakespeare (1546-1616), Baruch de Spinoza (1632-1677), Kopernikus (1473-1543), Newton, Bacon (1561-1626), Galilei, Kepler, Leibniz, Goethe, Schiller (1759-1805), Carl Gustav Jung.

Es waren Männer der Wissenschaft, Mediziner, Ärzte, Psychologen, Astronomen, Naturwissenschaftler, Universalgenies, Dichter. Man kann diese Liste bis in die jüngste Vergangenheit hinein fortführen: Felix von Weingartner (1863-1942; Dirigent), Ernst Jünger (1895-1998; Schriftsteller), Hans Driesch (1867-1941; Biologe und Naturphilosoph), Albert Einstein. Letzterer bescheinigte der Astrologie, eine Wissenschaft für sich zu sein: „Aber eine wegweisende. Ich habe viel aus ihr gelernt und vielen Nutzen ziehen können. Die physikalischen Erkenntnisse unterstreichen die Macht der Sterne über irdisches Geschick. Die Astrologie aber unterstreicht in gewissem Sinne wiederum die physikalischen Erkenntnisse. Deshalb ist sie eine Art Lebenselixier für die Gesellschaft."

Von hier aus können wir den Bogen zurück zu Hippokrates spannen: „Ein Arzt ohne Kenntnisse der Astrologie hat nicht das Recht, sich Arzt zu nennen."

Wer vermutet schon, dass ein Einstein, der für Relativitätstheorie steht, dass ein Newton, der das Gravitationsgesetz entdeckt hat, ein Goethe, der nicht nur den „Faust" geschrieben hat, sondern „nebenher" ein begeisterter und erfolgreicher Naturwissenschaftler war, ein Leibniz, der als das letzte große Universalgenie gilt, und ein Jung, der neben Sigmund Freud (1856-1939) zu den ganz Großen der Psychologie des 20. Jahrhunderts zählt, gleichzeitig ein durchaus positives Verhältnis zur Astrologie hatten?

Ich denke, man kann das erklären. Sehen Sie, nehmen wir das „Beispiel" Newton. Man tut ihm Unrecht, stellt man ihn zusammen mit anderen an den „Anfang" der Herausbildung des mechanisch-kausalen Weltbildes. Im Gegensatz zu vielen Naturwissenschaftlern unserer neuen und neuesten Zeit war für Newton das Messbare, das quantitativ Fassbare eben nicht das einzig Reale. Newton war Naturwissenschaftler, um in den Gesetzen der Natur Gottes Plan zu entdecken. Und ich denke, wir haben Recht, wenn wir das Anliegen Newtons so deuten: Aus tiefer Religiosität heraus ging es ihm auch um nicht messbare Realität, um Sinnhaftigkeit, um Sinnhaftigkeit im „Großen" wie im „Kleinen". Als Physiker und Astronom interessierte ihn die naturwissenschaftliche Erforschung des Kosmos, als Astrologe verband er den Makrokosmos mit dem Mikrokosmos Mensch.

Es wird vielfach behauptet, die Astrologie sei die Mutter der Astronomie. Man mag darüber streiten. Wichtiger ist die Tatsache, dass in ihren Ursprungsländern Ägypten und Babylonien beide Disziplinen nicht getrennt voneinander gesehen wurden. Für sie wäre eine solche Unterscheidung auch irgendwie unlogisch gewesen. Erkannten unsere Vorfahren doch, dass periodisch wiederkehrende Erscheinungen am Himmel ihnen signalisierten, wann es Zeit zu säen und zu ernten war. Offenbar, so folgerten die Ahnen, hatten die Gestirne Einfluss auf die Natur und damit auf den Menschen. So wurde der Himmel zum Wohnort der Götter. In Mesopotamien, dem Land zwischen Euphrat und Tigris, perfektionierten Priester die Sternenbeobachtung und -deutung und bauten sie zu einem komplexen System aus. Mit gedachten Linien wurden die Punkte am Himmel zu markanten Sternenbildern verbunden, das erleichterte die Orientierung.

Aus der Zeit um 1500 vor Christus ist der so genannte Babylonische Almanach erhalten geblieben. Er teilt das Sonnenjahr in zwölf Monate zu je 30 Tagen. Und er gibt für jeden der 360 Tage an, ob er „günstig", „ungünstig" oder „zur Hälfte günstig" ist. Als der britische Archäologe Austen Henry Layard im Jahre 1847 die Stadt Ninive ausgrub und dabei die Bibliothek des Königs Assurbanipal freilegte, entdeckte er 30 000 tönerne Keilschrifttafeln, auf viele von ihnen waren astrologische Weissagungen geritzt.

Bald verbreitete sich dieses Wissen in benachbarte Länder. Ob Ägypter, Griechen oder Römer – jede Kultur fügte Eigenes hinzu. Und manchmal, etwa in China und Indien, entwickelten sich selbstständige Deutungsregeln. Kaum ein Herrscher wollte mehr ohne Astrologie regieren, kein Arzt ohne sie heilen. Wissenschaftliche Himmelskunde gab es überhaupt nur, um Astrologie zu betreiben. Kepler sagte unter anderem dem Feldherrn Wallenstein anhand der Sterne ein großartiges und gefährliches Leben voraus. Erst als im 17. Jahrhundert das Fernrohr erfunden wurde und der Siegeszug der Naturwissenschaften begann, sank die Bedeutung der Himmelsdeuter. Die deutende Sicht der Welt wurde langsam überlagert von einer rationalen Denkstruktur. Astrologie begann, eine Zumutung für den menschlichen Verstand zu werden, und geriet unter das Verdikt des Mystizismus. Aber: „Es ist ein großer Unterschied zwischen etwas *noch* glauben und etwas *wieder* glauben. Noch glauben, dass der Mond auf die Pflanzen wirke, verrät Dummheit und Aberglaube, aber es wieder zu glauben, zeigt von Philosophie und Weisheit" (C.G. Lichtenberg).

Was nun ist Astrologie? Paracelsus (1493–1541; Arzt, Naturforscher, Theologe und Philosoph) hinterließ der Nachwelt in diesem Zusammenhang einen sehr klugen Gedanken: „Die Sterne zwingen uns zu nichts, sie verleiten uns auch zu nichts. Wenn wir sagen, dass ein weiser Mann über die Sterne herrscht, meinen wir, dass er Herr ist über die Kräfte, die in seinem Geist tätig sind und durch die sichtbaren Sterne am Firmament symbolisiert werden …"

Shakespeare meinte, dass die Sterne Druck ausüben, aber keinen Zwang. Thomas von Aquin (um 1225–1274; Theologe und Philosoph, 1323 von Papst Johannes XXII. heilig gesprochen, Kirchenlehrer der kath. Kirche) führte aus: „Die Sterne machen geneigt, sie zwingen nicht" und meinte damit nichts anderes als die Tatsache, dass der Hauptakteur in der Astrologie der Mensch ist. Umberto Eco (geb. 1932; Schriftsteller, Medienwissenschaftler und Semiotiker), bekannt geworden durch „Der Name der Rose", formuliert sogar: „Mit Würde auf der Welt zu sein heißt, jeden Tag sein Horoskop zu korrigieren."

Paracelsus, Shakespeare, Thomas von Aquin und Umberto Eco verkörpern vier Geisteshaltungen aus vier verschiedenen kulturgeschichtlichen Zeiträumen. Und dennoch fällt eines an ihren Gedanken auf. Übereinstimmung liegt doch ganz offensichtlich da vor, wo es um eine sehr eindringliche Ablehnung einer kausalen Rückwirkung der Himmelskörper auf unser Ich geht. Unser Denken, TUN® und Handeln ist also – und man sollte meinen, das ist gut so – nicht durch die Konstellationen von Himmelskörpern fremdbestimmt. Um es ganz ausdrücklich zu formulieren: In der Astrologie gibt es keine Ursache – Wirkung – Beziehung.

Ernst Cassirer, eine der herausragendsten Persönlichkeiten in der Philosophie des 20. Jahrhunderts, schrieb einmal sehr treffend: „In ihrem rein formalen Aspekt ist die Astrologie eine der größten Versuche des menschlichen Geistes, eine globale Weltanschauung zu formulieren." Diese Weltanschauung wird durch Mythen und Symbole, wie sie verschiedene Religionen, Kunstrichtungen und Denksysteme enthalten, zum Ausdruck gebracht. Und seit jeher macht der Mensch von diesen Symbolen Gebrauch.

Der menschliche Geist erzeugt ständig neue Symbole, mit deren Hilfe Inhalte, die wegen ihrer Komplexität und Unerfassbarkeit nicht wahrnehmbar sind, bewusst gemacht werden können. Ist es nicht so, dass das Leben in seinen unerschöpflichen, auch unbewussten Dimensionen nur mittels der Symbole zum Ausdruck gebracht werden kann? Wie fänden wir einen Zugang zu unserer Gefühlswelt, hätten wir nicht Symbole. Das

Symbol ist ein nach außen projiziertes Bild eines Seeleninhaltes, der weit über die Grenzen unseres Bewusstseins hinausreicht. Die in den Tierkreiszeichen und Planeten enthaltene Symbolik der Astrologie stellt den Berührungspunkt zwischen der psychisch-geistigen Welt des Menschen (Mikrokosmos) und der Welt der Gestirne (Makrokosmos) dar.

Was der Mensch in sich empfindet, wahrnimmt, fühlt, projiziert er an den gestirnten Himmel, „sieht" in ihm Bilder und Gestalten, die er aus seinem eigenen Inneren schöpft, und schreibt ihm Gesetze und Funktionen zu, die sich in der Folge auf sein inneres und äußeres Leben auswirken. Der Mensch allein schafft die Symbole und verleiht ihnen Kraft und Leben, indem er ihnen Bedeutung und Sinn gibt.

Ein Olivenhain lässt an Olivenöl denken. Ein Olivenzweig in der Hand eines Menschen symbolisiert Frieden. So wird ein Objekt zum symbolischen Vermittler einer Botschaft für all die Menschen, die sie in entsprechender Situation wahrnehmen. Dies gilt auch für die Symbolik der Astrologie: Die Sterne üben keine direkte Macht auf uns aus, sie zwingen uns nicht, sie machen uns aber mit den Worten des Thomas von Aquin geneigt. Die Macht der Gestirne entspringt ihrer Symbolisierung, die der Mensch mit ihnen vornimmt: „Das Symbol erweckt Ahnungen, die Sprache kann nur erklären. Das Symbol schlägt bis in die geheimsten Tiefen der Seele seine Wurzeln, die Sprache streift die Oberfläche des Verstehens wie ein stiller Hauch des Windes … Nur das Symbol vermag die verschiedensten Elemente in einem einheitlichen Ausdruck zu vereinen. Worte machen Unendlichkeit endlich, Symbole heben den Geist aus den Grenzen des Endlichen, des Werdenden in das Reich unendlichen Seins. Sie werden Suggestionen; sie sind Zeichen des Unsagbaren und sind, wie dieses, unerschöpflich."

Und: „Das Symbol vermag selbst das Göttliche gewissermaßen sichtbar zu machen …"

Die Symbole der Astrologie sind weder kausal noch deterministisch. Die Sprache der Astrologie gestaltet sich in einem Dialog zwischen Himmel und Mensch, wobei der Himmel der Bezeichnende und der Mensch der Bezeichnete ist. Daher spiegelt der Himmel mit seiner besonderen Planetenstellung, der unbedingten Grundlage eines Horoskops, im Augenblick einer Geburt Schicksal und Charakter eines Menschen, dem es dann durch die Deutung seines eigenen Horoskops möglich wird, mit seinem inneren Ich in Beziehung zu treten. Der Mensch wird im Augenblick seiner Geburt in einen bestimmten Planetenstand „eingerahmt". Damit hat das Horoskop an Hand seiner Symbolstruktur die Möglichkeit, im Individuum ein bisher unbekanntes Energiepotenzial freizulegen.

Sehen Sie, eine Ikone z. B. stellt für einen Westeuropäer einen Kunstgegenstand dar, es wird kein religiöser Symbolgehalt in diese Ikone übertragen, die Reaktionen sind im höchsten Falle ästhetisch-künstlerisch. Ganz anders sieht es mit dem Kreuz aus. Vorausgesetzt, der betrachtende Westeuropäer ist gleichzeitig Christ, löst das Kreuz eine Reihe von Reaktionen aus: emotionale, geistige, gedankliche und spirituelle. Wie die Gestirne besitzt auch das Kreuz an sich keine Aussagekraft, hat jedoch als Symbolobjekt, mit dem religiöse Inhalte assoziiert werden, die im Inneren des Menschen widerhallen und den entsprechenden psychischen Prozess auslösen, eine starke Aussagekraft. Ähnlich verhält es sich mit der Beziehung des Menschen zu den Sternen. Dies sollten wir unbedingt bedenken, wenn wir uns mit Horoskopen beschäftigen.

Das Horoskop

Das Horoskop (Geburtshoroskop oder auch Radix-Horoskop) ist eine grafische Darstellung der Himmelssituation im Augenblick der Geburt eines Menschen vom Geburtsort aus gesehen. Der Begriff Horoskop stammt aus dem Griechischen und setzt sich zusammen aus hora = Stunde und skopein = schauen.

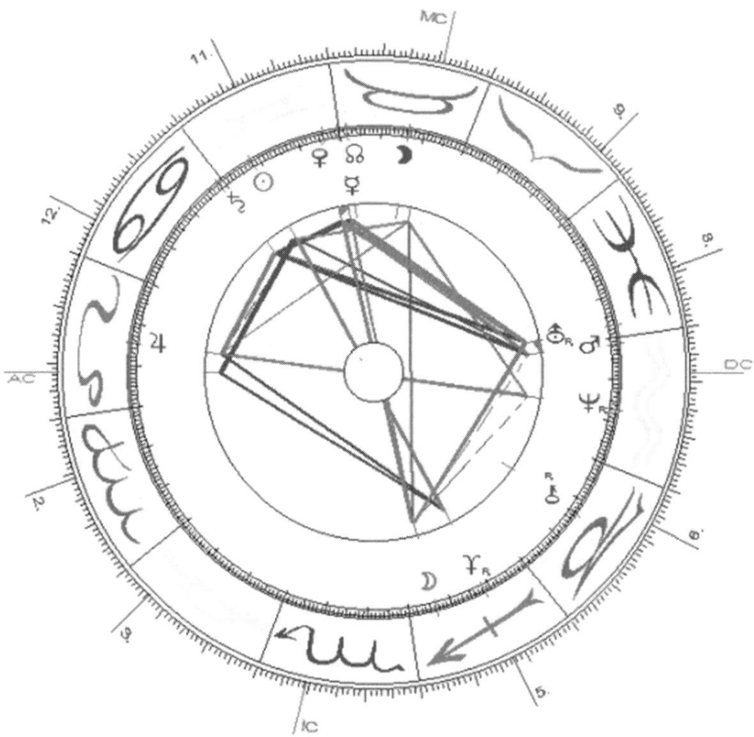

Zur Berechnung eines Horoskops benötigt der Astrologe folgende Daten: das Geburtsdatum, den Geburtsort und die genaue Geburtszeit.

Ein Horoskop wird kreisförmig dargestellt und besteht aus einer Vielzahl von Symbolen. Es zeigt die Stellung der Gestirne in ihrem Lauf durch den Tierkreis oder das Tierzeichen sowie ihre Positionen in den Feldern bzw. Häusern. Ich werde im weiteren Verlauf des Textes die Ausdrücke Tierzeichen und Häuser verwenden.

Die Tierkreiszeichen

Die Sonne durchwandert im Jahreskreis 12 Tierkreiszeichen. Wir sagen im Frühling, dass die Sonne in das Zeichen des Widders tritt. Wir müssen uns aber bewusst bleiben, dass sich dies immer nur auf unseren eigenen Standpunkt, die Erde, bezieht.

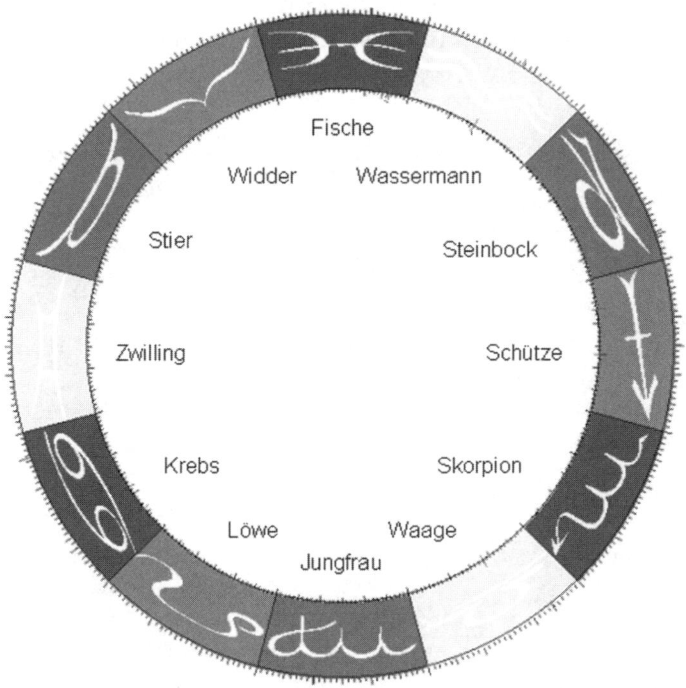

Wenn man es vom Standpunkt der Sonne aus betrachtet, ist es natürlich die Erde, die wandert. Die Astronomie kennt 12 (von insgesamt 88) Sternbildern, die die gleichen Namen tragen wie die 12 Zeichen des Tierkreises. Hieraus ergibt sich leicht ein sehr populärer Irrtum. Wir müssen nämlich sehr genau nach Sternbildern und Tierkreiszeichen unterscheiden. Die Sternbilder sind Gebilde von Fixsterngruppen, die sich, wenn auch sehr langsam, gegen den als feststehend definierten Tierkreis verschieben (oder auch umgekehrt). Der Tierkreis beginnt immer beim Frühlingspunkt, der in der Astrologie als 0 Grad Widder bezeichnet wird. Auch sind die Sternbilder des Tierkreises verschieden groß, während die Tierkreiszeichen als gleich groß angenommen werden.

Den äußersten Gürtel nun des Horoskops bilden der zwölfgeteilte Tierkreis auf der Grundlage einer symbolischen Urkonstellation. Der Tierkreis beginnt bei 0 Grad Widder und jedes Tierkreiszeichen umfasst 30 Grad, damit schließt sich ein ganzer Kreis von 360 Grad.

Lateinisch	**Deutsch**	**Zeitraum etwa von bis**
Aries	Widder	21.03.–20.04.
Taurus	Stier	21.04.–20.05.
Gemini	Zwillinge	21.05.–21.06.
Cancer	Krebs	22.06.–22.07.
Leo	Löwe	23.07.–23.08.
Virgo	Jungfrau	24.08.–23.09.
Libra	Waage	24.09.–23.10.
Scorpius	Skorpion	24.10.–22.11.
Sagittarius	Schütze	23.11.–22.12.

Capricornus	Steinbock	23.12.–20.01.
Aquarius	Wassermann	21.01.–19.02.
Pisces	Fische	20.02.–20.03.

Tierkreiszeichen, ihre Prinzipien und Analogien

Das Widder-Prinzip und die Mythologie ♈

Aries – Der Widder und das Goldene Vlies
Als Merkur (griech. Hermes) der Götterbote entdeckte, dass Phrixos und Helle, die Kinder des Königs von Theben, von ihrer Stiefmutter Ino mit Hass verfolgt wurden, entsandte er ihnen zur Rettung einen göttlichen Widder. Die Kinder klammerten sich an sein Fell und flohen auf ihm nach Kolchis. Helle stürzte aber ins Meer und ertrank; nach ihr ist der Hellespont benannt, die Meerenge bei Istanbul. Nach der glücklichen Ankunft der Kinder in Kolchis opferte Phrixos den göttlichen Widder und hängte das Fell in einem heiligen Hain auf, wo es sich der Sage nach in Gold verwandelte …“

Das Widder-Prinzip, seine Analogien oder: Worum geht es? ♈

Durchsetzung – Selbstbehauptung – Aggression – Kampf ums Überleben – Angriff- und Verteidigungsmechanismen – Instinktbereich und Triebhaftigkeit – Libido – Spontaneität und impulsives Handeln – Aufbruchsstimmung – Zukunftsorientierung – Aktivität und Bewegung – Wille zur Selbstbehauptung – Motivation durch Konkurrenz und Wettbewerb – instinktiv begehrte Ziele – Initiativvermögen – Bewegungsfreiheit – Ungebundenheit – ständiges Kräftemessen – Entscheidungskompetenz – Ungeduld – Egoismus – aktives Handeln – Energievermögen, das sich seinen Raum erobern muss

Lebensthema: Ich bin, ich will

Das Stier-Prinzip und die Mythologie ♉

Taurus – eines der ältesten Fruchtbarkeits- und Machtsymbole

Zu den Mythen vom Stier gehört die Geschichte von Europa, die Zeus in der Gestalt eines weißen Stiers verführte. Mit Blumen bekränzt, schwamm er mit ihr aufs Meer hinaus und landete an der Küste Kretas, wo Europa Minos gebar, den Vater des Ungeheuers Minotauros. Im Labyrinth gefangen gehalten, nährte er sich von Menschenfleisch, bis der athenische Held Theseus ihn in seinem Versteck aufspürte und tötete. Mit Hilfe des Garnknäuels der Ariadne fand er den Weg zurück aus dem Labyrinth in die Freiheit.

Das Stier-Prinzip, seine Analogien oder: Worum geht es? ♉

Sicherheit – Abgrenzung – Sesshaftigkeit – Integration – physische Geborgenheit – Genussfähigkeit – Verwertung – Produktivität – Körperorientierung – praktischer Realismus – materielle Absicherung – Stabilität – Substanz – Wertbeständigkeit – das Erhalten und Genießen des Erreichten – Erfahrung der Sinne – Besitz – Dauer und Beständigkeit – Festhalten wollen – Fruchtbarkeit

Lebensthema: Ich habe

Das Zwillinge-Prinzip und die Mythologie ♊

Gemini – Castor und Pollux

Zeus verführte, in der Gestalt eines weißen Schwanes, Leda, die Frau des Tyndareos. Die Frucht dieser Verbindung waren zwei große Eier. Eines der Eier enthielt die trojanische Helena und den unsterblichen Polydeukes, sie waren Kinder des Zeus. In dem anderen Ei wuchs der Nachwuchs von Tyndareos heran, der sterbliche Castor und seine Schwester Klytämnestra, die ihren Mann später im Bad ermorden wird. Castor und Polydeukes begleiteten die Argonauten auf ihrer Fahrt über das Meer. Als das Schiff zu kentern drohte, beschwichtigten die „Zwillinge" das Meer. Castor und Polydeukes verkörpern die Dualität des Menschen, das Nebeneinander des Sterblichen und Unsterblichen. Sie verbrachten die Nacht abwechselnd im Hades und auf dem Olymp. Im alten Rom verkörperten sie Leben und Tod.

Das Zwillinge-Prinzip, seine Analogien oder: Worum geht es? ♊

Ausweitung der Erlebnissphäre – Wissensdrang – Entwicklung des Intellekts – Logik – Sprache – Kommunikation – Artikulation – Erfahrung der Gegensätze – Neugier – Vielfalt – Unverbindlichkeit – Aktualität – sich die Welt begreiflich machen – Kategorisieren und Systematisieren – Sicherheit durch Information – Reden – Eindrucksaufnahme – Lernen – Benennen – Unterscheiden – Fähigkeit zum Abstrahieren – Kenntnis – Neutralität – Objektivität – Vermitteln – Verhältnis von Intellekt und Gefühl – Konfrontation mit der Dualität – Orientierung

Lebensthema: Ich denke

Das Krebs-Prinzip und die Mythologie ♋

Cancer – Zur Zeit der Schöpfung stand der Mond im Zeichen Krebs

Die zweite „Arbeit" des Herkules war es, die vielköpfige Hydra zu töten, jene scheußliche Wasserschlange, die im Sumpf von Lerna lebte. Für jeden Kopf, den Herkules der Schlange abschlug, wuchsen zwei neue nach. In dem Kampf, in dem Herkules die Hydra schließlich überwand, standen alle Tiere auf seiner Seite, bis auf den Krebs. Er biss ihn in die Ferse. Hera, die Götterkönigin und Erzfeindin des Herkules, hatte ihn entsandt.
Dieses Sternbild war in der Antike von größter Bedeutung, man nannte es „Pforte des Menschen". Es war jenes Tor, durch das die Seelen vom Himmel herabkamen, um in die Welt des unaufhörlichen Wechsels hineingeboren zu werden.

Das Krebs-Prinzip, seine Analogien oder: Worum geht es? ♋

Seelische Entwicklung – Gefühle – Empfindungen – Kreativität – Fantasie – seelische Vielfalt – das Gebärende – das Schöpferische – Eindrücke aufnehmen und umsetzen – Sicherheit und Geborgenheit – Schutz – Geben – Nähren – Nehmen – Erfahrung – Erreichen des seelischen Gleichgewichts – Mitgefühl – Eigenständigkeit und Handeln – offene, gefühlsmäßige Durchsetzung

Lebensthema: Ich fühle

Das Löwe-Prinzip und die Mythologie ♌

Leo – Herkules und die Tötung des Nemeischen Löwen

Die erste „Arbeit" des Herkules war es, den Löwen zu töten. Aus Hass gegen Herkules hatte Hera den Löwen auf die Erde gesandt. Herkules bezwang den Löwen mit bloßen Hände und trug seitdem das Löwenfell, das ihn unbesiegbar machte. Der Kampf des Herkules mit dem Löwen versinnbildlicht das Ringen um das Ziel durch Überwindung zügelloser Leidenschaften.

Das Löwe-Prinzip, seine Analogien oder: Worum geht es? ♌

Konkretes Handeln – Umsetzung in die Tat – Selbstausdruck – Aktivität – Anerkennung und Bestätigung – uneingeschränkte Selbstverwirklichung – Persönlichkeitsentfaltung – Selbstsicherheit – innere Autorität – Autonomie – In-sich-Ruhen – bewusstes Handeln – das Demonstrative

Lebensthema: Ich will, ich handle

Das Jungfrau-Prinzip und die Mythologie ♍

Virgo – Jungfrau und Mutter zugleich

Virgo ist die alte babylonische Göttin Ischtar, die Sternenkönigin, die den Getreidegott Tammuz liebt. Jedes Jahr im Herbst, wenn er in der Blüte seiner Kraft dahingemäht wird, trauert sie um ihn. Winter herrscht auf der Erde, wenn sie in die Unterwelt zieht, um Tammuz zurückzuholen. Danach erscheint er jedes Frühjahr als das junge, frische Grün der neuen Aussaat wieder. Die Geschichte von Adonis, von Isis und von Kybele sind Variationen zum gleichen Thema. Da im Tierkreis die Jungfrau auf den Löwen folgt, wird der Wagen der Kybele von Löwen gezogen. Im alten Griechenland entsprechen ihr Demeter, die große Erdgöttin, als auch deren Tochter Persephone, die den Winter in der Unterwelt verbringen muss und jedes Jahr im Frühling wiederkehrt. Virgo ist ferner Urania, die Muse der Astronomie, die Apollo, der Gott der Musik und der

Weissagung, an den Himmel versetzt haben soll. Die wahre Natur der Bedeutung der Jungfrau verkörpert die matriarchalische jungfräuliche Göttin der Vorzeit, aus der später die Gottesmutter wurde. Sie ist nicht nur Symbol der Keuschheit, sondern der Synthese und Ganzheit.

Das Jungfrau-Prinzip, seine Analogien oder: Worum geht es? ♍

Selbstbegrenzungen – Prioritäten setzen – pragmatische Orientierung – kluge Voraussicht – persönliche Grenzen ausloten – Wechselwirken zwischen Persona und Umwelt – sich anpassen und einordnen – Alltagsbewältigung – Hierarchie des Zusammenlebens von Individuen – Sicherheit – Verwertung – das Verhältnis von Körper und Seele – Gesundheit – Verhältnis zwischen Anpassung und Selbstausdruck

Lebensthema: Ich analysiere, ich ordne an

Das Waage-Prinzip und die Mythologie ♎

Libra – Die Goldene Mitte im Tierkreis

Die Waage erstrahlte am Himmel des alten Ägypten, aber dann wurde sie aus rätselhaften Gründen von den Astronomen und Astrologen nicht mehr registriert. Erst die alten Römer entdeckten sie neu, bis dahin deutete man die Schalen der Waage als die Scheren des Krebses. Man sah in den Sternen der Waage einen erhöhten Altar, der mit dem Turmbau zu Babel in ferner Vergangenheit zusammenhing. Das Symbol der Waage geht etwa auf die Zeit um 2000 v. Chr. zurück und bezeichnete die Zeit der Seelenwanderung im alten Babylonien. In dieser Jahreszeit fand das Gericht über die Lebenden und die Toten statt. Die Waage ist das einzige nichtbelebte Symbol im Tierkreis.

Das Waage-Prinzip, seine Analogien oder: ♎ Worum geht es?

Begegnung mit Menschen und Ideen – Beziehungen – Kompromissfähigkeit – unparteiisches Urteilsvermögen – Ausgewogenheit – Ästhetik – Kontaktbedürfnis zu Menschen, die die eigene Persönlichkeit ergänzen und erweitern – das Gleichgewicht der Kräfte – Gerechtigkeitswunsch – Ideale – Suche nach Vollkommenheit und Harmonie – Mäßigung des Instinktiven – Ausweiten des Geistes – Begegnungsfähigkeit – Inspiration und Anstoß von außen – Wechselwirkung zwischen Menschen – starkes mentales Bedürfnis – Erlernen von Entscheidungs- und Entschlusskraft

Lebensthema: Ich gleiche aus, ich wäge ab, ich begegne (anderen Menschen)

Das Skorpion-Prinzip und die Mythologie ♏

Scorpio – Wandlung, Tod und Transformation

Auf Geheiß der jungfräulichen Artemis, der Göttin der Jagd und des Mondes, stach der Skorpion den schönen Jüngling Orion. Selbst Asklepios, der Gott der Heilkunst, konnte nichts gegen das Gift ausrichten und vermochte ihn nicht zu retten. Für die Alchimisten, die glaubten Materie in Gold verwandeln zu können, wenn es ihnen nur gelang, den Geist aus der Gefangenschaft der Materie zu befreien, war der November im Zeichen des Skorpions die Zeit emsigster Geschäftigkeit. Nur jetzt konnte gewöhnliches Metall in Gold verwandelt werden.

Das Skorpion-Prinzip, seine Analogien oder: Worum geht es? ♏

Opferung der eigenen Persönlichkeit zugunsten des Überlebens anderer – Fixierung – Absolutheit – Vorstellungen – Drang nach Überwindung des Alten – Drang zur Geburt von Neuem – Transformation – Verwirklichung der eigenen Vorstellungen – starke Neigung zu Extremen und zur Perfektion – Suche nach den letztmöglichen Grenzen der Erfahrung – geistige Überwindung des Todes – sich einer Sache absolut verschreiben – Machtverlangen – Sexualität – Erlernen des Unterschiedes von Vorstellungen und Realität – Einschränkungen und Grenzen suchen, erkennen und akzeptieren lernen

Lebensthema: Ich binde mich absolut an Vorstellungen, Menschen und Ziele

Das Schütze-Prinzip und die Mythologie ♐

Sagittarius

Dem Schütze-Prinzip nähern wir uns über die Kentauren. Sie entstanden aus der Verbindung zwischen Ixion und einer Wolke in Gestalt der Götterkönigin Hera, Frau des Zeus. Dieser verbannte Ixion zur Strafe für diesen Ehebruch in den Tartaros, wo er an ein unaufhörlich kreisendes feuriges Flügelrad gebunden wurde. Mit Ausnahme des Kentauren Chiron, der weise und klug war und verschiedene Helden der griechischen Sage in die Mysterien des Lebens einweihte, waren die Kentauren ungezügelte Gestalten, deren Leben sich in Krieg, Plünderungen und Frauenraub erschöpfte.

Das Schütze-Prinzip, seine Analogien oder: Worum geht es? ♐

Überblick über das Erlebte – Synthese und Einsicht – Weitsicht – Sinn und Zweck des Daseins – Glaubenssyteme – Weltanschauung – persönliche Ethik – Erweiterung des geistigen Horizonts – umfassende Betrachtungsweisen – soziales Engagement – missionarischer Drang – optimistische Lebenseinstellung – allgemein gültige Werte finden – Erkenntnis und Einsicht – Relativität der Standpunkte – ganzheitliche Betrachtung der Welt

Lebensthema: Ich sehe, ich verstehe, ich begreife

Das Steinbock-Prinzip und die Mythologie ♑

Capricornus oder die gedoppelte Natur

Der Mythos von Pan hebt die Bedeutung des Steinbocks klar hervor. Während des zum Teil am Nil ausgetragenen Wettkampfes zwischen Typhon, dem Drachenungeheuer, und dem zornentbrannten Zeus verwandelt sich der Gott Pan in einen Ziegenbock und versteckt sich mit der Hälfte seines Körpers, dem Fischschwanz, im Wasser und mit der anderen Hälfte, den Ziegenhufen, hält er sich am Land fest und rettet sich auf diese Weise. Wie bekannt stellt Typhon den Ausbruch der Naturgewalten dar, Pan hingegen zeigt durch seine gedoppelte Natur den Weg der Rettung.

Das Steinbock-Prinzip, seine Analogien oder: Worum geht es? ♑

Spielregeln der Gesellschaft – Zeitgeist – gesellschaftliche Strukturen und Ordnungsprinzipien – Verantwortung – Disziplin – Pflichterfüllung – Klarheit – Normen – Recht und Ordnung im öffentlichen Leben garantieren – Leistungsmotivation – Zielsetzung – Aufgabenbewältigung – Unterordnung der individuellen Persönlichkeit unter die Gemeinschaft – Organisation – Klarheit – Orientierungshilfen – Anerkennung – Erfolg – langsamer Entwicklungsprozess – Verantwortung für andere – Selbstbeschränkung und Selbstbegrenzung

Lebensthema: Ich strukturiere, ich forme, ich benutze

Das Wassermann-Prinzip und die Mythologie ♒

Aquarius und die Sintflut

Zeus, erbittert über die Anmaßung und den Frevel der Menschen, droht eine Sintflut über die Erde zu schicken. Als Prometheus davon erfuhr, riet er seinem Sohn Deukalion, ein Schiff zu bauen, das ihn und seine Gattin Pyrrha in Sicherheit bringen sollte. Die Sintflut überschwemmte ganz Griechenland, während sich Deukalion und Pyrrha auf dem Parnass retten konnten. Deukalion befragte das Orakel, wie die Erde wieder bevölkert werden sollte. Es wurde ihm geantwortet, er solle gemeinsam mit seiner Gattin die „Steine der Erde“ hinter sich werfen. Aus diesen Steinen entstanden wieder Menschen und Deukalion wurde zum Stammvater eines neuen Menschengeschlechtes. Deukalions und Pyrrhas Individualität geht in der Gleichheit ihrer Nachkommenschaft auf, die durch den Gemeinschaftsgeist eine zu neuem Leben erwachte Menschheit ist. So erlöst der Wassermann den Menschen aus seiner immanenten Blindheit und führt ihn zu neuem Licht.

Das Wassermann-Prinzip, seine Analogien oder: Worum geht es? ♒

Individualität und Gemeinschaft – Sprengung von Normen – Hervorhebung der eigenen Person aus der Gesellschaft – Anerkennung und Akzeptanz der Persönlichkeit vor der Gemeinschaft – Erneuerung und Reform – Idealismus – geistige

Unabhängigkeit – Drang nach persönlicher Freiheit und Veränderung – innere Wahrheit und Wissen – Freiheit und Gerechtigkeit

Lebensthema: Ich weiß, ich suche Veränderung

Das Fische-Prinzip und die Mythologie ♓

Pisces und die seelische Wandlung und Erneuerung

Aus der babylonischen Tradition ist uns der Gott Oannes, Verkünder der göttlichen Weisheit, bekannt. Als Fisch steigt er jeden Morgen aus dem Meer, um die göttlichen Lehren unter dem Volk zu verbreiten. Dagon, ein Gott der alten Phönizier, wurde mit einem Fischkopf und einem Menschenkörper dargestellt. Nicht zuletzt wurde Christus in den frühchristlichen Katakomben als Fisch dargestellt.

Das Fische-Prinzip, seine Analogien oder: ♓
Worum geht es?

Auflösung des Vordergründigen und Oberflächlichen – Erkennen der Zusammenhänge, die hinter den „Dingen" stehen – Suche nach Wahrheit, Erlösung – Befreiung von den Leiden der Welt – Illusionen – Vertrauen in den Lebenssinn – Sensibilität – Verletzlichkeit – Mitgefühl – Suche nach der Grenze und der Verbindung zwischen dem Ich und der Welt – Überwindung der Zeit – Suche nach den Aufgaben des irdischen Daseins

Lebensthema: Ich glaube

Planeten

Jedem astrologischen Haus (siehe dazu weiter unten) und jedem Tierkreiszeichen entspricht ein Planet. Es heißt, dass jedes Zeichen von dem Planeten, der dort beheimatet ist, beherrscht wird. Ein Planet kann seine Qualitäten in seinem Heimatzeichen selbstverständlich besonders gut ausleben. In Zeichen, die nicht gut zu seiner Energie passen, fällt es ihm entsprechend schwerer.

Sonne	☉	Jupiter	♃
Mond	☽	Saturn	♄
Merkur	☿	Uranus	⛢
Venus	♀	Neptun	♆
Mars	♂	Pluto	♇
		Mondknoten	☊ aufsteigender Mondknoten
			☋ absteigender Mondknoten
		Chiron	⚷

In der Astrologie werden auch Sonne und Mond zu den Planeten gerechnet, obwohl dies natürlich aus astronomischer Sicht nicht zutrifft. Und es muss auffallen, dass die Erde auf der Liste der Planeten fehlt. Sie ist dennoch in jedem Horoskop vorhanden. Man sieht sie nicht und dennoch bildet sie den

Mittelpunkt eines jeden Horoskops. Dort befindet sich der „Besitzer" des Horoskops und sieht am Himmel die Planeten, Zeichen und Häuser vorbeiziehen. Die Astrologie umgreift ein symbolisches System, das auf einem geozentrischen [geo = Erde (im Mittelpunkt / Zentrum), im Gegensatz zu: heliozentrisch = Sonne als Mittelpunkt] Weltbild beruht.

Zeichen	**Planet**
Widder	Mars
Stier	Venus des Morgens
Zwillinge	Merkur des Morgens
Krebs	Mond
Löwe	Sonne
Jungfrau	Merkur des Abends
Waage	Venus des Abends
Skorpion	Pluto
Schütze	Jupiter
Steinbock	Saturn
Wassermann	Uranus
Fische	Neptun

Zwei der Planeten sind jeweils in zwei verschiedenen Zeichen zu finden, nämlich Venus und Merkur. Dem Stier ist die Venus des Morgens, der Waage die Venus des Abends zugeordnet, der Merkur des Morgens beherrscht den Zwilling, der Merkur des Abends die Jungfrau. Um welche Venus bzw. welchen Merkur es sich handelt, hängt also davon ab, ob das Ereignis vor oder nach Mittags 12 Uhr stattgefunden hat.

Mars oder die Durchsetzung des Egos (Widder)

Mars ist der griechische Gott Ares, der zwar Angst und Furcht in seinem Gefolge hat, gelegentlich aber auch eine lächerliche Figur macht. Als Kriegsgott der Römer ist er gleichzeitig Gott der Fruchtbarkeit und des Frühlings. Somit stellt auch die Kraft des Mars im Horoskop ein widerstreitendes Symbol dar. Auf der einen Seite verkörpert es rohe Kraft, blinde Wut, zerstörerische Aggression und Rücksichtslosigkeit, auf der anderen jene Antriebskraft, aus der Neues entsteht und jenen Impuls bildet, aus dem heraus ein Mensch seine Welt begreifen und gestalten will. Es steht für Energie, Begierde, Leidenschaft, Arbeitslust, Zerstörungswut, Expansionsdrang und Selbstbehauptung.

Wirkungen:
schöpferisch, aktivierend, handeln, erschaffen, einsatzbereit, destruktiv, gewalttätig, vernichtend

Venus oder die Lust der Hingabe (Stier)

Venus, die Göttin der Liebe und der Schönheit, symbolisiert den Bereich, wo ein Mensch bereit ist, andere Menschen und Dinge lieben zu lernen, sie wertzuschätzen, Kompromisse einzugehen und Harmonie zu suchen und zu finden.

Vergnügen, Lust, Eros und künstlerische Anlagen stehen im Zeichen der Venus. Diese Göttin erträgt es aber auch nicht, wenn man ihren Ansprüchen nicht genügen kann, und somit symbolisiert sie auch jenen Bereich, in dem ein Mensch desillusioniert und enttäuscht werden kann. Es kann der Bereich sein, wo ein Mensch Neid und Rivalität empfindet, wo aber auch am ehesten Verführungskünste und Raffinesse zu wirken beginnen.

Wirkungen:
sinnlich, musisch, formend, ausgleichend, kompromissbereit, harmonisch, vergnügungssüchtig, gemeinschaftsorientiert, sensitiv, verlangend, unentschlossen

Merkur oder das intellektuelle Erkennen (Zwilling)

Merkur ist der Götterbote, der weitergibt, was er empfängt. Zugleich ist er ein großer Dieb und Schauspieler.

Im Horoskop symbolisiert er den Verstand und dessen Fähigkeiten, gibt Hinweise auf die Kommunikationsfähigkeit und die Art der Probleme, mit denen sich das Denken beschäftigt. Der Verstand wirkt wie ein Brennglas, durch das sich die Kräfte und Dinge dem Individuum zeigen. Dieses Brennglas, der Intellekt, erweist sich oft genug als Dieb und Schelm, wenn alles Denken doch letztendlich die Tatsachen nicht erfassen kann. Merkur deutet auch an, welche Informationen jemand zur Kenntnis nimmt und für wichtig erachtet.

Wirkungen:
geschickt, schlagfertig, redegewandt, offen und interessiert, kontaktfreudig, hilfsbereit, anpassungsfähig, kritisch, nervös, reizbar, unstet, flatterhaft, zögernd, geschwätzig, oberflächlich

Mond oder die Reflexion (Krebs)

Er zeigt den Raum, wo der Mensch Geborgenheit, Trost und Sicherheit sucht. Er zeigt aber auch, wo der Mensch formbar ist, beeinflusst von Vergangenem und Gewohnheit, von seinem sozialen Umfeld. Er steht für das seelische Ich: die eigenen, tiefsten Gefühle und die geheimsten Prägungen. Der Mond bedeutet auch die Art unmittelbarer und unbewusster Gefühlsreaktionen auf persönliche Situationen. Er zeigt, wie ein Mensch empfindet, und zugleich bezeichnet er das Gedächtnis, da Erinnern immer ein Rückempfinden ist.

Wirkungen:
sensibel, verletzlich, anpassungsfähig, anhänglich, stark ausgeprägte Vorstellungskraft, intuitiv, künstlerisch, kreativ, vorsichtig, passiv, schwankend, launisch, vergangenheitsgebunden, erregbar, missmutig, depressiv, egozentrisch, grüblerisch

Sonne oder der schöpferische Wille (Löwe)

Das Siegel der Sonne ist der Kreis, Symbol für das Unendliche und Unbegrenzte. In der Mitte steht ein Punkt – Symbol für das Ich als eigenständiges Wesen, das inmitten der Unendlichkeit seinen Weg sucht. So symbolisiert die Sonne das Ich und zugleich dessen Art, sich in der materiellen Welt zu bewegen. Sie zeigt die Individualität, die Art, sich nach außen zu zeigen. Sie zeigt den Bereich und die Beschaffenheit, in der das Ich am deutlichsten erfahren wird. Die Sonne steht für das Bewusstsein und den Ort, wo Kraft aus sich selbst geschöpft wird. Sie ist die Lebenskraft und Symbol für das erfahrbare Leben.

Wirkungen:
vital, lebensfroh, lebendig, zuversichtlich, optimistisch, dynamisch, überzeugend, willensstark, sorglos, fröhlich, zielbewusst, verantwortungsvoll, warmherzig, großmütig, loyal, fair, stolz, anspruchsvoll, repräsentativ, visuell orientiert, ungeduldig, überaktiv, geltungsbedürftig, angeberisch, selbstherrlich, unbeherrscht, autoritär, doktrinär, exzessiv, eifersüchtig

Noch mal Merkur und noch mal das intellektuelle Erkennen (Jungfrau)

Wirkungen:
realistisch, vernünftig, gewandt, geschickt, praktisch, methodisch, systematisch, differenzierend, analytisch, vorsichtig, sicherheitsorientiert, pflichtbewusst, die Umstände nutzend, skeptisch, kritisch, zynisch, ironisch, penibel, gehemmt, besserwisserisch, engstirnig

Noch mal Venus und noch mal die Lust der Hingabe (Waage)

Wirkungen:
tolerant, aufgeschlossen, entgegenkommend, Dualitäten ausgleichend, gemeinschaftsorientiert, friedliebend, nach Zuneigung suchend, sinnlich, musisch, erotisch, vergnügungssüchtig, initiativschwach, labil

Pluto oder die Transformation (Skorpion)

Er erhielt seinen Namen, weil man sich weigerte, seinen eigentlichen auszusprechen: Hades. Als Gott der Unterwelt war er mehr gefürchtet denn geachtet. Man baute ihm Tempel, man opferte ihm, jedoch mit abgewandtem Gesicht. Pluto symbolisiert jenen Bereich, den der Menschen in seiner letzten Tiefe nicht ansehen will. Es ist der Ort, wo Altes radikal und endgültig vernichtet wird. Er mag den inneren Drang nach Umwandlung bedeuten, erlebt wird er als Zerstörung und Angst vor Vernichtung.

Wirkungen:
tiefgründig, leidenschaftlich, ernsthaft, intensiv, stolz, extrem, forschend, aggressiv, triebhaft, entschlossen, ausdauernd, geduldig, zäh, opferbereit, hart, wandlungsfähig, sensitiv, sich verausgabend, zerrissen, gegensätzlich, spannungsgeladen, rachsüchtig, eigensinnig, zynisch, provokativ, besitzergreifend, zerstörerisch, zwanghaft, intolerant, gewalttätig

Jupiter oder die innere Sinnfindung (Schütze)

Jupiter (Zeus) hatte unzählige Liebesaffären, beschützte die Schwachen und Unschuldigen, strafte die Bösen. Hier allerdings folgte er meistens den Launen des Augenblicks. Im Horoskop symbolisiert er den menschlichen Optimismus, sein Gefühl für gesellschaftliche Zusammenhänge, für Recht, aber auch für Gleichgültigkeit und Bequemlichkeit. Jupiter mag so etwas wie ein Gott des Glücks sein. Man sollte sich nicht unbedingt auf ihn verlassen. Jupiter symbolisiert Hoffnung und Zuversicht.

Wirkungen:
optimistisch, neugierig, aufgeschlossen, versöhnlich, großzügig, jovial, einsichtig, reiselustig, begeisterungsfähig, ständig suchend, philosophisch, intuitiv, direkt, sozial, widerspenstig, rebellisch, sprunghaft, flüchtig, unzuverlässig, intolerant, explosiv, stolz, in der Begeisterung über das Ziel hinausschießend

Saturn oder der Spiegel der Verhinderung (Steinbock)

Saturn ist der griechische Gott Kronos. Er verschlang aus Angst vor der Entmachtung die eigenen Kinder. Saturn ist die Grenze zum Universum, die Begrenzung des Ichs, das nicht an ihm vorbeikommen kann. Er symbolisiert den Bereich, wo der Mensch aus Furcht und Angst vor dem Unbekannten und Neuen versucht ist, die Vergangenheit zu bewahren. Wie Kronos verschlingt der Mensch seine eigenen schöpferischen Früchte durch selbst auferlegte Grenzen. Saturn zeigt die Frustration, die Mühsal und Beschränkung und zeigt zugleich den Lohn, wenn der Mensch sich diesen Grenzen stellt. Saturn zwingt in die Realität.

Wirkungen:
zurückhaltend, verschlossen, kühl, ernst, vernünftig, nüchtern, sachlich, verantwortungsbewusst, strukturierend, pflichtbewusst, gesellschaftsorientiert, traditionsgebunden, konservativ, zuverlässig, prinzipientreu, ausdauernd, standhaft, zäh, rational, gefühlsunterdrückt, selbstgenügsam, scheu und unsicher im Innern, exzentrisch, unzugänglich, pedantisch, misstrauisch, depressiv, unbeweglich, starr

Uranus oder die Sprengung der Norm (Wassermann)

Er war ein Schöpfergott voll Fantasie. Die Kinder, die ihm Gaia gebar, waren Ungeheuer. Er verbannte sie in ihre Mutter zurück. Saturn, der jüngste seiner Söhne, kastrierte ihn. Aus dem dabei fließenden Blut entsprangen die Furien, aus dem ins Meer fallenden Phallus die Aphrodite. Uranus steht als Symbol für jene Kräfte, die bei andauernder Unterdrückung den Menschen als „Furien" verfolgen. Er steht als Symbol für notwendige Veränderungen.

Wirkungen:
schöpferisch, erfinderisch, intuitiv, originell, forschend, geistreich, experimentierend, genial, unabhängig, freiheitsliebend, vergeistigt, Emotionen ablehnend, moralistisch, fanatisch, reformsüchtig, ungeduldig, unberechenbar, widersprüchlich, elitär

Neptun oder die Auflösung der Form (Fische)

Er taucht, wie die Gefühle der Menschen, entweder strahlend, rein und wunderbar auf oder wird begleitet von Stürmen. Neptun symbolisiert jenen Bereich, wo das Ich aufgehen will, wo der Sinn für Mystik und Spiritualität wurzelt. Hier sind Selbstlosigkeit, Altruismus und Selbstaufopferung zu Hause. Doch Neptun symbolisiert auch den Schleier, der die Konturen verwischt. Hier wurzeln Aberglaube, Sucht, Desillusion und Verlogenheit.

Wirkungen:
fantasievoll, vielseitig, künstlerisch, musisch, romantisch, einfühlsam, opferbereit, sehr sensibel, nachgiebig, wehrlos, intuitiv, passiv, gefügig, naiv, sehnsuchtsvoll, leidend, träumerisch, unrealistisch, ängstlich, kraftlos, unschlüssig, suchtabhängig, selbstvernichtend, Selbstauflösung

Häuser – ein Blick auf Ihren Charakter

Neben den Tierkreiszeichen ist das Horoskop noch in 12 weitere Abschnitte unterteilt, die wir Häuser nennen. Sie symbolisieren die Einteilung des Horoskops in bestimmte Lebensräume oder -bereiche auf der Erde.

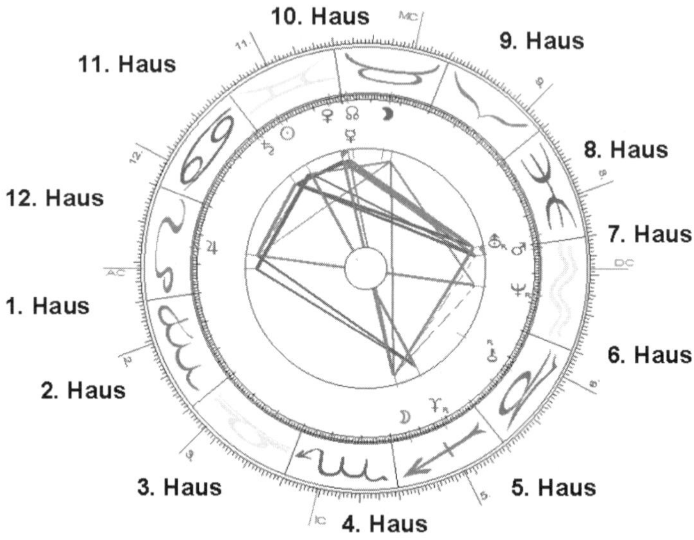

Zwischen den Tierkreiszeichen und den Häusern besteht eine Analogie. Im Unterschied zu den Tierkreiszeichen, die durch die Jahresbewegung der Erde um die Sonne bestimmt werden, stellen die Häuser den 24-stündigenTageszyklus dar, in dem die Erde sich einmal um ihre eigene Achse dreht.

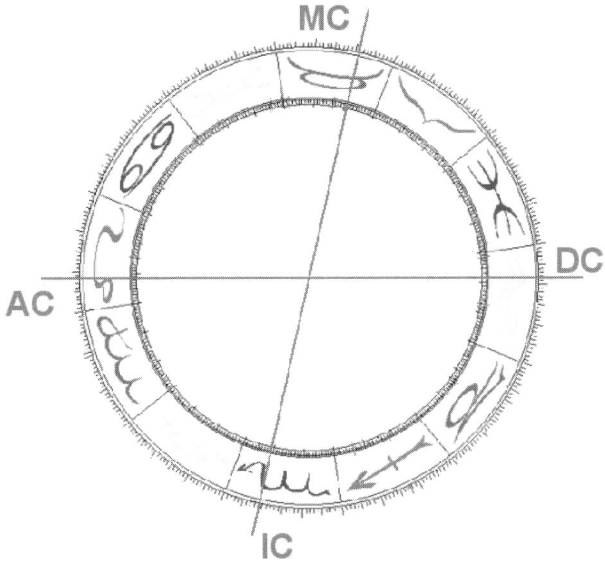

Das Häusersystem hat vier markante Eckpunkte:

- Die Spitze des ersten Hauses (der Aszendent) ist der Punkt des Tierkreises, der im Moment der Geburt gerade im Osten aufgeht.
- Die Spitze des vierten Hauses (das Imum coeli) ist die Himmelstiefe, entspricht also dem tiefsten Stand, welcher ein Planet im Horoskop haben kann.
- Die Spitze des siebenten Hauses (der Deszendent) liegt dem Aszendenten genau gegenüber und steht in dem Zeichen, welches am Westhorizont zum Zeitpunkt der Geburt gerade untergeht.
- Die Spitze des zehnten Hauses (der Medium coeli) ist die Himmelsmitte, d. h. der Punkt des Tierkreises, der im Moment der Geburt am höchsten über dem Horizont steht.

Jedes der zwölf Häuser, ich sagte es bereits, verkörpert einen bestimmten Lebensbereich, in dem ein Mensch seine Neigungen, Interessen und Begabungen zu verwirklichen sucht. Man meint überhaupt: die Planeten zeigen, was geschieht, die Tierkreiszeichen, wie es geschieht, und die Häuser, wo es geschieht.

- Erstes Haus (Aszendent) – **Ich bin** oder: Energie, Energiezustand, Dynamik, Durchsetzung, Aggression, Persönlichkeitsanlage

Lebensbereich:
die Persönlichkeit, Ausgangspunkt, die Kindheit, das Ego, physische Konstitution, das Individuum

Das erste Haus sagt etwas über die äußere Erscheinung, die körperliche Konstitution, das Temperament und über das auf ihm beruhende Lebensgrundgefühl aus. Es symbolisiert den tiefsten Grund der angeborenen Verhaltensweisen und färbt als objektive Einstellung die Art und Weise, wie man die anderen Elemente des Horoskops erlebt. Gleichzeitig präsentiert es unmittelbare Reaktionsweisen sowie jene Manifestationen, in denen man sich nach außen hin darstellt.

- Zweites Haus – **Ich habe** oder: Bestand, Zentrieren, Substanz (Körper), Selbstsättigung, Absicherung nach außen, symbolische Wurzelbildung

Lebensbereich:
Finanzen, alles Materielle, Selbstwertgefühl, Gefühl für äußerliche Werte und alle Fähigkeiten, die damit im Zusammenhang stehen, alles Substanzielle, die Körpersubstanz

Im zweiten Haus geht es um das „Vermögen“ im doppelten Wortsinn als Grundlage von materieller, geistiger und seelischer Sicherheit. Symbolisiert wird das Erwerben und Anreichern von Fähigkeiten oder Besitz, die Einstellung und das Verhalten dazu und das Umgehen damit.

- Drittes Haus – **Ich denke** oder: Präsentation, Auftreten, Selbstdarstellung, Funktionen, Intellekt, Neugier, das Begreifen

Lebensbereich:
Kommunikation, Umweltbeziehungen, Umwelterfassung, das Denken, Umweltorientierung, verbaler Ausdruck, Aufnahmefähigkeit

Im dritten Haus geht es dem Menschen um die praktische Intelligenz, um geschwisterliche – nachbarliche – mitmenschliche Kontakte. Es symbolisiert den Austausch und die Vermittlung von Wissen und Erfahrung in Wort und Schrift. Hier sind das Kommunikationsvermögen, das Herstellen und alle möglichen Wege der Mitteilung gemeint.

- Viertes Haus – **Ich fühle** oder: Empfindungsfähigkeit, innerer Bilderdrang, seelische Potenz, seelische Identifizierung, Fruchtbarkeit

Lebensbereich:
Ursprung, Abstammung, das, was man von Geburt „mitbekommt“, das Haus der Traditionen, emotionale Geborgenheit, die Familie

Im vierten Haus spiegeln sich die Einstellungen und Erfahrungen bezüglich der Tradition, des Elternhauses und der Umstände, unter denen man aufgewachsen ist, wider. Hier zeigt sich der Familiensinn eines Menschen sowie seine Einstellung zu Grund und Boden. Dieses Haus beschreibt die Atmosphäre, die man in seinem Zuhause schafft und mit welcher Art von häuslicher Umgebung man am natürlichsten im Einklang steht.

- Fünftes Haus – **Ich zeige mich** oder: zeugendes Prinzip, Lebenswille, Gestaltung, das Gestaltende, die Gebärde, aktives Handeln, aus sich selbst heraus leben und bestehen können

Lebensbereich:
Selbstempfinden, Möglichkeiten des schöpferischen Selbstausdrucks, die Freuden des Lebens, Spiele, Vergnügungen, die „geistigen" und „körperlichen" Kinder, Sexualität, Kreativität, Eigenständigkeit

Im fünften Haus geht es um den Selbstausdruck und die Lebenslust und -freude. Es symbolisiert die Freude zu zeigen wer man ist, was man hat und was man kann. Hier geht es um alles, was nicht unmittelbarer Pflicht entspringt. Dieses Haus ermöglicht Rückschlüsse auf das Spielverhalten und die kreativen Äußerungsweisen eines Menschen. Diese Kreativität umgreift das Spielen mit Kindern bis hin zur Schauspielerei, Sexualität und Erotik.

- Sechstes Haus – **Ich ordne mich ein** oder: Anpassung an Lebensumstände, Beobachtung, Diagnose, Vernunft im Sinne von Wahrnehmung, Aussteuerung des Eigenwillens, Überlebenstrieb

Lebensbereich:
körperliche Gesundheit, Erwerbstätigkeit, Einstellung zur Arbeit, Alltag, Kraftaufwand, praktische Talente

Das sechste Haus sagt etwas über die Gesundheit eines Menschen aus, über erworbene Krankheiten, die nicht selten im Zusammenhang mit der beruflichen Tätigkeit stehen. Zugleicht symbolisiert dieses Haus das Verhältnis zur Arbeit, die Art der sozialen Einordnung und das soziale Empfinden. Der Mensch erlebt sich hier als helfendes oder dienendes Glied der Gemeinschaft, als Träger notwendiger Funktion in der Gesellschaft.

- Siebentes Haus (Deszendent) – **Ich verbinde mich** oder: Begegnungsfähigkeit, Ausgleich von Dualitäten, Aufgeschlossenheit für „Bilder", Aggression im Denken, Denkstruktur, innere Motivation zur Begegnung

Lebensbereich:
das DU (das andere Ich oder personelle Du), Partnerschaften, Beziehungen, Öffentlichkeit, Umgang mit anderen Menschen, das Begegnende

Das siebente Haus symbolisiert die partnerschaftlichen Beziehungen, die Einstellungen und Erwartungen sowie das Verhalten zum ergänzenden Lebenspartner, zu sonstigen zwischenmenschlichen Beziehungen (auch beruflich) und Umweltbeziehungen. Es sagt etwas aus über die Bindungsfähigkeit und -bereitschaft eines Menschen.

- Achtes Haus – **Ich ergründe** oder: Bindung an Vorstellungen, Absolutheit, Bindung an Bilder, Bindung an Begegnung, Opferung für Geistiges, übergeordnete Leitbilder, Ideale

Lebensbereich:
symbolisiert das Verhalten aus Krisensituationen heraus, Kräftehaushalt, Regeneration, Einstellung gegenüber Sexualität, Tod, den eigenen Anlagen und zu okkulten Dingen

Das achte Haus symbolisiert die intensivsten Bereiche des Lebens wie Sexualität, Macht, Geburt und Tod. Es geht um das

Lebenshintergründige, um Grenzerfahrungen, existenzielle Situationen, um Tabus und ihre Überschreitung, Erbschaften, Verlusterlebnisse

- Neuntes Haus – **Ich glaube** oder: Anschauung, Verstand im Sinne von Verständnis, Verstehen, Aufschließen fremden Lebens, Verwendung von Bildern, Begreifbarkeit, Verstehen von übergeordneten Zusammenhängen, Einsicht

Lebensbereich:
Lebensphilosophie, Weltanschauung, Glaube, persönliche Ethik, Fähigkeit zu tieferem Lernen, Erwartungen, Geistiges

Das neunte Haus gibt Aufschluss über die geistige Haltung, die Philosophie, die Religion und die Weltanschauung eines Menschen. Die Erweiterung der Hprizonte kann durch Reisen beeinflusst werden. Der Mensch sucht nach überpersönlichen Zusammenhängen, Erkenntnis und versucht sich an Sinnfragen.

- Zehntes Haus (Medium coeli) – **Ich fühle mich berufen** oder: Strukturierung, Regelung, Verbindlichkeit an außerpersönlichen Maßstäben, Berufung, Formierung

Lebensbereich:
Karriere, Berufung, Ziel, Finalität, Aufgabe, soziale Funktion, Ruf

Das zehnte Haus symbolisiert den Menschen in seiner Beziehung zur Öffentlichkeit, zu Ruhm und Anerkennung. Es versinnbildlicht das Image, das man in der Welt verkörpern will. Hier geht es weniger um Berufswahl, Beruf und Berufung, sondern um Lebensziel, Karriere, Macht und Autorität.

- Elftes Haus – **Ich freunde mich an** oder: Aufhebung von Polaritäten und Unterschieden, Auflösung und Sprengung der Dualität, Befreiung von Abhängigkeit und Subjektivität, Herausgehobensein aus Emotionalem

Lebensbereich:
Einstellung zur menschlichen Gemeinschaft, Verwirklichung von Hoffnungen und Wünschen

Es ist das Haus der Freundschaften und Beziehungen. Es geht darum, sich als Individuum in eine Gruppe einzufügen, Freundschaften zu schließen, Gedanken auszutauschen und an Ideen von universellem Interesse mitzuwirken. Dieses Haus bekundet das Eintreten für humanitäre Ziele ebenso wie die Beziehung zu der Gesellschaft, in der wir leben.

- Zwölftes Haus – **Ich träume** oder: Entschuldigung, Zugang zum Transzendenten, Reinigung vom Irdischen, Auflösung von Reflex- und Reaktionszwängen, Negierung der Anpassung, Unendlichkeit, Zeitlosigkeit

Lebensbereich:
geistige Gesundheit, das Unbewusste, Fehlerneigung, Kräftehaushalt, Spiritualität, Ekstase, Isolation, Mitgefühl

Das zwölfte Haus symbolisiert das Allein-Sein und All-eins-Sein. Hier geht es um Einsamkeit, Rückzug und Rückvergütung mit allem Sein. Es gibt Auskünfte über das Verhältnis zu jenen Bereichen, in denen die individuelle Persönlichkeit keine Rolle spielt und vor einem größeren Ganzen zurücktritt oder sich darin auflöst. Es symbolisiert die transzendente Erfahrung, die Mystik, die Weltflucht.

Mit Zahlen kann man mehr als rechnen, mit Buchstaben kann man mehr als schreiben – Numerologie oder: „Was ist das Weiseste? Die Zahl!“

Reisenden in die USA fällt immer wieder auf, dass es in ihrem Hotel normalerweise keine 13. Etage gibt. Es gibt eine 10., eine 11., eine 12. und es gibt eine Etage 13A, keine 13. Sie kennen vielleicht aus Ihrer Kinderzeit das beliebte Gesellschaftsspiel „Die böse Sieben“, das Spiel von der guten Sieben können wir gar nicht kennen. Es gibt es nicht. Viele Lottospieler kreuzen seit Jahren auf ihrem wöchentlichen Schein voller Hoffnung die Zahlen ihres Geburtstages an. Sie sehen, Zahlen haben schon etwas Besonderes und üben auf uns eine gewisse magische Wirkung aus.

Ich möchte Sie mit einem weiteren und etwas anderen Beispiel konfrontieren. Kennen Sie noch diesen Text: „Metuschelach war 187 Jahre alt und zeugte Lamech und lebte danach 782 Jahre und zeugte Söhne und Töchter, dass sein ganzes Alter ward 969 Jahre, und starb. Lamech war 182 Jahre alt und zeugte einen Sohn und nannte ihn Noah und sprach: Der wird uns trösten in unserer Mühe und Arbeit auf dem Acker, den der HERR verflucht hat. Danach lebte er 595 Jahre und zeugte Söhne und Töchter, dass sein ganzes Alter ward 777 Jahre, und er starb.“

Als wir noch des Staunens fähig waren, ging sicherlich eine Faszination von diesen „alten Männern“ im Kapitel 5 des Buches Genesis auf uns aus. Später dann fragten sich freilich viele von uns sehr nüchtern: Wie kann ich diese Altersangaben verstehen? Schließlich widersprechen sie allen biologischen Tatsachen. Ist ein Lebensalter von über 900 Jahren eine symbolische Altersangabe, die vielleicht nichts anderes als die hohe Wertschätzung für die Vorväter zum Ausdruck bringen wollte?

Alter ist auch Rückbesinnung, geistige Nähe zum Anfang. Je „höher" das Alter, umso „tiefer" diese geistige Nähe. Eine tiefe geistige Nähe zum Anfang meint vielleicht das „Aufgehen" im Anfang. Wir können die Symbolik biblischer Altersangaben inzwischen deutungsvoll verstehen. Zu diesem „geheimnisvollen" Thema und ihrer Deutung finden Sie interessante Erkenntnisse in meinem Buch: „Verschluss-Sache Mensch".

Der Mensch im Prisma von Zahlen und Buchstaben

Es ist schon fast beeindruckend zu beobachten, wie unbekümmert die Menschen in ihrem Alltag mit der Symbolik von Zahlen umgehen. Interessant wird es dann, spricht man sie auf die Numerologie an und konfrontiert sie mit dem Gedanken, dass Zahlen und Zahlenkombinationen in der Tat außer ihrer mathematischen Funktion weitere Bedeutungen haben können.

In der hermetischen Philosophie wird die Welt der Zahlen der Welt der Vernunft gleichgesetzt. Für Platon sind Zahlen die Harmonie des Universums, Aristoteles interpretierte die Zahl als Ursprung und Substanz aller Dinge. Oder: Selbst die Konzeption berühmter romanischer Bauwerke beruht auf geometrischen Regeln und arithmetischen Konstruktionen, die nicht nur bestimmte symbolische Baugedanken im Einzelnen, sondern auch eine Verkörperung der Ordnung des Universums repräsentieren. Selbst die Zahlen der scheinbar nur dekorativen Zwecken dienenden Linien, Blätter und Blumen sind gewollt und berechnet. Das Dreieck drängte in Verbindung mit dem christlichen Glaubensmysterium der Trinität zu besonders häufigen Kompositionen. In der Gotik erleben wir dann noch eine Steigerung. Das wird besonders an der Multiplikation der Arkaden und Statuen deutlich, an den ausgeklügelten Maßstäben der Statuen, an den bis ins kleinste Detail berechneten und in Bezug zueinander gesetzten Fensterrosen.

Und dennoch kann ich das Kopfschütteln dieser Menschen förmlich „hören“: Pseudowissenschaft! Erhebt denn die Numerologie für sich den Anspruch, eine Wissenschaft zu sein? Nein. Wer das verkennt, verkennt von vornherein das Anliegen von Numerologie.

Andere gehen vielleicht einen Schritt weiter und siedeln Numerologie im Umfeld von Weltanschauung oder Spiritualität an, lächeln dann aber mitleidig über ihre Vertreter und assoziieren solche Bewusstseinsinhalte wie Okkultismus, Aberglaube oder New Age.

Die Numerologie ist alt, sehr alt. Die Aufzeichnungen von Archäologen, Historikern und Theologen sind voll von Beispielen und Beweismaterial dafür, wie die Denker der alten Zivilisationen, die Griechen, die Babylonier, die Phönizier, die Hebräer, Kelten, Ägypter, die Maya und Tibeter jeweils unabhängig voneinander Systeme der Zahlendeutung hinterließen.

Mathematiker würden die **1** am Anfang der Zahlenreihe platzieren. In unserem Empfinden steht die Eins ganz oben an der Spitze des endlosen Zahlenreigens. Die Eins steht für Einheit und Einzigartigkeit. Sie steht als Sinnbild für alles, den Anfang oder den Ersten Beweger. Die Eins symbolisiert die Summe aller Möglichkeiten, das absolute Sein, das Unteilbare. In der christlichen Tradition umschreibt die Eins Gott. In der daoistischen Mystik verbirgt sich hinter der Eins die Überzeugung, dass das Dao die Eins erzeugt, die Eins die Zwei, die Zwei die Drei und die Drei alle Dinge. Im alten China steht Eins für Yang: männlich, himmlisch, glücksverheißend. Carl Gustav Jung nennt die Eins übrigens das „Eine, das All-Eine, Einzige und Zeitlose – kein Zahlwort, sondern eine philosophische Idee oder ein Archetypus und Gottesattribut“.

Die **2** verkörpert Dualität und periodischen Wechsel, Mannigfaltigkeit. Sie steht für Konflikt, Abhängigkeit und Andersartigkeit. Sie versinnbildlicht entgegengesetzte Pole und so auch die Doppelnatur des Menschen. Für die Alchemisten vergangener Zeiten verbargen sich hinter der Zwei die zunächst scheinbaren Gegensätze von Sonne und Mond, König und Königin, Schwefel und Quecksilber. Am Ende lösten sie sich auf und fanden ihre Vereinigung im Androgyn (zweigeschlechtliches Doppelwesen, das in der Alchemie das Symbol der Aufhebung ist und folglich für die materia prima und den Stein der Weisen steht). Im alten China steht die Zwei für Yin: weiblich, irdisch, unheilvoll. Bekannte Zweiheiten sind Adam und Eva, Kain und Abel, Mose und Elia. Aber auch Doppellöwen, Drachen mit zwei Köpfen, Kentauren, Sirenen weisen auf unfassliche, den Menschen übergreifende Mächte hin.

Nicht erst im christlichen Glauben begegnet uns der Gedanke von der Dreifaltigkeit. Götter, besonders Göttinnen, wurden schon immer gerne in triadischer Gestalt dargestellt. Die griechische Mondgöttin wird als dreigesichtige Selene angerufen, weil man die drei Mondphasen als ihre drei Gesichter gesehen hat.

Die Zahl **3** ist die erste zusammengesetzte Zahl, die heilige Zahl, die Zahl der Vollkommenheit, die mächtigste Zahl, denn drei Personen sind in Gott, schrieb Agrippa von Nettesheim (1486-1535; Mediziner, Jurist, Philosoph und Mystiker, gilt als Vorbild des literarischen Doktor Faust), und es wird schnell klar, warum diese Zahl auch heute noch als „groß“ verstanden wird. Sie ist die Trinität von Gottvater, Sohn und Heiligem Geist, die Vorstellung der Unendlichkeit, die sich immer wieder in Vergangenheit, Gegenwart und Zukunft teilen lässt. Für Aristoteles stellt sich die tiefe Symbolik der Drei so dar: „Die Triade ist die Zahl des Ganzen, insofern sie einen Anfang, eine Mitte und ein Ende hat.“ Und vielleicht ist Ihnen schon einmal aufgefallen, dass man in Märchen immer drei Wünsche offen hat oder es drei Feen gibt, wobei zwei meistens gut und eine böse ist.

Die Zahl **4** ist die Zahl der Unterscheidung. Sie gibt Richtungen an, scheidet Zustände und Jahreszeiten. Man unterschied die vier Grundelemente Feuer, Wasser, Luft und Erde und wir kennen vier Temperamente. Im Paradies fließen vier Flüsse und die Bibel kennt vier Propheten und vier Evangelien. Buddha lehrte vier edle Wahrheiten, Indien kennt die vier heiligen Veden (der Hinduismus begründet sich in den vier Veden, d.h. heiligem Wissen) und im Islam finden wir vier heilige Bücher: die Thora, die Psalmen, das Evangelium und den Koran. Die Vier ist eine vollkommene Zahl und damit Ordnung. Sie bedeutet Ganzheit, Totalität, Vollendung.

Die **5** symbolisiert den menschlichen Mikrokosmos und versinnbildlicht dessen fünf Sinne. Die Fünf trägt alles in sich, was „Mensch" bedeutet. Magische Bedeutung erhielt die Fünf durch das sogenannte Pentagramm (in mittelalterlicher und nachmittelalterlicher Zeit galten Pentagramme – fünfeckige Sterne – als Abwehrzeichen gegen Dämonen und Druiden, soll auch die fünf Wunden Jesu Christi darstellen).

Für Gleichgewicht und Harmonie steht die **6**, sie symbolisiert die Einheit der Polarität. Im christlichen Glauben verkörpert die Sechs Vollkommenheit und Vollendung: die Schöpfung zog sich über sechs Tage hin. Und im Tarot ist die sechste große Arkanenkarte das Bild der Liebenden und stellt die menschlichste Form von Vollkommenheit und Harmonie dar: eben die Liebe. Und noch eine Frage sei erlaubt: Warum baut die Honigbiene ihre Waben sechseckig, welches Prinzip wohnt der Sechs inne, dass sie überall in der Natur da Verwendung findet, wo es um Stabilität und optimale Platzausnutzung geht? Trotz aller naturwissenschaftlichen Erklärungen bleibt die Frage: Worauf ist diese Klarheit um uns aufgebaut, die sich in ganzen Zahlen so deutlich ausdrückt? Auf Zufall doch wohl kaum.

Ist die **7** etwa eine mystische Zahl? Sie ist so allgegenwärtig, dass sie alles benannte, was nicht logisch und klar betrachtet werden konnte: Die Katze hat sieben Leben, zerbrochene Spiegel bringen die unvermeidlichen sieben Jahre Unglück, Schneewittchen wurde von sieben Zwergen aufgenommen und der Wolf fraß sieben kleine Geißlein.

Die Sieben begegnet uns aber auch an anderen Stellen. Sie ist die große Symbolzahl der Freimaurer. Es werden sieben Hauptpunkte des menschlichen Lebens unterschieden: Geburt, Kindheit, Jugend, das männliche Alter, das Alter der Erfahrung, das Greisenalter und der Tod. Leichtsinn, Eigensinn, Furcht, Trägheit, Vermessenheit, Eigenliebe und Argwohn sind im Verständnis der Freimaurer die Hauptlaster des Menschen.

Die Sieben symbolisiert den Makrokosmos, die Vollständigkeit, die Totalität. Sie bedeutet Perfektion, Sichersein, Sicherheit und: der siebente Tag nach sechs Tagen Schöpfung war ein Tag der Ruhe.

Jesus Christus lehrte **8** Grade der Glückseligkeit und acht Freuden kennen die Seligen: Hunger und Durst nach Gerechtigkeit, Gütigkeit, Verfolgung wegen Gerechtigkeit, Reinheit des Herzens, Barmherzigkeit, Einfalt im Geist und Trauer. Das christliche Taufbecken hat übrigens acht Ecken. Im Islam gibt es sieben Höllen, aber acht Paradiese. Im Buddhismus kennt man acht Glückszeichen, die Acht überhaupt steht für die Erfüllung aller Möglichkeiten.

Die Acht ist eine komplizierte Zahl, es gibt nämlich auch die „Nicht-Acht". Wer vor rund 1000 Jahren im heutigen Mitteleuropa „in die Acht" genommen wurde, hatte aus gesetzgeberischer Sicht nicht einwandfrei gehandelt. Über den „Acht-Losen" wurde Gericht gehalten. Der Angeklagte stand in der Mitte einer auf den Boden gezeichneten Acht (in dieser Perspektive Symbol für die Unendlichkeit). Nach dem Urteil gab es zwei Möglichkeiten: Man ging als geachtetes Mitglied der Gesellschaft oder als Geächteter. Diese „Nicht-Acht" war immer das Symbol für das Dunkle, das Tiefe und Geheimnisvolle, das Emotionale und Unbewusste.

Die **9** ist als 3x3 die Potenz der göttlichen Vollkommenheit der Drei und stellt in allen Religionen ein Maximum an geistigen und spirituellen Fähigkeiten dar. Die Buddhisten kennen neun geistige Stufen, die in ihren Tempeln abgebildet sind. Peking hatte übrigens neun Stadttore. Die griechische Antike spricht von neun Musen und symbolisiert damit ein Höchstmaß an geistiger und seelischer Potenz.

Das ist nur ein kleiner Querschnitt durch die Möglichkeit einer Betrachtung von Zahlen auf ihren symbolischen Gehalt hin.

Ein Wort zu Symbolik und Symbol: „... ein Symbol ist – im Gegensatz zu Zeichen, Icons, Verschlüsselungen, Codes und Geheimschriften – nicht etwas Gemachtes oder Ausgedachtes. Ein Symbol will nichts Offenkundiges verheimlichen, sondern im Gegenteil etwas veranschaulichen, das größer ist und tiefer reicht, als es Worte ausdrücken können und unser Verstand fassen kann. Wenn etwa der Kreis Symbol für das ursprünglich ungeteilte Ganze, für das Paradies, die göttliche Hemisphäre, die All-Einheit, für das Unbewusste wie für das Überbewusste, für das Selbst, für Vollkommenheit, für Ewigkeit und vieles mehr ist, dann wurden diese Bedeutungen nie ausgedacht. Sie wurden wie ein vorgefundenes Wissen im Symbol des Kreises erkannt, und das in allen Kulturen der Menschheit. Der Schlüssel zu solchen Symbolen liegt deshalb auch weniger in der vielfach zu beobachtenden Heimlichkeit okkulter Kreise ... sondern vielmehr in einem tiefen Verständnis der Seele des Menschen ... Dabei geht es weder um Geheimniskrämerei, noch um ein ‚Hineingeheimnissen' und schon gar nicht um bewusstes Verschleiern eines Wissens mit dem Ziel der Geheimhaltung. Vielmehr handelt es sich um Einsichten, die ihrer Natur nach geheim sind, weil sie aus den wesentlichen, aber unsichtbaren Zusammenhängen hinter der äußeren Erscheinungswelt gewonnen werden, aus der Wirklichkeit hinter der Wirklichkeit ..." Dieses Wissen findet sich in auffallend ähnlicher Weise in allen Kulturen, ist zweifellos älter als jede Religion, bildet zumeist deren Wurzel und ist in einigen Fällen bis heute als deren innerster Kern bewahrt worden. In seinem Zentrum steht die Frage nach dem Lebensweg des Menschen, nach seinem Ich. Auf das Engste komprimiert besagt der solchem Geheimwissen zugrunde liegende Gedanke, dass wir in einer polaren Wirklichkeit leben, in einer Welt, in der wir nur dann etwas erkennen und begreifen können, wenn wir uns dazu einen Gegenpol als Bezugspunkt denken. Es käme uns nicht in den Sinn, etwas als männlich zu bezeichnen, gäbe es das Weibliche nicht, ohne Nacht wäre kein Tag, ohne den Tod wüssten wir nicht einmal, dass wir leben. Begreift man dieses Polaritätsgesetz als das umfassende Prinzip unserer Wirklichkeit, dann lässt sich daraus folgerichtig auch auf den Gegenpol zur Polarität selbst schließen, auf die unvorstellbare Einheit, die Religionen und Mythen in ihrer Weise mit ihren jeweiligen Bildern und Symbolen als göttlich beschreiben (siehe hierzu Kapitel 6 des vorliegenden Buches).

Der Sturz aus dieser ursprünglichen Einheit, die Zerrissenheit in der Vielheit und die mögliche Rückkehr zur verlorenen Einheit ist das Wissen um den Lebensweg und das Selbst des Menschen. Man geht davon aus, dass im Blick auf die menschliche Ausgangssituation weite Teile seiner „Ganzheit" im Schatten liegen, in einem Bereich, der vom Bewusstsein als fremd oder fehlend erlebt wird und ihm erst nach und nach bewusst werden kann. Solange Teile unserer Wesensnatur im Schatten liegen, fehlen sie uns nicht nur zu unserer Ganzheit, sondern sind zugleich die wesentliche Quelle für menschliches Fehlverhalten.

Zahlen erzählen und Buchstaben symbolisieren

Ich spreche bewusst von der Numerologie als Deutung von Zahlen. Warum? Betrachten wir doch einmal Naturwissenschaft und Mathematik unserer Zeit. Sie orten sich ausschließlich als erklärende Wissenschaften jenseits aller Interpretation und Deutung. Naturwissenschaft und Mathematik sind somit jenseits von Sinnvermittlung zu Hause. Wissenschaft hat Fakten zu vermitteln, Beweise abzugeben und die Welt berechenbar, „machbar" zu machen. Wissen ist Macht und kann doch verheerende Wirkungen haben. Es ist schon beängstigend, wenn der amerikanische Physiker und Vater der Wasserstoffbombe Edward Teller den Wissenschaftler für das Wissen und die Erklärung verantwortlich macht, nicht aber für ihre Anwendung. Nur, der Wissenschaftler kann diese Verantwortung nicht aus dem Wissen selber schöpfen. Dieses Wissen reduziert sich auf die Entwicklung neuer Theorien, mit deren Hilfe dann das WAS des Universums beschrieben werden soll. Die Frage nach seinem WARUM bleibt außen vor. Inzwischen haben sich viele Menschen mit dieser Situation abgefunden und sprechen eventuell der Philosophie das Recht zu, über diese Verantwortung nachzudenken. Hier begeben wir uns aber auf dünnes Eis. Auch die Philosophie beschäftigt sich vielerorts mit dem WARUM, dem WARUM von Philosophie. Mit anderen Worten, sie ist so sehr mit sich selber beschäftigt, dass sie die entscheidende Frage aus dem Blick verloren hat.

Vielleicht sollte man dieses WARUM erst gar erklären: „Ein wichtiger Teil unserer Welterfahrung besteht darin, zu wissen, was man nicht zu erklären versuchen sollte." Ich finde, dass das ein sehr kluger Gedanke ist. Mit diesem Gedanken eröffnen sich dem Menschen in der Betrachtung von Mensch und Welt völlig neue Aussichten. Treffender vielleicht: Über Jahrhunderte hinweg verschüttete Perspektiven treten wieder ans Tageslicht.

Ich bringe hier den Begriff der Mystik ins Spiel. Mystik ist ein Begriff, der eine anhaltende Konjunktur hat. So wird er oft verwechselt mit Mystifizierung, einer eher vernebelnden Sicht. Für mich hingegen ist Mystik die Klärung, die Wahrnehmung, die Entdeckung tieferer Dimensionen unserer Existenz und unserer Welt. Mystik ist gewolltes Handeln, getragen von dem Bewusstsein, so und nicht anders handeln zu müssen.

Mystik ist der Bereich im Menschen, der mit Wissenschaft und/oder Philosophie nicht zu erfassen ist. Mystik entsteht, meinte Friedrich Nietzsche, wenn Skepsis und Sehnsucht sich begatten. Man kann Mystik nicht studieren, nicht erlernen.

Aber man kann Mystik emotional erfahren. Das Mystische ist das Jenseitige in unserem Leben. Es ist jenseits der Wahrnehmung und sich anschließenden Schlussfolgerungen. Aber dieser jenseitige Bereich in uns ist nicht antirational oder antikausal, vage und verschwommen. Er bewegt sich lediglich nicht im Horizont logischen und rationalen Denkens.

Hier sind wir beim Ausgangspunkt. Die Beschäftigung mit dem Unerklärlichen muss nicht zwangsläufig Pseudowissenschaft oder haltlose Spekulation sein. Ich will hier noch einen Schritt weitergehen und behaupte: Die Thematisierung des Unerklärlichen wird dann Pseudowissenschaft oder haltlose Spekulation, wenn sie sich in seiner Erklärung versucht. **Ich sollte aber das, was nicht zu erklären ist, interpretieren. Ich kann dem Unerklärlichen eine Bedeutung, einen Sinn unterstellen, ich kann es deuten!** Über die Auslegung kann es für uns wieder einen Sinn bekommen. Über diese Sinnfindung gelangen wir schließlich wieder zu Orientierungshilfen in dieser Welt und damit zu einer **Lebensaufgabe**.

Auf den ersten Blick scheinen zwischen Lebensaufgabe (ich denke bewusst an einen Lebenssinn und nicht den Sinn des Lebens) und der Aussage, dass im rechtwinkligen Dreieck die Summe der Kathetenquadrate gleich dem Hypotenusenquadrat ist, Welten zu liegen. Aber vor dem Hintergrund rechtwinkliger Dreiecke fällt Ihnen bestimmt der Name des Goldschmiedesohnes Pythagoras von Samos ein. Jetzt vermuten Sie bitte nicht, Pythagoras hätte neben seinem mathematisch bedeutsamen Satz auch noch den Lebenssinn geschaffen. Ohne Zweifel muss er „mehr" gewesen sein als Mathematiker. Für viele seiner Zeitgenossen galt er schlichtweg als der „Göttliche" und Bertrand Russell charakterisierte ihn als einen der „bedeutendsten Menschen". Das hängt wohl damit zusammen, dass Pythagoras die Zahlen in den Mittelpunkt einer ganzen Weltanschauung stellte.

Die Pythagoreer betrieben keine abstrakt-theoretische Fachwissenschaft, sie verstanden ihre Wissenschaft vielmehr als

Hilfsmittel zur Findung ganz bestimmter Lebensideale mit direkter praktischer Anwendung. Die wissenschaftliche Erkenntnis führte zu praktischer Orientierung, die den Menschen zur richtigen Handlung anleitete und ihm Entscheidungshilfen an die Hand gab. Sein und Sollen bildeten eine unmittelbare Einheit. Es war eine Grundüberzeugung, dass das Ziel des Menschen im Nachvollzug der göttlichen Weltordnung bestehe und dass diese mathematischer Natur sei. Pythagoras betrieb die Mathematik also nicht als Selbstzweck und vom Leben abgetrennte Fachwissenschaft. Er stellte sie und besonders ihre Elemente, die Zahlen, in den Mittelpunkt seiner Philosophie. Pythagoras verstand die Zahlen als absolute Prinzipien der Dinge, und das keineswegs nur aufgrund ihrer quantitativ-arithmetischen Fähigkeiten.

In den Zahlen sieht die pythagoreische Lehre das eigentliche Geheimnis und die Bausteine dieser Welt. Die Harmonie der Welt beruht darauf, dass alles in ihr nach Zahlenverhältnissen geordnet ist.

Die Pythagoreer sind von einer grundlegenden Ordnung, einer Einheit der Welt ausgegangen, die auf den Prinzipien der Zahlen basiert. Zahlen sind demnach keine vom Menschen erfundenen Gesetzmäßigkeiten, sondern ureigenste Grundsätze. Das Zusammenwirken der verschiedenen und in einer Rangfolge stehenden Elemente bildet eine allumfassende Harmonie. Sie verleiht der Welt und dem Leben Rhythmus und System. Eine Vielzahl von Beobachtungen bestätigten Pythagoras in der Überzeugung, dass die Zahlen keine vom Menschen erfundenen Gedankenkonstrukte sein können, sondern von vornherein in der Natur vorhanden sein müssen.

In den Überlieferungen der pythagoreischen Geheimbünde werden die Zahlen jede für sich in Form von Symbolen beschrieben. Die einzelnen Zahlen spiegeln unterschiedliche, oft scheinbar gegensätzliche Qualitäten wider und bekommen so eine Art Charakter zugeschrieben.

Die **1** stellt sich als Symbol für die Einheit der Welt dar. Sie ist sozusagen die Grundlage, aus welcher alles in dieser Welt hervorgeht und entsteht. Die Eins ist göttlich. Im Verständnis des Pythagoras finden Sie die Eins in allem, was existiert.

Vergegenwärtigen Sie sich bitte, was wir im sechsten Kapitel über die Polarität sagen. Wenn Sie sich Gedanken über das Gute machen vermute ich schon, dass Sie in Ihre Überlegungen immer und sofort das Böse mit einbeziehen. In der Zahlenlehre des Pythagoras haben all diese Polaritäten eine Entsprechung in der **2**. Sie spaltet die Einheit der Welt in scheinbar nicht wiedervereinbare Polaritäten auf. Doch auch die Pythagoreer wissen sehr genau, dass ein Teil allein keinen Sinn macht. Wie will ich wissen, was oben ist, wenn ich das Unten nicht kenne.

Sie werden trotzdem fragen, wie denn das Oben mit dem Unten verbunden ist. Was macht, dass Sie Unten immer mit Oben zusammendenken? Pythagoras würde Ihnen antworten: „Die **3**." Die Drei ist ein geistiges Urelement. Als eine Art Urformel steht sie hinter allem und macht z. B., dass sich die Zeit in Vergangenheit, Gegenwart und Zukunft manifestiert.

Besondere Hochachtung genießt die **4** im Denken der Pythagoreer: „Mit reinem Sinne schwör ich dir bei der heiligen Vier, dem Urquell der ewigen Natur und dem Urgrund der Seele."

Wir haben also die Einheit der Welt, symbolisiert in der Eins. Wir sprachen von der Zwei als Symbolisierung der Polarität und fanden die Drei als das Verbindende zwischen Einheit und Polarität. Die Vier macht dieses Verbindende sichtbar, sie ist ihre Inkarnation.

In den Überlieferungen aus dem alten Griechenland sind die Zahlen **5**, **6**, **7**, **8** und **9** nicht beschrieben, spielen aber in heutigen numerologischen Deutungen eine Rolle.

„Man muss die Leistung und das Wesen der Zahl nach der Kraft bemessen, die in der Zehnerzahl liegt. Denn groß und vollkommen vollendet und alles bewirkend und göttlichen und himmlischen sowie menschlichen Lebens Anfang sowie Anteil nehmende Führerin ist die Kraft der Zahl und der Zehn. Denn ohne diese ... ist alles unbegrenzt und undeutlich und unklar ...", schrieb der Pythagoreer Stobaios. Die **10** (1+2+3+4= 10) hat in diesem Verständnis einen tiefen metaphorischen Sinn.

Die Eins symbolisiert die am Anfang stehende Einheit und Vollkommenheit. Über die Vier wird diese Einheit anschaulich, sie wird erfahrbar. Aber: Sie vereinzelt sich. Sie wissen bestimmt, dass die alten Griechen vier Grundelemente kannten, das Feuer, das Wasser, die Luft und die Erde. Hier besteht die Gefahr, dass die ursprüngliche Einheit und Vollkommenheit nicht mehr gesehen wird. Die Zehn symbolisiert die in den unterschiedlichsten Einzelheiten angelegte ursprüngliche Einheit, ihren Weg von der Möglichkeit zur Wirklichkeit.

Ich will es noch einmal festhalten: Hinter der Numerologie steht die Überzeugung, dass Zahlen und Kombinationen aus Zahlen außer ihrer unmittelbaren mathematischen Funktion eine weitere Bedeutung zukommt. Die Numerologie hat ihre Wurzeln auch in der Zahlenlehre des griechischen Denkers Pythagoras. Er und seine späteren Schüler sahen in den Zahlen das eigentliche Geheimnis und die Bausteine unserer Welt. Die Harmonie der Welt beruht darauf, dass alles in ihr nach Zahlenverhältnissen geordnet ist. Pythagoras geht von einer grundlegenden Ordnung, einer Einheit der Welt aus, die auf den Zahlen als Prinzipien basiert. Die Zahlen führen jeden Zustand, jedes Geschehen in eine Ordnung, wobei auch der Mensch keine Ausnahme bildet. Hier nun sollten Sie hellhörig werden, denn ganz unmerklich baut sich im Hintergrund eine Frage auf, die sich besonders in unserem eigenen Kulturkreis stellt. Es ist die Frage nach der Willensfreiheit.

Wenn wir als Menschen in einer grundlegenden Ordnung und Einheit leben, Teil dieser Ordnung und Einheit sind, wie, so frage ich Sie, wollen und können wir hier unsere Willensfreiheit ausleben. Ich meine, zweifeln wir nicht alle insgeheim an der Möglichkeit dieser Willensfreiheit? Am deutlichsten zeigt sich dieser Zweifel da, wo Menschen nur allzu gerne wüssten, wie sich ihr eigenes, persönliches Schicksal gestalten wird. Diese Frage wäre überflüssig, wäre ich von den Möglichkeiten einer Willensfreiheit überzeugt. Aber? Begreift sich diese Willensfreiheit nicht einseitig als Freiheit von der Notwendigkeit bestehender Äußerlichkeiten?

Im Falle eines Brandes habe ich durchaus die Möglichkeit, die Flammen zu löschen oder ihnen durch Flucht zu entrinnen. Ich würde aber ein Opfer der Flammen, hätte ich kein Wasser oder könnte nicht laufen. Und das mit objektiver Notwendigkeit. Willensfreiheit erfährt hier doch ganz eindeutige Wendungen. Denn ich kann an dieser aufgezeigten objektiven Notwendigkeit nichts ändern. Ich kann ihr lediglich begegnen. Wie aber sieht es nun mit der Freiheit von der Notwendigkeit bestehender Innerlichkeiten aus? Einfacher gefragt: Kann der Mensch über seinen eigenen Schatten springen? Ist es nicht so, dass uns unsere eigene Innerlichkeit Wege und Ereignisse vorgibt, die wir nicht verlassen und denen wir nicht entgehen können? Dennoch behaupte ich eine Freiheit, die darin besteht, Innerlichkeit, also mich selbst zu „überwinden", ohne mich aufzuheben. Diese Freiheit finde ich in mir selbst. Numerologie kann helfen, diese Suche zu erhellen. Über die Deutung der Zahlen nähere ich mich im Verständnis der Pythagoreer dem Geheimnis, dem WARUM von Welt und damit dem WARUM meiner selbst.

Moderne Numerologie bezieht sich zu Recht auf Pythagoras. Aber auch Pythagoras hat die Numerologie nicht „erfunden", er wiederum kam mit den unterschiedlichsten geistigen Strömungen seiner Vergangenheit und Gegenwart in Kontakt. Seine intensive Reisetätigkeit brachte es mit sich, dass wir ihn in Milet, in Ägypten, in Babylon und im heutigen Italien finden, also in unterschiedlichen Kulturen mit unterschiedlichen Religionen, Philosophien und Mythologien. Symbolhaftes, analoges Denken trat in diesen Kulturen in den unterschiedlichsten Formen auf, aber es war im Grunde genommen nur die Form, die die vermeintlichen Unterschiede ausmachte. Die dahinterliegende Überzeugung war eigentlich dieselbe. Und selbst die Ausgestaltung dieser Überzeugung durch Pythagoras und seine Anhänger können wir heute und jetzt nicht einfach nahtlos übernehmen. Anders sieht es mit der hinter dieser Überzeugung stehenden Gewissheit aus, das Universum als einen Kosmos zu verstehen, als Einheit. Ein Kosmos aber wird von seinen Gesetzen beherrscht und hat keinen Platz für den Zufall. Die Anerkennung dieses Prinzips erlaubt es uns heute, unsere Betrachtungen auf den uns zugänglichen Bereich von Wirklichkeit zu beschränken, um dann die hier gemachten Erfahrungen auf die anderen, uns unzugänglichen Ebenen der Wirklich analog zu übertragen. Dieses Analogieverfahren gestattet es dem Menschen, die gesamte Wirklichkeit und damit auch die unzugänglichen Ebenen des eigenen Selbst verstehen zu lernen. In diesen Überzeugungen gründen moderne numerologische Lehren, die im Geburtsdatum eines Menschen jene Zahlenwerte finden, die Rückschlüsse auf den Charakter und Lebensweg des Betreffenden zulassen. Ich möchte es nochmals betonen: Diese Zahlenwerte haben eine sehr lange Geschichte und sind über die Jahrhunderte hinweg in variierter Belegung zu uns gekommen und werden heute sicherlich anders übersetzt als zu Pythagoras' Zeiten. Geblieben sind die Fragen der Menschen nach ihrer Lebensaufgabe, die sie über die Numerologie zu beantworten versuchen.

Ausgangspunkt für die Numerologie kann hier das Geburtsdatum sein. Und auch hier gibt es keinen Zufall. Anhand des Geburtsdatums eines Menschen bestimmt sich die Lebenssinnzahl, die Lebenszahl, die Charakterzahl. Aus diesen Zahlen wiederum können wertvolle Informationen über die Lebensbestimmung des betreffenden Menschen gewonnen werden.

Sie werden jetzt sicherlich einwenden, dass unterschiedlichste Geburtsdaten rein mathematisch zu gleichen Lebenssinn-, Charakter- und Lebenszahlen führen. Vermeiden Sie es daher, das Leben Ihrer Mitmenschen wie auch das eigene von nun an gebrochen durch ein Zahlenprisma zu betrachten. Sie sollten jetzt nicht, wie auf Tagungen und Konferenzen beispielsweise üblich, sich ein Schild umhängen und es mit errechneten Nummern beschriften. Schreiben Sie bitte weiterhin Ihren Namen auf dieses Schild. Ich werde mich in Ansätzen zu diesem Thema noch in diesem Buch äußern, weiterführende Gedanken werden dann an anderer Stelle entwickelt.

Denken Sie sich Wirkungszahl, Lebens- und Lebenssinnzahl als Kategorie oder Begriff, wenn Sie wollen, gerne auch als Symbol. Es gibt den Tannenbaum, es gibt die Linde, es gibt die Weide und es gibt die Erle. Aber es gibt nicht „den Baum". Unter dieser Kategorie subsumieren wir jene allgemeinen Eigenschaften des Tannenbaums, der Linde, der Weide und der Erle (Nadeln/Blätter, Stamm, Äste, Zweige, Wurzeln usw.), die es uns Menschen möglich machen, verständlich über verschiedene Bäume zu kommunizieren. Licht- und Standortverhältnisse formen jedoch jeden einzelnen Baum anders aus. Hier können wir keine Übereinkunft ermöglichen, da sich jeder von uns die Wirklichkeit des einzelnen Baumes subjektiv aneignet. Der eine „findet" Trauerweiden schön, beim anderen lösen sie das aus, was im Namen verborgen ist: Trauer, Depression.

Ähnlich verhält es sich mit dem Geburtsdatum eines Menschen. Das Geburtsdatum macht die betreffenden Menschen nicht gleich. Sowenig es „den Baum" gibt, so wenig gibt es „den Menschen". Es gibt aber Peter, Paul und Maria in der Vielschichtigkeit ihrer Subjektivität (Geschlecht, Erbanlagen, soziale Herkunft, Bildung, Lebenseinstellung, Beantwortung der Identitätsfrage/Wertvorstellungen, religiöse Gebundenheit usw.). Nehmen wir an, Peter, Paul und Maria hätten alle die Lebenssinnzahl 16; 7. Das bedeutet nicht, dass sich ihre Lebenswege gleichen.

Diese Lebenssinnzahl offenbart einen Ausschnitt aus unserem Lebenssinn und seinen tief in uns verborgenen Anlagen. Heute, im Zeitalter des gesellschaftlichen Individualisierungsschubs wird die Frage nach dem Lebenssinn besonders direkt gestellt, meint der Philosoph Joachim Kahl. Mögen manche Intellektuelle diese Sinnsuche als pubertäre Grübelei bespötteln, wir alle sollten sie ernst nehmen als legitime Frage nach dem eigenen Wozu und Warum, nach dem Woraufhin und Worumwillen des eigenen Tun®s. In der Frage nach dem Lebenssinn artikuliert sich ein spirituelles Bedürfnis, d. h. ein geistiges, gemüthaft vertieftes Verlangen, das Gefühl und auch den Verstand umgreift. Nur: Der Lebenssinn des Lebens verwirklicht sich nicht in Gedanken und Wünschen über den Lebenssinn, sondern in der Lebensgestaltung, im TUN® selbst als dessen spiritueller Dimension, die alle Lebensbereiche durchzieht. Der Lebenssinn ist die innere Architektur des Lebens, nicht sichtbar, aber spürbar. Sichtbar ist für uns eine Zahl, die aus unterschiedlichen Ziffern besteht. Sie steht als Symbol für diese innere Architektur des Lebens. Sie soll uns helfen, auch das Spürbare für uns „sichtbar" zu machen.

Sie erinnern sich bitte: Ich betonte weiter oben den für mich bestehenden Unterschied zwischen Sinn des Lebens und Lebenssinn. Mit der Frage nach dem Sinn des Lebens assoziiere ich immer die Behauptung vom Leben ganz allgemein und dessen theoretischen Sinn. Beschäftigt sich nun Philosophie mit diesen Fragen, geschieht das aus dem Blickwinkel ihres jeweiligen Vertreters heraus. Wäre er aufrichtiger, würde er von vornherein die Frage nach dem Sinn seines Lebens stellen. Die Frage nach dem Sinn eines individuellen Lebens ist für mich die Frage nach dem Lebenssinn.

Im Zentrum jüdischer Mystik, der Kabbala, geht es darum, wie jeder für sich seine Fragen nach dem Sinn seines Lebens beantworten kann. Tatsächlich bin ich mir sicher, schreibt sinngemäß der Rabbi Yehuda Ashlag, dass alle Zweifel über die Notwendigkeit des Studiums der Kabbala sofort verschwinden werden, wenn wir unsere Aufmerksamkeit nur auf eine wichtige Frage lenken. Und diese Frage, die sich alle Menschen stellen, lautet: Worin besteht der **Sinn meines Lebens**, worin besteht **meine Lebensaufgabe**? Jeder von uns hat eine Lebensaufgabe in sich und kann sich ihr nicht entziehen, wenn er sich nicht von sich selbst entfernen oder gar entfremden will. Aber ich kann mich dem Sinn meines Lebens stellen und von hier aus in Übereinstimmung mit meinem Selbst handeln, ich kann **TUN®**. Ich komme hierauf an späterer Stelle zurück. Nur so viel: In meinem Verständnis ist die Kabbala für Menschen gedacht, die aus sich selbst heraus den Wunsch äußern, ihre individuelle Persönlichkeit zu entwickeln. Hier geht es nicht um Wünsche, die eine soziale Umwelt an eines ihrer Mitglieder heranträgt, zumal diese Wünsche allzu rasch in Anordnungen umkippen können.

Das Wort Kabbala leitet sich aus dem hebräischen Wort „kibel" ab. Es drückt aus, dass etwas überliefert, übernommen und übergeben wird.

Die „schriftliche Kabbala" gibt es nicht. Es existiert aber eine Vielzahl kabbalistischer Texte und noch mehr entsprechende Kommentare dazu. Ich möchte Ihnen drei der wichtigsten kabbalistischen Texte punktuell vorstellen.

Etwa um 1180 tauchte in Südfrankreich der wohl älteste kabbalistische Text, das „Buch der Großartigkeit" (**Bahir**) auf. Dieser Text enthält eine Sammlung von Bibelerklärungen.

Das „Buch der Formung" (**Sefer Jezirah**) enthält in symbolischer Form die Geschichte der Schöpfung und ihrer Gesetze. Diese Gesetze werden in den 32 Wegen der Weisheit dargelegt, die aus den 10 Sephiroth und den 22 Pfaden, die die Sephiroth miteinander verbinden, bestehen. Einige Autoren schreiben das Buch dem Rabbi Akira (um 120 n. Chr.) zu, andere führen es auf Abraham selbst zurück. Das erste erhaltene Manuskript stammt aus dem 11. Jahrhundert. Eine stark erweiterte Version wurde 1562 in Mantua gedruckt.

In symbolischer Form enthält das „Buch des Glanzes“ (**Sefer ha Sohar**) Lehren über das Wesen der Gottheit und der Arten seiner Offenbarung. Der Kabbalist Moses ben Schemtow de Leon (1250-1305) veröffentlichte den Sohar.

Mit dem „Buch der Formung“ (Sefer Jezirah) wird oft eines der wichtigsten Symbole der jüdischen Kabbalistik, der „Baum des Lebens“ (Otz Chiim), in Verbindung gebracht. Warum eigentlich sind Bäume überall auf der Welt so offenkundig mit der geistigen Entwicklung des Menschen verknüpft? Wieso nimmt der Baum eine zentrale Stellung in den unterschiedlichsten Weltbildern der Vergangenheit ein? Inzwischen liegen viele Hinweise vor, die diese Fragen beantworten können. Die Gesamtheit der Antworten gibt ein einheitliches Bild. In den alten Mythologien ist der Baum ein vollkommenes Symbol für das Leben selbst: der Lebensbaum. Sein Stamm wurzelt im Urgrund und die Krone trägt die Vielfalt der Erscheinungen der Schöpfung. Im alten Ägypten, Mesopotamien und Griechenland waren auch die Sterne seine Früchte. Der Baum des Lebens schenkt Nahrung und Heilmittel für alle Wesen. Der Baum ist unsterblich und gewährt auch den menschlichen Seelen durch seine Früchte Unsterblichkeit: Herakles stahl den Hesperiden (Töchter des Atlas, bewachen in der griechischen Mythologie den Garten der Götter) die goldenen Äpfel, ein Geschenk an Hera zur Vermählung mit Zeus. Der Saft vom Baum des Lebens spendet im Verständnis anderer Kulturkreise Allwissen und Erleuchtung. Für den altpersischen Hohepriester Zarathustra ist der Baum des Lebens Symbol für den Weg der Seele zum Himmel.

Der weitverzweigte Lebens- oder Weltenbaum ist die unsichtbare, geistige Struktur des Kosmos. Besonders in der jüdischen Kabbala wird die geistige Natur des Lebensbaumes betont. In dieser Tradition wächst der Lebensbaum von oben (geistige Welt) nach unten (in die Welt der stofflichen Erscheinungen hinein).

Der Otz Chiim ist eine schematische Darstellung der Geschichte der Schöpfung aus dem Sefer Jezirah und verdeutlicht den schwer zu verstehenden Originaltext. Ich muss allerdings voranstellen: Sie werden wenig Einblicke in das „Buch der Formung“ gewinnen, wenn Sie sich seinem Text gegenüber auf eine verstehend rationale Position begeben. Vermeiden Sie es, in der Begegnung mit der Kabbala Ihren Intellekt zu bemühen. Fordern Sie jenen Ausschnitt Ihres Denkvermögens, der um das weiß, was sich logischer oder kausaler Matrix entzieht. Dieses Wissen finden Sie in keinem Lehrbuch.

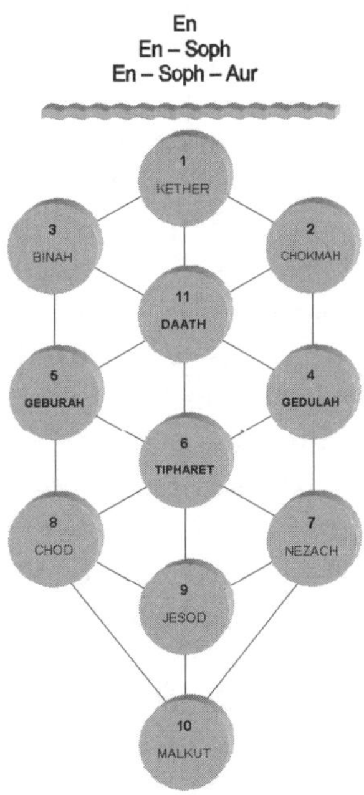

Das gesamte sichtbare Universum stammt im Verständnis kabbalistischer Tradition vom „En“ ab, der verborgenen und grenzenlosen göttlichen Energie. Sie ist ohne Eigenschaften und Attribute. Seine Grenzenlosigkeit würde verloren gehen, sobald man versuchte, En-Soph Eigenschaften zuzuordnen.

Das Zuordnen von Eigenschaften stellt sich im heutigen modernen Sprachgebrauch auch als Definieren dar. Negative Existenz zu definieren ist unmöglich, denn sobald sie definiert wird, geht sie in ihre Beschaffenheit über. Kabbalistisches Denken umgreift drei Schleier negativer Existenz: En, En-Soph und En-Soph-Aur. En lässt sich auch mit Nichts übersetzen, En-Soph ist das rotierende Nichts und En-Soph-Aur ist entweder das selbstleuchtende oder beleuchtete Nichts. Andere Lesarten transponieren das En als negativ existierendes Prinzip, En-Soph als grenzenlose Expansion und En-Soph-Aur als grenzenloses Licht. En-Soph-Aur ist das einzig negativ existente Prinzip, von dem der Mensch sich eine unklare und schwache Vorstellung machen kann. An diesem Punkt beginnt En-Soph-Aur in Kether überzugehen und Existenz zu werden.

Der Baum des Lebens beschreibt somit eigentlich eine Art von Kristallisationsprozess, in dem das Grenzenlose allmählich Grenzen bekommt, und Letzteres ist die Welt, wie wir sie wahrnehmen. Dieses Sein erscheint nicht urplötzlich, für die kabbalistische Mystik gibt es Zwischenstufen des Seins, des Geistes, der Energie oder des Bewusstseins. En-Soph enthüllt dem Menschen also Aspekte seiner Göttlichkeit und auf dem Baum des Lebens werden diese durch zehn Hauptstufen, die Sephirot, symbolisiert. Modernes Denken kommt der Bedeutung der Sephirot am ehesten nahe, wenn es sie als Bewusstseinsstufen betrachtet. Sie sind zu verstehen als Emanationen (lat. emanatio: Ausfluss, Ausströmung, bezeichnet philosophisch das Hervorgehen von Niederem, Unvollkommenerem aus einem Höheren, Vollkommenerem; dabei bleibt das Prinzip, aus dem sich alles heraus entwickelt, unveränderlich und einheitlich, Emanationslehren sind so gesehen umgekehrte Entwicklungslehren: die Mannigfaltigkeit der Realität, d.h. in dieser Sicht das Niedere, Unvollkommenere, geht aus dem Höheren hervor, in der griechischen Philosophie finden wir diese Emanationslehre u. a. bei Pythagoras, auch die Auffassung der Einheit von Mikro- und Makrokosmos lässt sich auf die Emanationslehre zurückführen), Ausstrahlungen des letztlich verborgen bleibenden En-Soph. Neben Kether kennt die Kabbala neun weitere Sephirot. Dass genau zehn Emanationen angenommen werden, erklärt sich übrigens durch pythagoreische Einflüsse. Sie erinnern sich: Pythagoras galten die Zahlen Eins bis Zehn als Grundstrukturen des Lebens.

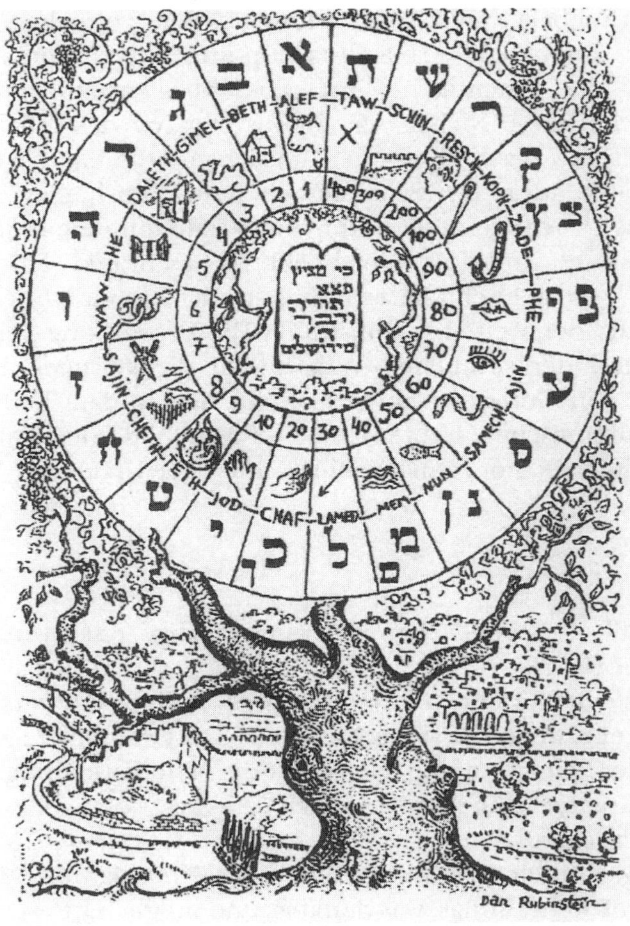

Der Lebensbaum oder Otz Chiim ist eine kabbalistische Darstellung der 10 Sephirot und der 22 sie verbindenden Pfade, wobei die Pfade mit den 22 Buchstaben des hebräischen Alphabets identifiziert werden.

Sephirot ist der hebräische Name der zehn göttlichen Emanationen im kabbalistischen Lebensbaum. Hierzu muss man wissen: Die geistige und sinnliche Welt geht im Verständnis der Kabbala durch Ausstrahlung aus dem göttlichen Einen hervor, durch eine Art Selbstschöpfung, Selbstoffenbarung. Gott ist das Unendliche, das „En-Soph“, das unbegrenzte, eigenschaftslose „Nichts“, das anfangs alles war, das Urlicht, das alles erfüllte, das Verborgene. Um sich zu offenbaren, setzt er die Welten aus sich heraus; sie gehen aus ihm hervor, indem sich das Urlicht gestaltet und nicht gestaltet, indem es in alles hineinstrahlt und doch eins bleibt. Es beschränkt sich selbst; dadurch entsteht ein leerer Raum, in welchen das Urlicht der Welt bzw. der Welten hineinstrahlt. Die Vermittlung zwischen Gott und der sinnlichen Welt bilden die geistigen Kräfte, welche von Gott ausstrahlen bzw. aus dem „Adam Kadmon“, dem himmlischen Urmenschen und „Urbild“ des irdischen Menschen. Es gibt zehn solcher Kräfte oder **Urzahlen**, „Sephiroth“.

1

KETHER – Krone – bewunderungswürdige oder versteckte INTELLIGENZ

Die erste Sephira heißt bewunderungswürdige oder versteckte Intelligenz, denn sie ist das Licht, das den Uranfang begreifen lässt, der keinen Anfang hat. Sie ist die erste Verklärung, denn keine Kreatur kann ihre Wesenheit erfassen.

(Sepher Jezirah)

Anfang, Einheit, das Individuelle und seine Manifestationen, jede Eins steht für das, was denkbar und möglich ist

2

CHOKMAH – Weisheit – erleuchtete INTELLIGENZ
Die zweite Sephira ist die erleuchtete Intelligenz. Sie ist die Krone der Schöpfung, der Glanz der höchsten Einheit, der sie sich am meisten nähert.
(Sepher Jezirah)
auch theoretische Vernunft; Wirklichkeit, Dualität, Zusammengehörigkeit; stellt Vereinigung, aber auch Teilung dar sowie die Vereinigung von Gegensätzen

3

BINAH – Intelligenz – heiligende INTELLIGENZ
Die dritte Sephira wird heiligende Intelligenz genannt, die Grundlage der Weisheit. Sie heißt auch Schöpferin des Glaubens.
(Sepher Jezirah)
auch praktische Vernunft, Verstand, Einsicht, Kreativität, Evolution

4

GEDULAH – Liebe – zusammenhaltende oder empfangene INTELLIGENZ
Die vierte Sephira heißt zusammenhaltende oder empfangene Intelligenz, denn sie erhält alle heiligenden Kräfte und aus ihr strömen alle spirituellen Tugenden, alle feinsten Kräfte.
(Sepher Jezirah)
auch Gnade, Langmut, Milde, Güte, Barmherzigkeit; steht für einen stabilen Zustand mit klaren Grenzen, hinter denen sich das Unbekannte verbirgt

5

GEBURAH – Gerechtigkeit – Wurzel-INTELLIGENZ
Die fünfte Sephira heißt Wurzel-Intelligenz, denn sie gleicht der Einheit, da sie sich mit Binah vereint, die aus den Urtiefen Chockmahs emaniert.
(Sepher Jezirah)
auch Stärke und Härte, Ganzheit, Menschlichkeit; steht für einen ständigen Zustand der Entwicklung mit momentanem Chaos

6

TIPHARET – Schönheit – vermittelnde INTELLIGENZ
Die sechste Sephira heißt vermittelnde Intelligenz, weil sich in ihr die Ströme der Emanation vervielfältigen. Sie lässt diesen Einfluss in alle Reservoire der Segnungen strömen, die sich in ihr vereinigen.
(Sepher Jezirah)
auch Herrlichkeit; Fortschritt, Entwicklung, Wendung zum Guten

7

NEZACH – Festigkeit – verborgene INTELLIGENZ
Die siebente Sephira wird verborgene Intelligenz genannt, denn sie ist der strahlende Glanz der intellektuellen Tugenden, wahrgenommen mit den Augen des Intellekts und durch die Kontemplationen des Glaubens.
(Sepher Jezirah)
auch Sieg oder Konsistenz; Stabilität, Einfluss, Rechtschaffenheit, steht für kosmische Ordnung, Ausgeglichenheit und Harmonie

8

CHOD – Pracht – absolute oder vollkommene INTELLIGENZ
Die achte Sephira heißt absolute oder vollkommene Intelligenz, denn sie ist das Mittel des Ursprünglichen, das keine Wurzel hat, an der es hängt, außer den geheimen Tiefen Gedulahs, aus denen ihre Substanz entströmt.
(Sepher Jezirah)
steht für ununterbrochene Verwandlung, Regeneration und Wechsel als notwendiger und heilsamer Krise

9

JESOD – Fundament – reine INTELLIGENZ
Die neunte Sephira heißt reine Intelligenz, denn sie reinigt die Emanationen. Sie bestätigt und berichtigt die Pläne für die Ausführung und bestimmt die Einheitlichkeit, mit der sie ausgeführt werden, ohne Schmälerung oder Teilung.
(Sepher Jezirah)
auch Grund; steht für das allmähliche Schließen eines Zyklus zur Einheit hin, aus dem etwas lang ersehntes Neues geboren wird

10

MALKUT – Reich – glänzende INTELLIGENZ
Die zehnte Sephira heißt glänzende Intelligenz, weil sie über jedes Haupt erhaben ist und auf dem Thron Binahs sitzt. Sie erhellt den Glanz aller Lichter und lässt vom Prinz der Angesichter, dem Engel Kethers, einen Einfluss ausströmen.
(Sepher Jezirah)
auch Herrschaft; Potenzial, Energie, steht für einen nicht endgültigen Abschluss mit Rückkehr zum Anfang und zur Einheit

Alles beginnt also in der Krone des Baumes, (1) Kether. Diese Energiesphäre steht in Verbindung mit dem En-Soph-Aur, dem unendlichen, grenzenlosen Licht, in dem die unsichtbare göttliche Welt der Ideen und Archetypen enthalten ist. In Kether beginnt sich eine Idee punktförmig zu konzentrieren. Hier ist alles noch eins mit sich. Kether ist also Symbol für Einheit. Von hier geht der Schöpfungsimpuls (der Baum steht für die zehn Stationen der göttlichen Schöpfung) weiter nach (2) Chokmah und der rechten, sogenannten männlichen Säule der Gnade. Der Punkt erweitert sich zur Linie, die zwei Enden hat, also der Ursprung der Dualität. Der göttliche Blitz setzt seinen Weg fort zu (3) Binah, der obersten Sephira (Energiesphäre) der linken und sogenannten weiblichen Säule der Strenge. Hier gibt es zwei Möglichkeiten: entweder der schöpferisch-männliche Impuls aus Chokmah (höchste Weisheit) wird von Binah (höchstes Verständnis) absorbiert (der tödliche Aspekt der weiblichen Empfängnis) oder er wird von Binah kreativ ausgeformt und an Gedulah/Chesed (Barmherzigkeit), der vierten Sephira, weitergegeben. Diese oberen drei Sephirot sind für den Menschen nach kabbalistischem Wissen unerreichbar, sie stehen für die sogenannte göttliche Dreieinigkeit (Kether = Vater, Chokmah = Sohn, Binah = Mutter). Gleichzeitig bilden sie die oberste Welt des Lebensbaumes: Atziluth. Der Rest des Lebensbaumes wird durch den Abgrund (Abysos) getrennt, der wie gesagt für Menschen nur durch göttliche Gnade überwunden werden kann. Nach kabbalistischer Tradition strebt der Mensch von Malkut aus auf seinem Weg zu Gott zurück nach oben, zu Kether. Von Gedulah/Chesed setzt sich der „göttliche Blitz" im Zickzack über (5) Geburah (Strenge), (6) Tipharet (Schönheit), (7) Nezach (Sieg), (8) Hod (Ruhm), (9) Jesod (Fundament) nach (10) Malkut (das Reich), das irdische Weltreich und der Aufenthaltsort des Menschen, fort. In Malkut hat die göttliche Schöpfung ihre vollkommene Verwirklichung erreicht. Malkut kann sich wieder in Kether und den Anfang eines neuen

Lebensbaumes „verwandeln“. Sie sehen also: Der Lebensbaum stellt die Verbindung der göttlichen mit der irdischen Welt dar. Neben den zehn Sephiroth (den Emanationen Gottes) besteht er aus 22 Wegen, die die einzelnen Sephirot miteinander verbinden. Diese 22 Wege symbolisieren die verschiedenen Bewusstseinszustände, die jeder Mensch zu durchlaufen hat, bis er von Malkut nach Kether, also seiner göttlichen Heimat, zurückkehren kann. Die 22 Pfade sind also Aufgaben, die zu verstehen und zu lösen sind.

Hebräischer Buchstabe	**Hebräischer Zahlenwert**	**Lateinischer Buchstabe**	**unser heutiger Zahlenwert**	**Bedeutung**
Alef (Weg)	1	A	1	Wille, Energie
Beth	2	B	2	Wissen, Studien
Gimel	3	G	3	Ehe, Gemeinschaft Kommunikation, Beziehung
Daleth	4	D	4	Tat , Handlung, Arbeit
He	5	E	5	Religion, heilendes Wirken, Sinn des Lebens
Waw	6	U, V, W	6	Liebe, Prüfung, Analyse, Forschung, Kritik, Polarität, Sexualität

Sajin	7	Z	7	Sieg, Überwinden, Gelingen, Gewinnen
Cheth	8	H, CH	8	Gerechtigkeit, hohe Moral, Ordnung
Teth	9	T	9	Weisheit, Philosophie, Psychologie
Jod	10	I, J, Y	10	Wechsel des Glücks, Freiheit, Veränderung
Chaf	20	C, K	11	Spirituell, Intuition, Inspiration
Lamed	30	L	12	Dienst am Menschen, Opferbereitschaft, Verzicht
Mem	40	M	13	Transformation, Loslassen, Abschied, Neubeginn, Höheres Wissen
Nun	50	N	14	Selbstkontrolle, Disziplin, Gedankenkontrolle

Samech	60	X	15	Wirkungskraft, Suggestion, Einfluss, Kompetenz, Selbstverwirklichung
Ajin	70	O	16	Lernen durch Erfahrung, Schicksal als Chance, Krise, Lehren, Beraten, Erziehen, Therapieren, öffentliche Aufgabe, Krisenbewältigung
Phe	80	F, P, PH	17	Wahrheit, Glaube, Hoffnung, Idealismus, Beistand, Vertrauen auf das Leben und seinen Sinn, soziales Engagement

Zade	90	SCH, SH, TS, TZ	18	Was gut und schlecht für mich ist, Extreme, Einsatz für lebenswichtige Belange, Unrecht, Krankheit, Gefahr, Lernen, Falschheit
Koph	100	Q	19	Glück, Freude, Harmonie
Resch	200	R	20	Erwachen, Neugeburt
Schin	300	S	21	Erfolg, Chancen, Fortschritt
Taw	400	TH	22	Illusion, Fantasie, Täuschung, Enttäuschung

Eine ausführliche Begründung des Zusammenhangs zwischen der ursprünglichen Bedeutung der hebräischen Buchstaben und ihrer modernen Deutung werde ich an anderer Stelle geben. Hier soll zunächst genügen, dass sich die Wirkungszahl, wie ich sie nennen werde, vor diesem hier besprochenen Hintergrund wie folgt berechnet:

1	2	3	4	5	6	7	8	9	10	11	12	13	14	15	16	17	18	19	20	21	22
A	B	G	D	E	V	Z	H	T	I	C	L	M	N	X	O	F	SH	Q	R	S	TH
					U		CH		J	K						P	SCH				
					W				Y							PH	TS				
																	TZ				

Wirkungs-, Lebens- und Charakterzahl
Folgende Berechnungsformeln lege ich meinen Ausführungen zugrunde:
Wirkungszahl
Paul Beispiel

P	A	U	L	B	E	I	S	P	I	E	L
17	1	6	12	2	5	10	21	17	10	5	12

Summe: 17+1+6+12+2+5+10+21+17+10+5+12=**118**
Quersumme: **10**
Summe minus Quersumme: **108**
Summe minus Quersumme geteilt durch 9: **12**
Summe minus Quersumme geteilt durch 9 plus 1 (1 Person = personifiziert): **13**
Quersumme: **4**

Wirkungszahl: 13; 4

Lebenssinnzahl
Paul Beispiel

P	A	U	L	B	E	I	S	P	I	E	L

Summe: **118**
Fiktives Geburtsdatum: 17. 01. 1953

1	7	0	1	1	9	5	3

Summe: **27**
Summe (siehe oben) plus Summe Geburtsdatum: **145**
Quersumme: **10**
Summe (siehe oben) plus Summe Geburtsdatum minus Quersumme: **135**
Summe (siehe oben) plus Summe Geburtsdatum minus Quersumme geteilt durch 9: **15**
Summe (siehe oben) plus Summe Geburtsdatum minus Quersumme geteilt durch 9 plus 1: **16**
Quersumme: **7**

Lebenssinnzahl: 16; 7

Beachten Sie bei Ihren Berechnungen:
Bei Frauen bitte stets den Geburtsnamen verwenden (wichtig!!).
Des Weiteren berücksichtigen Sie bitte nur den Rufnamen (wichtig: wie in den entsprechenden Unterlagen – Taufschein etc. – !!).
ß = 2xS (Klauß wäre also 11+12+1+6+21+21=72)
ä = a (Ägidius wäre also 1+3+10+4+10+6+21 =55)
ö = o (Sören wäre also 21+16+20+5+14=76)
ü = u (Jürgen wäre also 10+6+20+3+5+14= 58)
Bei Geburtstagen bitte weiterhin beachten:
19 = 1 (19.01.1945 wäre also 1+1+1+9+4+5=21)
28 = 1 (28.04.1952 wäre also 1+0+4+1+9+5+2=22)
29 = 2 (29.11.1968 wäre also 2+1+1+1+9+6+8=28)

Charakterzahl

Paul Beispiel

1	7	0	1	1	9	5	3

Summe der einzelnen Ziffern des Geburtsdatums: 27

Charakterzahl: 27

Lebenszahl
Paul Beispiel
Quersumme aus Charakterzahl: **9**
Lebenszahl: 9

Für Paul Beispiel ergibt sich also in der Gesamtdeutung:

Wirkungszahl	13	Charakterzahl	27	Lebenssinnzahl	16
Wirkungszahl	4	Lebenszahl	9	Lebenssinnzahl	7

Wirkungszahl 13; 4 bedeutet (analog):
(13) Transformation, Loslassen, Abschied, Neubeginn, Höheres Wissen;
(4) Tat, Handlung, Arbeit

Charakterzahl 27 (siehe weiter unten)

Lebenszahl 9 bedeutet (analog):
Weisheit, Philosophie, Psychologie

Lebenssinnzahl 16; 7 bedeutet (analog):
(16) Lernen durch Erfahrung, Schicksal als Chance, Krise, Lehren, Beraten, Erziehen, Therapieren, öffentliche Aufgabe, Krisenbewältigung;
(7) Sieg, Überwinden, Gelingen, Gewinnen

Charakterzahl 27 bedeutet (analog)

Lebensaufgabe

Diese Menschen leben zwischen ausgewogener Verantwortung, Selbstvertrauen und Integrität.
Sie sollten weniger auf die Meinung anderer hören und lieber auf sich selbst vertrauen.
Damit haben sie die Chance, ihrem Gewissen zu folgen.
Diese Menschen müssen sich davor hüten, den Verheißungen selbst ernannter Heilsprediger zu folgen.
Erklären sie sich selber sehr wortreich, überwiegt noch immer ihr Verstand ihr Gewissen, Worte versuchen Gefühle zu verbergen.
Diese Menschen müssen aber ihrem Gewissen folgen, um nicht unter die Vereinnahmung anderer zu geraten und dabei ihre Integrität aufzugeben.
Sie wirken selbstsicher und kompensieren damit ihr mangelndes Selbstvertrauen.
Eine wichtige Frage für diese Menschen ist die Lebenssinnfrage.

Gesundheit

Diese Menschen leiden unter Traumata aus ihrer Kindheit.
Sie können dann Beschwerden in der Umgebung des Herzens haben, wenn sie ein dauerndes Gefühl des Betrogenwerdens nicht fallen lassen.
Die Angst des Allein-gelassen-Werdens oder der Isoliertheit führt zu psychischen Problemen.
Diese Menschen sollten unbedingt darauf achten, Seelenqualen nicht mit Alkohol oder Drogen zu kompensieren.
Ihre mehr verstandesmäßig und geistig ausgerichtete Aneignung der Welt kann zur Vernachlässigung ihrer physischen Stabilität führen, hier sollten sportliche Aktivitäten unbedingt angezeigt sein.

Beziehungen
Im Aufbau und der Gestaltung ihrer Beziehungen sollten diese Menschen rationale Sichtweisen hintenanstellen. Fühlen, fühlen und nochmals fühlen muss zu ihrem großen Leitbild werden.
Über Beziehungen erlangen diese Menschen die einmalige Chance, die Erfahrung der eigenen Verletzlich- und Verwundbarkeit zu machen, um von hier aus Vertrauen zu wagen. Gemeint ist nicht nur das Vertrauen zu anderen, sondern auch das Vertrauen zu sich selbst, sprich Selbstvertrauen.
Sexualität „geschieht" für diese Menschen nicht aus der Perspektive vorübergehender Lustbefriedigung. Über die Sexualität offenbart sich diesen Menschen Harmonie, Gemeinsamkeit und Gemeinschaft.

Beruf
Diese Menschen haben zwar im Kontext ihrer Beziehungen Probleme mit dem Alleinsein, im beruflichen Leben können und sollen sie sogar allein arbeiten. Allerdings sind sie gleichermaßen in der Lage, im Bereich von Dienstleistungen tätig zu sein wie einen Heil- oder Pflegeberuf auszuüben.

Finanzen
Zu Geld oder anderweitiger materieller Anerkennung haben diese Menschen ein gestörtes Verhältnis. Sie sehen diese Dinge nur als Schritt hin zur eigenen Wesensergründung.

Die Charakterzahlen von ... bis ...
Im Folgenden werde ich Ihnen die weiteren Bestimmungen der möglichen Charakterzahlen aus der Perspektive der Lebensaufgabe nennen. Ich möchte Sie aber jetzt schon eindringlichst darauf aufmerksam machen: Die hier getroffene Vorgehensweise der Punktualisierung soll auf keinen Fall dazu führen, ein Schubkastendenken in Gang zu setzen. Die Charakterzahl 12 bedeutet nicht etwa, dass der Betreffende kreativ

ist. Ich will nicht leugnen, dass sich in diesem Menschen Anlagen zur Kreativität befinden. Die Frage wird aber immer bleiben: Wie wird sich der jeweilige Mensch dieser Anlagen bewusst, erhebt sie sozusagen in sein Selbstbewusstsein, um von hier aus diese Kreativität Wirklichkeit werden zu lassen, eine Wirklichkeit, die sich nur über das TUN® entfalten kann. Wie also geht der Betreffende mit der in ihm verankerten Kreativität um?

Charakterzahl 12

Lebenssinn

- Auseinandersetzung mit Fragen der Kreativität, des Gefühlsausdrucks, der Ausgewogenheit und der Zusammenarbeit mit anderen für andere sowie gemeinsamen Aufgabenlösung hat eine wichtige Bedeutung für diese Menschen.
- Um sich solchen Herausforderungen stellen zu können, müssen sie Unsicherheiten und Selbstzweifel überwinden.
- Schöpferische emotionale Energien müssen in positive Bahnen gelenkt werden, um sich tatsächlich entfalten zu können.
- Kommt es hier zu Selbstzweifeln, besteht die Gefahr des Drogenkonsums.
- Dieser Drogenkonsum ist für solche Menschen der einzige Ausweg, um der Realität zu entfliehen, was unweigerlich zur Selbstzerstörung führen kann.
- Sie haben die Neigung, anderen ihre Gefühlswelt auf eine rational-intellektuelle Weise mitzuteilen, wodurch sie ihr eigentlich sehr sensibles, verletzbares und unsicheres Wesen verbergen.
- Diese Menschen verstecken ihre Sensibilität häufig hinter einer Maske aus Extrovertiertheit, kühler Rationalität und einem übersteigertem Selbstbewusstsein.
- Ihre Unaufrichtigkeit ist keine bewusst-pragmatische Lüge, sondern vielmehr in dem Bestreben begründet, ureigenste Gefühle nicht nach außen dringen zu lassen. Dadurch wird diese Unaufrichtigkeit zu einer Lebenslüge.

Gesundheit

- Solche Menschen besitzen einen empfindlichen Hals.
- Bei Blockierung der schöpferischen Energien bekommen sie Probleme im Unterleibs- und Genitalbereich.
- Im Allgemeinen sind sie sehr robust.
- Übergewicht ist bei ihnen ein sicheres Anzeichen für Blockaden der Kreativität.
- Im Zusammenhang mit Therapien sollten diese Menschen unbedingt auf emotionale Einflussnahmen achten.

Zwischenmenschliche Beziehungen

- Ausschlaggebend für ihr Beziehungsleben ist die Fähigkeit, das Gefühlsleben in seiner Gesamtheit zum Ausdruck zu bringen.
- Auch sogenannte negative Empfindungen – Wut, Hass etc. – müssen unbedingt ausgedrückt werden.
- Diese Menschen fühlen sich in ihren Beziehungen mitunter unsicher.
- Geben und Nehmen müssen genau gegeneinander abgewogen werden.

Beruf

- Ihre berufliche Tätigkeit sollten sie im kreativen Bereich realisieren.
- Diese Menschen sind sehr vielseitig.
- Sie sind am glücklichsten, wenn sie sich in der Unterstützung und Förderung anderer schöpferisch zum Ausdruck bringen können.
- Sie haben im Berufsleben mit Unsicherheiten und Selbstzweifeln zu kämpfen.

Finanzen

- Bei Überwindung der Selbstzweifel und Unsicherheiten und bei freier Entfaltung von Kreativität und Gefühlen bekommen auch die finanziellen Aspekte des Lebens einen soliden Untergrund.

Charakterzahl 13

Lebenssinn

- Kreativität, Stabilität und Gefühlsausdruck spielen für diese Menschen eine große Rolle.
- Selbstzweifel müssen bezwungen werden und dies gelingt solchen Menschen auch recht gut: Sie leben mit ihren Hoffnungen, Wünschen und Illusionen.
- Hierbei müssen sie sich allerdings mit einer gewissen Labilität und Unzuverlässigkeit auseinandersetzen.
- Sie müssen einen allmählichen Entwicklungsprozess durchleben, wobei die in ihnen angelegte Mischung aus Kreativität, Stärke und Feinfühligkeit ausgewogen zum Tragen kommen sollte.
- Nicht zu unterschätzen ist hierbei das Vorhandensein einer stabilen Ausgangsbasis (Familie, Beruf usw.).
- Wichtig ist für diese Menschen weniger das Ziel, sondern der Weg dorthin.
- Sie bewegen sich nicht selten in einem Spannungsfeld zwischen Eingebung und glasklarer Rationalität; hierbei müssen sie darauf achten, dass letzteres nicht die Oberhand gewinnt.

Gesundheit

- Diese Menschen sind infolge ihrer physischen Stärke und Robustheit resistent gegenüber den sogenannten Alltagsleiden.
- Sie haben Probleme mit dem körperlichen Stützsystem (Gelenke, Knie, Schenkel).
- Stress oder Widerwille gegen die Äußerlichkeiten des Lebens können zudem zu Problemen mit dem Verdauungssystem führen bzw. das Immunsystem in Mitleidenschaft ziehen.
- Körperliche Betätigung ist unbedingt angeraten, ein nicht zu unterschätzender psychischer Erfolg tritt dann ein, wenn Mannschaftssportarten bevorzugt werden.

Zwischenmenschliche Beziehungen

- Diese Menschen sind sehr umgänglich, was ihnen einen großen Freundeskreis verschafft, aus dem nicht wenige bewundernd zu ihnen aufschauen.
- Das sollte sie nicht darüber hinwegtäuschen, dass sich hinter ihrer selbstbewussten Ausstrahlung mitunter Unsicherheit verbirgt. Im Interesse ihrer eigenen Glaubwürdigkeit sind diese Menschen gut beraten, sich diese auch einzugestehen und aus ihrer Verletzlichkeit eine Stärke zu machen.
- Hinsichtlich einer Beziehung bleiben ihnen nur zwei Möglichkeiten: Entweder sie zeigen sich als fester, treuer und verlässlicher Partner oder sie haben generell ein Problem damit, eine echte emotionale Bindung einzugehen.
- Ihre Sexualität wird äußerst stark vom nichtsexuellen Bereich beeinflusst: Von Selbstzweifel, Unsicherheit und Bindungsangst bis hin zu körperlichen Verspannungen und unter Umständen auch Traumata aus der Kindheit. Dieser Umstand steht einem erfüllten Sexualleben im Wege.

Beruf

- Aufgrund ihrer vielen schöpferischen und nach Ausdruck drängenden Energien können diese Menschen in den verschiedensten Gebieten tätig sein.
- Besonders erfolgreich sind sie jedoch im unternehmerischen Bereich oder in beratenden Tätigkeiten.

Finanzen

- Die erhoffte Sicherheit kommt nicht urplötzlich, sondern ist das Resultat eines langen Weges, der mit vielen kleinen Schritten gegangen wird.

Charakterzahl 14

Lebenssinn

- Diese Menschen setzen sich mit Fragen ihrer Autonomie, Festigkeit und gestaltenden Tatkraft auseinander.

- Diese Auseinandersetzung muss von Selbstdisziplin geleitet sein, hier darf nichts dem Selbstlauf überlassen werden.
- Solche Menschen besitzen die Fähigkeit, anderen neue Lebensanschauungen zu vermitteln.
- Sie besitzen herausragende analytische Fähigkeiten, neigen aber auch zum Grübeln.
- Diese Menschen bewegen sich nicht selten auf einem schmalen Grat zwischen Genialität und Chaos.

Gesundheit

- Sie befinden sich andauernd in Eile.
- Ihre „Übervitalität“ führt bei impulsiven Handlungen nicht selten zu Knochenbrüchen.
- Meditative Übungen sind bei solchen Menschen empfehlenswert, um ihren rastlosen Geist zu beruhigen.
- Ihr Nervensystem benötigt überhaupt Schonung.
- Eigentlich sind sie stressresistent, geraten jedoch nicht selten in geistige Überbelastung.

Zwischenmenschliche Beziehungen

- Der überwiegende Teil dieser Menschen fühlt sich zu einem stabilen Familienleben hingezogen. Ein geringerer Teil von ihnen möchte dagegen eine Vielzahl von Erfahrungen im zwischenmenschlichen Bereich machen bzw. keine Verpflichtungen eingehen.
- Der Verwirklichung eines stabilen Familienlebens steht nicht selten der Drang entgegen, nicht ohne weiteres sesshaft werden zu wollen.
- Hin und wieder leidet bei diesen Menschen der zwischenmenschliche Bereich unter ihrer inneren Unverbindlichkeit.
- Sie brauchen starke, ja fast schon stürmische sexuelle Beziehungen.

Beruf

- Stärke, Kreativität und ein reger Geist sind das Kapital dieser Menschen im Berufsleben.

- Sie benötigen Herausforderungen und begegnen ihnen mit einem hervorragenden analytischen Verstand.

Finanzen

- Sie können Trends ausmachen, die andere noch lange nicht bemerken. Hier liegt ihre Stärke und die bringt gleichzeitig den finanziellen Erfolg.
- Diese Fähigkeit sollte allerdings mit Geduld einhergehen.

Charakterzahl 15

Lebenssinn

- Das Leben dieser Menschen dreht sich um Idealismus, Selbstlosigkeit, Unabhängigkeit und der ihnen eigenen schöpferischen Energie.
- Entscheidend für sie ist, dass sie aus dem eigenen Ich heraustreten.
- Sie leben zukunftsorientiert und lehnen daher ihre eigene Gegenwart mitunter ab.
- Aber nur über die Annahme ihrer unmittelbaren Wirklichkeit sind diese Menschen letztlich in der Lage, Gegenwart und Perspektivisches sinnvoll miteinander zu verbinden.
- Für sie geht es primär nicht darum, Ideale zu suchen. Sie sind gehalten, Ideales in die Realität zu entlassen.
- Die Suche nach Autonomie kann diesen Menschen nicht genügen, für sie dreht sich alles um die ideale, absolute Willensfreiheit.
- Ihnen ist in diesem Zusammenhang klar, dass die Realisierung von Idealen unmöglich ist, deshalb ist für sie allein der Weg dorthin entscheidend.

Gesundheit

- Mit ihrer schöpferischen Energie, ihrem regen Geist und ihren perfektionistischen Normen sind diese Menschen im Allgemeinen aktiv und betriebsam.

- Sie sollten darauf achten, diese Energien in die entsprechenden Bahnen zu lenken, ansonsten können sie sich unter Umständen bis zum Zusammenbruch überfordern.
- Wenn sie Heilung benötigen, sollten sie auf hoch entwickelte, verfeinerte Methoden (Visualisation, Hypnotherapie) zurückgreifen.

Zwischenmenschliche Beziehungen

- Diese Menschen neigen dazu, andere unverhältnismäßig stark zu idealisieren, wodurch sie häufig deren tatsächliche Charaktereigenschaften verkennen.
- Sie sind dann enttäuscht, weil ihre Mitmenschen nie jenen Grad der Vollkommenheit erreichen, den sie sich gewünscht haben.
- Diese Menschen unterhalten so eine Beziehung mit einem Idealbild, das sie auf den Partner projizieren. Ihren realen Gegenüber nehmen sie dagegen meist nicht mehr wahr.
- Letztendlich lieben sie so nicht mehr den anderen, sondern nur sich selbst.
- Im Allgemeinen sehnen sich diese Menschen danach, mit ihrem natürlichen Sexualtrieb wie überhaupt mit ihrer Beziehung etwas Größeres, Höheres zu beginnen.

Beruf

- Sie werden erst die verschiedensten Dinge ausprobieren, ehe sie sich für etwas Bestimmtes entscheiden.
- Ihre Ideale und ihr Abwechslungsbedürfnis führt zu Berufen, die im künstlerischen oder lehrenden Bereich liegen. Hier können diese Menschen ihre Ideale formen, da ihnen die Wirklichkeit nie vollkommen genug ist.

Finanzen

- Finanzen sind keine Ideale, sondern Tatsachen. Der finanzielle Erfolg bleibt aus, wenn sich ihre berufliche Tätigkeit als die permanente Jagd nach Idealen erweist.
- Wenn sie aber etwas schaffen, was sich in der gegenwärtigen Realität bewährt, dann werden sie finanziellen Erfolg haben.

Charakterzahl 16

Lebenssinn

- Offenheit, Glaubwürdigkeit, das Annehmenkönnen von Dingen bzw. Situationen und partielle eigene Unsicherheit sind die Positionen, mit denen diese Menschen konfrontiert werden.
- Vor ihnen liegt kein gerader Lebensweg, vielmehr gestaltet er sich steil und mitunter unwegsam.
- Diese Menschen werden nicht selten mit Herausforderungen konfrontiert, wobei bestehende Realitäten auf sie entmutigend wirken.
- Ungeachtet dessen gehören sie zu den sogenannten „Weltverbesserern", haben aber Angst davor, sich mit ihren Bestrebungen in der Öffentlichkeit zu diskreditieren.
- Von entscheidender Bedeutung ist für diese Menschen eine funktionierende Privatsphäre.
- Sie verfügen über eine rege Fantasie.
- Eines der großen Themen ihres Lebens ist das Wagnis von Vertrauen, denn solche Menschen fühlen sich schnell betrogen oder hintergangen. Sie müssen lernen, das Misstrauen zu sich selbst und anderen zu überwinden, was ihnen nicht leicht fällt.

Gesundheit

- Wenn sich diese Menschen permanent betrogen oder missverstanden fühlen, sind Herz- und Kniebeschwerden die Folge.
- Hinzukommen können Beschwerden im Bauch- und Lungenbereich.

Zwischenmenschliche Beziehungen

- Diese Menschen haben Schwierigkeiten, ihre Gefühle auszudrücken oder überhaupt Empfindungen zu zeigen. Eine aufrichtige Intimbeziehung wird ihnen daher schwer fallen. Es kann passieren, dass Kontakte nur in der Fantasie stattfinden.

- Verfügen sie jedoch über eine höhere Sicht der Dinge, können sie sehr offen, vertrauensvoll und mitteilsam sein.

Beruf
- Schöpferische Energien, hohe Maßstäbe und ein hervorragender Verstand befähigen diese Menschen, auf vielen Gebieten arbeiten zu können.
- Sie sind dann am erfolgreichsten, wenn ihnen ihre berufliche Tätigkeit einen Rest von Privatsphäre lässt.

Finanzen
- Der finanzielle Erfolg stellt sich genau dann ein, wenn sie lernen, ihre eigene Arbeit zu würdigen.

Charakterzahl 17

Lebenssinn
- Geld, Macht und Geistiges nehmen eine wichtige Rolle im Leben dieser Menschen ein.
- Sie verfügen über ein „Händchen für Geld“: die Umsetzung ihrer Energien findet immer einen Widerhall in der finanziellen Materialisierung ihrer Ideen. Und von denen haben sie genug.
- Sie gehören zu den Pragmatikern unter den Menschen.
- Dennoch mangelt es ihnen gelegentlich am notwendigen Selbstvertrauen.
- Sie haben eine anerkennenswerte, sogenannte „soziale Ader“.

Gesundheit
- Viele dieser Menschen sind in der Herzgegend empfindlich in dem Maße, wie sie ungelöste Vertrauensprobleme haben oder an emotionsgeladenen Erinnerungen oder Enttäuschungen festhalten.
- Sie sollten sich vor dem Hang zur Selbstzerstörung bewahren.

Zwischenmenschliche Beziehungen

- Meistens brauchen diese Menschen Zeit, um sich einer intimen Beziehung zu öffnen.
- Sie verfügen aber auch über die Anlage, eine spirituelle Gemeinsamkeit in einer Beziehung zu finden.
- Machtkämpfe treten dann auf, wenn ihre Starrsinnigkeit, aber auch Unsicherheit die Oberhand gewinnt.

Beruf

- Menschen mit dieser Charakterzahl verfügen über einen scharfen Verstand und ein angeborenes Interesse am Erfolg.
- In Verbindung mit ihrem schöpferischen Potenzial führt das zu Erfolgen in den unterschiedlichsten Gebieten.

Finanzen

- Vertrauen diese Menschen auf ihre Intuition, bleibt der finanzielle Erfolg nicht aus.

Charakterzahl 18

Lebenssinn

- Diese Menschen bewegen sich zwischen Ehrlichkeit, Geld, Kontrolle und Zuversicht.
- Sie wirken aufgeschlossen und machen den Einruck, einen „guten Draht“ zu anderen zu haben.
- Dieser Umstand verdeckt jedoch ihre Schuldgefühle, Ängste und Unsicherheiten.
- Die Suche nach ihrer eigenen Integrität veranlasst diese Menschen, in ihrem Handeln ethische Kompetenz und Ehrlichkeit zu beweisen.
- Sie verfügen über einen scharfen Verstand und Charisma und legen eine beneidenswerte Energie an den Tag.
- Menschen mit dieser Charakterzahl besitzen Führungseigenschaften.

- Einschränkungen ihrer Kreativität kommen nicht von außen, sondern liegen im Inneren dieser Menschen selber.
- Sie müssen darauf achten, dass Wort und Tat bei ihnen eine Einheit bilden.

Gesundheit
- Diese Menschen erfreuen sich einer guten bis ausgezeichneten Gesundheit.
- Einige von ihnen leiden unter Asthma oder Knochenkrankheiten.
- Nervliche Probleme sind nicht auszuschließen.

Zwischenmenschliche Beziehungen
- Sie können sehr leidenschaftlich und aufmerksam sein. Intimität und rückhaltlose Öffnung fällt ihnen vor dem Hintergrund eigener Unsicherheiten schwer. Hinzu kommt ein problematisches Kontrollverhalten.
- Sie besitzen Energie, Charme und Seelentiefe.
- Diese Menschen benötigen einen Partner, der zu ihnen hält; jemanden, der sie akzeptiert, so wie sind.
- Familie und Ehe stehen nicht unbedingt im Mittelpunkt ihrer Welt, dennoch können sie durchaus eine Familie als „Bühnenhintergrund für das große Drama ihres Lebens" gründen.
- Im Geschlechtsleben dieser Menschen kann sich ein großes körperliches, emotionales und sogar spirituelles Verlangen widerspiegeln.

Beruf
- Man findet diese Menschen nicht selten in Führungspositionen wieder.
- Mit ihrem dynamischen, schöpferischen Geist sind sie anderen meistens einen Schritt voraus.
- Für sie ist weniger wichtig, was sie tun, sondern vielmehr, wie sie es tun.

Finanzen

- Diese Menschen befinden sich fast ausnahmslos in soliden finanziellen Verhältnissen. Sie vermehren ihren Erfolg, wenn sie Geld nicht des Geldes wegen erwerben, sondern als sozialen Auftrag betrachten.

Charakterzahl 19

Lebenssinn

- Vor diesen Menschen türmen sich in allen Bereichen Berge von Hindernissen auf, ehe sie ihrem eigenen Leben einen Sinn geben können.
- Aufgrund ihrer eigenen, inneren Blockade wird ihnen das Bewältigen dieser Hindernisse nicht leicht fallen. Sie sind dazu verurteilt, die Härte ihres Daseins voll zu durchleben.
- Diese Menschen verfügen gleichzeitig über ausgezeichnete schöpferische Potenzen.
- Ihre ureigenste Unsicherheit führt zu Empfindlichkeit in der Wahrnehmung der Meinungen anderer.
- Dieses Muster der Sensibilität können und müssen diese Menschen durchbrechen.

Gesundheit

- Menschen mit dieser Charakterzahl benötigen wenig Schlaf.
- Dennoch sollten sie ein ausgewogenes Leben führen, sie sollten Maß halten und stets ihrer empfindlichen Natur Rechnung tragen.
- Bei Energieblockaden leiden sie unter Prostatabeschwerden bzw. haben Probleme mit den Eierstöcken oder dem Herzen.
- Nicht selten treten psychosomatische Beschwerden und Suchtverhaltensweisen auf. Sie sind überhaupt anfällig für die verschiedensten physischen und psychischen Leiden.

Zwischenmenschliche Beziehungen

- Diese Menschen fühlen sich derart von anderen „abgeschnitten“, dass sie sich völlig allein auf dieser Welt glauben.

- Zwischenmenschliche Beziehungen sind nicht ihre Stärke. Sie können Beziehungen aufbauen, haben aber Probleme mit Intimität und Nähe.
- Sie fühlen eigentlich nur dann mit dem Herzen, wenn sie ihren Verstand konsequent ausschalten.
- Ärger ist ein wichtiges Thema für sie.
- Sie sind schnell verletzt oder glauben, dominiert zu werden.

Beruf
- Sie besitzen eine karitative Ader.
- Ihre Feinfühligkeit, Stärke, Ausdrucksfähigkeit und Intuition befähigt sie zu den unterschiedlichsten Tätigkeiten. Besonders bewähren sie sich in Heilberufen.

Finanzen
- Wenn diese Menschen es lernen, ihre Fähigkeit in den Dienst der Allgemeinheit zu stellen, ist der finanzielle Erfolg abzusehen.

Charakterzahl 20

Lebenssinn
- Für diese Menschen spielt das Dienenwollen eine große Rolle. Gleichzeitig ist für sie wichtig zu lernen, wie man Grenzen zieht und ein ausgewogenes Verantwortungsgefühl entwickelt.
- Sie sind geprägt durch Übereifer und Überverantwortlichkeit, was sich bis zur Selbstanklage steigern kann.
- Verantwortungsgefühl wird weit über das eigene Ich auf das Leben und die Probleme der Mitmenschen ausgedehnt.
- Daraus entwickelt sich allerdings auch eine ständige Kritik am Verhalten der Umgebung.
- Menschen mit dieser Charakterzahl müssen unbedingt lernen, zwischen Hingebung und Hinnahme zu unterscheiden.
- Sie sollten sich auf jedem Fall vor dem Helfersyndrom schützen.

- Meist tun sie zu viel des Guten, was im Laufe der Zeit dazu führt, dass die Umgebung die übermäßige Hilfsbereitschaft nicht mehr erwidert. Das führt bei diesen Menschen häufig zu Verschlossenheit.
- Sie müssen für sich jenen Punkt markieren, an dem es noch genügt zu sagen „genug" anstatt „es reicht".
- Für Menschen mit der Charakterzahl 20 ist es unbedingt notwendig, sich über die eigenen Gefühle klar zu werden und sich diese nicht diktieren zu lassen.

Gesundheit

- Diese Menschen verfügen an sich über eine robuste physische Natur. Aufgrund ihrer permanenten Sorgen leiden sie aber häufig unter Verspannungen und Stress.

Zwischenmenschliche Beziehungen

- Trotz ihrer Vitalität halten sie mit ihren wahren Gefühlen zurück. Sie sind sich nicht immer sicher, was sie selber wirklich fühlen.
- In ihren Beziehungen sind sie kompromiss- und verhandlungsfähig.
- In sexueller Hinsicht gehen sie zunächst auf die Wünsche und Vorstellung ihrer Partner ein, bis sie merken, dass diese Wünsche nicht die eigenen sind. Dies kann zur sexuellen Verweigerung führen.

Beruf

- Sie verfügen über ungewöhnliche Fähigkeiten, die leider nicht immer zum Vorschein kommen.
- Diese Menschen haben ein ausgezeichnetes Organisations- und Koordinationstalent.

Finanzen

- Hier ist ihnen Sicherheit äußerst wichtig.
- Diese Sicherheit geht über die monatlichen Fixkosten hinaus.

Charakterzahl 21

Lebenssinn

- Diese Menschen bewegen sich in einem Spannungsfeld von Kreativität, Gefühlsäußerung, Ausgewogenheit und Zusammenarbeit.
- Bei garantierter Ausgeglichenheit sind sie sehr vielseitig.
- Sie leiden unter Kritik, können aber nach deren Überwindung selber sehr scharfe und gelegentlich unsachliche Kritiker werden.
- Ein nicht zu unterschätzendes Problem haben diese Menschen mit ihren Selbstzweifeln. Sie müssen lernen, diese Unsicherheiten zu überwinden.
- Gelingt ihnen das nicht, besteht die Gefahr, ihren Energien mithilfe von Suchtmitteln ein selbstzerstörerisches Ventil zu öffnen.
- Das wäre fatal, denn eigentlich gehören diese Menschen zu den ausgeglichensten, vielseitigsten und kreativsten überhaupt. Sie verfügen über ein hohes Maß an emotionaler Feinfühligkeit.

Gesundheit

- Ihr Hals gehört zu den empfindlichsten Zonen.
- Bei Unterdrückung ihrer schöpferischen Energien neigen diese Menschen zu Beschwerden im Unterleib und Genitalbereich oder leiden unter Übergewicht.
- Im Allgemeinen sind sie körperlich-physisch gut in Form.

Zwischenmenschliche Beziehungen

- Ausschlaggebend für das Beziehungsleben dieser Menschen ist die Bereitschaft, auch mal „das Gesicht zu verlieren“, d.h. das Innerste nach Außen zu kehren und Gefühle zu zeigen.
- In ihren Beziehungen sind sie nicht selten unsicher.
- Sind sie schöpferisch tätig, finden sie wenig Zeit oder Kraft für den Aufbau und die Ausgestaltung zwischenmenschlicher Beziehungen.

Beruf

- Diese Menschen sind prädestiniert für Berufe, in denen die unterschiedlichsten Formen des Sprachgebrauchs eine Rolle spielen: Schreiben, Reden usw.
- Dennoch müssen sie sich in der jeweiligen Berufsausübung vor Unsicherheiten und Selbstzweifeln in Acht nehmen.

Finanzen

- Hier wiederholt sich das Gesagte zum Beruf: Bei Überwindung ihrer Selbstzweifel und Unsicherheiten gelangt finanziell alles in Fluss.

Charakterzahl 22

Lebenssinn

- Zusammenarbeit mit anderen, Verantwortungsübernahme und die Entwicklung gegenseitigen Vertrauens bilden die Eckpunkte für das Verständnis dieser Menschen.
- Ihr Bedürfnis zur Kooperation kann bis hin zur Selbstaufopferung führen.
- In ihren Überzeugungen, Wertvorstellungen und Neigungen sind diese Menschen widersprüchlich. Sie sind aufgefordert, diese Gegensätze zu überwinden.
- Die vorhandenen Fähigkeiten zur Analyse und Strukturierung sollten sie nicht maßlos nutzen. Das kann zu impulsiven Verhalten führen.
- Es gilt, Verstand und Gefühl miteinander zu verbinden; logisches Denken sollte durch die Intuition relativiert werden.
- In der Bewältigung anstehender Aufgaben der unterschiedlichsten Art müssen diese Menschen darauf achten, realitätsbezogen vorzugehen.

Gesundheit

- Die Impulsivität und Zerstreutheit dieser Menschen birgt eine nicht zu unterschätzende Unfallgefahr in sich.

- Übernehmen sie Verantwortung ausschließlich für sich selbst und nicht immer gleich für die ganze Welt, erfreuen sie sich bester Gesundheit.
- Verläuft ihr Leben in geordneten Bahnen und sind sie nicht allzu sehr gestresst, haben sie eine ziemlich widerstandsfähige Konstitution.

Zwischenmenschliche Beziehungen

- Diese Menschen müssen im Kontext ihrer zwischenmenschlichen Beziehungen zunächst einmal Klarheit in Bezug auf das Verhältnis zu ihren Eltern schaffen.
- Den Bedürfnissen ihrer Mitmenschen kommen sie in der Regel sehr pragmatisch nach.
- Anderen gegenüber sind sie verantwortungsbewusst und fürsorglich, sind dabei aber eher praktisch und weniger gefühlsorientiert ausgerichtet.
- Sie sind direkt, selbstbewusst und geradeheraus.
- Ihrer Natur nach bewegen sie sich ständig zwischen einem großen Entgegenkommen und Auflehnung. Das macht sie in ihren zwischenmenschlichen Beziehungen nicht gerade kompromissbereit.
- Ihre sexuellen Ansprüche sind eigentlich einfach, aber sehr vital und praktisch. Sie lieben stürmisch, aber nicht unbedingt romantisch oder sinnlich.

Beruf

- Tiefe Befriedigung erfahren diese Menschen, wenn sie über ihre berufliche Tätigkeit andere unterstützen und fördern.
- Sie fühlen sich zu praktischen Dingen hingezogen. Hier benötigen sie klare und überschaubare Beschränkungen, Grenzen und Erfolgschancen.

Finanzen

- Aufgrund ihres Sicherheitsbedürfnisses hat eine stabile finanzielle Situation für diese Menschen absoluten Vorrang.
- Sie schaffen sich diese Stabilität mit großer Energie und konzentrierter Arbeit.

Charakterzahl 23

Lebenssinn

- Unabhängigkeit, gefühlsmäßige Ehrlichkeit, Disziplin, Kooperativität und ein tiefer Erfahrungsschatz sind für diese Menschen bestimmend.
- Sie brauchen eine gewisse Zeit, um Vertrauen zu sich selbst zu finden.
- Sie besitzen einen ausgeprägten Drang zur Erlangung ihrer inneren Freiheit. Wissen und Erfahrung spielen für sie dabei eine große Rolle.
- Diese Menschen haben ein Problem damit, Wissen um das Ganze und Erfahrung vom Ganzen zu reproduzieren, hier gehen sie punktuell vor.
- Sie haben einen Hang zum Dramatischen, können sich rasch langweilen und erzeugen daher gelegentlich hausgemachte Probleme.

Gesundheit

- An der Konstitution ihres Körpers lässt sich die Lebensgeschwindigkeit dieser Menschen ablesen: Sie sind schlank und wirken drahtig.
- Sie sollten darauf achten, ihren Adrenalinspiegel und ihr Nervensystem nicht allzu stark zu strapazieren.
- Sollten sie aus einer gewissen Neugier heraus Drogen konsumieren, lernen sie rasch, dass sie sich damit in eine Abhängigkeit bringen.

Zwischenmenschliche Beziehungen

- Ihre zwischenmenschlichen Beziehungen leiden nicht selten unter ihrem Bedürfnis nach „Freiheit“. Sie sind schnell dabei, anderen die Schuld an vermeintlichen Einschränkungen zu geben.
- Hierbei müssen diese Menschen lernen, dass sie letztlich selbst Schuld an ihrer Unfreiheit tragen. Erkennen sie, dass sie die Verantwortung für das eigene Leben in Händen

halten, übernehmen sie auch die Verantwortung für die eigene Freiheit.

- In Partnerschaften müssen sie den Mut finden, das auszudrücken, was sie auch fühlen.
- In sexueller Hinsicht können diese Menschen überaus schüchtern und unsicher, aber auch sinnlich, neugierig und leidenschaftlich sein.

Beruf

- Sie sollten unbedingt einen Beruf ausüben, der ihnen Abwechslung bringt.
- Grundlage hierfür ist nicht zuletzt eine breite Spanne von vorhandenen Talenten, die sie befähigen, den unterschiedlichsten Tätigkeiten nachzugehen.

Finanzen

- Diese Menschen sind auf finanzielle Sicherheit ausgerichtet.
- Dennoch würden sie angesichts einer neuen Erfahrung oder eines Abenteuers diese Sicherheit vorübergehend in Frage stellen.

Charakterzahl 24

Lebenssinn

- Für diese Menschen sind Perfektionismus, Entwicklung und Verantwortung sehr wichtig.
- In der Annahme ihres eigenen Ichs tun sie sich oft schwer.
- Persönliche Entwicklung wird häufig durch Reue und Schuldgefühle gehemmt.
- Diese Menschen neigen dazu, den anderen vorschnell zu idealisieren, um dann enttäuscht zu sein, weil ihre Erwartungen nicht eingetroffen sind.
- Sie benötigen angesichts ihres Idealismus unbedingt einen Sinn fürs Wirkliche, um auch die Unvollkommenheiten des Lebens zu akzeptieren.
- Ihre Anlage zum Perfektionismus führt dazu, dass Erreichtes aus der Perspektive des „es wäre noch besser gegangen“

betrachtet und der Drang zur Selbstverbesserung stark gefördert wird.
- Diese Menschen müssen den Gedanken an eigene Vollkommenheit loslassen, sonst werden sie das Gefühl des Versagens nicht los.
- Wenn sie nicht gerade mit sich selbst beschäftigt sind, setzen sie alles daran, anderen zu gefallen und Sympathien zu wecken.

Gesundheit
- Menschen mit dieser Charakterzahl haben eine kräftige Konstitution und sind sehr widerstandsfähig.
- Chronischen Leiden werden meist durch den Widerstand gegen jede Veränderung und die damit verbundenen langfristigen Spannungen heraufbeschworen.
- Bedingt durch ihren Stresspegel, ihre Sorgenlast oder den Druck, den ihr Perfektionismus auf sie ausübt, entwickeln sie unter Umständen Allergien oder bauen ihre Frustrationen durch übermäßigen Tabak- oder Alkoholgenuss ab.

Zwischenmenschliche Beziehungen
- Vor festen Bindungen schrecken diese Menschen zurück, denn das bedeutet für sie Verpflichtung und sie sind sich meistens nicht sicher, den richtigen (perfekten) Partner gefunden zu haben.
- Wenn sie „Ich liebe Dich" sagen, schwingt im Hintergrund Unsicherheit mit: Diese Menschen zweifeln, ob das die Wahrheit ist, weil sie nicht wissen, ob sie genug lieben.
- Sie sind aber auch aufgrund der eigenen hohen Maßstäbe kundige Liebende, die mehr geben als nehmen.

Beruf
- Ihre Kraft, Genauigkeit, ihr analytisches Denkvermögen und ihre Hilfsbereitschaft sind günstigste Voraussetzung für eine Vielzahl möglicher beruflicher Tätigkeiten.
- Ihre Berufswahl ist abhängig von ihren Wertvorstellungen. Der Beruf wird von ihnen sehr oft als Berufung begriffen.

Finanzen

- Die finanzielle Situation dieser Menschen hängt davon ab, wie praktisch oder idealistisch sie veranlagt sind. Entscheidend ist aber auch ihre Bereitschaft, sich der Vorbereitung und dem allmählichen Entwicklungsprozess zu unterwerfen, der einer Verwirklichung ihrer Ziele vorangeht.
- Ihr Perfektionsstreben sollte auf keinen Fall dazu führen, momentane berufliche Tätigkeiten aufzugeben, dies könnte finanziell fatale Folgen haben.

Charakterzahl 25

Lebenssinn

- Diese Menschen sehen sich mit Problemen ihrer Privatsphäre, der Offenheit und gegenseitigen Abhängigkeit konfrontiert.
- Bei ihnen steht am Anfang ein bald naiv zu nennendes Vertrauen in andere, um sich dann betrogen, getäuscht oder missverstanden zu fühlen.
- Aus Angst vor solchen schmerzlichen Erfahrungen neigen diese Menschen zu Pessimismus, fühlen sich in ihrem Misstrauen bestärkt und meiden Kontakte zu ihren Mitmenschen.
- Der Erwerb von Selbstvertrauen und Vertrauen zu anderen hat daher unbedingten Vorrang.
- Ihre Denkfähigkeiten sind hervorragend und werden von ihnen zur Entwicklung der eigenen Persönlichkeit genutzt.
- Diese Menschen haben einen beachtlichen Sinn für Schönheit und Harmonie.
- Voll zum Tragen kann dieser Sinn erst kommen, wenn sie sich von dem Gefühl freimachen, sich ständig in einer ausweglosen Situation zu befinden.
- Das kann ihnen gelingen, denn sie wollen Selbstbewusstsein nicht „erfahren“, sie wollen selbstbewusst leben.

Gesundheit

- Angestrengte Geistesarbeit kann bei diesen Menschen Allergien auslösen.
- Sie erscheinen oft als zerfahren, gestresst und verärgert, wovon der Adrenalinspiegel und das Nervensystem beeinträchtigt werden.
- Der Abbau von Hyperaktivitäten wirkt gesundheitsfördernd.

Zwischenmenschliche Beziehungen

- Menschen mit dieser Charakterzahl haben Probleme damit, ihre Verletzlichkeit und ihre Gefühle preiszugeben.
- Sie vertrauen in erster Linie auf ihren Verstand und folgen lieber den Gedanken als Gefühlen, wodurch sie sich das Verbundenheitsgefühl mit anderen versagen.
- Sie sind gern allein und brauchen unbedingt Privatsphäre und Unabhängigkeit. Dennoch versuchen sie, eine enge Bindung zu ihrem Partner einzugehen.
- Im Allgemeinen ersehnen sie im Zusammenleben mit einem Partner Harmonie, Ausgleich und Ganzheit, weil sie das bei sich selber nicht spüren.
- Selbstvertrauen sollte am Anfang einer jeden Beziehung stehen.
- Sexuell erfahren diese Menschen größte Befriedigung, wenn sie von der sicheren Höhe des Verstandes herabsteigen und Gefühle ins Liebesleben einbringen.

Beruf

- Unabhängig von der jeweiligen Berufsausübung gereicht diesen Menschen ihr scharfer Verstand immer zum Vorteil.
- Sie bevorzugen Tätigkeiten, die eine geschickte Hand und geistige Gewandtheit abverlangen.

Finanzen

- Als brillante Denker gelangen diese Menschen auf den unterschiedlichsten Wegen zu Geld.
- Befinden sie sich in finanziellen Schwierigkeiten, ist dies auf mangelndes Selbstvertrauen zurückzuführen.

Charakterzahl 26

Lebenssinn

- Diese Menschen bewegen sich im Umfeld von Perfektionismus, Geld, Macht und Anerkennung.
- Diese materiellen Sachverhalte stehen im Widerspruch zu dem angeborenen Idealismus, der diese Menschen daran hindert, ihre Macht wirkungsvoll im Interesse aller einzusetzen.
- Für sie ist wichtig, um ihre Macht zu wissen.
- Sie tendieren zu Zurückhaltung; in Abhängigkeit von ihrem Selbstwertgefühl verzichten sie mitunter auf ihre Macht.
- Sie setzen hohe Maßstäbe – manchmal zu hohe – an sich selbst an und neigen deshalb dazu, sich unter Wert „zu verkaufen“.
- Sie haben einen Hang zur Selbstkontrolle.
- Menschen mit der Charakterzahl 26 orientieren sich in ihrer Handlungsausrichtung sehr oft an dem, was andere von ihnen wollen bzw. für richtig halten.

Gesundheit

- Solange sie ihre perfektionistischen Maßstäbe und ihr negatives Verhältnis zum Geld nicht überwunden haben, neigen sie zur physischen und psychischen Selbstzerstörung.
- Bei Frustrationen kommt es häufig zu Verspannungen im Bereich des Solarplexus. Das erschwert ihnen das Atmen und vermindert ihre Energien.
- Aufgrund des Drucks, den diese Menschen auf sich selbst ausüben, leiden sie unter Verspannungen im Nacken.
- Sie können unter Nebenhöhlenentzündungen leiden.

Zwischenmenschliche Beziehungen

- Diese Menschen setzen so hohe Maßstäbe, dass es schwer fällt, mit ihnen auszukommen.
- Sie haben oft Probleme damit, sich über ihre eigenen Gefühle klar zu werden.

- Im Interesse aufrichtiger zwischenmenschlicher Beziehungen müssen sie zu ihren ureigenen Gefühlen und Bedürfnissen zurückkehren.
- Es fällt ihnen schwer, langfristige Beziehungen einzugehen.
- Sie haben ständig das Bedürfnis, andere zu „verbessern“, weil sie ihre Idealvorstellungen auf andere Menschen übertragen.
- Auch in sexueller Hinsicht können sie sich von der Vorstellung nicht lösen, im Bett unbedingt gut sein zu wollen. Eigene Bedürfnisse gehen dabei allerdings verloren.

Beruf
- Sie arbeiten hart und streben ständig nach Selbstverbesserung.
- Diese Menschen beeinträchtigen ihre Leistungen nicht selten selber durch das Gefühl, noch besser sein und noch mehr leisten zu können.

Finanzen
- Sie wollen ihrer Leistungen wegen gewürdigt werden und trachten nach einem hohen Einkommen.

Charakterzahl 27

Lebenssinn
- Für diese Menschen spielt ausgewogene Verantwortung, Selbstvertrauen und Integrität eine große Rolle.
- Allerdings sollten sie weniger auf die Meinung anderer hören und lieber auf sich selbst vertrauen. Damit haben sie die Chance, ihrem Gewissen zu folgen.
- Menschen mit der Charakterzahl 27 müssen sich davor hüten, den Verheißungen selbsternannter Heilsprediger zu folgen.
- Bei ihnen überwiegt der Verstand und nicht das Gewissen; wortreich versuchen sie, ihre Gefühle zu verbergen.

- Diese Menschen müssen aber ihrem Gewissen folgen, um nicht von anderen vereinnahmt zu werden und dabei ihre Integrität aufzugeben.
- Sie wirken selbstsicher und kompensieren damit ihr mangelndes Selbstvertrauen.

Gesundheit
- Diese Menschen leiden unter Traumata aus ihrer Kindheit.
- Außerdem können Beschwerden in der Umgebung des Herzens auftreten, wenn sie sich nicht von dem andauernden Gefühl des Betrogenwerdens freimachen können.
- Die Angst vor Alleinsein oder Isoliertheit führt zu psychischen Problemen.
- Diese Menschen sollten unbedingt darauf achten, Seelenqualen nicht mit Alkohol oder Drogen zu kompensieren.
- Ihre verstandesmäßig ausgerichtete Aneignung der Welt kann zur Vernachlässigung der physischen Stabilität führen, in diesem Fall sind sportliche Aktivitäten unbedingt notwendig.

Zwischenmenschliche Beziehungen
- Im Aufbau und der Gestaltung ihrer Beziehungen sollten diese Menschen rationale Sichtweisen hinten anstellen. Fühlen, fühlen und nochmals fühlen muss zu ihrem großen Leitbild werden.
- Über Beziehungen erlangen sie die einmalige Chance, die eigene Verletzlichkeit und Verwundbarkeit zu erfahren, und aus dieser Situation heraus Vertrauen zu wagen. Gemeint ist nicht nur das Vertrauen zu anderen, sonder auch zu sich selbst, also das Selbstvertrauen.
- Sexualität sehen diese Menschen nicht unter dem Gesichtspunkt vorübergehender Lustbefriedigung. Über die Sexualität offenbart sich ihnen Harmonie, Gemeinsamkeit und Gemeinschaft.

Beruf

- Diese Menschen haben zwar im Kontext ihrer Beziehungen Probleme mit dem Alleinsein, im beruflichen Leben können und sollen sie aber sogar allein arbeiten.
- Allerdings sind sie gleichermaßen in der Lage, sowohl im Bereich von Dienstleistungen tätig zu sein als auch einen Heil- oder Pflegeberuf auszuüben.

Finanzen

- Zu Geld oder anderweitiger materieller Anerkennung haben diese Menschen ein gestörtes Verhältnis. Sie sehen diese Dinge nur als Schritt hin zur eigenen Wesensergründung.

Charakterzahl 28

Lebenssinn

- Die Synthese von materiellem Erfolg und schöpferischer Energie, Autorität und Mitgefühl sowie eigene Intuition und deren Mitteilung an andere bestimmt das Leben dieser Menschen.
- Ihr Lebensweg ist gekennzeichnet durch die Autorität von anderen, der sie ihre eigene gegenüberstellen. Mitunter ist das ein schmerzhafter Prozess.
- Gleichzeitig sind diese Menschen in ihrem Innersten sehr unsicher.

Gesundheit

- Die körperlichen Auswirkungen ihrer unterdrückten Wut treten bei diesen Menschen hauptsächlich im Bereich des Solarplexus, des Perineums (am Ende der Wirbelsäule) und im unteren Rücken bzw. Steißbein in Erscheinung.
- Wenn sie Energien blockieren oder eine destruktive Lebensweise haben, können sie auch Probleme mit den Eierstöcken oder der Prostata bekommen.
- Sie besitzen empfindliche Fortpflanzungsorgane.

Zwischenmenschliche Beziehungen
- Eines ihrer Hauptprobleme sind eingeschlossene, blockierte Empfindungen.
- Diese werden unterdrückt, anschließend rationalisiert und führen zu reservierten Handlungen, was diese Menschen schulmeisterlich wirken lässt.
- Ärger wird nicht selten heruntergeschluckt.
- Sie vermitteln unter Umständen einen scheuen und stillen Eindruck und sind Weltmeister im Ansammeln von Negativität. Irgendwann allerdings muss sich diese auch entladen.
- Ehrlichkeit gegenüber sich selbst kann die potenzielle Gefährlichkeit dieser Entladungen relativieren.
- Sinn für Selbstachtung, Unabhängigkeit und die eigene Macht ist für diese Menschen der Schlüssel für ausgewogene Beziehungen.
- In sexueller Hinsicht sind sie stark und empfindsam.

Beruf
- Menschen mit dieser Charakterzahl sind besonders für heilende Berufe oder karitative Unternehmungen geeignet.

Finanzen
- Unbedingte Ehrlichkeit in Geldfragen ist erforderlich.
- Sie stellen Geld nie über den Dienst am Mitmenschen, denn sonst fühlen sie sich unbefriedigt.

Charakterzahl 29

Lebenssinn
- Diese Menschen verbinden schöpferische Energien mit höheren Prinzipien und Integrität und widmen ihre Kreativität anderen.
- Sie verfügen über ein hohes Kreativitätspotenzial, aber zweifeln nicht selten daran.
- Ihre Kreativität ist eher vom Verstand bestimmt, sie bringen ein sinnvolles Schöpfertum zum Ausdruck.

- Selbstfindung ist eine der großen Aufgaben dieser Menschen.
- Schatten der Vergangenheit (Missbrauch, Gewalt) müssen unbedingt überwunden werden.
- Gelegentlich wirken sie nervös und verunsichert.
- In ihrer Gefühlswelt kommen Minderwertigkeitsgefühle vor.
- Sie sind wahre Energiebündel und dazu bestimmt, andere mit ihrer schöpferischen Energie aufzurichten und anzuspornen.

Gesundheit

- Diese Menschen sind sehr anfällig im sexuell-kreativen Fortpflanzungsbereich einschließlich des Unterleibs und des unteren Rückens.
- Infektionen im Genitalbereich, Zysten, Unterleibs- und Kreuzschmerzen, Verstopfung und Übergewicht infolge der blockierten schöpferischen Energie kommen bei ihnen häufig vor.
- Auch andere körperliche, emotionale oder sexuelle Beschwerden können die Folge sein.
- Unter Umständen ziehen sie sich auch häufiger als andere Knochenbrüche zu.
- Sie haben manchmal seltene Krankheiten.

Zwischenmenschliche Beziehungen

- Diese Menschen haben zwar auch eine sentimentale Ader, konzentrieren ihre schöpferischen Energien meist aber auf den Verstand, wodurch ihr Gefühlsausdruck behindert wird.
- Sie neigen dazu, ihre Gefühle zu unterdrücken oder verstandesmäßig zu erklären.
- Diese Menschen schätzen und suchen die Beziehungen zu anderen, weil sie kein Gefühl für sich selbst haben. Aus diesem Grund bekommen sie dann logischerweise Probleme mit ihrem Unabhängigkeitsbedürfnis.

- Ihr Sexualleben kann mitunter paradoxe Formen annehmen. Einerseits haben sie infolge ihres Energiepotenzials ein starkes Bedürfnis nach regelmäßigen Orgasmen. Andererseits ist ihre Sexualität manchmal durch Unsicherheit unterdrückt und gehemmt, wenn sie sich nicht überhaupt sexuell zurückhalten.

Beruf
- Dank ihrer Kreativität und Ausstrahlung sind diese Menschen in der Lage, sich als Künstler, Sportler oder Führungspersönlichkeiten zu betätigen.
- Als Menschen, die gerne Kontakte knüpfen, sind sie ausgeprägte Individualisten, die sich dennoch vor die Aufgabe gestellt sehen, dem Wohl der Allgemeinheit zu dienen.

Finanzen
- Diese Menschen ziehen Geld förmlich an.
- Geld dient ihnen dazu, sich darüber klar zu werden, ob ihre Energien frei fließen.

Charakterzahl 30

Lebenssinn
- Diese Menschen können auf Anlagen zurückgreifen, zu denen eine ausgeprägte Sensibilität, innere Stärke, Ausdruckskraft und Intuition gehören.
- Sie haben das starke Bedürfnis, ihre Gefühle zum Ausdruck zu bringen, was ihnen nach geringfügigen Anfangsschwierigkeiten auch meistens gelingt.
- Sie benötigen auf jeden Fall ein Publikum, um sich rhetorisch oder darstellend zu äußern.
- Wenn diese Menschen auf andere den Eindruck von Gefühlskälte machen, liegt das daran, dass sie sich gegenüber den Emotionen anderer abschirmen, weil sie zu sehr mit der eigenen Gefühlswelt beschäftigt sind.

- Sie haben einen leichten Hang zur Sentimentalität und sind in der Lage, ihre Depressionen zu Kunstwerken zu stilisieren.

Gesundheit
- Diese Menschen sind, soweit sie ihre Gefühle verdrängen, im Halsbereich anfällig.
- Herz und Knie sind bei ihnen anfällig. Bei denjenigen, die sich oft missverstanden fühlen, treten häufig Energiestauungen in den Knien auf, die mit der Zeit den Kreislauf und schließlich sogar den ganzen Körper in Mitleidenschaft ziehen.

Zwischenmenschliche Beziehungen
- Diese Menschen sind sehr gefühlsbedürftig.
- Sie brauchen Liebe und Anerkennung und suchen in ihrer Umgebung nach emotionaler Bestätigung.
- Sie verfügen über die Fähigkeit, sich hinzugeben.
- Mitunter wirken sie, bedingt durch ihre Feinfühligkeit, leidenschaftslos oder nüchtern.
- Über ihre Stimme kommt ihre Gemütslage zum Ausdruck.
- Menschen mit dieser Charakterzahl verlieben sich gerne, sie sind leicht „entflammt“, aber auch schnell „am Boden zerstört“.
- Haben sie sich erst einmal ihre Zuneigungen zum anderen eingestanden, leben sie ihm gegenüber auch weniger besitzergreifend.
- Beziehungen halten länger, wenn sie sich ihre Schwärmereien vergegenwärtigen.
- Es besteht die Möglichkeit, dass ihre Gefühle mit ihnen durchgehen und sie sich auf einen Seitensprung einlassen.
- Partnerschaften sind für diese Menschen eine einmalige Gelegenheit, sich mit Fragen ehrlicher Gefühlsäußerung und emotionaler Verletzlichkeit auseinanderzusetzen.

Beruf

- Diese Menschen wirken auf andere aufrichtend und motivierend. Sie werden sich daher eine Tätigkeit suchen, in der sie ihre Mitmenschen an das Gefühl im Leben erinnern können.
- Sie besitzen die Gabe, sich in die unterschiedlichsten menschlichen Dimensionen einzufühlen.
- Auf jeden Fall sind sie im Berufsleben dann überaus erfolgreich, wenn sie eine Tätigkeit ausüben, in der sie sich selbst zum Ausdruck bringen können.
- Sie eigenen sich darüber hinaus für jedes Fachgebiet, das Logik und Verstandeskraft erfordert.

Finanzen

- Geldmangel hat bei diesen Menschen immer etwas mit Selbstzweifeln zu tun.
- Bei entsprechendem Einsatz ihres Ausdrucksvermögens und ihrer Begabungen sind finanzielle Probleme aufgehoben.

Charakterzahl 31

Lebenssinn

- Kreativität, Stabilität, Entwicklung, Zuversicht, Ausdruck und Feingefühl sind die Koordinaten, in denen sich das Leben dieser Menschen bewegt.
- Es sind größte Anstrengungen gefordert, um Selbstzweifel und Unsicherheiten zu überwinden. Zunächst aber werden diese Eigenschaften durch ein vermeintlich egoistisches und ehrgeiziges Ego kompensiert.
- Ihre ungemein schöpferische Energie wirkt sich auch effizient auf sie selber aus.
- Diese Menschen sind wettbewerbsorientiert, weil sie das Gefühl besitzen, sich selbst beweisen zu müssen.

- Außerdem befinden Sie sich in der permanenten Auseinandersetzung mit dem Gefühl, den Anforderungen anderer nicht zu entsprechen.
- Ihre Selbstzweifel und Unsicherheiten stehen ihren Anlagen zu Stärke, Ehrgeiz und Statusdenken immer im Wege.
- Langfristige Projekte mögen diese Menschen aufgrund ihrer Ungeduld nicht.

Gesundheit

- Gegenüber Alltagsleiden sehr widerstandsfähig, können diese Menschen bei Stress gesundheitliche Probleme bekommen, insbesondere mit dem Verdauungs- und Immunsystem.

Zwischenmenschliche Beziehungen

- Menschen mit dieser Charakterzahl sind umgänglich, gesellig, verfügen über Familiensinn und geben sich im Umgang mit ihren Mitmenschen recht „locker".
- All das kann jedoch nicht über ihre innere Unsicherheit hinwegtäuschen.
- Im Laufe ihres Lebens werden diese Menschen bemerken, dass das offene „Farbebekennen" ihnen sehr gut tut.
- Wenn sie eine Beziehung als einen Entwicklungsprozess betrachten, in dem es Höhen und Tiefen gibt, können sie gleichzeitig ihre Partnerschaft als anspruchsvoll begreifen.

Beruf

- Diese Menschen sind in den Bereichen, in denen es im weitesten Sinne um Beratung geht, erfolgreich, hier fühlen sie sich bestätigt.

Finanzen

- Auf diesem Gebiet sollten sie nichts übereilen, Ausdauer und ein langer Atem verhelfen ihnen zu finanziell gut abgesicherten Verhältnissen.

Charakterzahl 32

Lebenssinn

- Tiefgehende Erfahrungen im Leben, emotionale Ehrlichkeit, Kooperation und Selbstdisziplin bilden den Horizont dieser Menschen.
- Sie haben nicht unbedingt das ständige Bedürfnis, sich zu artikulieren.
- Menschen mit dieser Charakterzahl sind allzu schnell bereit, Wertvorstellungen, Interessen und Wünsche anderer anzunehmen. Das wirkt sich in dem Moment negativ aus, wenn sie beginnen, vor lauter Anpassung die eigenen Bedürfnisse zu ignorieren.
- Sie konzentrieren sich sehr punktuell auf das, was sie gerade tun und benötigen eine gewaltige Portion Selbstbeherrschung, um einen Sinn für Prioritäten zu entwickeln.
- Konfrontationen mit anderen und der Außenwelt helfen diesen Menschen bei der Erweiterung des eigenen Horizontes.
- Sie leben in einem Spannungsfeld zwischen Abhängigkeit und Unabhängigkeit.
- Sie übernehmen gerne verschiedene Rollen, um sich hinter ihnen zu verstecken.

Gesundheit

- Diese Menschen haben einen empfindlichen Körper, ihre Physis ist anfällig.
- Ihr Körper verlangt Disziplin. Bringen sie die hierfür notwendige Kraft nicht auf, können sie Kreislaufbeschwerden bekommen.

Zwischenmenschliche Beziehungen

- Sie sind körperlich wie seelisch sehr sensibel und haben Schwierigkeiten, ihre Gefühle zu offenbaren.
- In Beziehungen müssen diese Menschen es schaffen, Empfindungen auch auszudrücken.

- Wichtig ist, ob sie eine Partnerschaft als Weg zur Freiheit oder als „Gefängnis“ betrachten und empfinden.

Beruf
- Das Berufsleben dieser Menschen muss Abwechslung enthalten.
- Es ist der Vielzahl ihrer Begabungen zu verdanken, dass sie jeder Berufstätigkeit nachgehen können.

Finanzen
- Hinsichtlich ihrer Finanzen sind diese Menschen sicherheitsorientiert. Damit will nicht gesagt sein, dass ein entsprechend hohes Bankkonto für sie alles bedeutet. Vielmehr ist der Weg dorthin interessant, oder: Das Ziel ist nichts, die Bewegung ist alles.

Charakterzahl 33

Lebenssinn
- Selbstzweifel, Perfektionismus und Gefühlsausdruck sind die ständigen Begleiter dieser Menschen.
- Viele Dinge sehen sie visionär; sie müssen also darauf achten, ihre Visionen in den Grenzen der Möglichkeiten des Lebens zu verwirklichen.
- Diese Menschen haben sehr hohe Ideale. Konfrontiert mit der Realität lassen sie rasch den Mut sinken, geben aber nicht auf.
- Wenn sie begreifen, dass Ideale nicht der Maßstab der Welt sind, sondern eine Aufgabe, diese zu verbessern, können sie Großes erreichen.
- Im Vorfeld steht aber ein klares Verstehen ihrer ureigensten Empfindungen und Gefühle.
- Ihre Selbstzweifel und ihr Hang zum Perfektionismus führen dazu, dass sich diese Menschen auf der ständigen Suche nach Selbstverbesserung befinden.

Gesundheit

- Diese Menschen bekommen dann ein Problem mit ihrer Halsgegend, wenn sie ihre Gefühle nicht zum Ausdruck bringen.
- Kommt das Gefühl auf, eine „Sache unbedingt gut machen zu müssen", geraten sie in Stress, was zu Magenproblemen führen kann.
- Stress wird häufig selber erzeugt, was zu Muskelverspannungen u.a. in den Kiefern, Hautausschlägen oder Asthma führen kann. Solche Menschen sollten aufpassen, dass diese Beschwerden nicht chronisch werden.
- Ständig abgeblockter Ärger kann zudem im Alter zu Arthritis führen.

Zwischenmenschliche Beziehungen

- Empfindungen werden von diesen Menschen als unvorhersehbar, nicht kalkulierbar, unvernünftig und „liederlich" betrachtet. Die Folge: Sie haben größte Schwierigkeiten, sich ungezwungen zu geben und wirken immer irgendwie gekünstelt.
- Leidenschaft ist ihnen unbekannt.
- Selbstzweifel und Angst vor der Meinung ihrer Mitmenschen beeinträchtigen sie ungemein.
- Wenn Gefühle zurückgehalten werden, können sich Beziehungen nicht richtig entwickeln. Aufrichtig sein gehört daher zu den großen Aufgaben ihres Lebens.
- In sexueller Hinsicht sind diese Menschen eher distanziert und gehemmt, zu oft wird Sexualität aus dem Blickwinkel des notwendigen Erbringens von Leistung betrachtet.
- Überwinden sie insbesondere ihren Hang zum Perfektionismus, können sich durchaus emotionale Beziehungen entfalten.

Beruf

- Wenn diese Menschen nicht gerade von ihren Selbstzweifeln geplagt werden, sind sie von Natur aus für den Erfolg im beruflichen Leben prädestiniert.
- Um erfolgreich zu sein und bleiben zu können, müssen sie ihre Ideale in den Griff bekommen, praktisch und realistisch bleiben und im wahrsten Sinne des Wortes positiv denken.
- Sie sind insbesondere auf jenen Gebieten zu Hause, die etwas mit Kommunikation, Gefühl und Selbstausdruck zu tun haben.

Finanzen

- Finanzielle Probleme haben ihren Anfang meistens in den Selbstzweifeln und dem zwanghaften Perfektionismus.
- Wann immer diesen Menschen die Mittel ausgehen, treffen sie Selbsteinschätzungen, die meistens an der Realität vorbeigehen. Sie stellen dann ihr Licht unter den Scheffel und haben Angst davor, sich zu behaupten.

Charakterzahl 34

Lebenssinn

- Sie bewegen sich zwischen Vertrauen, Geduld und Gefühlsausdruck.
- Selbsterfahrung ist eine wesentliche Voraussetzung für die Erweiterung des Horizontes.
- Sie können sich des Gefühls nicht erwehren, dass ihre Energien in die unterschiedlichsten Richtungen laufen.
- Probleme haben sie mit der Stabilität und Entwicklung ihres Selbstvertrauens.
- In intellektuellen Dingen sind sich diese Menschen sehr sicher. Sie verfügen über herausragende analytische Fähigkeiten, leben aber auch in einer intensiven Gefühlswelt.

Gesundheit

- Aufgrund ihrer unterschwelligen Ängste, ihr Körper käme nicht von selbst mit sich zurecht, suchen diese Menschen sehr oft einen Arzt auf, nehmen viele Medikamente und lassen sich sogar auf das Risiko einer an sich sinnlosen Operation ein.
- Sie sollten stattdessen vielmehr auf die Signale ihres Körpers achten und diese nicht überinterpretieren.
- Bei Stress neigen sie zu Unruhe oder Hysterie. Nervenzusammenbrüche sollten sie sehr ernst nehmen und nicht bagatellisieren.

Zwischenmenschliche Beziehungen

- Solange diese Menschen eine offene, ehrliche Kommunikation mit ihrem Partner pflegen und Vertrauen haben, blüht die Beziehung.
- Vertrauensprobleme entstehen immer durch ein kaum wahrnehmbares, geheimes Unbehagen dieser Menschen.
- In Gesellschaft sind sie nie richtig entspannt. Sie haben Angst davor, etwas Falsches zu sagen oder zu tun, was aufgrund dieser Situation dann auch häufig der Fall ist.
- Die Qualität ihrer Beziehungen und ihres Sexuallebens hängt von der Offenheit, dem Vertrauen und dem Maß ab, wie sie ihre Gefühle und Verletzlichkeit offenbaren und bis zum Punkt der größten Nähe in höchste Ekstase gelangen können.

Beruf

- Beruflich sind diese Menschen erfolgreich, solange sie Selbstvertrauen haben, Feedback annehmen und Projekte Schritt für Schritt angehen.

Finanzen

- Sie haben einen Hang zum Geldausgeben.
- Ihr finanzieller Erfolg ist außerdem davon abhängig, ob sie es schaffen, Beruf und Berufung anzunähern.

Charakterzahl 35

Lebenssinn

- Ehrlichkeit, Überfluss, Macht, Autorität, Unabhängigkeit und Freiheit spielen im Leben dieser Menschen die Hauptrolle.
- Sie haben Angst vor den Möglichkeiten von Reichtum, Macht und Achtung, aber streben trotzdem danach.
- Ihnen ist eine gewisse rücksichtlose Unbekümmertheit eigen, die auf andere befremdlich wirkt.
- Dankbarkeit gegenüber der eigenen Macht kann ihren den Blick auf andere erweitern.
- Selbstlosigkeit wäre ihnen angeraten, um Veränderungen am eigenen Ich zu gestatten.
- Mit Gefühlsäußerungen gehen diese Menschen recht sparsam um.
- Konventionen und Regeln sind in ihrem Verständnis dazu da, von ihnen selber geschaffen zu werden und nicht, um sie einzuhalten.
- Sie sollten andere an ihrem Reichtum teilhaben lassen, um die Erfüllung ihres Lebens zu finden.

Gesundheit

- Wenn sich diese Menschen, von zahlreichen Ambitionen getrieben, zu sehr verausgaben, müssen sie mit einem Zusammenbruch oder auch Verletzungen rechnen. Diese werden dadurch verursacht, dass sie zerstreut sind, sich selbstzerstörerisch verhalten oder die Verkehrsregeln nicht beachten.

Zwischenmenschliche Beziehungen

- Vielfach haben diese Menschen Schwierigkeiten damit, langfristige Beziehungen zu unterhalten. Jedenfalls trifft das zu, solange sie das dreißigste und vierzigste Lebensjahrzehnt noch nicht überschritten haben.

- Wenngleich sie hingebungsvolle Eltern und liebevolle Partner sein können, steht die Arbeit für sie im Mittelpunkt ihres Lebens.
- Viele dieser Menschen bringen Sensibilität und Selbstzweifel in ihre Beziehungen ein.
- Gleichzeitig bewirken ihre machtvollen, vielseitigen Geisteskräfte und ihr Witz in Verbindung mit Feinfühligkeit und einem starken Erfolgswillen, dass sie auf den unterschiedlichsten Ebenen Kontakte zu Freunden und Liebespartnern knüpfen können.

Beruf
- Diese Menschen sind dazu berufen, mit Hilfe ihrer außergewöhnlichen Geisteskräfte durch den Dienst an anderen Wohlstand zu erlangen.

Finanzen
- Finanzielle Fragen sind für diese Menschen immer von Bedeutung.
- Normalerweise bringen sie es aus eigener Kraft zu etwas.

Charakterzahl 36

Lebenssinn
- Diese Menschen stehen in ihrem Leben vor Fragen der emotionalen Ehrlichkeit, perfekten Ideale, des Selbstzweifels, des Selbstbewusstseins.
- Unter Umständen benötigen sie große Zeiträume, um eigene Gefühle zu würdigen.
- Sie müssen herausfinden, was sie wirklich fühlen und nicht, was sie meinen zu fühlen.
- Menschen mit dieser Charakterzahl sollten sich realitätsnahe Ziele stecken, um nicht in Idealen zu versinken.
- Sie befinden sich auf der ständigen Suche nach dem eigenen Ich. Vollkommene Maßstäbe sollten hierbei aber ausgespart werden.

- Vielmehr sollten sie sich ihren Idealen annähern ohne dem Gedanken zu verfallen, sie unbedingt verwirklichen zu müssen.
- Diese Menschen sind durchaus in der Lage, Fragestellungen, die den Kontext von Rationalität und Kausalität hinter sich lassen, zu beantworten.

Gesundheit
- Sie neigen zu Depressionen, die wiederum das Immunsystem beeinträchtigen können.
- In Mitleidenschaft gezogen werden können auch das Nervensystem, die Sexualorgane und der Unterleib.

Zwischenmenschliche Beziehungen
- Diese Menschen neigen zu nervöser Hyperaktivität.
- Sie sind eifrig darauf bedacht, es anderen recht zu machen. Sie reden schnell, um mit ihren Gedanken mithalten zu können. Diese Eigenschaft beeinträchtigt ihre Beziehungen, da andere sich durch ihre Reizbarkeit und Sensibilität leicht gestört fühlen.
- Ein Hauptbeziehungsproblem dieser Menschen sind ihre Ideale, die ihre wahren Gefühle blockieren. Infolgedessen fällt es ihnen schwer, sich ehrlich zum Ausdruck zu bringen. Beziehungen sind eine hervorragende Gelegenheit für sie, in diesem Bereich zu wachsen.
- Ein Verhältnis mit diesen Menschen, die sich an höchsten Maßstäben orientieren, kann für andere eine Last sein.
- In ihren sexuellem Beziehungen spiegeln sich die Probleme ihres Daseins wider: Selbstzweifel, Perfektionismus und Leistungsdenken auch beim Geschlechtsverkehr.

Beruf
- Diese Menschen können alles verstehen und lehren.
- Auf vielen beruflichen Gebieten gereicht ihnen ihr Charisma, ihre hohen Maßstäbe und ihre Ausdruckskraft zum Vorteil.

Finanzen

- Ihre angeborene, aber oft im Verborgenen schlummernde Weisheit sorgt trotz ihrer Probleme und Zweifel dafür, dass sie immer eine ausgeglichene finanzielle Situation vorfinden.
- Finanzielle Probleme entstehen nicht deshalb, weil sie zu wenig verdienen, sondern weil sie immer mehr besitzen möchten, um ihren Idealen zu entsprechen.

Charakterzahl 37

Lebenssinn

- Diese Menschen bewegen sich zwischen Kreativität und der Forderung, auf ihr Selbstbewusstsein und das der anderen zu hören, um von hier aus einen Beitrag zur harmonischen Gestaltung der Welt zu erbringen. Vertrauen und Offenheit, Ausdruck und Feingefühl markieren Eckpunkte ihres Lebens.
- Sie sind ausgesprochen introvertiert.
- Mangel an Vertrauen in das eigene Selbstbewusstsein führt bei diesen Menschen dazu, dass sie ihr Wissen und ihre Weisheit ausschließlich aus der Welt da draußen gewinnen.
- Erfahrungen im Spannungsfeld der unterschiedlichsten Polaritäten sind letztlich dafür da, ihnen eine Lehre zu sein.

Gesundheit

- Sie besitzen eine feinfühlige Natur und sind sehr empfindlich.
- Der untere Wirbelsäulenbereich, die Fortpflanzungsorgane wie auch der Solarplexus können aufgrund der sexuell-kreativen Energie dieser Menschen Problemzonen sein.
- Auch ihr Herz und ihre Knie dürften betroffen sein.
- Ist ihre Kreativität durch Unsicherheit blockiert, verfallen diese Menschen in selbstzerstörerische Verhaltensmuster. Solche Ausschweifungen vertragen sie über einen längeren Zeitraum nicht.

Zwischenmenschliche Beziehungen

- Diese Menschen vertrauen mehr auf ihren Verstand als auf ihr Herz.
- Insbesondere aus der Erfahrung des Betrogenwordenseins heraus assoziieren sie Gefühle mit Schmerz und Misstrauen.
- Ihren Anlagen nach haben diese Menschen eine innige Beziehung zu Liebe und Weisheit des Herzens, aber damit diese Verbindung wirksam werden kann, müssen sie aufhören, sich hinter den Abwehrmechanismen ihres Verstandes zu verstecken.
- Viele dieser Menschen hören lieber zu anstatt etwas zu sagen.
- Sie sind lieber allein als in Gesellschaft, haben aber dennoch das Bedürfnis, sich jemandem anzuschließen.
- Aufgrund ihrer Unsicherheit erwarten sie oft einen Vorschuss an Liebe, ohne viel zurückzugeben. Sie beziehen gerne Kraft von anderen.
- Sexualität und zwischenmenschliche Beziehungen gedeihen für diese Menschen nur auf der Grundlage von Offenheit und Vertrauen.
- Ihr Sexualleben ist erfüllter, wenn es nicht nur physische Befriedigung bringt, sondern über das rein Körperliche hinausgeht.

Beruf

- Menschen mit dieser Charakterzahl zeichnen sich durch eine hohe künstlerische Begabung aus.
- Sie sollten sich auf den Gebieten von Heilung, Schönheit (bildende Künste etc.) und Inspiration betätigen.

Finanzen

- Geld spielt im Leben dieser Menschen eine untergeordnete Rolle. Sie benötigen es eigentlich nur, um nicht von anderen abhängig zu sein.

Charakterzahl 38

Lebenssinn

- Menschen mit dieser Charakterzahl müssen Kreativität und materiellen Erfolg vereinigen, um ihre eigene Macht zu behaupten. Mitgefühl und Großzügigkeit sollten aber nicht leichtfertig übergegangen werden.
- Ihnen begegnen Unsicherheiten und Selbstzweifel auf dem Weg zur eigenen Autorität.
- Dabei müssen sie lernen, sich selbst zu beherrschen.
- Sie neigen dazu, den Moralapostel zu spielen, den Ton anzugeben oder Kontrolle auf andere auszuüben.
- Sie sind in der Lage, Gebender und Nehmender zu sein, ohne eine Rechnung vorzulegen.

Gesundheit

- Diese Menschen vereinigen eine ganze Reihe von Anfälligkeiten in sich: Halsbereich, Genitalbereich, Unterleib und unterer Rücken.
- Das soll aber nicht bedeuten, dass sie zwangsläufig in diesen Bereichen mit Krankheiten zu rechnen haben.
- Vielmehr geht es darum, diese Anfälligkeiten als Feedback des Körpers zu verstehen. Es wird signalisiert, dass ein Verhaltensmuster geändert werden muss.

Zwischenmenschliche Beziehungen

- Sie wirken nach außen hin sehr sicher. Es ist aber so, dass sie einen oder mehrere Partner suchen, die ihnen zu einem besseren Selbstwertgefühl verhelfen.
- Diese Menschen gehören zu jenen, deren Leben nicht selten genug unter dem Motto „Zwei Seelen wohnen ach' in meiner Brust“ abläuft: Einerseits brauchen sie jemanden, der stark ist, bei dem sie sich anlehnen können. Anderseits wollen sie ihre Umwelt unter Kontrolle halten.
- Diese Dualität wirkt sich auch auf das Sexualleben aus. Unter Umständen benutzen sie die Sexualität und ihren Partner als Ventil, ohne Feingefühl für die Bedürfnisse des

anderen, oder sie missbrauchen ihre Macht über den anderen. Sexuell wollen sie entweder das Sagen haben oder völlig beherrscht werden.

- Ihre persönlichen Beziehungen sind wie ein Spiegel, der ihnen helfen kann, ihr Leben zu verstehen und ins Gleichgewicht zu bringen.

Beruf

- Die meisten Menschen mit dieser Charakterzahl sind geborene Führungspersönlichkeiten, die dank ihrer wesentlichen Eigenschaften – ihrer Autorität, Feinfühligkeit und Kreativität – nahezu jedes Problem lösen können.
- Infolge ihres Verstandes und ihrer schöpferischen Ideen sind sie regelrecht berufen zu leiten.

Finanzen

- In finanzieller Hinsicht schaden sie sich oft selbst, schwanken zwischen Angst und Begierde und neigen zu der Einstellung „alles oder nichts“.

Charakterzahl 39

Lebenssinn

- Diese Menschen leben innerhalb von Kreativität, Zusammenarbeit und Integrität. Schöpferische Kooperation, der Drang zum Miteinander und die Erfahrung des Selbstbewusstseins stehen für sie an erster Stelle.
- Mitunter werden diese Menschen von ihrem eigenen Ego überrollt. Sie brauchen eine gewisse Zeitspanne, um sich auf ihr Innerstes zu besinnen.
- Sie sind sehr gefühlsbetont und treffen ihre Entscheidungen auch unter diesem Gesichtspunkt.
- Diese Menschen begleitet sehr oft ein Gefühl des Außenseiter- oder Unverstandenseins.
- Ihre Leidenschaften können sie gut hinter einer vermeintlichen Selbstbeherrschung verbergen.

Gesundheit

- Sie sind sehr sensibel und gemütstief. Sie tragen schwer an dem, was sie bedrückt.
- Ihre Überempfindlichkeit wird unterstrichen durch die Tendenz, sich verantwortlich zu fühlen.
- Stehen sie unter Stress oder sind ihre Energien blockiert, sind sie für psychosomatische Beschwerden und ungewöhnliche Erkrankungen anfällig.

Zwischenmenschliche Beziehungen

- Diese Menschen werden von ihren Gefühlen geleitet. Solange sie mit ihnen in Einklang leben, treffen sie in ihren Beziehungen eine gute Wahl.
- Sie haben stets das zwingende Bedürfnis, ihr Leben mit anderen zu teilen, denn nur innerhalb einer Beziehung können sie ihre Kreativität voll ausschöpfen.
- Die Beziehungen spiegeln aber auch die größten Probleme dieser Menschen wieder: Selbstzweifel, Unsicherheit, Empfindlichkeit gegenüber der Meinung anderer, Verlangen nach ehrlichem Selbstausdruck und vor allem Fragen der Kooperation.
- Sie brauchen auf alle Fälle einen verständnisvollen, mitfühlenden Partner.
- In sexueller Hinsicht sollten es diese Menschen vermeiden, sich in verworrene Situationen hineinziehen zu lassen.
- Außerdem sollten sie keine Beziehung zu jemandem eingehen, der noch größere Probleme hat als sie selbst.

Beruf

- Haben diese Menschen Vertrauen gewonnen, sind sie hervorragende Darsteller.
- Auch Positionen, in denen sie kreativ ihren Mitmenschen beistehen können, sind für sie geeignet.
- Ihre mannigfaltigen Energien und Neigungen legen den Grundstein für eine Vielzahl von Talenten. Sie haben die

Fähigkeit, Probleme aus den verschiedensten Perspektiven zu betrachten und entsprechend mit ihnen umzugehen.

Finanzen

- Sie verdienen in der Regel gut, suchen sich jedoch im Allgemeinen ihre Tätigkeit unter dem Gesichtspunkten der Identifikation aus.

Charakterzahl 40

Lebenssinn

- Menschen mit dieser Charakterzahl sehen eine Bestimmung ihres Daseins darin, ihrem Leben ein festes und solides Fundament zu geben.
- In diesen Bemühungen sind sie unerschütterlich, sie weichen keinen Schritt vom eingeschlagenen Weg zurück und der Versuch der Einflussnahme durch andere ist vergeblich.
- Man kann nicht unbedingt sagen, dass diesen Menschen die Erfüllung ihres Daseins leicht fällt.
- Deshalb kann es vorkommen, dass sich der einmal eingeschlagene Weg teilweise als Umweg erweist.
- Notwendige Schritte werden übersehen und man dreht sich im Kreis.
- Diesen Menschen mangelt es in der Durchführung ihrer Bestimmung gelegentlich am Blick fürs Ganze, sie sollten sich daher auf Einzelschritte konzentrieren.
- Wenn es ihnen gelingt, aus dem Schatten ihrer eigenen analytischen Fähigkeiten herauszutreten, treffen sie mitunter fast schon geniale Entscheidungen.

Gesundheit

- Diese Menschen sind erfahrungsgemäß robust, Probleme können sie mit den Hüften, Schenkeln, Knien, Knöchel oder Füßen bekommen.
- Unter Umständen leiden sie unter Allergien.
- Sie sind erblich stark belastet oder haben körperliche Beschwerden, die auf ihre Kindheit zurückzuführen sind.

Zwischenmenschliche Beziehungen

- Es hat den Anschein, als wären diese Menschen streberhaft, auf- und zudringlich, rechthaberisch und herrschsüchtig. Dahinter verbirgt sich ihr Gefühl einer universellen Verantwortung für alles.
- Ansonsten sind sie in ihrer Persönlichkeit sehr stabil. Unter Umständen haben sie das Bedürfnis, eine Familie zu gründen.
- Spannung und Energieblockierungen können ihre Sexualbeziehungen beeinträchtigen.

Beruf

- Aufgrund ihrer ausgezeichneten analytischen Fähigkeiten und ihrer Intuition wie auch ihres angeborenen Bedürfnisses, solide Grundlagen zu schaffen, eigenen sich diese Menschen für jede gesellschaftliche Arbeit.
- Entscheidungsfindungen fallen ihnen schwer, dafür verfügen sie über ein ausgezeichnetes Organisationstalent.

Finanzen

- Sobald sie praktischen Gebrauch von ihren Energien machen, brauchen sie auf den finanziellen Erfolg nicht allzu lange zu warten.

Charakterzahl 41

Lebenssinn

- Unabhängigkeit, Stabilität und schöpferische Energie stehen bei diesen Menschen im Mittelpunkt ihres Lebens.
- Sie verfügen über ein großes schöpferisches Potenzial, das nach Verwirklichung drängt.
- Aus dem Missverständnis heraus, was wirkliche innere und äußere Freiheit ist, neigen solche Menschen mitunter zu aggressiver Unabhängigkeit. Dieser Neigung können sie mit einer gesunden Selbstständigkeit, dem Vertrauen in sich und andere sowie der Zusammenarbeit mit anderen entgegenwirken.

- Sie müssen sich davor hüten, Blockaden, die durch Eingriffe in ihre Selbstverwirklichung entstehend, durch Drogen oder Alkohol zu kompensieren, zumal sie nicht selten alles auf einmal wollen.
- Diese Menschen sind sehr erfahrungsabhängig.
- Sie fallen oft durch ihre herausfordernde Art auf.
- Mitunter sind sie schlichtweg chaotisch.

Gesundheit

- Diese Menschen sind sehr vital und permanent in Bewegung. Werden ihre Energien gebremst, leiden sie unter Beschwerden im Unterleib, im unteren Rücken und im Genitalbereich.
- Ihr Nervensystem sollte nicht allzu arg strapaziert werden, denn in geistiger Hinsicht sind sie stressanfällig.
- Ihre Physis muss hart im Nehmen sein, da die Eile diese Menschen oft das Äußerste von ihr abverlangt und das Zurückgeben vergisst.

Zwischenmenschliche Beziehungen

- Fühlen sie sich einerseits zu einem stabilen Familienleben hingezogen, verspüren einige von ihnen andererseits den Drang zu einer Vielzahl von Erfahrungen im zwischenmenschlichen Bereich. Sie wollen einfach keine Verpflichtungen eingehen.
- Angesichts der vielen Verpflichtungen, Aufgaben und Interessen haben diese Menschen große Probleme damit, an einem Ort sesshaft zu werden. Daran ändert auch die Tatsache nichts, dass ihnen die Vorstellung eines stabilen, häuslichen Lebensmittelpunktes zusagt. An dieser Stelle leben sie in einem Spannungsfeld.
- Vorhandene Unsicherheiten führen gelegentlich dazu, dass solche Menschen einen Selbstschutz an den Tag legen und anderen gegenüber zu einem Konkurrenzverhalten neigen, was sich nicht zuletzt auf ihre jeweiligen Beziehungen auswirkt.

- Im Kontext ihrer zwischenmenschlichen Beziehungen strahlen sie eine dynamische Kraft aus, die auf ihr Umfeld anziehend wirkt.
- Diese Menschen brauchen starke und stürmische sexuelle Beziehungen, in denen sie dann auch leben. Sie müssen aufpassen, hier nicht Opfer vorhandener Unsicherheiten zu werden.
- Auch wenn sie über gewisse Zeiträume hinweg durch ihre Unsicherheiten beeinträchtigt werden, schaffen sie es, ihren Sexualtrieb voll und ganz zu befriedigen.
- Ihre Beziehungen können durch die ihnen eigene innere Unverbindlichkeit beeinträchtigt werden.

Beruf

- Jede Art von kreativer oder unternehmerischer Betätigung, die gute analytische Fähigkeiten erfordert, stellt diese Menschen vor Herausforderungen und damit zufrieden.
- Schöpferisch und vorausschauend, wie sie nun einmal sind, können sie Entwicklungen voraussagen. Sie verfügen über das, was man visuelle Vorstellungsgabe nennt. Diese Menschen müssen im Interesse des beruflichen Erfolges darauf achten, nicht allzu impulsiv voranzuschreiten.
- Stärke, Kreativität und ein reger Geist verhelfen ihnen zu Erfolgen auch auf nicht alltäglichem Terrain. Menschen mit dieser Charakterzahl sind durchaus bereit, auch das Unbekannte zu ergründen und Risiken einzugehen, können sich andererseits aber einem gewissen Sicherheitsbedürfnis nicht vollständig entziehen.
- Sie können hervorragend erzählen und besitzen das Vermögen, über das gesprochene Wort andere in ihren Bann zu ziehen.

Finanzen

- Stehen sie das durch, was sie beabsichtigt haben, wird auch ihre finanzielle Situation auf sehr festen Füßen stehen.

Charakterzahl 42

Lebenssinn

- Diese Menschen werden von Fragen des Perfektionismus, der Entwicklung und Verantwortung bestimmt.
- Sie müssen begreifen, dass ihr Leben eine naturgegebene Vollkommenheit besitzt.
- Schuldgefühle gehören zu den ständigen Begleitern ihres Lebens.
- Diese Menschen besitzen eine starke solidarische Ader.
- Sie sind lebhaft, gesellig, vital und stark.
- Sie setzen sich und andere gerne unter Erwartungsdruck und haben einen ständigen Drang zur Selbstverbesserung.
- Können sie diesem Drang nicht entsprechen, neigen sie dazu, sich als Versager zu betrachten.
- Über ihren Realitätssinn geraten sie gelegentlich auch in Kollision mit dieser Wirklichkeit.

Gesundheit

- In der Regel besitzen diese Menschen eine kräftige Konstitution und sind widerstandsfähig.
- Sie ziehen Unfälle an, so dass insbesondere Verletzungen der unteren Gliedmaßen nicht selten sind.
- Stress führt bei diesen Menschen zu Allergien. Es besteht die Möglichkeit, dass sie in angespannten Situationen Alkohol zur Entspannung benötigen.

Zwischenmenschliche Beziehungen

- Diese Menschen sind nicht selten versessen auf die perfekte Beziehung.
- Daraus resultiert ihre Schwierigkeit, sich fest zu einem Menschen zu bekennen.
- Vor festen Bindungen schrecken sie zurück. Aus ihrer Sicht wird Bindung mit Verpflichtung gleichgesetzt.

Beruf
- Aufgrund ihrer analytischen Fähigkeiten und ihrer Hilfsbereitschaft sind diese Menschen für beratende Tätigkeiten hervorragend geeignet.
- Entscheidend ist für sie, dass sie sich in ihrem Beruf auch tatsächlich wieder finden.

Finanzen
- Ihre finanzielle Lage ist davon abhängig, inwieweit sie diese Menschen der Vorbereitung und dem allmählichen Entwicklungsprozess unterwerfen, der einer Realisierung ihrer Ziele vorausgeht.

Charakterzahl 43

Lebenssinn
- Vertrauen, Geduld, Offenheit und Gefühlsausdruck sind die bestimmenden Faktoren im Leben dieser Menschen.
- Fühlen sie sich zu Höherem berufen, stellt sich dieser Forderung sofort der Sog des Alltags entgegen.
- Sie sind synthetisierend und versuchen auf diese Weise, innere und äußere Erfahrung, Ratio und Irratio, zu versöhnen.
- Ihre Denkweise ist ganzheitlich.

Gesundheit
- Diese Menschen sind körperlich stark, haben aber Schwierigkeiten damit, den eigenen Instinkten und intuitiven Eingebundenheiten zu vertrauen.
- Sie sollten den Signalen vertrauen, die ihnen ihr Körper sendet.

Zwischenmenschliche Beziehungen
- Diese Menschen sind in der Lage, Beständigkeit, Stabilität und Gefühl in ihre Beziehungen einzubringen.
- Obwohl sie das Familienleben genießen können, unterhalten diese starken, mitunter spirituellen Persönlichkeiten aus

ihrem Interesse an innerer Vervollkommnung heraus häufig mehrere Beziehungen.

Beruf

- Menschen mit dieser Charakterzahl verfügen über große schöpferische und in die Wirklichkeit drängende Anlagen, die sie in den unterschiedlichsten beruflichen Bereichen erfolgreich anwenden können und werden.
- Selbstvertrauen ist die unabdingbare Grundlage ihrer jeweiligen Berufsausübung.

Finanzen

- Auch hier ist es wichtig, selbstbewusst zu sein. Ist das nicht der Fall, führt das zu einem nicht 100%igen Einsatz oder dazu, dass vieles begonnen, aber nur halb zu Ende geführt wird. Die möglichen Auswirkungen auf die allgemeine finanzielle Lage liegen auf der Hand.

Charakterzahl 44

Lebenssinn

- Im Leben dieser Menschen bilden Fragen des Geldes, der Macht, der Verantwortung und der festen Grundlagen wichtige Punkte.
- Im Vorfeld ihres Tuns benötigen sie eine Phase der Selbstbesinnung.
- Die Selbstanalyse ist das große Thema dieser Menschen.
- Probleme sollten nicht im Inneren belassen werden, sie müssen ausgesprochen und mit anderen ausgetauscht werden.
- Stehen diese Menschen vor wichtigen Entscheidungen, kann es passieren, dass ihnen die letzte Entscheidungsfähigkeit aus den Händen gleitet.
- Ein ausgewogenes Verhältnis von Verstand und Gefühl ist unbedingt notwendig.

Gesundheit

- Menschen mit dieser Charakterzahl lassen sich hinsichtlich ihres Körpers und ihrer Gesundheit keine Vorschriften machen.

Zwischenmenschliche Beziehungen

- Sie bringen Treue, Stabilität, Standhaftigkeit und Hilfsbereitschaft in ihre Beziehungen ein.
- Gelegentlich können sie in Machtkämpfe verfallen oder Haltlosigkeit an den Tag legen.
- Familie und Kinder haben einen hohen Stellenwert in ihrem Leben.
- Ausgesprochene Gemütsmenschen kann man diese Menschen nicht nennen. Von ihren Partnern werden sie mehr wegen ihrer Treue, Kraft und Vitalität geschätzt.
- In sexueller Hinsicht sind sie meist lustbetont, praktisch und begeisterungsfähig.
- Im Allgemeinen kommen diese Menschen am besten mit jemandem aus, dessen Feinfühligkeit ein Gegengewicht zu ihrer Kraft bildet.

Beruf

- Sie haben häufig Führungspositionen inne, agieren gelegentlich aber auch hinter den Kulissen.
- Sie verfügen über einen scharfen Verstand.

Finanzen

- Finanzielle Sicherheit ist die Hauptantriebskraft dieser Menschen.
- Diese zu erreichen, ist nicht in jedem Falle leicht, aber sie verfügen über alle notwendigen Eigenschaften, um schließlich zum Ziel zu gelangen.
- Der Schlüssel zum Erfolg liegt für sie darin, über die Probleme hinauszuwachsen, indem sie ihre Leistungen in den Dienst der Allgemeinheit stellen, wobei die Familie hier einen besonderen Stellenwert besitzt.

Charakterzahl 45

Lebenssinn

- Integrität, Unabhängigkeit und Fragen der Stabilität bestimmen das Leben dieser Menschen.
- Disziplin ist ihnen nicht gegeben, sie müssen sie erlernen.
- Sie begeben sich nicht selten in exklusive Situationen, in denen es mitunter um Leben und Tod gehen kann.
- Menschen mit dieser Charakterzahl verfügen über ein lebhaftes Geistesleben und sind gehalten, von hier aus den Weg in ihr Innerstes zu finden.
- Ihr aktives Verhältnis zur Welt bewirkt in ihr Veränderungen, so dass sich diese Menschen früher oder später dem „inneren Blick“ auf die Welt zuwenden, um sie wirklich verstehen zu können.
- Ihr Wissen leben sie im Alltag aus.

Gesundheit

- Diese Menschen erfreuen sich im Allgemeinen einer guten Gesundheit, es können aber Knochenbrüche, Kopfverletzungen oder Erkrankungen des Gehirns oder des Nervensystems auftreten.

Zwischenmenschliche Beziehungen

- Ihnen kann es an Sensibilität und Mitgefühl mangeln.
- Der Erfolg ihrer Beziehungen und ihres Gefühlslebens ist meistens Glücksache.
- Die meisten dieser Menschen müssen Schwierigkeiten mit Eltern und Geschwistern klären.
- Zu ihrem emotionalen Reifeprozess gehört nicht zuletzt, dass sie ihre eigenen Gefühle annehmen und sich einem Entwicklungsprozess hin zu tieferen, intimeren Beziehungen anvertrauen.
- In sexueller Hinsicht wünschen sie sich Beziehungen, die über das Physiologische hinausgehen und einen gewissen Reiz an sich haben. Andererseits wollen sie aber auch das Gefühl tiefer Verbundenheit erleben.

Beruf

- Dank ihrer scharfen Verstandeskräfte und raschen Auffassungsaufgabe können diese Menschen in den unterschiedlichsten Berufsfeldern Veränderungen auslösen, ohne die Führung zu übernehmen.
- Sie geben sich traditionell und suchen sich Tätigkeit, die ihr ganzes Können beansprucht.

Finanzen

- Mit einer realistischen finanziellen Grundlage gelingt es diesen Menschen, jene Sicherheit zu gewinnen, aus der heraus sie ihre Horizonte erweitern können.
- Geld steht nicht unbedingt im Mittelpunkt ihres Lebens, aber es eröffnet ihnen mehr Möglichkeiten und gibt ihnen ein Gefühl der Sicherheit und der Freiheit, die sie brauchen.
- Wichtig ist, dass diese Menschen ihr Geld gut verwalten und Spekulationen meiden.

Charakterzahl 46

Lebenssinn

- Diese Menschen leben mit der Vision von einer besseren Welt und setzen sich mit Fragen der Kreativität und großen Ideale auseinander.
- Sie besitzen ein kreatives Gespür, um es aber wirksam werden zu lassen, sollten sie das tun, was ihnen besonders schwer fällt.
- Sie verfügen sozusagen über den tiefen Blick ins Innere des Menschen.
- Sie erwecken den Eindruck von Realitätsferne.
- Sie sind unglaublich vorausschauend und ahnungsvoll.

Gesundheit

- Diese Menschen haben einen kräftigen und gut gepflegten Körper.

- Sie sind in der Lage, ihre Gesundheit zu erhalten, müssen aber aufpassen, bei entsprechenden Verhaltensmustern keine Suchtverhaltensweisen zu zeigen. Zu den anfälligsten Körperregionen zählen die Geschlechtsorgane, die Knie und der Unterleib.

Zwischenmenschliche Beziehungen

- Tiefere Empfindungen anzuerkennen, ist eine schwere Prüfung für diese Menschen, da sie im Allgemeinen auf das fixiert sind, was sie ihrer Meinung nach fühlen „sollten".
- Idealvorstellungen verschleiern sie mit Verleugnung und Selbsttäuschung.
- Je besser sie sich selbst kennen und akzeptieren, umso besser sind ihre Beziehungen.
- Die meisten von ihnen müssen darauf hinarbeiten, „normale" menschliche Empfindungen zu akzeptieren.

Beruf

- Diese Menschen sollten es unbedingt vermeiden, sich selbst eine Falle zu stellen, indem sie den „perfekten" Beruf suchen oder nie mit einer Tätigkeit zufrieden sind.
- Sie sind immer gut beraten, nicht die Ziele zu verfolgen, die sie verfolgen „sollten", sondern die, von denen sie sich angezogen fühlen. Im Klartext bedeutet das u.a., sich nie den Berufswünschen der Eltern zu unterwerfen.

Finanzen

- Ihre finanzielle Lage spiegelt das Maß ihres Selbstwertgefühls wider und hängt von ihrer Bereitschaft ab, eine Sache weiterzuverfolgen, ohne dabei Schritte zu überspringen.

Charakterzahl 47

Lebenssinn

- Menschen mit dieser Charakterzahl leben zwischen Kreativität und Vertrauen und müssen begreifen, dass ihr Selbstbewusstsein auch ein schöpferischer Geist ist.

- Sie müssen die Angst überwinden, dass die Welt ihnen misstrauisch gegenübersteht und sich den eigenen, tiefen Unsicherheiten stellen.
- Tun sie dies, erlangen sie Selbstvertrauen und finden damit einen Weg zu ihrem Selbstbewusstsein
- Diese Menschen bevorzugen eine ästhetische Aneignung der Wirklichkeit, um deren innere Harmonie zu ergründen.
- Ihre visionäre Kraft führt nicht dazu, sich im Nebulösen zu verlieren, sondern sozusagen das Geistige auf die Erde zu holen und es hier anderen zu vermitteln und nahe zu bringen.

Gesundheit
- Diese Menschen haben einen empfindlichen Körper und ein ebensolches Kraftfeld.
- Ihre Anfälligkeiten konzentrieren sich auf den Fortpflanzungsbereich.
- Trotz ihrer Sensibilität verfügen sie über ungeahnte Kräfte.

Zwischenmenschliche Beziehungen
- Die meisten dieser Menschen führen das, was man ein „gut bürgerliches“ Leben nennt: Sie heiraten und bekommen Kinder.
- Konventionelle Rollen liegen ihnen hierbei jedoch fern, sie sind zu sehr damit beschäftigt, kreativ zu sein.
- In jeder zwischenmenschlichen Beziehung ist für sie von ausschlaggebender Bedeutung, dass sie ihre Verletzlichkeit zugeben und aufrichtig mit dem anderen sprechen können.
- Sie müssen darauf achten, emotional wirklich bei der Sache zu sein.
- Ihre Sexualität geht mit schöpferischen Phantasien einher.

Beruf
- Diese Menschen sind Prototypen geistiger Kreativität.
- Sie arbeiten gern allein, hassen Routine.

Finanzen

- Geld hat für diese Menschen nur eine zweitrangige Bedeutung.
- Sie haben oft keinen Überblick über ihre finanzielle Situation und wollen dies auch nicht ändern.

Charakterzahl 48

Lebenssinn

- Erfolg und Teamarbeit sind die bestimmenden Faktoren dieser Menschen.
- Sie wollen, dass sich ihre Einflussnahme bemerkbar macht.
- Sie befinden sich mitten in jenen Prozessen, die Veränderungen in unserer Welt mit sich bringen.
- Sie sollten ihren Ehrgeiz immer an den eigenen Fähigkeiten messen.
- Gelegentlich vergessen diese Menschen, dass sich Erfolg in der Regel nicht über Nacht einstellt.
- Sie verfügen über Pioniergeist.

Gesundheit

- Üben diese Menschen Geduld mit sich und ihrer Umwelt, wird ihre sehr gute physische wie psychische Verfassung erhalten bleiben.
- Anfällig sind sie für geistigen Stress. Im schlimmsten Falle kann ihr Immunsystem dadurch in Mitleidenschaft gezogen werden.

Zwischenmenschliche Beziehungen

- Diese Menschen sind stark, treu und zuverlässig. Dennoch wird sich ihr Leben mehr nach dem Verstand als nach dem Gefühl richten.
- Langfristige Beziehungen können nur auf der Grundlage gegenseitiger Unterstützung und Zusammenarbeit geführt werden.

- Gefühle allein oder auch ein gutes sexuelles Zusammenspiel erreichen hier wenig.
- Diese Menschen brauchen jemanden, der sie liebt und zugleich Freund oder Freundin ist.
- Sexualität hat eine große Bedeutung, da sie nicht nur Bedürfnisse befriedigt und schöpferische Energien zum Ausdruck bringt, sondern weil sie den Rahmen darstellt, innerhalb dessen sie ihre Verletzlichkeit zeigen können.

Beruf
- Sie besitzen einen praktischen Verstand. Er verhilft ihnen beruflich jedoch nur dann zum Durchbruch, wenn sie in der Abfolge der notwendigen Schritte vorgehen, ohne einen auszulassen.
- Sie besitzen einen gewissen Drang nach Reichtum, Macht und Anerkennung. Bei entsprechender Geduld werden diese Menschen hier alles erreichen, was sie sich vorgenommen haben.
- Wegen ihrer schöpferischen Energien und analytischen Fähigkeiten wollen sie meistens auf eigene Verantwortung hin arbeiten.

Finanzen
- Mit der entsprechenden Energie werden diese Menschen auf jeden Fall die Früchte ihrer Arbeit einbringen.

Ihnen wird sicherlich aufgefallen sein, dass sich die Berechnungen der Lebenszahl bislang auf das 20. Jahrhundert erstreckt haben. Was nun, sagen wir, wenn Sie die Lebenszahl Ihrer Tochter oder Ihres Enkelsohnes berechnen wollen, und beide sind Kinder des 21. Jahrhunderts?

Für Ihre eventuellen Berechnungen möchte ich Ihnen die folgenden Zahlen mit auf den Weg geben:

01. oder 10. 01. 2000 = 4	(Summe aller Ziffern des Geburtsdatums)
01. oder 10. 01. 2001 = 5	01. oder 10. 01. 2002 = 6
01. oder 10. 01. 2003 = 7	01. oder 10. 01. 2004 = 8
01. oder 10. 01. 2005 = 9	01. oder 10. 01. 2006 = 10
01. oder 10. 01. 2007 = 11	
02. oder 20. 01. 2000 = 5	02. oder 20. 01. 2001 = 6
02. oder 20. 01. 2002 = 7	02. oder 20. 01. 2003 = 8
02. oder 20. 01. 2004 = 9	02. oder 20. 01. 2005 = 10
02. oder 20. 01. 2006 = 11	
03. oder 30. 01. 2000 = 6	03. oder 30. 01. 2001 = 7
03. oder 30. 01. 2002 = 8	03. oder 30. 01. 2003 = 9
03. oder 30. 01. 2004 = 10	03. oder 30. 01. 2005 = 11
04. 01. 2000 = 7	04. 01. 2001 = 8
04. 01. 2002 = 9	04. 01. 2003 = 10
04. 01. 2004 = 10	
05. 01. 2000 = 8	05. 01. 2001 = 9
05. 01. 2002 = 10	05. 01. 2003 = 11
06. 01. 2000 = 9	06. 01. 2001 = 10
06. 01. 2002 = 11	
07. 01. 2000 = 10	07. 01. 2001 = 11
08. 01. 2000 = 11	

Mit 12, 13 usw. folgen dann wieder Charakterzahlen, mit denen wir bereits im 20. Jahrhundert arbeiten konnten.

Anhand eines punktuellen Beispiels möchte ich Ihnen nun darlegen, wie unsere Berechnungen bei Personen aussehen, die im 21. Jahrhundert geboren sind. Ich werde Ihnen die einzelnen Rechnungsschritte vorenthalten, würde Sie aber bitten, diese Berechnungen ruhig einmal selber anzustellen. Anhand meines Ergebnisses können Sie überprüfen, ob Sie mit Ihrem Resultat richtig liegen.

Wir nehmen zunächst an, dass unser Beispiel Pauline Muster am 01.01.2000 geboren wurde. Für sie ergibt sich also in der Gesamtdeutung:

Wirkungszahl 15	Charakterzahl 4	Lebenssinnzahl 16
Wirkungszahl 6	Lebenszahl 4	Lebenssinnzahl 7

Wirkungszahl 15; 6 bedeutet (analog):
(15) Wirkungskraft, Suggestion, Einfluss, Kompetenz, Selbstverwirklichung;
(6) Liebe, Prüfung, Analyse, Forschung, Kritik, Polarität, Sexualität

Charakterzahl 4 (siehe weiter unten)

Lebenszahl 4 bedeutet (analog):
Tat, Handlung, Arbeit

Lebenssinnzahl 16; 7 bedeutet (analog):
(16) Lernen durch Erfahrung, Schicksal als Chance, Krise, Lehren, Beraten, Erziehen, Therapieren, öffentliche Aufgabe, Krisenbewältigung;
(7) Sieg, Überwinden, Gelingen, Gewinnen

Charakterzahl 4 bedeutet (analog)

Lebensaufgabe
Stabilität und Entwicklung sind die bestimmenden Momente im Leben dieser Menschen.

Für die meisten dieser Menschen ist das Erlangen von Sicherheit und das Stehen auf sicheren Fundamenten das Lebensziel schlechthin.

In ihrem Leben haben sie sich mit solchen Fragen und Problemen auseinander zu setzen wie Stabilität, Engagement, Geduld, Klarheit und Geduld.

Eine wichtige Aufgabe dieser Menschen besteht darin, innere Festigkeit zu gewinnen und Vorsorge für alle Bereiche des Lebens zu treffen.

Von hier aus müssen sie dann Sesshaftigkeit im umfänglichsten Sinne des Wortes anstreben.

Gesundheit
Diese Menschen sind häufig die geborenen Hysteriker, schwanken permanent zwischen Selbstbeherrschung und hochgradiger Nervosität und sollten sich vor eventuellen Nervenzusammenbrüchen hüten. Ist das Ereignis allerdings eingetreten, werden sie sich infolge ihrer allgemeinen Robustheit davon rasch wieder erholen. Dennoch sollten sie sich vor psychosomatischen Erkrankungen nicht sicher wähnen.

Zwischenmenschliche Beziehungen
Infolge ihrer Tendenz zu Selbsttäuschung und Selbstverleugnung müssen diese Menschen in der Gesamtheit ihrer Beziehungen „Farbe bekennen“, um das zu erreichen, was von vornherein in ihrem Leben eine wichtige Rolle spielt: Stabilität.

Sie wünschen sich nichts mehr als diese Stabilität und Festigkeit im Ausleben ihrer zwischenmenschlichen Beziehungen, aber irgendetwas wehrt sich mitunter in ihnen dagegen.

In sexueller Hinsicht sind diese Menschen doch sehr vital.

In Partnerschaften kommt bei ihnen häufig dieses „Bitte verlass mich nicht!“ zum Tragen.

Beruf

Diese Menschen verfügen über die ausgezeichnet entwickelte Fähigkeit, materielle und geistige Produkte zu strukturieren und Aufgaben in ihre Bestandteile zu zergliedern. Als Entscheidungsträger, aber auch in diversen beratenden Funktionen sind sie für die verschiedensten beruflichen Branchen geeignet.

Finanzen

Geld ist für diese Menschen kein Statussymbol.

Vielmehr wird es als unerlässliche Voraussetzung für die Konsolidierung ihrer Lebenssicherheit und das Planen der Zukunft begriffen. Geld steht für diese Menschen als gleichbedeutend für Sicherheit, um von hier aus die unterschiedlichsten Lebensäußerungen unternehmen zu können. Luxus will damit nicht gemeint sein.

Im Folgenden werde ich Ihnen auch hier wieder und nur punktuell die weiteren Bestimmungen der möglichen Charakterzahlen aus der Perspektive der Lebensaufgabe nennen. Die anderen Bereiche Ihres Wertesystems (Gesundheit, Beziehungen, Geld, Beruf) werde ich gleichfalls und ausführlich an anderer Stelle behandeln. Bedenken Sie bitte, dass rein „rechnerisch“ die 4 die kleinste Charakterzahl sein kann.

Charakterzahl 5	• Freiheit und Disziplin sind die wichtigsten Momente im Leben dieser Menschen. • Lebenstragend ist für sie, über Disziplin, Konzentration und Erfahrungstiefe innere Freiheit zu gewinnen. • Das Erlebnis der inneren Freiheit ist für diese Menschen unerlässlich, sonst betrachten sie sich ein Leben lang als Gefangene ihrer selbst. • Haben sich diese Menschen die Sinnhaftigkeit des Verhältnisses von innerer und äußerer Freiheit nicht erschlossen, bewegen sie sich in einem Spannungsfeld aus Gefühl und situativer Abhängigkeit.
Charakterzahl 6	• Vision und Annehmen sind die bestimmenden „Dinge“ im Leben dieser Menschen. • Die Verwirklichung hoher Ideale zählt zu ihren elementaren Aufgaben. • Hier gilt dann, die eigenen Tendenzen zum Perfektionismus zu überwinden. • Die Verwirklichung ihrer Ideale sollte allerdings in einem realitätsnahen Rahmen angestrebt werden.

Charakterzahl 7	• Im Leben dieser Menschen spielen Vertrauen und Offenheit die eigentliche Hauptrolle. • Es ist sehr wichtig für sie, auf sich selbst und andere zu vertrauen, Selbstbewusstsein zu artikulieren. • Diese Menschen befinden sich auf der ständigen Suche nach dem eigenen Selbst. • Ihr Inneres verbergen sie hingegen häufig vor anderen.
Charakterzahl 8	• Diese Menschen wollen mit Überfluss, Macht und Anerkennung umgehen. • Damit haben sie sich einer Vielzahl von Problemen auseinanderzusetzen, die Überfluss und Macht nun einmal mit sich bringen. • Können diese Probleme gelöst werden, finden diese Menschen auch zu Großzügigkeit und Mitgefühl.
Charakterzahl 9	• Das Leben dieser Menschen etabliert sich zwischen Integrität und Weisheit. • Sie sind bestrebt, ein Leben höchster Integrität zu leben und es der Stimme des Herzens folgen zu lassen. • Diese Menschen sind sehr charismatisch und müssen erkennen, dass andere ihnen leider nicht nur im Guten folgen. • Gelegentlich haben sie ein Problem damit, die Verantwortung für Folgen des eigenen Handelns zu übernehmen.

Charakterzahl 10	• Kreativität und Zuversicht stehen im Mittelpunkt des Lebens dieser Menschen. • Sie verspüren das Bedürfnis, die in ihnen vorhandenen positiven schöpferischen Energien auch tatsächlich zu vergegenständlichen. • Die Energie dieser Menschen durchdringt alle Bereiche ihrer Lebensäußerungen, bestimmt ihr Charisma. • Sie fühlen diese Kräfte, können sie aber auch blockieren. • Überwinden sie diese Blockaden, sind sie befähigt, emotional auch auf andere Menschen einzugehen und sie zu verstehen. • Sie sollten sich davor hüten, die Probleme anderer zu sehr als die eigenen zu empfinden.
Charakterzahl 11	• Diese Menschen verfügen über ein kreatives Potenzial, das schon fast an die Grenzen des Geniehaften stößt. • Nicht nur die Gewinnung, sondern die Erarbeitung von Zuversicht zum eigenen Ich und zum anderen bedeutet für das Leben dieser Menschen sehr viel. • Für diese Menschen wäre eine Blockierung ihrer kreativen Kräfte fast schon ein Verhängnis, an dieser Stelle haben sie eine nicht zu unterschätzende Affinität zu Drogen oder Alkohol als Kompensationsmittel.

Ich möchte diesen Abschnitt genau an dieser Stelle beenden, wohl wissend darum, dass noch nicht alles gesagt worden ist. Nur würde es den Rahmen dieses Buches sprengen. Wenn Sie also offen sind für die Weiterführung des bislang zu Papier Gebrachten, in einem nächsten Buch werde ich hier fortfahren. Wenn Ihnen die Zeit bis dahin dann doch zu lang erscheint, können Sie mich auch anrufen.

Unsere Zähne – Rückschlüsse auf unsere Organe

Wenn Sie gefragt werden, was genau ein Zahn ist und Sie wissen es nicht, schlagen Sie ein Lexikon oder ein anderes Nachschlagewerk auf und werden zunächst finden, dass es sich bei Zähnen um harte, kalkhaltige Strukturen handelt, die im Ober- und Unterkiefer vieler Wirbeltiere verankert sind und dem Kauen dienen. Ein menschlicher Zahn besteht aus einem äußeren Teil, der Zahnkrone, und der im Kiefer verankerten Zahnwurzel. Die Außenschicht der Krone ist der Zahnschmelz. Das ist eine kalkhaltige Substanz, die das härteste Material im menschlichen Körper darstellt. Unter dem Zahnschmelz liegt das Zahnbein.

Das ist alles richtig, klingt sachlich und nüchtern, obwohl viele von uns das Thema Zahn so nüchtern dann nicht mehr betrachten, wenn sie einen Zahnarzttermin haben.

Wer geht schon gerne zum Arzt, doch es fällt immer wieder auf, dass die Gesichter der Patienten im Wartezimmer eines Zahnarztes einen ganz besonderen Ausdruck haben. Man hat das Gefühl, dass hier nicht nur jemand wegen seines „dritten Backenzahns links oben" sitzt. Vielmehr scheint es, als wäre irgendwie der ganze Mensch, der ganze Körper an diesem Besuch beteiligt. Und in der Tat, viele Menschen haben im Vorfeld eines Zahnarztbesuchs komischerweise Beschwerden an Stellen, von denen man meint, sie haben mit den Zähnen nichts zu tun: unruhiger Nachtschlaf, innere Unruhe, kurzzeitige Verdauungsprobleme sowie Stirnschweiß.

„Das Zahnweh, subjektiv genommen,
ist ohne Zweifel unwillkommen;
doch hat's die gute Eigenschaft,
dass sich dabei die Lebenskraft,
die man nach außen oft verschwendet,
auf einen Punkt nach innen wendet
und hier energisch concentrirt.
Kaum wird der erste Stich verspürt,
kaum fühlt man das bekannte Bohren,
das Rucken, Zucken und Rumoren –
und aus ist's mit der Weltgeschichte,
vergessen sind die Kursberichte,
die Steuern und das Einmaleins,
kurz jede Form gewohnten Seins,
die sonst real erscheint und wichtig,
wird plötzlich wesenlos und nichtig.
Ja, selbst die alte Liebe rostet –
Man weiß nicht, was die Butter kostet –
Denn einzig in der engen Höhle
des Backenzahnes weilt die Seele."

(Wilhelm Busch)

Diese Beeinträchtigung des ganzen Menschen mag oft ganz einfache Ursachen haben und ist womöglich auch schnell zu erklären. Dennoch bleibt es ein bemerkenswertes und interessantes, häufig auftretendes Phänomen: Der Körper in seiner Gesamtheit scheint auf besondere Art und Weise mit den Zähnen verbunden.

Es ist die Naturheilkunde und deren ganzheitliche Betrachtungsweise, die ihren Behandlungsmethoden häufig das Verständnis um diese besonderen Verbindungen unterlegt. Ganzheitliche Medizin kennt sogenannte „Somatotopien". Das sind

Bereiche unseres Körpers, auf denen sich Organe, Knochen, Muskeln, kurz, der gesamte Organismus im Kleinen widerspiegelt. Diese Somatotopien gibt es vor allem im Kopfbereich. Die bekannteste ist das Ohr. Hier setzt beispielsweise die Ohr-Akupunktur an und nimmt durch die Stimulation des Ohrs durch Nadeln Einfluss auf den übrigen Organismus. Weitere Somatotopien sind das Kinn, die Lippen, die Iris oder Regenbogenhaut der Augen und eben unsere Zähne.

Nur so viel: Die Naturheilkunde geht von dem Grundsatz aus, dass alles Sein Schwingung ist und beruft sich hierbei auf den Physiker Albert Popp. In diesem Verständnis sind biologische Wechselwirkungen elektromagnetischer Natur. Die kleinste feststellbare Einheit eines elektromagnetischen Feldes sind die Photonen. Unsere Zellen, so nun Popp, „kommunizieren" mittels der Photonen untereinander.

Wir können diesen „Kommunikationsprozess" auch mit energetischer Wechselbeziehung umschreiben. Ich will hier im Einzelnen nicht weiter darauf eingehen und Ihnen lediglich jene vorstellen, die zwischen unseren Zähnen und dem übrigen Organismus bestehen.

obere Zahnreihe

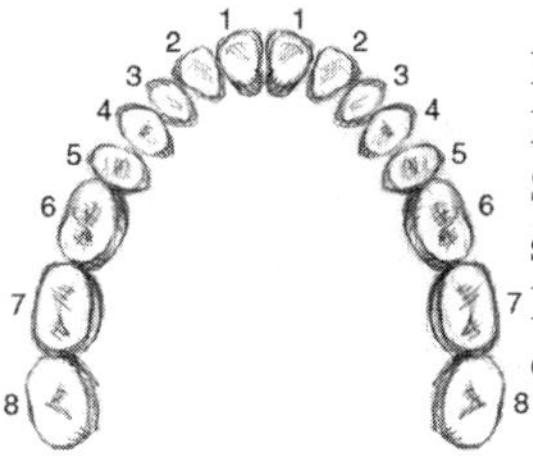

Schneidezähne: Blase, Niere, Geschlechtsorgane, Fuß, Knie, Kreuz, Stirn, Epiphyse oder Zirbeldrüse (1 und 2)
Eckzähne: Gallenblase, Leber, Hüfte, Auge (3)
Backenzähne: Dickdarm, Lunge, Hände, Füße, Schulter, Ellbogen, Thymus oder innere Brustdrüse; Lymphorgan (4 und 5)
Mahlzähne: Magen, Milz, Knie, Kieferhöhle, Brustdrüse, Schilddrüse und Nebenschilddrüse (6 und 7)
Mahlzähne: Dünndarm, Herz, Ellbogen, Schulter, Hände, Füße, Ohren, Zentrales Nervensystem (8)

untere Zahnreihe

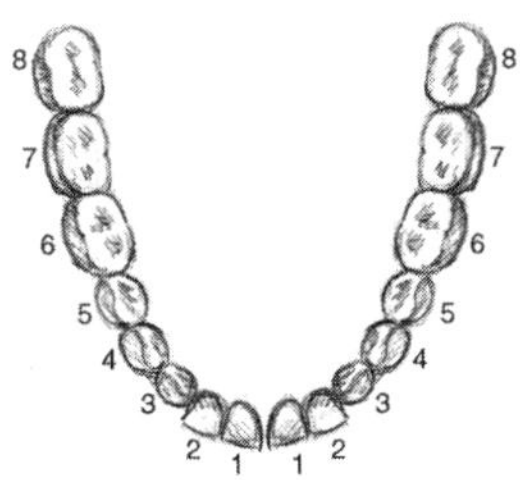

Schneidezähne: Blase, Niere, Nebenniere, Knie, Kreuz, Stirnhöhle (1 und 2)
Eckzähne: Gallenblase, Leber, Hüfte, Auge, Gonaden (3)
Backenzähne: Magen, Milz, Bauchspeicheldrüse, Brustdrüse, Kieferhöhle, Gonaden, Lymphgefäße (4 und 5)
Mahlzahn: Venen (6)
Mahlzahn: Arterien (7)
Mahlzähne: Dickdarm, Lunge, Hände, Füße, Schulter, Ellbogen (6 und 7)
Mahlzahn: Dünndarm, Herz, Ellbogen, Schulter, Ohr, Hände, Füße, Energiehaushalt, Peripheres Nervensystem (8)

Der Biorhythmus – die Rhythmen des Lebens

„Ich glaube, das war heute nicht mein Tag."
„Irgendwie bin ich heute verdammt gut drauf."
„Er hat einen denkbar schlechten Tag für seine Prüfung erwischt."
„Es gibt Tage im Leben, da bleibt man am besten im Bett."
„Es ist schon irgendwie komisch. Manchmal redet er nach drei Gläsern schon wirres Zeug und manchmal hat er ein unwahrscheinliches Stehvermögen!"

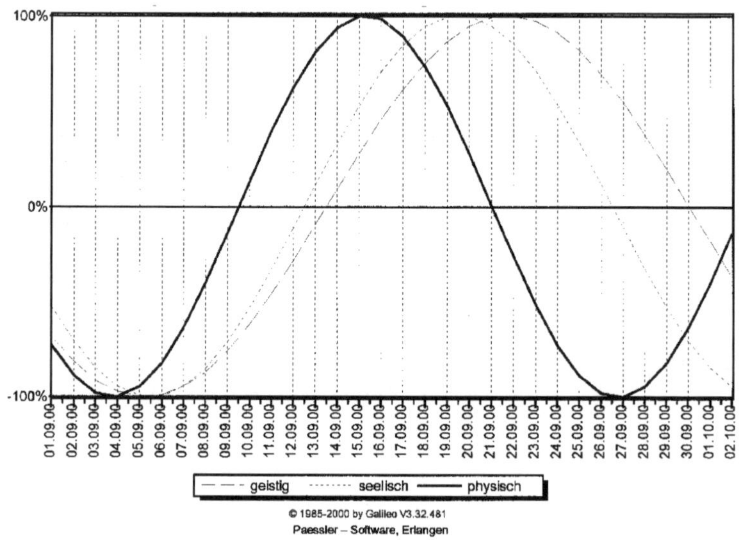

Sie kennen sicherlich solche Formulierungen und die meisten von uns haben das irgendwann im Leben schon selbst an sich oder anderen erlebt.

Wir kennen gute und schlechte Tage in unserem Leben. Es gibt Tage, die man am liebsten aus seinem Kalender streichen würde, und solche, die sich immer wiederholen könnten. Es gibt in unserem Leben Tage, die ohne Bedeutung vergehen, und solche, die unter Umständen unser ganzes Dasein verändern. Und irgendwann haben Sie sicherlich schon einmal bemerkt, dass Sie nicht jeden Morgen gut gelaunt aufstehen. Heute gehen Ihnen womöglich Dinge gut von der Hand, die Ihnen zu anderer Zeit schon große Schwierigkeiten bereitet haben.

Neben regelmäßigen Schwankungen in den unterschiedlichsten täglichen Lebensäußerungen lassen sich über größere Zeiträume hinweg solche beobachten, die man heute als Biorhythmen bezeichnet, wobei dieses Wort älter ist, als man gelegentlich annimmt.

Schon im Jahre 1932 erschien in Deutschland ein unscheinbares kleines Buch mit dem Titel „Die Lebenskurve nach dem Ellerbeck'schen Gesetz – Ebbe und Flut im Blut". Hier heißt es u. a.:

„Beachte das Gesetz der Zellenschwingungen in deinem Organismus! Wer das Gesetz des Lebensrhythmus (Biorhythmus) missachtet oder nicht kennt, muss Misserfolg haben. Den richtigen Zeitpunkt zu allem Tun und Handeln erfassen, das allein ist der Schlüssel zum Erfolg."

Die Lehre vom Biorhythmus, so wie sie heute vorgetragen wird, geht davon aus, dass jeder Mensch in seinen körperlichen, seelischen (gefühlsmäßigen) und geistigen Lebensäußerungen Schwankungen unterliegt. Sie kennen vielleicht den Ausdruck von der „biologischen Uhr". Die Lehre vom Biorhythmus basiert auf der Annahme, dass es beim Menschen periodisch verlaufende Kreisläufe unterschiedlicher Dauer gibt.

Konkret besagt diese Theorie, und da ist sich die entsprechende Literatur einig, dass jeder Mensch von Geburt an durch drei unterschiedliche sowie ständig wechselnde Energieströme beeinflusst wird:

Gesprochen wird zunächst vom „Körperrhythmus", der eine Dauer von 23 Tagen hat und alle 11½ Tage wechselt. Er nimmt Einfluss auf die den Körper und den Willen antreibenden Kräfte.

Eine Dauer von 28 Tagen hat der „seelische Rhythmus". Er bestimmt unsere Gefühle, Stimmungen sowie unser schöpferisches Vermögen und wechselt alle 14 Tage.

Schließlich kennen wir noch den „Geistesrhythmus" mit einer Dauer von 33 Tagen und einem sich alle 16½ Tage vollziehenden Wechsel. Unter seine Einflussnahme fallen Konzentration und Geistesgegenwart. Hier wird bereits ersichtlich, dass die drei Phasen unterschiedliche Zeitlängen haben. Die Folge für den Menschen: Es kommt ständig zu Kombinationen der körperlichen, seelischen und geistigen Befindlichkeiten. Dabei gilt es nie zu vergessen: Der Biorhythmiker behauptet lediglich, dass seine Theorie nur von der periodischen Wiederkehr bestimmter Funktionsabläufe im Organismus handelt.

Die Beschreibungen des Körperrhythmus mit einer Dauer von 23 Tagen und die des seelischen Rhythmus mit einer von 28 Tagen gehen auf den deutschen Arzt Wilhelm Fließ (1858–1928) und den österreichischen Psychologen Hermann Swoboda (1873–1963) zurück. Die zeitliche Festlegung des geistigen Rhythmus auf 33 Tage resultiert aus den langjährigen Forschungen von Friedrich Teltscher.

Völlig falsch wäre es nun, seine gesamte Lebensgestaltung nach Biorhythmen auszurichten und an den sogenannten schlechten Tagen im Bett zu bleiben. Walter A. Appel, sicherlich einer der bekanntesten Vertreter der Theorie vom Biorhythmus in Deutschland, meint hierzu:

> „Ich bin der Überzeugung, dass es einer gewissen Lebenskunst bedarf, sein Gefühls- und Geistesleben unter Beachtung einer vorgegebenen Rhythmik zu gestalten; aber auch eine gehörige Portion Selbstdisziplin ist notwendig. Aber wäre unser Dasein nicht langweilig und belanglos, wenn es nicht Stimmungsschwankungen und Leistungsänderungen unterworfen wäre? Entscheidend ist doch, dass wir unseren Einsatz überlegt steuern und nicht Gefahr laufen, in einer Hochstimmung zu übertreiben und in einer Depressions-

phase zu verzweifeln ... Im Grunde handelt es sich ja nur darum, der körpereigenen Schwingungen und Schwankungen innezuwerden und daraus die erforderlichen, je nach Veranlagung möglichen Schlüsse zu ziehen."

Per Mausklick können Sie sich heute im Internet von den unterschiedlichsten Anbietern Ihren persönlichen Biorhythmus berechnen lassen. Bei aller Differenziertheit dieser Berechnungen liegt ihnen die oben genannte Auffassung vom Körper-, Geist- und Seelenrhythmus zugrunde.

Betrachten wir den Körperrhythmus. Für ihn wird eine Dauer von 23 Tagen angenommen. Er beeinflusst Ihre gesamte körperliche Verfassung. Stellen Sie sich den Verlauf des Körperrhythmus analog dem Verlauf einer Sinuskurve vor. Ihre „Sinuskurve" beginnt bei Null, umschreibt eine Hochphase (Plusbereich), geht wieder zu Null und umschreibt dann eine Tiefphase (Minusbereich). Im übertragenen Sinne bedeutet das für Ihren Körperrhythmus (23 Tage), dass Sie sich 11½Tage in einem zunächst körperlichen „Hochgefühl" befinden, welches dann von einem 11½ Tage dauernden „Tiefgefühl" abgelöst wird. Der ca. 24 Stunden umfassende Wechsel von einem Hoch zu einem Tief wie auch umgekehrt wird als „kritischer Tag" bezeichnet.

In den „positiven 11½ Tagen" sind Sie in körperlicher Hinsicht in bester Verfassung. Sie legen eine beachtliche Leistungsfähigkeit an den Tag und sind äußerst belastbar. Sie fühlen sich rundum wohl und in Ihren Handlungen zeigen Sie sich ausdauernd. Sie fühlen in sich so etwas wie einen ungebremsten Tatendrang und Arbeitseifer. Sie haben das bekannte Gefühl, „Bäume ausreißen zu können". Sportler vollbringen erfahrungsgemäß gerade in dieser Phase Höchstleistungen. Wer sich mit der Absicht trägt, eine mit schwerer körperlicher Arbeit verbundene Aufgabe zu erledigen, ist gut beraten, das in dieser Phase zu tun.

Der sogenannte kritische Tag sollte niemanden in Panik versetzen, man sollte aber Vorsicht walten lassen. Es gibt Untersuchungen, die gerade diesen Tag in den engsten Zusammenhang mit möglichen Unfallgefahren bringen.

In den „negativen 11½ Tagen", der Name sagt es schon, sind Sie weit davon entfernt, „die Welt aus ihren Angeln" heben zu wollen. Sie verspüren ein gewisses Bedürfnis nach Ruhe und Entspannung, Sie fühlen sich müde.

Mit den Auswirkungen der anderen beiden Biorhythmen in ihren verschiedenen Phasen soll Sie die folgende Tabelle vertraut machen.

Rhythmus	**Geltungsbereich/ Messgrößen**	**Hoch**	**Tief**	**Kritisch instabiler Zustand**
Seelenrhythmus 28 Tage lang; Wechsel zwischen Hoch und Tief alle 14 Tage	seelischer Bereich, Gemüt, seelische Gefühlswelt, Unbewusstes, Empfindungsfähigkeit, Einfühlungskraft, Kontaktfähigkeit, Harmonie, Zusammenarbeit, moralische Kraft, Intuition, Kreativität	Energieabgabe, positive Lebenseinstellung, gute Harmonie, Zusammenarbeit, günstig für Prüfungen, Wettbewerbe, öffentliche Auftritte, Bekanntschaften, Freude an Geselligkeit	Energieaufnahme, negative Gefühle belasten Teamwork und Zusammenarbeit, zwischenmenschliche Beziehungen beachten, Neigung zu Kontaktarmut, Eintönigkeit, evtl. Depressionen	spitze Bemerkungen, Streit, sinnlose Frustration, Verschlechterung eines Krankheitszustandes, verlangsamte Reaktionsfähigkeit

Geistesrhythmus 33 Tage lang; Wechsel zwischen Hoch und Tief alle 16½ Tage	geistiger, intellektueller Bereich, Bewusstes, Denkfähigkeit, Begreifen, Anpassungsfähigkeit, Logik, Urteilskraft, Aufmerksamkeit, Reaktionsvermögen, Beweglichkeit, Gedächtnis (Lebenskraft, Lebensbejahung)	geistige Aufgeschlossenheit, Aufnahmefähigkeit für Neues, gutes Gedächtnis, Anpassungsfähigkeit, günstig für neue Aufgaben, Auslandsreisen, Studium schwacher Sachgebiete, Planen, Entscheidungen, Prüfungen	mangelnde Denkfähigkeit, Konzentrationsfähigkeit, nachlassendes Gedächtnis, mangelnde Ausdrucksfähigkeit, günstig für Routinearbeiten, Sammeln und Einordnen, Repetieren	Gedächtnisschwäche, Neigung zu Fehlern und Irrtümern, geistige Kurzschlüsse, Nachlassen der Aufmerksamkeit, der Geistesgegenwart und der Reaktionsfähigkeit, Unfallgefahr

Es wird Sie die Frage interessieren, wie man seinen Biorhythmus berechnen kann. Wie gesagt, verfügen Sie über einen Computer und Internetanschluss, stellt das kein Problem dar. Es genügt, das Suchwort „Biorhythmus" einzugeben, und schon geht es los.

Am Anfang aller Berechnungen wird die Frage nach dem Geburtsdatum stehen. Dahinter steht ganz einfach die Annahme, dass der Körper-, Geist- und Seelenrhythmus dann zu schwingen beginnt, wenn der Mensch als selbstständiges Individuum ins Leben tritt. Wieso berücksichtigt man hier nicht die Embryonalentwicklung des Menschen? Zum einen ist der Zeitpunkt der Empfängnis im Nachhinein nur schwer, wenn überhaupt zu berechnen. Zum anderen ist während der Schwangerschaft das werdende neue Leben auf die vielfältigste

Art und Weise mit den Schwingungszyklen der Mutter verbunden.

Ich nehme an dieser Stelle ein einfaches Beispiel und denke mir einen Menschen aus, der, sagen wir, am 01.01.1995 geboren wurde. Wie sah seine körperliche, seelische und geistige Verfassung am 10.03. des gleichen Jahres aus?

Zwischen dem Geburtstag und dem hier genannten Datum liegen (1995 war kein Schaltjahr!) 69 Tage:

Der körperliche 23-Tage-Rhythmus wurde genau dreimal durchlaufen und ein vierter beginnt. Damit stehen wir vor der Tatsache eines sogenannten kritischen Tages. Da es sich bei unserer ausgedachten Person um einen Säugling handelt, besteht die Möglichkeit, dass ihn eine Krankheit mehr belastet als sonst.

Der seelische 28-Tage-Rhythmus wurde zweimal durchlaufen und unsere ausgedachte Person befindet sich damit am 7. Tag einer seelischen Hochphase. Man wird den Säugling häufig lachen sehen.

Der geistige 33-Tage-Rhythmus wurde gleichfalls zweimal durchlaufen und unsere imaginäre Person befindet sich damit am 3. Tag einer geistigen Hochphase. Nun wird man in unserem Beispiel von Logik oder Urteilskraft nicht sprechen können. Es ist aber anzunehmen, dass unser Säugling in diesem Zeitraum im Rahmen seiner geistigen Möglichkeiten besonders empfänglich ist für die Aufnahme von Eindrücken aus seiner Umwelt.

Der Zeitraum zwischen unseren Geburtstagen und dem gerade aktuellen Datum ist ein wesentlich größerer und es macht schon eine gewaltige Mühe, die dazwischen liegenden Tage einfach zusammenzuzählen.

Hierfür gibt es heute eine Vielzahl von Erleichterungen: Computerprogramme, Tabellen usw., die – das ist verständlich – hier nicht im Einzelnen wiedergegeben werden können. Probieren Sie es einfach aus!

Der Mensch und die Farben

„Farben weisen eine bestimmte Bewegung auf, die wir durch bloßes Betrachten nachvollziehen und empfinden können. Diese Eigenbewegung entspricht jeweils einem bestimmten Platz in der Wertskala unserer Stimmungen und Gefühle. Farben sind somit Spiegel und Ausdruck unserer Seele. Farben haben eine Bedeutung als Symbole allgemein menschlicher Werte."

(aus einem Werbetext)

Wissen Sie eigentlich, warum der „blaue Montag" blauer Montag heißt? Ein Blick in einschlägige Wörterbücher macht deutlich, dass dieser Tag ursprünglich der Montag vor dem Fasten gewesen ist und dann nach der an diesem Tage vorgeschriebenen liturgischen Farbe benannt wurde.

Später dann erließ Papst Pius V. im Jahre 1570 genau zu befolgende Regeln über die Nutzung von Farben bei Gottesdiensten, an denen später auch Luther und die Reformation nichts ändern sollten. Grün steht für die Dreifaltigkeit und das Leben, die Farbe Rot entspricht dem Heiligen Geist und den Märtyrern des Glaubens. Zeiten der Buße und des Fastens fanden ihre Entsprechung in der Farbe Violett. Weiß steht für Freude, Schwarz für Trauer und Tod.

Die Gesellen des mittelalterlichen Handwerks übernahmen übrigens die Bezeichnung „blauer Montag" für den ihnen nach altem Handwerkerbrauch zustehenden freien Montag.

Hier wird bereits deutlich, dass Farben ganz offensichtlich mehr sind als die Eigenschaft einer durch das Auge aufgenommenen Empfindung, ausgelöst durch Schwingungen mit bestimmter Größe.

Wir wissen, dass der Mensch deshalb in der Lage ist, Farben wahrzunehmen, weil sich im menschlichen Auge auf der Netzhaut drei farbempfindliche Organe, die Zäpfchen, befinden. Diese reagieren auf die Farben Gelb, Blau und Rot. Je nach Stärke der einzelnen Farbanteile vermittelt dann unser Gehirn den Farbeindruck. Indem es die Farben Gelb, Blau und Rot „mischt“, kann jede andere Farbe „hergestellt“ werden. Sie erinnern sich: Der Mensch nimmt wahr, was er denkt!

Das Erstaunliche ist nun, dass wir Menschen auf unterschiedliche Wellenlängen nicht nur mit Farbempfindungen reagieren. Wir reagieren ganz offensichtlich in einer Weise, die weit über die Physik der Farben hinausgeht und ihren Niederschlag in einer Vielzahl von entsprechenden Analogien gefunden hat. Denken wir nur an unsere Alltagssprache:

- „rot sehen …“
- „gelb vor Neid werden …“
- „sein blaues Wunder erleben …“
- „eine rabenschwarze Seele haben …“
- „in ihren Adern fließt blaues Blut …“
- „ja nicht den roten Faden verlieren …“
- „rote Zahlen schreiben …“
- „alles im grünen Bereich …“
- „das ist doch dasselbe in Grün …“

Dabei geht es nicht um die Farben im eigentlichen Sinn. Wir hören oft solche Formulierungen wie:

> „giftgrün, freundliche Farben, warme Farben, himmelblau, Neonfarben, feuerrot, schneeweiß, stechende Farben, kalte Farben, sprühende Farben, dezente oder bedeckte Farben, helle Farben, dunkle Farben, belebende und erdrückende Farben“.

Hier bringen sich menschliche Wertvorstellungen ins Spiel, von denen wir bereits sagten, dass sie immer subjektiv sind. Farben haben für jeden von uns eine Bedeutung, die weit über ihren physikalischen Kontext hinausgeht. Farben können unsere Befindlichkeit beeinflussen und man sollte meinen, dass sie auch unsere Befindlichkeit widerspiegeln – so z. B. in der Vorliebe für die Farbe Rot und die Ablehnung der Farbe Gelb. Auf alle Fälle ist die Einstellung eines jeden zu einer Farbe oft recht unterschiedlich, weil Menschen den Farben eine Bedeutung unterlegen.

In unserer Frühgeschichte hing der Farbgebrauch eng mit rituellen magischen Handlungen zusammen. Farbige Amulette versinnbildlichten göttlichen Schutz, ihre Anfertigung oblag den Schamanen.

Nehmen Sie unser heutiges alltägliches Schminken. Was da jeden Tag vor dem Spiegel im Badezimmer stattfindet, hat uralte magische Wurzeln. Farben galten als heilig, durch das Bemalen des Körpers (z. B. die Kriegsbemalung der Indianer) glaubte man, an übernatürlichen Kräften teilzuhaben. Diese Bemalungen wurden alles andere als rein sporadisch oder zufällig angefertigt. Hinter ihnen verbarg sich eine tiefe Symbolik.

Die Wappen unserer Vorfahren sind nicht irgendwie schön bunt, ihre Farben haben Bedeutung. Gold steht für die Ehre, Silber oder Weiß für Treue, Blau für Frömmigkeit, Grün für Jugend und Rot für Mut. Das Purpur war königlichen Familien vorbehalten, dieses Privileg stammt aus der römischen Antike. Nur dem Kaiser stand es an, eine purpurne Toga zu tragen. Man brachte diese Farbe in den Zusammenhang mit dem Rang und der Würde des Gottes Jupiter, der den Römern das war, was den Griechen Zeus bedeutete.

Was meinen Sie, warum die Feuerwehr auf der ganzen Welt rot ist? Rot, so sagt man, ruft fast immer Aufmerksamkeit hervor. Rot weist auf etwas hin, was wichtig und von Bedeutung ist, denken Sie an das Rot der Ampel, sicherlich keine zufällige Farbwahl. Doch wir sehen nicht entweder Rot oder kein Rot, wir sehen sowohl rot als auch Rot. Farben haben immer eine gedoppelte oder gegensätzliche Bedeutung.

Ein bekannter amerikanischer Spielfilm hieß „Ein Mann sieht rot“. Sein Held war ein verzweifelter, zu allem entschlossener Mensch, der von sich meinte, nichts mehr zu verlieren zu haben, und jedweden Kompromiss mit anderen, aber auch für sich radikal ablehnte.

Wir begegneten am Anfang dieses Kapitels den vier Temperamenten. In längst vergangenen Zeiten wurde die Welt in vier Elemente eingeteilt, von denen man meinte, sie entsprächen genau diesen vier Temperamenten. Die Farbe des Feuers ist Rot und wurde dem Choleriker zugeordnet. Luft, ein weiteres Element, wurde in Beziehung zu Gelb gesetzt und dem Sanguiniker zugeordnet. Wasser ist blau und steht in Analogie zum Phlegmatiker. Das vierte und letzte Element war die Erde und sie wurde in Grün gesehen. Dieses Grün fand seine Entsprechung im Melancholiker.

Über die Anzahl der sogenannten Grundfarben gibt es unterschiedliche Auffassungen. Wir kennen das Modell der sechs Grundfarben: Gelb, Orange, Rot, Violett, Blau und Grün. Andere empfinden Gelb, Rot, Blau und Grün als Grundfarben. Ob nun vier oder sechs „Grundfarben“ – sie alle beeinflussen uns auf unterschiedlichste, rein physiologische, aber auch auf verstandes- und gefühlsmäßige Art und Weise.

Das wussten übrigens schon die alten Inder. Für die Gestaltung und Formung der menschlichen Psyche machten sie nicht nur den Verstand, Arbeit, Nahrung usw. verantwortlich, sondern auch die Farben. Hier ging es nicht nur um einfaches, schlichtes „Sehen von Farben“. Vielmehr brachte man Farben in Verbindung mit den Energiezentren des menschlichen Körpers. Dahinter verbirgt sich nichts anderes als die spätere hermetische Überzeugung, wonach alles in Schwingung ist und über die Resonanzfähigkeit „mitteilbar“.

Farben, die in erster Linie unser Gefühlsleben beeinflussen, in uns Befindlichkeiten auslösen oder Befindlichkeiten erkennen lassen können, sind wie alle Gefühle nur schwer mitzuteilen.

Ich werde mich im Folgenden daher lediglich darauf beschränken, von dem zu sprechen, von dem man meint, dass es in der jeweiligen Farbe seine Entsprechung hat.

Rot: Gefühl, Spürsinn, Vorahnung, Wärme, Stärke, Ehrlichkeit und Offenheit, Lust am Leben, Leidenschaft, Unbesonnenheit

Gelb: Ratio, Logik, Verstand, Geisteskraft, Gedankenschärfe, Wissensdurst und Neugierde, Sachlichkeit

Orange: Sinnlichkeit, Gefühl, Kunst, Großzügigkeit, Verschwendung, Leben im Heute

Violett: Glaube, Magie, Irratio, Analogie, Überspanntheit, Intuition, Inspiration

Blau: Ruhe, Besonnenheit, Konzentration, Idealismus, Wehmut

Grün: Hoffnung, Liebe, Jugend, Wachstum, Gefühl, Zärtlichkeit

In andere Richtung bewegen sich die Untersuchungen des Psychologen Max Lüscher. Aus seiner Sicht haben Farben die folgende Bedeutung:

Blau ist eine kalte Farbe und das Sinnbild von Treue und Freundschaft. Diese Farbe spricht von der Fähigkeit zur Selbstbeherrschung und Mäßigung sowie einer gewissen Empfindlichkeit, Liebesbedürftigkeit und Introvertiertheit.

Grün steht schlechthin für das Leben in seiner gesamten Ausdehnung. Diese Farbe spricht für Menschen mit einer unkomplizierten Lebensphilosophie, die darüber hinaus die Fähigkeit besitzen, sich veränderten Situationen rasch anzupassen, ohne sich dabei selber aufzugeben.

Rot steht als der Inbegriff all der seelischen Vorgänge, die sich mitunter impulsiv artikulieren. Es ist die Farbe der Leidenschaft, die sich in der Regel einer rationalen Kontrolle entzieht. Menschen, die diese Farbe favorisieren, haben erfahrungsgemäß ein sehr lebhaftes und ungezügeltes Temperament, einen starken Willen und ein ausgeprägtes Selbstbewusstsein.

Gelb spricht für Wärme, Leichtigkeit und Heiterkeit. Menschen, die Gelb besonders mögen, sind in der Regel vielseitig interessiert, aber auch in vielen Dingen unbeständig. Sie haben oft einen nicht zu übersehenden Hang zu Neid und Ehrgeiz. Im Leben geben sie sich äußerst beweglich und finden rasch Kontakt zu anderen.

Violett spricht die Sprache der Unausgeglichenheit und einer möglichen inneren Zerrissenheit.

Charakterkunde im Alltag

Unser „Revierverhalten“

Hier begegnen wir einer solchen Vielzahl menschlicher Ausdrucksformen, die in ihrer Beschreibung und Deutung den Rahmen eines einzelnen Buches sprengen würden. Deshalb werde ich mich im weiteren Verlauf dieses Kapitels nur auf „Ausschnitte“ beschränken können. Aber auch diese wenigen Ausschnitte, so meine ich, gestatten Rückschlüsse auf menschliche Charaktere.

Versuchen Sie sich an Ihre Schulzeit zu erinnern und Ihnen wird einfallen, dass es das Vorrecht des Lehrers war, der Klasse eine Platzordnung zu diktieren: Die „Guten“ durften meistens in den hinteren Reihen sitzen, die „Schlechten“ saßen vorn, oder auch umgekehrt. Heute ist das Gott sei Dank anders und der Pädagoge ist übrigens gut beraten, wenn er seine Schüler sich so setzen lässt, wie sie das gerne möchten. Denn sie setzen sich nicht irgendwie. Gleiches beobachtet man später z. B. in den Seminarräumen unserer Hoch- und Fachschulen und noch später in den Schulungsräumen von Firmen und Unternehmen.

„Setzt sich nicht irgendwie ..." bedeutet im übertragenen Sinne, dass in jedem von uns noch so etwas wie ein Rest Revierverhalten vorhanden ist. Jeder von Ihnen, der irgendein Haustier hat, kann das tagtäglich beobachten und Katzenhalter wissen, dass die Katze nicht bei Ihnen lebt, sondern Sie bei Ihrer Katze wohnen.

Menschen sind geneigt, sich über ihr „Revierverhalten" in die für sie günstige Position zu bringen. Nehmen wir das Beispiel eines Seminarraumes oder Hörsaals. Zu Beginn der Veranstaltung sind die Reihen noch frei und nur langsam beginnt sich der Raum zu füllen. Es wäre eigentlich egal, wer sich wohin setzt. Und trotzdem kann der Beobachter feststellen, dass irgendwie ein stilles Prinzip waltet. Manche besetzen zielstrebig die ersten Reihen, andere platzieren sich auf den linken oder rechten Plätzen, andere wiederum bevorzugen die Mittelreihen und andere schließlich, obwohl vorne noch alles frei ist, setzen sich ganz hinten hin. Gerade das will einem nicht einleuchten, sieht und hört man doch vorne schließlich alles besser.

Ich habe im Laufe meiner langjährigen Trainertätigkeit die Erfahrung gemacht, dass hier in der Tat ein Prinzip am Werke ist, welches bei einer gewissen Menschenkenntnis durchschaut werden kann. Sicherlich sind Schulungsräume anders aufgebaut als Hörsäle; entscheidend war aber immer der „Abstand" zwischen dem Platz des Vortragenden und den Teilnehmern.

Und da gibt es nun diejenigen, die sich sofort nach „vorne" setzen, und sei es nur, weil eine einzelne Aktentasche signalisiert, dass dies der Platz des Trainers sein könnte. Stellt sich heraus, dass es die Tasche eines zu früh gekommenen Teilnehmers ist, wird der Platz sofort gewechselt.

Nun habe ich die Erfahrung gemacht, dass es sich bei diesen Menschen um diejenigen handelt, die ehrgeizig, selbstbewusst und gelegentlich etwas von sich selbst eingenommen sind.

Ehrgeizig deshalb, weil sie tatsächlich der Ansicht sind, dass dieses Seminar oder die Schulung wichtig für das eigene berufliche Fortkommen ist. Sie wollen sich nicht ein Wort entgehen lassen. Ihr Selbstbewusstsein mache ich an der Tatsache fest, dass es in der Regel so ist: Fragt der Trainer diesen oder jenen Teilnehmer etwas, wendet er sich erfahrungsgemäß zunächst an die, die in seiner Nähe sitzen. Das wissen allerdings auch jene, die ihre Plätze gleich rechts oder links von ihm einnehmen. Sie scheuen die damit verbundenen „Gefahren" nicht, ja, rechnen unter Umständen sogar damit, zu einer Antwort animiert zu werden.

Was die Selbsteingenommenheit betrifft, so konnte ich die meist bei Teilnehmern registrieren, die in der Vergangenheit schon oft an Kursen oder Seminaren teilgenommen haben.

Irgendwie betrachten sie den „Abstand" zwischen sich und dem Schulungsleiter oder Trainer als nicht mehr so entscheidend („Kennen wir eigentlich alles schon!") oder wollen damit auch eine gewisse Distanz zu den übrigen Teilnehmern demonstrieren. Ganz auffällig werden diese Menschen dann, wenn sie den Vortragenden häufig mit Formulierungen wie „Sagen Sie, kann es sein, dass ich das bei Herrn X schon einmal anders gehört habe …" oder „In der einschlägigen Literatur stellt sich das aber ganz gegenteilig dar …!" unterbrechen.

Ganz hinten oder weit weg vom Vortragenden sitzen in der Regel die ängstlichen, schüchternen Naturen. Gestattet es die Raumanordnung, ist mir aufgefallen, dass diese Menschen liebend gern in der Nähe der Ausgangstüren Platz nehmen. Selbst der Bitte eines bekannten Kollegen, der gleichzeitig an der Schulung teilnimmt, doch gemeinsam vorne Platz zu nehmen, wird in der Regel nicht entsprochen. Und wenn, bemerkt man an diesen Menschen die ganze Zeit über ein gewisses Unwohlsein. Man ist gut beraten, ihnen nicht gleich mit direkten Fragen zu kommen. Man sollte sie, wie man so schön sagt, aus der Reserve locken und sie langsam ins Geschehen einbeziehen.

Die meisten sitzen in der Mitte, auch dann, wenn es eng werden kann. Das Spektrum der Deutungen ist hier sehr weit. Es beginnt, die Erfahrung habe ich gemacht, bei den Gleichgültigen und reicht bis zu denen, die ganz einfach nicht auffallen wollen. Oft findet man allerdings hier diejenigen, die eine manchmal als störend empfundene Rechthaberei an den Tag legen. „Vorne“ trauen sie sich nicht, aber in der Anonymität der Mitte suchen sie die dauernde Bestätigung eigener Ansichten zum Thema bei den Nachbarn.

Menschliches „Revierverhalten“ spiegelt sich auch in dem Phänomen wider, das ich in einem meiner Bücher „Distanzzonen“ genannt und mit Durchschnittswerten beschrieben habe. Jeder hat mit dieser Tatsache schon irgendwann in seinem Leben Bekanntschaft gemacht. Wir kennen sie aus dem Tierreich: Wird die sogenannte Fluchtdistanz eines Raubtieres beispielsweise vom Menschen unterschritten, kann er zu Recht annehmen, dass es ihn angreift.

Treten Sie einem fremden Menschen unerwartet zu nahe, werden Sie bemerken, dass er sich bedrängt sowie unwohl fühlt, und abwehrende Haltungen und Bewegungen registrieren. Und bemerken wir das nicht alle an uns selber, wenn wir in einer überfüllten Bahn vom Arbeitsort nach Hause fahren müssen? Hier wird selbst die intime Distanz (0 bis 60 cm), die jeder nur ganz wenigen Mitmenschen zugesteht, erheblich unterschritten. Für die persönliche Distanz habe ich 60 bis 120 cm, die gesellschaftliche 120 bis 300 und die allgemeine Distanz 300 und mehr Zentimeter genannt.

Was uns Raucher verraten

„Drei Wochen war der Frosch so krank,
Jetzt raucht er wieder, Gott sei Dank.“

(Wilhelm Busch)

Hier folgt jetzt keine Diskussion über das Für und Wider einer Alltagserscheinung, die bei den Menschen unterschiedlichste Kontroversen auslösen kann. Ich bewege mich hier vollkommen im wertfreien Raum und möchte Sie nur mit einigen Beobachtungen vertraut machen, die jeder von uns, z. B. in den Pausen zwischen Seminaren, machen kann.

Da haben wir nämlich die Nichtraucher und die Raucher und um die Beobachtungen und Schlussfolgerungen im Zusammenhang mit Letzteren soll es mir gehen.

Interessant ist schon die Reaktion, wenn der eine den anderen um Feuer bittet. Da stellt sich zunächst der heraus, der prompt und ohne Umschweife in seine Hosentasche, Kollegmappe oder einen anderen Aufbewahrungsort greift. Der Ort ist hier vollkommen unwichtig, entscheidend ist die zielgerichtete Handbewegung. Es steht zu vermuten, dass diese Handbewegung einen zuverlässigen, ordnungsliebenden und korrekten Charakter offenbart. Dieser Mensch würde sehr wahrscheinlich nie ewig nach einem Kugelschreiber oder seinem Adressbuch suchen. Hier wird Übersicht demonstriert.

Ganz anders hingegen der, der auf die gleiche Bitte hin anfängt, regelrecht nervös in seinen Taschen oder anderen Utensilien zu suchen und zu wühlen. Das Ganze wird mit Bemerkungen wie „Moment, habe ich gleich …“ oder „Eben war es noch hier, Sekunde …“ unterlegt. So können sich Unpünktlichkeit, Unzuverlässigkeit oder eine gewisse Oberflächlichkeit verraten. Aber Vorsicht: Vermuten Sie an dieser Stelle nicht sofort Zerstreutheit bei Ihrem Gegenüber. Peter Falk macht als „Columbo“ in einer bekannten amerikanischen Krimireihe hervorragend deutlich, dass ein solches Verhalten auch ganz bewusst an den Tag gelegt werden kann!

Sie werden im Alltag kaum noch jemanden antreffen, der sich seine Zigarette mit Streichhölzern anzündet. Da, wo es noch vorkommt, lassen sich zwei bemerkenswerte Beobachtungen machen, die entsprechende Schlussfolgerungen zulassen.

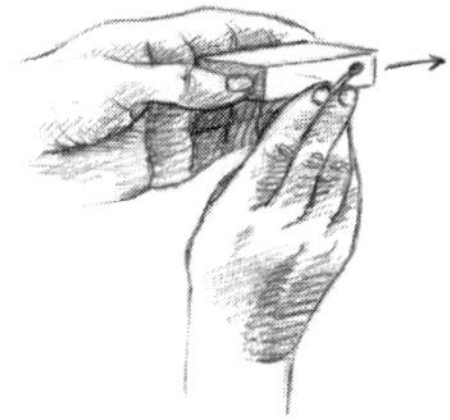

Menschen, die das Streichholz beim Anzünden von sich fortbewegen, gelten in der Regel als extrovertiert. Sie haben eine unkomplizierte Lebensphilosophie und stehen mit beiden Beinen auf dem Boden und im Leben.

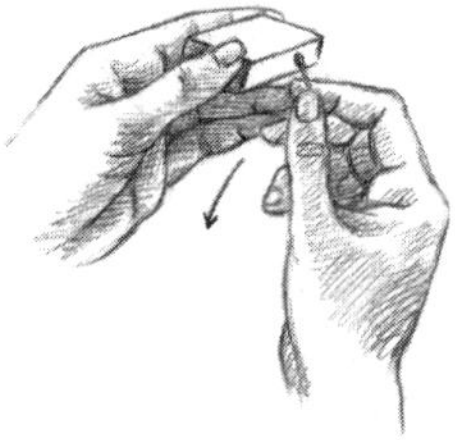

Wer das Streichholz beim Anzünden auf sich zubewegt, ist meistens introvertiert. Sie beschäftigen sich so intensiv mit sich selbst, dass sie häufig nicht wahrnehmen, was in ihrer Umwelt geschieht.

Als Kind habe ich immer meinen Großvater bestaunt, wenn er sich am Sonntag nach dem Essen eine gute Zigarre nahm und herrliche Kringel in die Luft blies. Im Laufe der Zeit konnte ich feststellen, dass Menschen auf unterschiedlichste Art und Weise ihren Zigarren- oder Zigarettenrauch von sich geblasen haben. Später begann ich zu durchschauen, dass das mit den Charaktereigenschaften dieser Menschen in einem Zusammenhang steht.

Für Menschen, die den Rauch nach oben blasen, kann man in der Regel eine optimistische Grundeinstellung zum Leben geltend machen. Probleme des Alltags oder des Berufslebens werden zwar nicht auf die leichte Schulter, aber auch nicht übermäßig ernst genommen. Solche Menschen sind bestrebt, dem Leben seine positiven Seiten abzugewinnen.

Menschen, die den Rauch nach unten blasen, glauben sehr oft, dass die Umwelt ihnen feindlich gesinnt ist. Sie sehen überall Gefahren und geben sich außerordentlich vorsichtig.

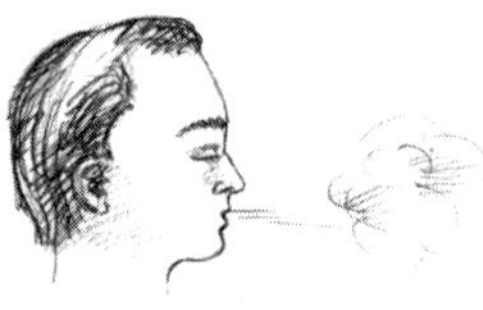

Menschen mit einem ausgeprägten Selbstbewusstsein blasen den Rauch ihrer Zigarette geradeaus. Da das auch dann geschieht, wenn sie sich in Gesellschaft befinden, steht ein gewisser Hang zu Rücksichtslosigkeit zu vermuten.

Man sieht es seltener, aber es gibt sie: Menschen, die den Rauch ihrer Zigarette seitwärts ausblasen. Sie gehören meistens zu denen, die nicht nur Pläne und Ziele haben, sondern alles daransetzen, sie auch zu verwirklichen.

Diese Art, den Rauch einer Zigarette in die Luft zu blasen, erinnert unwillkürlich an den Stier, der durch die Nüstern bläst. Und in der Tat, erfahrungsgemäß handelt es sich bei Menschen, die den Rauch durch die Nase blasen, um solche, die oft ein fast schon übersteigertes Selbstbewusstsein an den Tag legen und sehr geltungsbedürftig sind.

Der „paffende" Raucher könnte eigentlich jeden Tag mit dem Rauchen aufhören. Diese Menschen betrachten Rauchen erfahrungsgemäß als Statussymbol, dem sie sich unterworfen haben. Eine solche Einstellung kann man vielerorts in ihrem Leben vermuten.

Brennt die Zigarette, lässt zunächst die Art, wie sie von jemandem geraucht wird, eine Vielzahl von Schlüssen zu.

Da haben wir zunächst denjenigen, der sich ohne Eile und Hast seine Zigarette anzündet, um sie dann eben auch zu genießen: ruhige, gleichmäßige Züge und oft verbunden mit einem Blick, der den Rauchwolken hinterherwandert.

Es steht zu vermuten, einem „Kinästheten" gegenüberzustehen, der darüber hinaus nicht nur Genießer ist, sondern die Dinge abwägt und in aller Ruhe einschätzt, ehe er sein Urteil fällt.

Der „Visuelle" hingegen raucht hastig und verschluckt schon mal den Rauch, den er eigentlich nur inhalieren wollte. Fahrige Bewegungen zum Aschenbecher und häufiges Abstreichen der Asche fallen auf. Man sollte meinen, an dieser Art zu Rauchen überhaupt innere Erregtheit, Unausgeglichenheit sowie Nervosität bemerken zu können.

Vielleicht kennen Sie jenen Typ, der seine Zigarette immer erst dann ausmacht, wenn andere ihm sagen, dass er inzwischen schon den Filter raucht. Man bemerkt auch eine besonders heftige Glut an der Zigarettenspitze. Hier kann man sich des Gefühls nicht erwehren, jemanden vor sich zu haben, der keinen einzigen Zug verpassen möchte und das auch für viele andere Lebenssituationen geltend macht.

Im Sommer hören wir oft im Radio und Fernsehen Warnungen über bestehende Waldbrandgefahren. Wenn rauchende Autofahrer dennoch ihre Kippe bedenkenlos aus dem Fenster schnippen, haben wir den rücksichtslosen Typ vor uns, der sich auch sonst im Leben häufig recht leichtsinnig und unbedacht bewegt.

Wenn es nicht gerade aus Versehen passiert, ärgern wir uns zu Recht über Menschen, die ihre Zigarettenasche sozusagen hemmungslos auf die Tischplatte, den Fußboden oder gar den Teppich fallen lassen. Diese Gleichgültigkeit lässt nicht nur auf eine schlechte Erziehung, sondern auf Missachtung anderer schließen.

Dann fallen manchmal diejenigen auf, von denen man meint, sie haben die Haltung ihrer Zigarette mühsam einstudiert: Sie wirkt geziert und man kann sich des Eindrucks nicht erwehren, dass hier jemand raucht, der es eigentlich nicht will und über diese gekünstelte Haltung seine Abneigung dem Rauchen gegenüber zum Ausdruck bringt. Solche Menschen haben es im Leben häufig schwer, über ihren eigenen Schatten zu springen.

Darüber hinaus lässt die Art, die Zigarette zu halten, weitere Deutungen zu.

Menschen, die ihre Zigarette so in den Fingern halten, sind erfolgsorientiert und häufig bestrebt, über sich hinauszuwachsen. In ihrem Tatendrang wirken sie gelegentlich so heftig, dass die Art, die Zigarette zu halten, eine gewisse Nervosität oder Unruhe nicht verbergen kann.

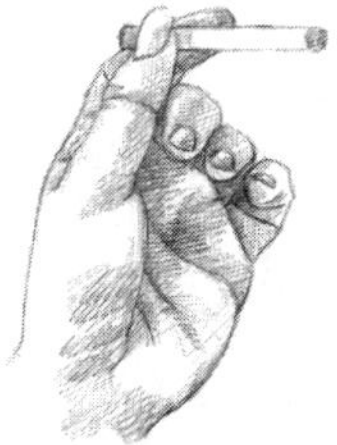

Wer seine Zigarette so hält, ist wankelmütig und flexibel zugleich. Ansichten und Überzeugungen können rasch gewechselt werden, eingenommene Positionen werden nie lange beibehalten. Die Anpassungsfähigkeit solcher Menschen an neue Situationen ist erstaunlich.

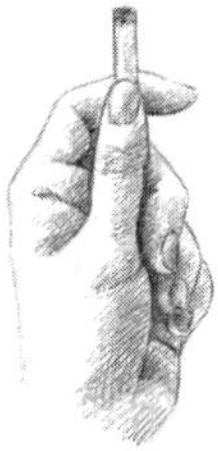

Menschen mit einer guten körperlichen Konstitution halten ihre Zigarette meist so in den Fingern. Sie vertrauen auf ihre physischen Kräfte, sind alles andere als ängstlich und bringen so ihre bestehende unterschwellige Angriffslust zum Ausdruck.

Ist der intellektuelle Typ zugleich Raucher, kann man ihn an dieser Art, die Zigarette zu halten, erkennen. Diese Menschen leiden häufig unter Stimmungsschwankungen. Durch das gründliche Überdenken von Situationen und Gegebenheiten fällt es ihnen gelegentlich schwer, Entscheidungen zu treffen. Haben sie eine Position ergriffen, kann man davon ausgehen, dass sie wohldurchdacht ist.

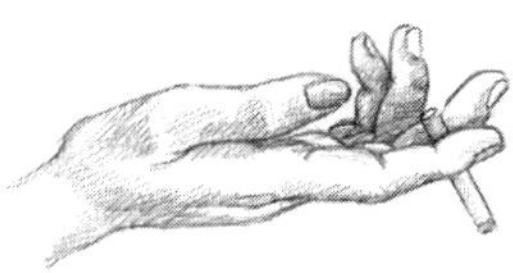

Diese Art, die Zigarette zu halten, spricht für eine Nachdenklichkeit und Besonnenheit, die weniger aus der Ratio und mehr aus der Irratio gespeist wird. Solche Menschen vertrauen auf ihr Gefühlsleben und treffen von hier aus in der Regel ihre Entscheidungen. Dadurch wirken sie gewissenhaft, besonnen und Vertrauen erweckend.

Sensible und empfindliche Raucher halten ihre Zigarette in der Regel so. Ihr Gefühlsleben unterliegt meistens ständigen Schwankungen, denen sie körperlich oft nicht gewachsen sind. So wirken sie häufig müde und abgespannt.

Menschen, die ihre Zigarette so halten, zeichnen sich erfahrungsgemäß durch einen intensiven Tatendrang aus, der keine Widerstände duldet und vor etwaigen Hindernissen keine Angst hat. Dennoch darf man nicht verkennen, dass ihren Handlungen gut durchdachte Strategien zu Grunde liegen. Sie wirken auf andere kämpferisch.

Diese Art, die Zigarette zu halten, lässt den Eindruck entstehen, dass man jemanden vor sich hat, der andere, z. B. Nichtraucher, auf keinen Fall belästigen will. Im übertragenen Sinne lässt diese Haltung der Zigarette in der Hand auf Umsicht und Rücksichtnahme im Umgang mit anderen schließen.

Autofahren und Lebenseinstellungen

Das Lenken stellt den unmittelbarsten Kontakt eines Menschen mit seinem Auto her und gerade hier lassen sich hinsichtlich der ausgeführten Haltungen und Bewegungen die interessantesten Beobachtungen machen. Einige von ihnen habe ich ausgewählt und werde sie Ihnen samt Schlussfolgerungen im Folgenden vorstellen.

Menschen, die auch während längster Fahrten mit ihren Händen den oberen Halbkreis des Lenkrades festhalten, ohne dabei verkrampft zu wirken, haben erfahrungsgemäß eine sinnlich-heitere Lebensphilosophie, in deren Rahmen es durchaus möglich ist, die Auseinandersetzung mit anderen zu suchen.

Menschen, die ihre Hände vorrangig auf der unteren Hälfte des Lenkrades belassen, gehören in der Regel nicht zu den „Härtesten". Sie werden fast ausnahmslos jedes Geschwindigkeitslimit einhalten und lassen sich durch das ständige Überholen von anderen nicht aus der Fassung bringen.

Dieses verkrampfte Festhalten des Lenkrades erweckt den Eindruck, als wolle hier jemand die ganze Kraft seines Fahrzeugs in sich aufnehmen. Menschen mit diesem Fahrstil gehören meistens zu denjenigen, denen Überholen oberstes Gebot ist. Sie fahren dabei meistens nicht gerade rücksichtsvoll und man sollte aufpassen, wenn man ihnen begegnet.

Liegen die Hände des Fahrers eng beieinander in der unteren Hälfte des Lenkrades, so kann man fast immer annehmen, dass sich hier eine gewisse Lässigkeit und Leichtigkeit offenbaren will. Es handelt sich fast immer um Menschen, denen Autofahren eigentlich nicht sehr viel bedeutet. Es gehört ganz einfach zu ihrem Alltag, der durch andere Dinge wesentlich gekennzeichnet ist: Kunst, Literatur sowie das Berufs- und Familienleben. Alle diese Dinge sind ihnen wichtiger. Es lässt sie gleichgültig, wenn sie von viel kleineren Autos überholt werden.

Auch ohne das bekannte „A“ am Fahrzeug erkennt man an dieser Haltung meistens den Anfänger oder den, der sein Leben lang mit dem Autofahren seine Probleme hat. Der dabei stark nach vorn gebeugte Körper sucht regelrecht den Kontakt zur Straße, um Gefahren vorbeugen zu können. Darunter leidet eigentlich der ganze Fahrstil, der nicht selten zur Gefahr für andere werden kann.

Hier gibt sich der sorglose Fahrer zu erkennen, wobei er es mit seiner Sorglosigkeit nicht übertreiben sollte. Sie kann rasch in Unaufmerksamkeit und Leichtsinn umschlagen.

Die Bezeichnung „Manta-Fahrer“ hat fast schon symbolischen Charakter und trifft hinsichtlich dieser Haltung am Lenkrad genau den Punkt. Irgendwo befindet sich die linke Hand im offenen Seitenfenster, das Auto wird nur mit der rechten gesteuert.

Wie steigen Sie in Ihr Auto ein und wieder aus?

Woran es auch immer liegt, Männer steigen fast immer „gleich" aus dem Auto. Bei Frauen hingegen sieht das ganz anders aus. Wie gesagt, ich kann es nicht begründen. Vielleicht liegt es daran, dass Männer ein anderes Verhältnis zum Auto haben als Frauen. Letztere nehmen es nicht so ernst.

Frauen, die so aus dem Auto steigen, werden sofort bemerkt. Man sollte aber nie dem Irrtum verfallen, dass dies ausschließlich aus Absicht geschieht. Allzu oft geschieht es auch einfach aus Gedankenlosigkeit heraus.

Diese Art des Aussteigens kann eine gewisse Zerstreutheit und Hilflosigkeit nicht verbergen. Vielleicht ist es auch Zeitdruck, der dazu zwingt, alle Gegenstände auf einmal auszuladen.

Diese Art des Aussteigens lässt vermuten, dass man hier einer Frau begegnet, die sich ihrer Reize und Schönheit bewusst ist und sie einzusetzen vermag. Ihre Entschlossenheit und Willensstärke erfahren so ihre besondere Unterstreichung.

Hier wird deutlich: „Zwei Seelen kämpfen, ach, in ihrer Brust!“ Zum einen will man mit dem Zeitgeist (Mode etc.) gehen, der andererseits eigenen Überzeugungen irgendwie widerspricht. Andere Erfahrungen haben mir gezeigt, dass sich hinter dieser Art des Aussteigens eine gewisse Verträumtheit, aber auch Labilität verbirgt.

Frauen, die kein Problem mit ihrem Auto, aber auch keine im Leben haben, steigen vermutlich so ins Auto ein. Diese Art wirkt entschlossen und zupackend.

Der Mensch, der Stuhl und das Sitzen

Jeder von Ihnen kennt ihn: Den Menschen, dem es genügt, nur auf dem Stuhlrand zu sitzen. Dahinter verbirgt sich mehr. Man sollte meinen, dass es sich um ängstliche, vorsichtige Menschen handelt. Meistens sind sie sich ihrer selbst und der Situation, in der sie sich gerade befinden, nicht sicher.

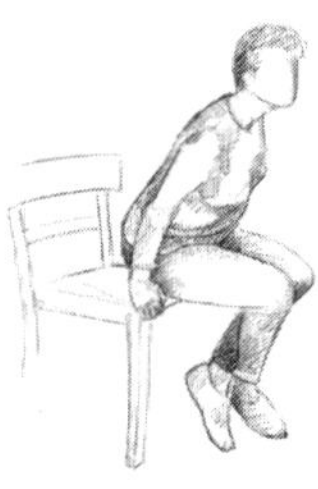

An manchen Menschen fällt auf, dass sie nicht nur auf dem Stuhlrand, sondern auch noch weit nach vorn gebeugt sitzen. Sie halten sich mit beiden Händen an der vorderen Stuhlkante fest und vermitteln so den Eindruck von Hilflosigkeit. Sie suchen, obwohl sie sitzen, noch nach einem zusätzlichen Halt. So machen sich Nervosität und innere Unruhe bemerkbar. Irgendwie hat diese Sitzhaltung etwas Unterwürfiges an sich.

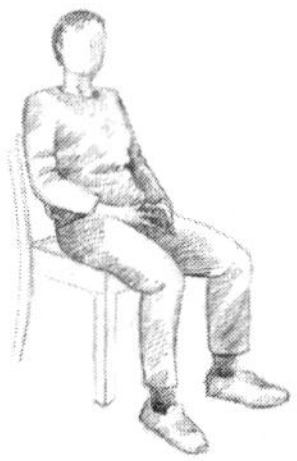

Menschen, die so Platz nehmen, vermitteln einerseits Selbstbewusstsein und Entschlossenheit. Aber ihr Zurücklehnen lässt vermuten, dass auch hier nach einem zusätzlichen Halt gesucht wird. So erscheinen Selbstbewusstsein und Entschlossenheit in einem ganz anderen Licht.

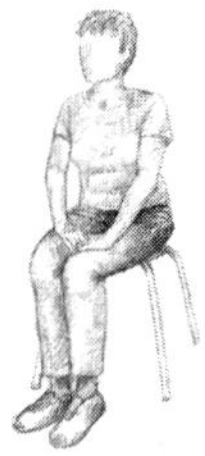

Menschen, die so sitzen, besitzen ohne Zweifel eine gehörige Portion aufrichtigen Selbstbewusstseins und vermitteln Tatkraft und Energie.

An Menschen, die so sitzen, vermutet man zunächst das Bedürfnis, sich zu entspannen.
Aber Vorsicht: Vielmehr liegen Selbstsicherheit und Überzeugung vom eigenen Persönlichkeitswert vor.

Der Händedruck als Schlüssel zum Charakter

der über-/untergeordnete Händedruck

Wenngleich die Besonderheit dieses Händedrucks in der anatomischen Beschaffenheit der jeweiligen Hände begründet ist, sollte man nicht die Augen davor verschließen, dass diese Art, sich die Hände zu geben, Rückschlüsse gestattet auf beide Beteiligte: Der eine weiß um die Größe seiner Hand und setzt sie wissentlich ein, um den anderen sozusagen zu vereinnahmen, ihm seine Überlegenheit mitzuteilen. Er greift mit der ganzen Hand zu und lässt zwangsläufig im anderen den Eindruck entstehen, sich in einer untergeordneten Position zu befinden. Seine Hand wird so fest umschlossen, dass ihr jegliche Bewegungsfreiheit abhanden kommt.

der unverbindliche Händedruck

Dieser Händedruck vermittelt den Eindruck gegenseitiger Unverbindlichkeit, die aber höflich und ein wenig bestimmt übermittelt werden soll.

der gleichgestellte Händedruck

Der Name sagt es schon: So begrüßen sich per Händedruck gleichgestellte Menschen, die um ihren jeweiligen persönlichen Wert und ihre soziale Stellung wissen. Dieser Händedruck hat nichts Hintergründiges an sich und wirkt offen.

der übereinkommende Händedruck

Menschen, die eine stillschweigende Übereinkunft geschlossen haben, besiegeln so ihr Abkommen. Die Stille des Händedrucks signalisiert, dass andere von dieser Übereinkunft vorläufig nichts zu wissen brauchen.

der aufgeschlossene Händedruck

Mit diesem Händedruck will der eine dem anderen auf herzliche Art und Weise mitteilen, dass er dessen Plänen, Absichten oder Zielstellungen offen gegenübersteht und ihn bei ihrer Verwirklichung aufrichtig unterstützen will.

der eiserne Händedruck

So geben sich Menschen die Hände, die von ihren unterschiedlichen Ansichten wissen. Durch diesen festen und eisernen Händedruck wollen sie sich gegenseitig mitteilen, dass sie auf keinen Fall von ihren Positionen abweichen.

der feste Händedruck

Diese Händedruck wird als angenehm empfunden, weil er von einem gesunden Selbstbewusstsein und der Achtung des anderen spricht. Dieser wird als gleichberechtigt betrachtet.

der kräftige Händedruck

Dieser Händedruck ähnelt in vielem dem festen, kann aber darüber hinaus in Abhängigkeit von der Stärke der Hand des einen die offene Freude über das endliche Zustandekommen eines lang gehegten Vorhabens bekunden.

Welche Schlafstellung bevorzugen Sie?

Embryonallage

Der Name dieser Schlaflage verrät es eigentlich schon: Wer so schläft, sucht Geborgenheit und Schutz. Hier hat sich ganz offensichtlich jemand noch nicht vollkommen „abgenabelt" und offenbart seine Suche nach Sicherheit. Wir können auf einen Menschen schließen, der ein in sich gekehrtes Wesen an den Tag legt und ein intensives Gefühlsleben hat.

Rückenlage

Diese Schlaflage hinterlässt beim Betrachter den Eindruck, dass hier jemand schläft, der jederzeit wieder aufwachen könnte. Hier kann man durchaus auf innere Unruhe, Unausgeglichenheit oder Nervosität schließen. Das Tagwerk ist noch nicht abgeschlossen.

Bauchlage

Diese Schlafstellung hat etwas Vereinnahmendes an sich. Und in der Tat, sie verrät vielen von uns, dass wir eigentlich „ichbezogener" sind als wir von uns selbst vermuten. Die Mehrheit aller Menschen nimmt im Laufe einer Nacht diese Schlafhaltung ein.

Seitenlage

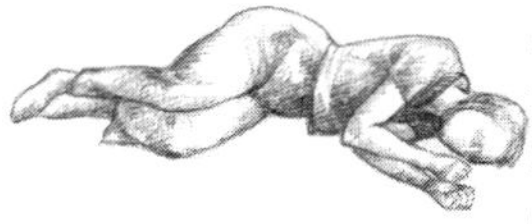

Wer so liegt, wenn er nicht alleine schläft, gönnt dem anderen Platz und Raum auf der gemeinsamen Schlafstätte und ist in seinem Wesen rücksichtsvoll. Schläft jemand so auch allein, spricht dies von Bescheidenheit und Zurückhaltung.

Schlafen mit ausgestreckten Gliedmaßen

So schläft jemand, der über ein gesundes Selbstvertrauen verfügt und auch im täglichen Leben, im Wachsein, bestrebt ist, sein Selbstwertgefühl durch nichts beeinträchtigen zu lassen.

Ihre Aktivitäten – TUN®

- Treten Sie vor einen Spiegel und betrachten Sie sich ganz genau! Deuten Sie Ihr äußeres Erscheinungsbild!
- Beziehen Sie in diese Deutungen Ihren Partner, Ihre Bekannten und Mitmenschen ein!
- Machen Sie Ihre eigenen Beobachtungen im Alltag und schreiben Sie sie auf!

KAPITEL 5

Körpersprache ist analog

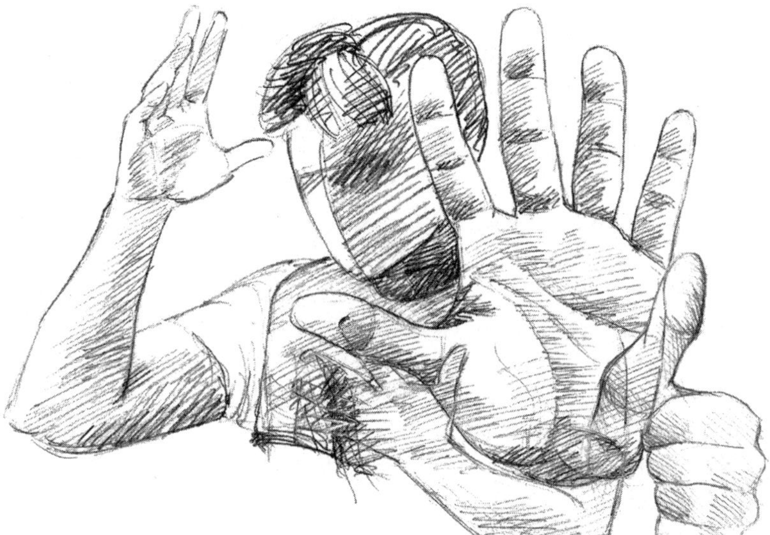

Die ganzheitliche Körpersprache

Wir alle kennen Formulierungen wie „Wenn Blicke töten könnten …“, der „redet mal wieder mit Händen und Füßen …“ oder „Er steht ganz offensichtlich über den Dingen“.

Hinter diesen schon fast sprichwörtlich gewordenen Redensarten verbirgt sich etwas, was wir tagtäglich anwenden: Körpersprache.

Sie ist keine Fremdsprache, die Sie erst erlernen müssen. Ihre eigene Körpersprache ist nicht erlern- und kaum beeinflussbar. Sie beherrschen sie seit Ihrer Geburt. Körpersprache wird, wenn es sich nicht um große theatralische Mimik und Gestik handelt, unbewusst gesteuert und wahrgenommen. Ja, wir haben sie so verinnerlicht, dass wir manchmal zur Körpersprachlosigkeit neigen.

Wir nehmen ein Beispiel. Sie unterhalten sich, reden, reden und reden. So richtig schön im Fluss bemerken Sie nicht, wie Ihr Gegenüber zwar unauffällig, jedoch bestimmt seinen Kopf von Ihnen abwendet. Spätestens an dieser Stelle sollte Ihnen klar sein, dass Sie jetzt keinen Dialog mehr führen, sondern einen Monolog. Mehr noch, Ihr „Gesprächspartner“ hat Ihnen mit den Mitteln der Körpersprache inzwischen wortlos eine Missbilligung ausgesprochen, die Sie, falls Sie immer noch reden, nicht verstanden haben. Zumindest hier legen Sie Körpersprachlosigkeit an den Tag, die manchmal unabsehbare Folgen für Ihre Kommunikationsfähigkeit und die Gestaltung zwischenmenschlicher Beziehungen haben kann.

Weil wir Körpersprache, also nicht verbale Kommunikation, in unserem Alltag meistens unbewusst, unwillkürlich und unkontrolliert einsetzen, verkennen wir eine ihrer wichtigsten Merkmale.

Im Gegensatz zu unseren gesprochenen Worten – denn hier können wir lügen – ist Körpersprache sehr ehrlich und glaubwürdig.

Körpersprachliche Signale senden wir aus, wenn wir anderen Menschen auf der Straße begegnen. Stellen Sie sich vor, Sie stehen an einer Bushaltestelle in einer Großstadt. Mit Ihnen warten andere Personen. Sie alle senden und empfangen Signale, ohne sich dessen bewusst zu sein.

Mit dem Körper sprechen wir alle, ohne diese Sprache jemals gelernt zu haben.

Wir signalisieren auch, wie weit jemand an uns herankommen darf. Wir senden Signale, wenn unsere Reviergrenzen überschritten werden: Haben Sie schon einmal erlebt, dass Ihnen beim Einkaufen eine fremde Person von vorn sehr nahe kam? Wie haben Sie sich dabei gefühlt? Sie gingen einen Schritt zurück? Das ist eine Möglichkeit, sich weniger bedrängt zu fühlen. Haben Sie keine Ausweichmöglichkeiten, so sendet Ihr Körper Signale, die bedeuten sollen: „Bis hierhin und nicht weiter!“ Das können bereits Ihre Augen sagen. Wenn das nicht reicht, spiegelt sich in Ihrem Gesicht der Unwille wider. Bei sehr unaufmerksamen Zeitgenossen müssen Sie vielleicht sogar die Hände zur Abwehr heben. Anders, wenn sich jemand seitlich nähert. Dann darf eine fremde Person näher an uns herankommen. Den Raum hinter uns beanspruchen wir nur in einem geringen Ausmaß. Unsere Reviergrenzen dehnen sich nach vorn weiter aus.

Im Gedränge setzen wir die Taktik ein, dass wir die fremden Menschen um uns herum ignorieren. Wir ziehen uns in uns selbst zurück.

Beobachten Sie einmal bewusst das Verhalten fremder Menschen, wenn Sie frontal auf sie zugehen! Oder wenn sich bei einer Party Gesprächsgruppen bilden. Stehen sich die Partner frontal gegenüber, dann weiß jeder, sie wollen unter sich bleiben. Es wäre unangebracht, sich in das Gespräch einzumischen. Stehen die Menschen im stumpfen Winkel zueinander, dann sind sie offen für weitere Gesprächspartner. Sie wären also gegebenenfalls willkommen.

Dem gesprochenen Wort, das mit dem Tonfall und der körperlichen Ausdrucksweise nicht übereinstimmt, werden Sie keinen Glauben schenken. Und das mit Recht! Fehlen bestimmte Signale ganz, sind Sie wahrscheinlich verunsichert.

Es wird nicht nur ein einzelnes Signal sein, das wir beobachten. An einem einzigen Signal können wir uns nicht orientieren. Es gehören weitere Signale dazu, um Schlussfolgerungen über Absicht oder Stimmung zu ziehen.

Stellen Sie sich folgende Situation vor: Sie sitzen mit Ihrem Partner am Frühstückstisch. Er hat sich hinter der Morgenzeitung verkrochen. Mit dem Zeigefinger weist er auf die Mitte des Tisches. Sie sind ratlos, denn Sie können ihn hinter der Zeitung nicht sehen. Ohne weitere Informationen können Sie nicht herausfinden, was er wünscht, denn in der Tischmitte ist Verschiedenes angeordnet. Mit Ihrem fragenden Blick erreichen Sie so lange nichts, bis die „Zeitungsbarriere" vom Tisch verbannt wird. Dann kann die Verständigung wieder fast ohne Worte klappen.

Betritt jemand einen Raum, in dem mehrere Personen versammelt sind, und ist vollkommen außer Atem, so bringt der- oder diejenige eine störende Unruhe mit sich.

Der Klang der Stimme kann für einen Menschen einnehmen, wenn sie angenehm klingt. Spricht jemand sehr zaghaft oder brüllt polternd los, so mag das am geringen Selbstwertgefühl der Person liegen. Wer leise und hoch spricht, traut sich nicht, wer poltert, der hat zu viel Anlauf genommen und überspielt damit sein Problem. In jedem Fall nehmen wir erst einmal innerlich einen gewissen Abstand ein, weil auch diese Person unbewusst auf einen Sicherheitsabstand aus ist.

Im Laufe eines Gesprächs fallen Ihnen bei Formulierungen meist nur sehr gekonnte Rhetorik oder, entgegengesetzt, eine fehlerhafte Grammatik auf. Das Normale registrieren Sie kaum bewusst. Bedient sich jemand jedoch der vulgären Sprache, könnten Sie sich abgestoßen fühlen und möchten das Gespräch so schnell es geht beenden.

Kommt jemand mit einer „Leichenbittermiene“ auf Sie zu, dann gehen Sie der Person unbewusst lieber aus dem Wege. Es sei denn, es ist ein enger Freund oder eine enge Freundin, den oder die Sie nach dem Grund des Kummers fragen werden.

Auch unsere momentane Stimmung drückt sich in der Körpersprache aus. Sind Sie durch einen Misserfolg niedergeschlagen, dann hängen Ihre Schultern und Sie senken den Kopf meist nach unten. Ihre Bewegungen sind langsamer als sonst. Ihre Gesichtszüge sind hängend, Ihr Blick glanzlos. Ihrer Stimme fehlen der Schwung und die Kraft.

Jetzt aber sind Sie fröhlich: Eine gute Nachricht könnte Ihre Stimmung schlagartig aufgebessert haben. Ihr Körper strahlt nun Spannkraft aus. Ihre Schritte werden leicht und beschwingt. Ihre Augen und Ihr Gesicht strahlen gleichermaßen. Alles, was Sie anpacken, fällt Ihnen leicht. Ihre Fröhlichkeit wirkt auf Ihre Mitmenschen ansteckend. Jeder Passant, der Ihnen auf dem Gehweg entgegenkommt, schaut Sie freundlich an.

Was aber, wenn kein positives Signal von außen kommt, weil Sie allein sind oder nur mit der Person zusammen, die für die negative Stimmung mitverantwortlich ist?

Verändern Sie zuerst einmal Ihre Körperhaltung. Straffen Sie Ihren Körper und heben Sie das Kinn ein wenig. Nach geraumer Zeit spüren Sie, dass sich mit Ihrer eingenommenen äußeren Haltung auch Ihre innere verändert. Lächeln Sie sich im Spiegel an! Auch so können Sie Ihre Stimmung aufbessern, wenn Sie eine ganze Weile bewusst lächeln.

Sehen Sie sich ungerechtfertigten und böswilligen Angriffen ausgesetzt, so heben Sie das Kinn noch ein wenig höher und schließen den Mund. Die analoge Symbolik, die hinter dieser Gestik und Mimik steht, bedeutet: Ich schlucke dies nicht. Es (be)trifft mich nicht und geht an mir vorbei, gleitet ab. Ihre äußerlich gezeigte stolze Haltung nimmt auch Ihr Inneres ein.

Mit Ihrer inneren Einstellung ändert sich auch gleichzeitig Ihre Wahrnehmung. Beobachten Sie einmal zwei Menschen, die sich miteinander unterhalten! Sie können im wahrsten Sinne des Wortes erkennen, wie sie zueinander stehen. Wollen sie in ihrer Unterhaltung nicht gestört werden, dann stehen sie frontal zueinander. Halten sie Blickkontakt beim Sprechen? Nickt der Zuhörende gelegentlich zustimmend? Berühren sie sich hin und wieder körperlich?

Sitzen die Gesprächspartner, dann können Sie Ihre Aufmerksamkeit auf weitere Einzelheiten richten. Neigen sich die Oberkörper zueinander? Hat einer der Partner die Arme vor dem Körper verschränkt und lehnt sich zurück? Haben sie die Beine übereinander geschlagen, zeigen dann die Knie zueinander oder voneinander weg?

Sie werden, wenn Sie bewusst hinschauen, bei anderen Menschen mehr entdecken, als Sie sonst wahrgenommen haben. Sie müssen es sich vornehmen, auf diese Einzelheiten zu achten.

Noch einmal: Anhand der Körpersprache können Sie analog auf die innere Befindlichkeit des anderen schließen. Körpersprache ist analog – analog (entsprechend) zu Ihrer inneren Gefühlswelt. Körpersprache wird als Ganzheit wahrgenommen und ergibt erst so ein Bild. Die Gefühle, die die inneren oder aufgenommenen Bilder hervorrufen, strömen als Energie durch unseren Körper. Als Gefühle können wir nur unsere eigenen spüren. Doch die damit verbundene Energie fließt durch den Körper. Sie wird in Körpersprache umgewandelt. Die Situation, der ausgesendete oder empfangene Reiz, Mimik, Gestik, die verkörperte Rolle, Sprache, Tempo der Sprache und Bewegungen und der Geruch des Menschen beeinflussen die Wahrnehmungen.

Die Interpretation erfolgt ebenfalls analog. Die Körperhaltung eines Menschen, seine Gestik, Mimik sowie seine Sprechweise signalisieren diese Befindlichkeit, seine Gefühle. Sie können niemals die Gefühle eines anderen Menschen fühlen.

Sie können sie aber anhand der Körpersprache deuten. Einige dieser unbewussten Botschaften unserer Befindlichkeit wollen wir im Folgenden aufzeigen.

Womöglich werden Sie sich wundern, dass Sie gelegentlich Dingen begegnen, die Sie im vorangegangenen Kapitel schon einmal gelesen haben, Aussagen z. B. zum Sitzen, den Falten der Stirn und den Händen. Ich bin der Meinung, dass das seine Berechtigung hat. Zum einen müssen wir bedenken, dass sich gewisse Energien unseres Körpers über die Zeitdauer von Jahren hinweg in unserem Äußeren so weit somatisiert haben, dass sie uns immer wieder auffallen, unabhängig z. B. von jeweiligen Situationen. Andererseits will gerade Körpersprache verdeutlichen, dass sich unser Körper kurzzeitig gewissen Gegebenheiten und Situationen unbewusst anpasst und sie so erlebt. In diesem Zusammenhang beobachten wir dann an anderen über die Körpersprache zeitlich begrenzte Befindlichkeiten mit einer entsprechenden Signalwirkung.

Körpersprachliche Signale und ihre analoge Deutung

Die Kopfhaltungen und -bewegungen deuten

„Wer wird denn gleich den Kopf hängen lassen …“

(Redensart)

der erhobene Kopf

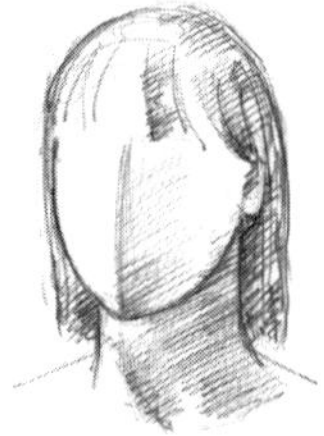

Der erhobene Kopf spricht von einem natürlich gesteigerten Selbstwertgefühl auf Grund einer Situation, die beherrscht und souverän überblickt wird. Im Hintergrund steht eine innere Sicherheit, die sowohl ein selbstständiges Urteilsvermögen als auch eine ausgeglichene und stabile Gefühlslage umgreift. Hier will nichts verborgen werden, im Gegenteil: Diese Kopfhaltung drückt sowohl Stolz auf Geleistetes als auch Durchsetzungskraft und Entschlossenheit angesichts zu bewältigender Aufgaben aus. In beiden Fällen begleitet sie eine optimistische Grundhaltung und signalisiert ein Bewusstsein um den eigenen Stellenwert. Wird diese Kopfhaltung über einen größeren Zeitraum hinweg beibehalten und in übertriebener Form an den Tag gelegt, schließt man nicht zu Unrecht auf eine gewisse Überheblichkeit oder zumindest bewusst artikulierte Unnahbarkeit.

der gesenkte Kopf

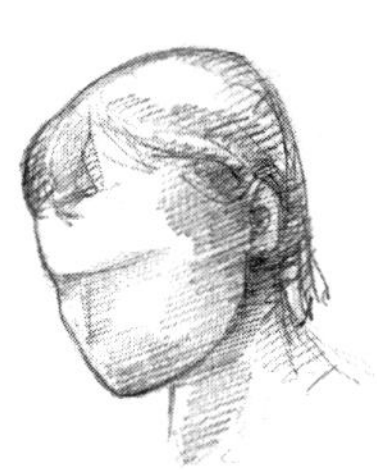

Diese Kopfhaltung spricht von momentaner Hoffnungslosigkeit und einem abhanden gekommenen Selbstvertrauen. Hier kann jemand eine gegebene Situation ganz offensichtlich nicht bewältigen, ist resigniert und von Schmerz, Trauer sowie Enttäuschung überwältigt. Der Kopf wird aber auch gesenkt gehalten, wenn die innere Befindlichkeit von Schuldgefühlen überschattet ist. Diese Kopfhaltung kann gleichfalls Demut und Bereitschaft zur Unterordnung offenbaren oder das Gefühl der Bedrohung zum Ausdruck bringen. Nicht vergessen werden sollte, dass der, der den Kopf senkt, womöglich intensiv nachdenkt oder in sein Inneres versenkt ist.

der nach rechts geneigte Kopf

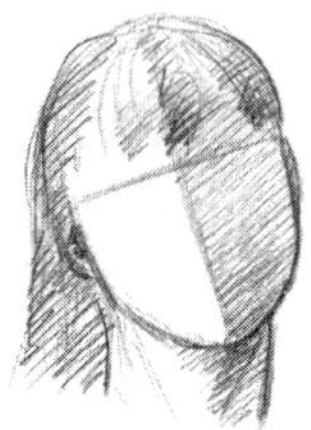

Neigt jemand im Gespräch den Kopf nach rechts, haben wir damit zu rechnen, dass das von uns Gesagte nicht ohne weiteres hingenommen wird. So bringen sich Skepsis, Zweifel, wenn nicht gar Argwohn oder Misstrauen ins Spiel. Im Hintergrund steht womöglich die Tatsache, noch wenig Überblick zu haben und mehr Informationen sowie Fakten zu benötigen, um das Bild einer Situation abzurunden.

der nach links geneigte Kopf

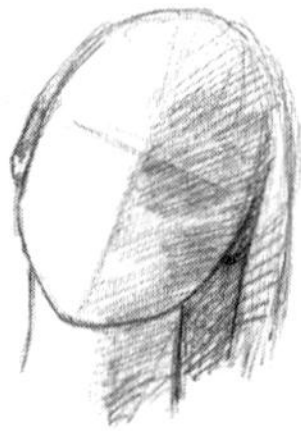

Will jemand auf uns zukommen, sich uns mitteilen, hält er häufig den Kopf nach links geneigt. Er signalisiert Gesprächsbereitschaft und ist gleichzeitig gewillt, anderen zuzuhören. Weiterhin besteht die Möglichkeit, aus dieser Kopfhaltung eine besondere Art des Nachgebens herauszulesen: Eigene Interessen werden vorübergehend in den Hintergrund gestellt, um andere zum Zug kommen zu lassen, ohne dabei eigene Positionen aufzugeben. In jedem Falle werden so Aufgeschlossenheit, Unvoreingenommenheit und Sympathien nonverbal unterstrichen.

der abgewandte Kopf

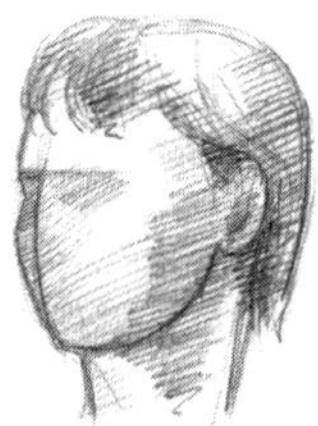

Angesichts dieser Kopfhaltung sollte man sich nicht allzu viel Hoffnung machen: Hier wird unmissverständlich eine ablehnende Haltung gegenüber dem Gesagten usw. zum Ausdruck gebracht, die nicht so schnell auszuräumen ist. Sie hat sich irgendwie verinnerlicht und spricht von Interesselosigkeit, Zurückweisung oder Verweigerung. Will jemand anderen seine Missachtung mitteilen, hält er häufig den Kopf abgewandt und unterstreicht so wortlos seine Missbilligung.

der zurückgeworfene Kopf

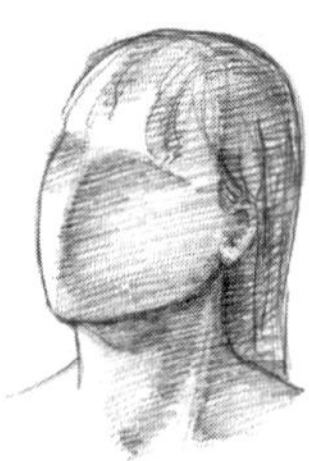

Wer den Kopf nach hinten wirft, schafft von vornherein Distanz zum anderen und ist sich im Bewusstsein um seine Dominanz sicher, jedenfalls aus eigener Sicht. Es besteht durchaus die Möglichkeit, dass eine so zur Schau getragene Überlegenheit unter Umständen vorhandene Unsicherheiten verbergen will. Vor dem Hintergrund wirklicher stabiler Geistes- und Gefühlslagen jedoch kann der zurückgeworfene Kopf die Bereitschaft zur Annahme einer Herausforderung mitteilen und Konfliktbereitschaft signalisieren.

der zugewandte Kopf

Hier will sich Glaubwürdigkeit einbringen. Der zugewandte Kopf spricht von Offenheit und Ehrlichkeit sowie einem starken Interesse an anderen oder aufrichtiger, emotionaler Anteilnahme am Geschehen. Diese Haltung teilt Gesprächsbereitschaft mit, der Zuhörer ist darüber hinaus an der gegebenen Situation innerlich beteiligt.

der nickende Kopf

Auf diese Kopfbewegung trifft man häufig in prüfungsähnlichen Situationen: das von anderen Gehörte erfährt so seine Anerkennung und Bejahung. Wortlos soll der andere ermutigt werden, seine Positionen und Ansichten vorzutragen, denn man bringt ihm ganz offensichtlich Verständnis entgegen. Hier wird Zustimmung signalisiert, die gleichzeitig als Aufforderung verstanden werden kann und mir sagt: Du bist auf dem richtigen Weg!

der pendelnde Kopf

Hier kommt körpersprachlich das Gegenteil zum Ausdruck. Es werden Zweifel signalisiert, wenn nicht gar die Überzeugung von der Falschheit des Gesagten. Auf alle Fälle spricht diese Kopfbewegung von einem nicht zu übersehenden Misstrauen in die bestehende Situation. Man fühlt sich unwohl.

Die Falten der Stirn – Furchen der Seele

„Eines Menschen Tun und Wesen
An der Stirne ist's zu lesen ...“

(Sprichwort)

die senkrechten Stirnfalten

Zeigen sich diese Falten vorübergehend auf der Stirn eines Menschen, ist anzunehmen, dass er seinen Entschluss, etwas zu tun, unterstreichen will. Darüber hinaus sprechen diese Falten von momentanen körperlichen oder geistigen Anstrengungen, vielleicht auch von der Tatsache, dass sich hier jemand echt selbst übertroffen hat. Versteinert sich über diese Falten ein Gesicht, sind ohne Zweifel Zorn, Wut oder innere Erschütterung im Spiel. Es besteht auch die Möglichkeit, dass sich die Stirne dann in senkrechten Falten zusammenzieht, wenn man sich in einer gegebenen Situation unwohl fühlt und seine Unzufriedenheit so zum Ausdruck bringt.

die waagerechten Stirnfalten

Wenn jemand sein generelles Unverständnis für das Denken oder Handeln anderer mitteilen will, zieht sich die Stirn in waagerechte Falten. Allerdings kann das auch dann geschehen, wenn man sich sehr ängstigt oder durch ein plötzlich eintretendes Ereignis erschrocken wird. Sowohl angenehmes Erstaunen als auch unangenehme „aha-Erlebnisse“ können sich so mitteilen.

die senkrechten und waagerechten Stirnfalten

Mit diesen Stirnfalten teilt sich in der Regel eine seelische Befindlichkeit mit, die momentan einem Chaos gleicht und alles andere als ausgeglichen ist. Da die Folgen im Umgang mit anderen nur schwer vorauszusehen sind, kann man hier sowohl mit Gereiztheit, Nervosität, unsachlichen Reaktionen als auch Hilflosigkeit oder Anzeichen von Überfordertsein rechnen. Auf jeden Fall sprechen diese Stirnfalten von einer ausgesprochenen Ratlosigkeit.

Die Augen – Spiegel der Befindlichkeit

„Die Augen, die matten Fenster der Seele, sagen viel über den menschlichen Geist."

(William Blake)

die aufgerissenen Augen

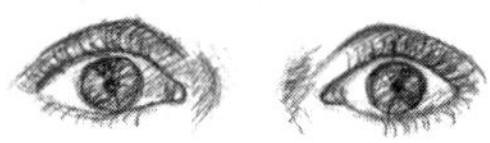

Aufgerissene Augen sprechen für ein starkes Interesse an anderen, ja, sie können eine unschwer zu erkennende Bewunderung für deren Gedanken und Handlungen zum Ausdruck bringen. Hoffnungen und Erwartungshaltungen können auf diese Weise widergespiegelt werden. Gleiches gilt für erfüllte Wünsche und die Freude darüber. Diese Augen können andererseits davon sprechen, dass sich angesichts bestimmter Ereignisse Angst breit macht, dass man sein Entsetzen mitteilen will, aber auch davon, dass man sich direkt bedroht fühlt.

die normal geöffneten Augen

Schaut man in solche Augen, kann man zu Recht auf Glaubwürdigkeit und Offenheit schließen. Mit diesen Augen tritt man an andere unvoreingenommen und vorurteilsfrei heran, signalisiert Aufgeschlossenheit und Aufmerksamkeit. Sie bekunden eine innerliche Teilnahme am Geschehen.

die verhängten Augen

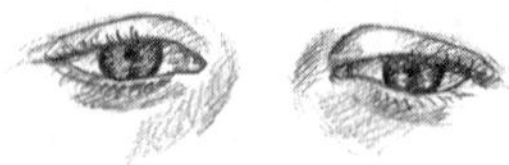

Diese Augen sprechen für Langeweile und Gleichgültigkeit dem Geschehen gegenüber. Hier geht momentan das Leben an jemandem vorbei. Unter Umständen kann die Gefühlslage des Betreffenden so weit aus dem Gleichgewicht geraten sein, dass Resignation und eine zumindest zeitweilige Preisgabe des eigenen Selbstwertgefühls die Oberhand gewinnen. Es kann deshalb nicht verwundern, dass diese Augen von einer gewissen Selbstisolation sprechen, die bewusst den Kontakt zu anderen scheut oder zu vermeiden sucht.

die geschlossenen Augen

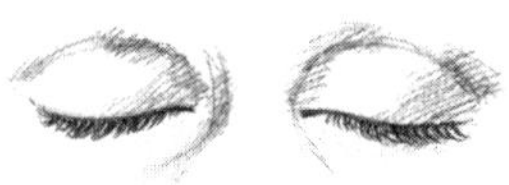

Sie bringen zunächst eine Steigerung des oben Gesagten zum Ausdruck. Die Geschlossenheit dieser Augen symbolisiert körpersprachlich die Abgeschlossenheit eines Ichs von seinen Mitmenschen und der Welt. Im übertragenen Sinne wird hier so verfahren, wie wir es vom Vogel Strauß kennen: Man glaubt, nichts zu sehen und deshalb auch nicht gesehen zu werden.

Man sollte sich auf diese Deutung nicht festlegen. Häufig kommt es vor, dass jemand, der die Augen geschlossen hält, urplötzlich und unerwartet in Diskussionen eingreift und sehr gezielte Fragestellungen aufwirft. Dann sprechen diese Augen für jemanden, der äußerst aufmerksam das Geschehen verfolgt hat und sich lediglich durch nichts in seinen Überlegungen ablenken lassen wollte. Übrigens hält auch der häufig die Augen geschlossen, der sich dem vollen Genuss äußerer Eindrücke hingibt. Man kann das sehr oft in Konzertsälen beobachten.

die einseitig zugekniffenen Augen

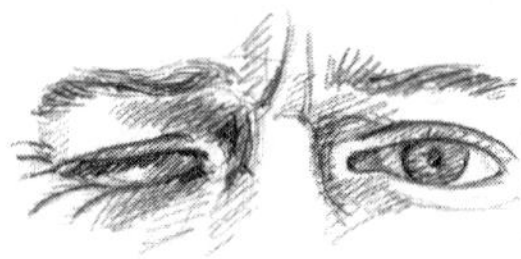

Hier wird der verstandes- oder gefühlsmäßige Gleichklang mit anderen signalisiert. Eine im Stillen und Verborgenen getroffene heimliche Übereinkunft bringt sich so andeutungsweise an die Öffentlichkeit.

die zugekniffenen Augen

In der Hauptsache kneift man beide Augen zu, wenn man seine Unzufriedenheit nicht nur mit der Umwelt, sondern auch mit sich selbst zum Ausdruck bringen will und sich irgendwie unwohl fühlt. Diese Augen können daher auch Ausdruck körperlicher wie seelischer Schmerzen sein. Sie sprechen bedrückende Gedanken und Vorstellungen aus. Häufig sind sie aber auch das Spiegelbild äußerster geistiger Konzentration und der Absicht, eine größtmögliche Anzahl von Eindrücken zu verarbeiten.

die schlitzartig verengten Augen

Wer so in die Welt schaut, will wissentlich und damit vorsätzlich das Selbstwertgefühl seiner Mitmenschen in Frage stellen. Diese Augen strahlen häufig übertriebenes Misstrauen aus. Schlitzartig verengte Augen sprechen für jemanden, der anderen von vornherein schlechte Absichten unterstellt und deshalb in seinem Umgang mit ihnen äußerste Vorsicht und Zurückhaltung an den Tag legt.

Wenn Blicke „töten" könnten

„ … oft liegen Stimme und Worte in einem schweigenden Blick."

(Ovid)

der gerade Blick

Dieser Blick ist Ausdruck von Geradlinigkeit, Aufrichtigkeit sowie Festigkeit im Denken und Handeln. Über diesen Blick teilen sich uneingeschränktes Interesse und Hilfsbereitschaft mit. Man kann ihm unvoreingenommen und vorurteilsfrei begegnen, denn er offenbart die gleichberechtigte Anerkennung des anderen und seines Selbstwertgefühls, das hier nicht in Frage gestellt werden will. Mit dem geraden Blick wird der des anderen ausgehalten, weil man nichts zu verbergen hat. Er strahlt Glaubwürdigkeit aus.

der ausweichende Blick

Mit diesem Blick will man ganz offensichtlich ein verunsichertes Selbstbewusstsein angesichts einer gegebenen Situation signalisieren. Womöglich wird auch die angenommene eigene Unterlegenheit anderen gegenüber zum Ausdruck gebracht. Auf jeden Fall will dieser Blick „ausweichen", weil der, der so schaut, sich in einer für ihn unangenehmen Lage befindet, die er aus eigener Kraft nicht verarbeiten kann. Dieses Eingeständnis momentaner Schwäche soll natürlich auf diese Weise vor anderen Menschen verborgen gehalten werden. Dieser Blick kann auch durch ein Schuldgefühl verursacht werden.

der Blick von oben herab

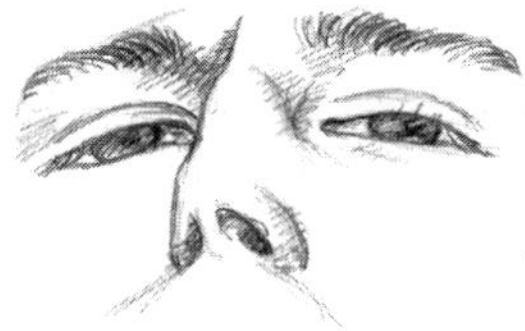

Manchmal spricht der Blick von oben herab von berechtigtem Stolz, in der Regel aber signalisiert er Überheblichkeit, Arroganz und Hochmut. Unmissverständlich will dann das Bewusstsein um die eigene Überlegenheit anderen gegenüber zum Ausdruck gebracht werden. Hiermit verbindet sich die bewusst vorgetragene und in Kauf genommene Geringschätzung anderer Menschen.

der Blick von unten

Auch hier steht zunächst zu vermuten, dass sich uns über diesen Blick mangelndes Selbstvertrauen und Zweifel am eigenen Selbstwertgefühl mitteilen. So drücken sich Minderwertigkeits- und Schuldgefühle aus. Im schlimmsten Fall signalisiert dieser Blick Selbstaufgabe, Ergebenheit in das eigene Schicksal und eine gewisse Unterwürfigkeit. Andererseits besteht die Möglichkeit, dass mit diesem Blick eine ablehnende Haltung anderen gegenüber unterstrichen werden soll.

der wandernde Blick

Über diesen Blick teilt sich häufig der Wunsch nach Kontaktaufnahme mit. Nicht selten verbirgt sich hinter diesem unruhig wirkenden Blick das Verlangen, so viel wie möglich an einer Situation oder Gegebenheit wahrzunehmen. Dann spricht er für Neugier, Interesse oder starke sinnliche Aufnahmebereitschaft.

der seitliche Blick

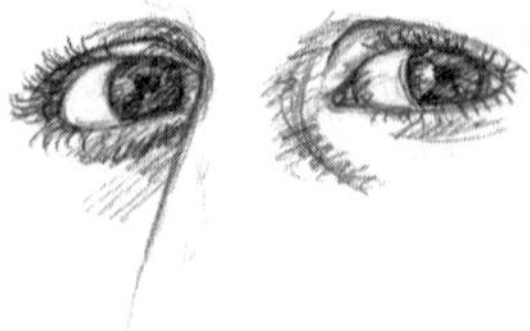

Wer so sein Gegenüber anschaut, will ganz offensichtlich den direkten Blickkontakt vermeiden. Die Ursachen hierfür können verschieden sein. Es besteht die Möglichkeit, dass es sowohl aus eigener Unsicherheit oder Selbstzweifel heraus geschieht als auch aus der Absicht, eine momentane Befindlichkeit verdeckt zu halten, um nicht durchschaut zu werden. Des Weiteren können Verlegenheit und Schüchternheit hinter diesem Blick vermutet werden, der übrigens auch dann auftritt, wenn jemand einer Tatsache verständnislos gegenübersteht.

der fixierende Blick

Dieser Blick will andere einer kritischen und prüfenden Betrachtung unterziehen. Man kann sich des Eindrucks nicht erwehren, dass dieser Blick nicht gewillt ist, an der Erscheinung stehen zu bleiben. Hier besteht ganz offensichtlich die Absicht, Wesentliches zu erfassen, mehr in Erfahrung zu bringen, als das äußere Erscheinungsbild hergibt. So gesehen, verweist dieser Blick auf die nonverbale Unterstreichung von Erkenntnisdrang und Wissensdurst, kann aber auch Ausdruck von Zweifel und Skepsis, momentanem Unglauben sein.

der unruhige Blick

Hier handelt es sich um eine eindeutige nonverbale Widerspiegelung körperlicher wie auch seelischer Unausgeglichenheit. Viel deutlicher kann sich die Unzufriedenheit eines Menschen mit einer äußeren Situation oder inneren Befindlichkeit nicht zu erkennen geben.

der lebhafte Blick

Zunächst einmal signalisiert dieser Blick geistige Aufgeschlossenheit und spricht von der Bereitschaft, auch eine Vielzahl sinnlicher Eindrücke aufzunehmen. Er strahlt ein äußerst vielseitiges Interesse an einer gegebenen Situation aus und artikuliert Unternehmungslust sowie Handlungsbereitschaft.

der schmachtende Blick

Mit diesem Blick „himmelt" jemand sein Gegenüber an. Hier wird tiefe Zuneigung, vielleicht auch Verehrung signalisiert. In den meisten Fällen strahlt dieser Blick die Bereitschaft zur seelischen, aber auch körperlichen Hingabe aus.

der lauernde Blick

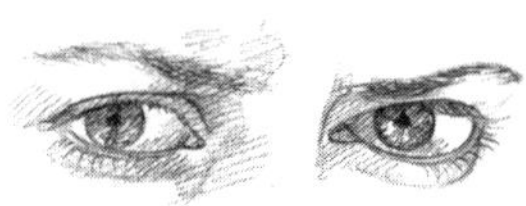

Dieser Blick lässt nichts Gutes erhoffen. Man kann sich des Eindrucks nicht erwehren, dass der, der so schaut, regelrecht auf einen Anlass wartet, um z. B. einen bereits vorprogrammierten Streit nun endlich zu entfachen oder eigenen Frust abzureagieren.

der ablehnende Blick

Mit diesem Blick kann eine Vielzahl negativer Botschaften versendet werden, die in ihrer Zusammenfassung sagen wollen: Dich kann ich nicht leiden, du bist mir egal, oder: Es wäre am besten, wenn du mir in Zukunft aus dem Weg gehen würdest, es hat wirklich keinen Sinn, dass du dich um mich bemühst.

der schräge Blick

Wer diesen Blick auflegt, signalisiert eine hintergründige und heimliche Neugier. Man will sehen, ohne dass es von anderen bemerkt wird.

der freche Blick

Diesem Blick kann man nur selten standhalten und darin besteht auch sein Sinn: Mit ihm sollen andere eingeschüchtert werden und sie werden nicht als gleichberechtigt betrachtet.

Die Nase sagt's …

„… wer die Nase hart schnäuzt, zwingt Blut heraus; und wer den Zorn reizt, zwingt Hader heraus.“

(König Salomo)

die gerümpfte Nase

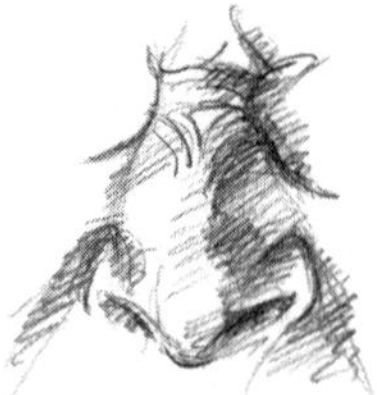

Diese Nase bringt Antipathien der unterschiedlichsten Art zum Ausdruck und spricht für momentane Unlust, Unbehagen sowie Widerwillen. Es können sich Gefühle zeigen, die von Abscheu, Unappetitlichkeit oder gar Ekel sprechen. Alles in allem ist hier von Unzufriedenheit die Rede, wobei diese sich gegen andere, aber auch auf sich selbst beziehen kann.

die bebende oder zitternde Nase

Auch Menschen, die sich ansonsten gut beherrschen können, sieht man zumindest an ihren bebenden Nasenflügeln die innere Erregung an. Diese kann in Wut, Zorn, Ärger oder großer Enttäuschung ihre Ursachen haben oder auf unterdrückte Empörung hinweisen.

die aufgeblähte Nase

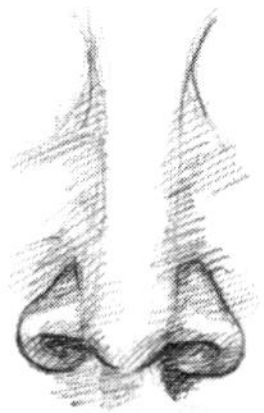

Diese Nase will die eigene Sinnlichkeit unterstreichen oder offenbart, dass etwas als sehr angenehm empfunden wird. Freude, Spaß, Erfüllung oder Selbstzufriedenheit können sich so artikulieren. Mitunter geschieht es, dass eine solche Nase angesichts zu erwartender oder schon eingetretener sinnlicher Eindrücke auffällt.

… der Mund verschweigt's

„Mit dem Mund reden, ohne ein Wort gesagt zu haben …"

(Redensart)

der offene Mund

Der offene Mund spiegelt erfahrungsgemäß Überraschung oder Angst angesichts eines unerwartet eingetretenen Ereignisses wider. Es besteht weiterhin die Möglichkeit, ihn als Ausdruck allgemeinen Erstaunens zu deuten.

der betont geschlossene Mund

Wenn jemand eine schwierige Überlegung oder körperlich anstrengende Handlung zu Ende gebracht hat, kann er das mit dem betont geschlossenen Mund seinen Mitmenschen mitteilen. Diese Mimik zeigt sich auch dann, wenn man unter allen Umständen sein Schweigen nicht brechen und andere auf diese Tatsache aufmerksam machen will. Auf jeden Fall bringen sich so körperliche oder seelische Anspannungen ins Spiel, die man momentan für sich behalten und anderen nicht mitteilen will.

der geschlossene Mund

Dieser Mund spricht wortlos von einer eingetretenen inneren Ruhe und Ausgeglichenheit, die ganz offensichtlich für den Augenblick beibehalten werden möchte. Stellungnahmen oder Meinungen sind nicht zu erwarten, man befindet sich in einer neutralen Grundhaltung.

die gesenkten Mundwinkel

Die gesenkten Mundwinkel sprechen von Enttäuschung, können Trauer offenbaren und signalisieren einen schmerzlichen Verlust. Als Widerspiegelung eigener Gefühlsregungen sind diese Mundwinkel Zeichen zeitweiliger Depressionen, die die unterschiedlichsten Reaktionen erwarten lassen: Teilnahmslosigkeit oder Ablehnung des Kontakts zu anderen.

die angehobenen Mundwinkel

Mit dieser Mimik wollen sich aktuelle Freude sowie eine positive Grundstimmung mitteilen.

der prüfende Mundzug

Hier drückt sich eine abwartende, abwägende oder abschätzende Haltung aus. Sie ist am Anfang von Überlegungen oder Handlungen zu finden, über deren Sinn oder Ende man sich nicht im Klaren ist.

der genießende Mundzug

Dieser Mundzug kündigt innere Vorfreude auf kommende angenehme Ereignisse oder sinnliche Genüsse an.

der „verbissene" Mundzug

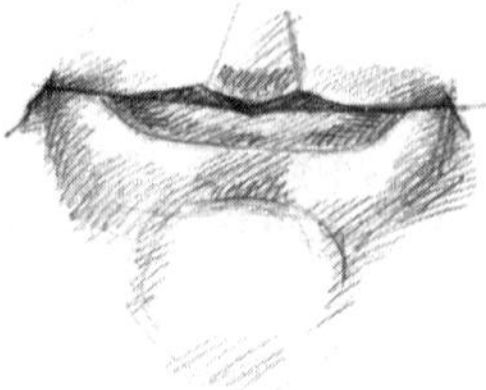

Diese Mimik bringt innere Unzufriedenheit nach außen und kann davon sprechen, dass jemand ein schweres persönliches Problem hast, das derzeit nicht gelöst werden kann. Zeigt sich der „verbissene" Mundzug über einen längeren Zeitraum hinweg, ist zu vermuten, dass Verbitterung infolge andauernder Enttäuschungen oder von Misserfolgen im Leben Ursache dieser Mimik ist.

der sorgenvolle Mundzug

Auch diese Mimik resultiert in der Regel aus innerer Unzufriedenheit, bekundet aber mehr die Anteilnahme an den Problemen oder Schwierigkeiten anderer. Man macht sich Sorgen um die Befindlichkeit seiner Mitmenschen oder zeigt aufrichtige Anteilnahme an ihrem Schicksal.

Was uns das Lachen mitteilen kann

„Lachen, Weinen, Lust und Schmerz,
Sind Geschwisterkinder … "

(Johann Wolfgang v. Goethe)

das Lachen auf A oder ha-ha-Lachen

Dieses Lachen spricht von uneingeschränkter Freude an einer gegebenen Situation. Es ist echt und aufrichtig und spricht manchmal auch von einer positiven emotionalen Spannungsentladung.

das Lachen auf E oder he-he-Lachen

In diesem Lachen schwingt unüberhörbare Schadenfreude mit. Dies lässt es für andere unangenehm klingen. Es handelt sich um ein Lachen, das oft im Zusammenhang mit einem verbalen „Ich hab es doch gleich gesagt …" anzutreffen ist und auf eine aufdringliche und von sich überzeugte Rechthaberei hinweist.

das Lachen auf I oder hi-hi-Lachen

Hier handelt es sich um das typische „In-sich-Hineinlachen". Es bringt die Freude an einer inneren Gemütslage oder an einer äußeren Situation zum Ausdruck, an der andere nicht unbedingt teilnehmen sollen. So gesehen hören wir hier das heimliche, stille Lachen.

das Lachen auf O oder ho-ho-Lachen

Mit diesem Lachen will sich zunächst allgemeine Verwunderung ausdrücken. Diese kann allerdings sowohl eine abwehrende Haltung artikulieren als auch Protest signalisieren.

das Lachen auf U oder hu-hu-Lachen

Mit einem solchen Lachen werden meist Ängste vorgetäuscht, die so ernst nicht zu nehmen sind. Man hört es oft auf Jahrmärkten in Geisterbahnen.

Bitte lächeln!

„Manche, so da lächeln, fürcht' ich, tragen im Herzen tausend Unheil …"

(William Shakespeare)

das ängstliche Lächeln

Mit diesem Lächeln soll meistens eine gewisse innere Unsicherheit oder Gehemmtheit überspielt werden, die durchaus aus einer unterschwelligen Angst resultieren können.

das unechte Lächeln

Hier sind verschiedene Deutungen möglich. Zum einen kann ein solches Lächeln darauf verweisen, dass die eigene Verunsicherung überdeckt werden soll. Mitunter kommt es vor, dass geheuchelte Zustimmung in dieser Mimik ihren Ausdruck findet. Unechtes Lächeln kennt man auch als Verlegenheitslächeln. Schließlich ist möglich, dass jemand mit diesem Lächeln gute Miene zum bösen Spiel macht.

das süßliche Lächeln

Mit diesem Lächeln wollen unter Umständen mehr Gefühle zum Ausdruck gebracht werden, als eigentlich empfunden werden. Das süßliche Lächeln ist eng mit dem unechten verwandt und wird dann bemerkt, wenn sich jemand bei anderen einschmeicheln will.

das Schmunzeln

Schmunzeln bringt zunächst eine momentane positive Befindlichkeit oder stille Freude an der gegebenen Situation zum Ausdruck, die von anderen nicht unbedingt erfahren werden muss. Manchmal ist Schmunzeln Ausdruck einer gewissen Lebenserfahrung und zeugt damit von einem gewissen Abstand zu den Dingen, die von anderen in übertriebener Weise ernst genommen werden.

Ihr Gehen verrät alles

das rasche Gehen

Diese Art zu Gehen spricht für augenblickliche Zielbewusstheit im Denken und Zielstrebigkeit im Handeln. Wer sich so angesichts einer gegebenen Situation fortbewegt, geht auf etwas zu und will Entschlusskraft und -freude mitteilen. Darüber hinaus wird Ungeduld signalisiert. Hier hat ganz offensichtlich jemand keine Zeit, ist gut motiviert und will sein Ziel rasch erreichen.

das langsame Gehen

Diese Gangart spricht für momentane Gelassenheit sowie innere Ruhe. Nichts will überstürzt werden. Es kann die Absicht zum Ausdruck kommen, zunächst einmal das Geschehen an sich herankommen zu lassen, wenn nicht gar eine Entscheidung hinauszuzögern. Ist diese Fortbewegungsform ständige Gangart, kann man durchaus auf ein weniger lebhaftes Temperament schließen.

das schleppende Gehen

Diese Gangart vermittelt eine nicht zu übersehende Ziellosigkeit oder Unklarheit über eine bestehende Situation. Das Interesse an ihr ist nicht besonders groß und mehr nach innen gerichtet. Die Ursache dafür kann eine momentane traurige Gemütslage sein.

das stockende Gehen

Über diese Art der Fortbewegung kann Unschlüssigkeit in der Verfolgung von Zielen sichtbar werden, die in inneren Zweifeln oder Unsicherheiten ihren Ursprung hat. Bei jemandem, der so neben einem herläuft, vermutet man nicht zu Unrecht Schüchternheit.

das Gehen mit ausgreifenden Schritten

Hier steuert jemand gut motiviert und erfolgsorientiert sein Ziel an. Es ist anzunehmen, dass sich jemand, der so geht, momentan nicht stoppen und von seinem Vorhaben abbringen lässt.

das Gehen mit kleinen Schritten

An dieser Gangart lassen sich häufig Ängstlichkeit und Vorsicht ablesen. So bewegt man sich in einer Situation, über die man noch keinerlei Entscheidung getroffen hat, und signalisiert Unschlüssigkeit, der man mit einem gewissen Unwohlsein begegnet. Auf jeden Fall wird das Bestreben deutlich, eventuellen Gefahren aus dem Weg zu gehen.

das „schlurfende" Gehen

Diese Gangart offenbart fehlende innere Antriebsstärke, wenn nicht gar die Tatsache, dass sich da momentan jemand durchhängen lässt. Hier geht jemand nicht durch die Welt, sondern die Welt geht an jemandem vorüber.

Mit beiden Beinen im Leben stehen

das normale, aufrechte Stehen

Wer so steht, steht sprichwörtlich mit beiden Beinen im Leben. Diese Körperhaltung spricht von einem gesunden Selbstbewusstsein. Die momentane Situation hat man im Griff und demonstriert Überblick. Man ist bereit, Herausforderungen aus der Umgebung anzunehmen und bewahrt sich einen großen Spielraum für Entscheidungsfindungen.

das aufgelockerte Stehen

Aufgelockertes Stehen vermittelt eine erwartungsfrohe und positive Lebenseinstellung. Diese Körperhaltung signalisiert Gesprächsbereitschaft sowie Kontaktfreudigkeit, ohne sich festlegen zu wollen. Hier ist jemand aufgeschlossen gegenüber seiner gesamten Umgebung und darüber hinaus sehr flexibel und anpassungsfähig eingestimmt.

das breitspurige Stehen

Mit dieser Körperhaltung soll ein überzogenes Selbstbewusstsein mitgeteilt werden, welches gleichzeitig Überheblichkeit signalisiert. Das geschieht aus dem Wissen um die momentane eigene Dominanz anderen gegenüber heraus. Diese Art des Stehens will einschüchtern, andere verunsichern und ängstigen. Sie kann ein vorübergehendes Abhängigkeitsverhältnis unterstreichen, das die bewusste Missachtung des Selbstwertgefühls anderer in Kauf nimmt.

das wippende Stehen

Diese Körperhaltung strahlt Unruhe und Nervosität aus. Man scheint sich in seiner Umgebung nicht wohl zu fühlen und trägt sich mit dem Gedanken, hier nicht „stehen zu bleiben". Man trifft das wippende Stehen aber auch bei Menschen an, die anderen so ihre Überlegenheit mitteilen wollen.

Was die Sitzmanieren mitteilen wollen

das bequeme Sitzen

Über diese Art zu sitzen äußern sich momentane Zufriedenheit mit sowie Vertrauen in eine gegebene Situation. Das spricht für eine als angenehm empfundene Gefühlslage und bringt den Willen zum Ausdruck, in dieser Situation noch für eine ganze Weile zu verbleiben, sich in ihr einzurichten.

das Sitzen in Wartestellung

Wer so sitzt, ist innerlich bereit, sofort einen Situationswechsel zu vollziehen. Diese Sitzhaltung hat etwas „Abwartendes" an sich und unterstreicht so die genannte Bereitschaft. Es wird eine gewisse innere Unruhe und Unzufriedenheit mit der momentanen Situation ausgestrahlt.

das ungezwungene, lockere Sitzen

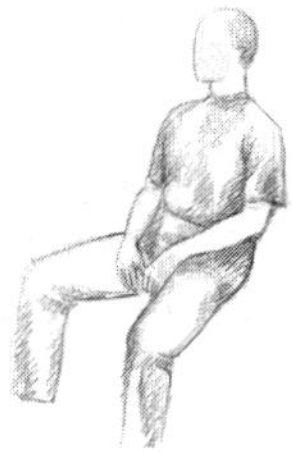

Sitzt jemand so, kann man darauf vertrauen, dass er nicht mit sich selbst beschäftigt ist und anderen gut zuhören will. Mit dieser Art zu sitzen will jemand sein Gegenüber aufmuntern und Zustimmung signalisieren.

das betont zurückgelehnte Sitzen

Dieses Sitzen vermittelt ein unangemessenes Überlegenheitsgefühl und will so andere abwerten. Es wirkt einschüchternd und will körpersprachlich den Versuch unterstreichen, andere dazu zu bringen, die eigene Position als unantastbar zu akzeptieren.

Stellungen und Bewegungen der Arme

die normale Stellung der Arme

Über diese Gestik teilen sich Ruhe, Ausgeglichenheit sowie Aufrichtigkeit und Glaubwürdigkeit mit. Sie signalisiert uns Gesprächs- und Handlungsbereitschaft.

die normale Stellung der Arme

Diese Körperhaltung vermittelt uns eine Vielzahl negativer Befindlichkeiten. Zum einen kann sich so Willenlosigkeit artikulieren. Es besteht auch die berechtigte Annahme, jemanden vor uns zu haben, der hoffnungslos ist und die momentane Selbstaufgabe eigenen Aktivitäten vorzieht. Auf jeden Fall wird so ein Bild allgemeiner Hilf- und Ratlosigkeit vermittelt.

die angewinkelten Arme

So hält jemand seine Arme, wenn er auf die Entfaltung der eigenen Persönlichkeit drängt und sich damit auch nicht allzu lange aufhalten will. Das soll nicht isoliert geschehen, vielmehr sollen so andere aufgefordert werden, sich an entsprechenden Aktivitäten zu beteiligen.

die verschränkten Arme

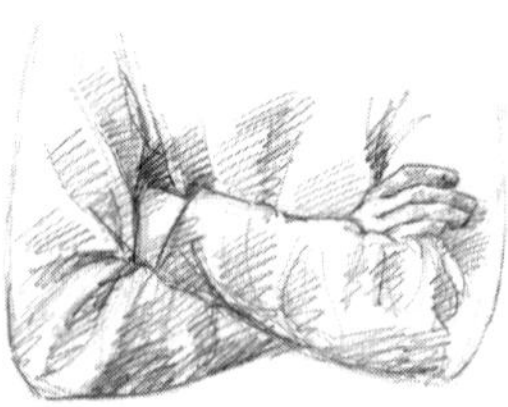

Diese Armhaltung hat etwas Abwartendes an sich. Das kann für eine momentane Befindlichkeit sprechen, aber auch signalisieren, dass man, falls überhaupt ein Dialog zu Stande gekommen ist, in seinem Verlauf verbal wenig beizusteuern gedenkt und sich aufs Zuhören beschränkt. Die Ursache hierfür können Hemmungen und eigene Unsicherheiten sein.

die hinter dem Rücken verschränkten Arme

Hier wird eine abwartende Haltung zum Ausdruck gebracht, da sich jemand in einer gegebenen Situation offensichtlich noch nicht zurechtfindet. Sie wirkt unschlüssig und verbreitet den Eindruck von Unsicherheit.

die weit auseinander greifenden Arme

So will jemand anderen sein Entgegenkommen mitteilen. Diese Gestik spricht von der Bereitschaft zum Handeln und wirkt mitreißend.

die schwungvoll gestikulierenden Arme

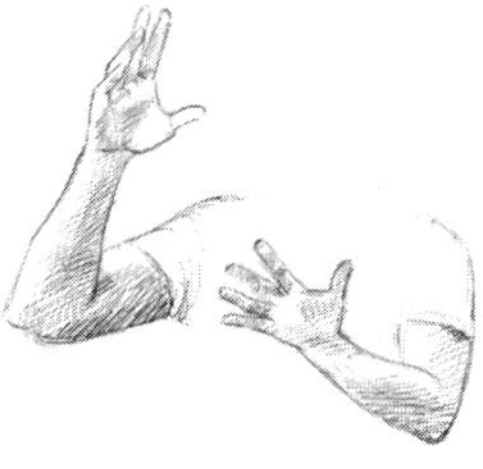

So kann sich Begeisterung mitteilen, die auf andere übertragen werden soll. Es handelt sich um eine intensive Aufforderung zur Beteiligung am Geschehen.

Was unsere Hände sichtbar machen

die geöffnete Hand mit der Handfläche nach oben

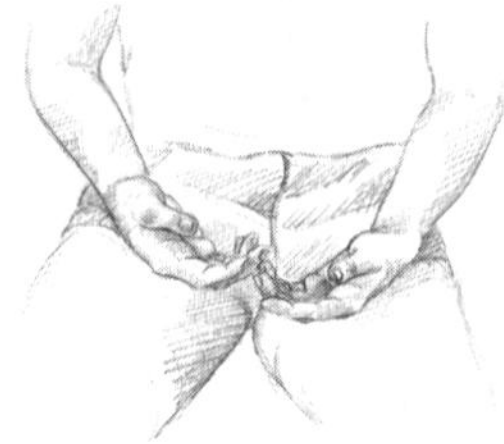

So kann man seinen Mitmenschen den vernünftigen Umgang miteinander anbieten. Erwartungshaltungen werden offenbart. Darüber hinaus sprechen diese Hände von Ehrlichkeit und Glaubwürdigkeit.

die geöffnete Hand vor der Brust

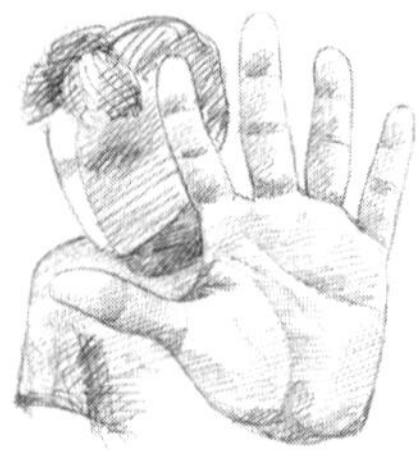

Diese Hände sind ein Zeichen von Abwehr, Ablehnung und Zurückweisung. Sie können gleichfalls ein Signal der Beschwichtigung sein. Manchmal verbirgt sich hinter dieser Handhaltung auch die Absicht, angesichts einer gegebenen Situation Widerstand zu leisten.

die senkrecht gehaltene Hand

Mit der so gehaltenen Hand kann die Absicht bekundet werden, eine Auseinandersetzung, eine Diskussion sowie einen Streit als beendet zu betrachten. Anstehende Probleme werden als gelöst angesehen. Es kommt vor, dass eine überschaubare Aufforderung so ihre Gewichtung erfährt. Auf jeden Fall will mit dieser Handbewegung irgendetwas „abgeschlossen“ werden.

die zusammengelegten Hände

Wer seine Hände zusammenlegt, will zunächst in Ruhe über etwas nachdenken. Es sind noch keine Entscheidungen gefallen. In diesem Augenblick ist keine Bereitschaft zu sehen, mit anderen in Kontakt zu treten.

die gefalteten Hände

Diese Hände sprechen zunächst für eine in sich gekehrte Grundstimmung. Was hierbei gedacht oder erhofft wird, lässt sich nicht hinterfragen. Hinweise können lediglich aus dem situationsbedingten Umfeld kommen. Sie können aber auch die Bereitschaft mitteilen, sich die Meinungen oder Standpunkte anderer anzuhören.

die zur Faust geballten Hände

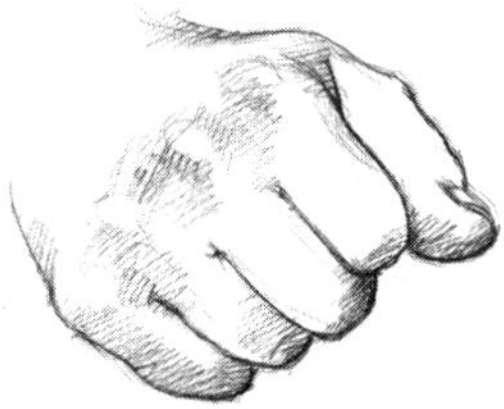

Sie stellen eine symbolische Bedrohung dar. Auf den Konflikt mit anderen gerichtetes Denken und Handeln kann so seine körpersprachliche Unterstreichung erfahren.

Der Händedruck – Ausdruck der Persönlichkeit

„Lass diesen Händedruck dir sagen,
Was unaussprechlich ist …“

(Johann Wolfgang v. Goethe)

der weiche Händedruck

Mit diesem Händedruck wird in der Regel eine gewisse Reserviertheit bekundet, die sehr deutlich zu spüren ist.

der hohle Händedruck

Mit diesem Händedruck werden Misstrauen, Vorbehalte und Bedenken gegenüber anderen bekundet. Geht er einem Gespräch voran, steht zu erwarten, dass in seinem Verlauf noch lange nicht alles zur Sprache kommt, was eigentlich gedacht wird.

der flüchtige Händedruck

Hier zeigt sich Angst: Angst vor dem anderen, vor der Welt und vor sich selbst. Wenn jemand so die Hand gibt, ist äußerste Zurückhaltung zu erwarten.

der Händedruck mit Fingern

Die Flüchtigkeit dieses Händedrucks, der eigentlich keiner mehr ist, wirkt vorsätzlich. Dem anderen soll die eigene Überlegenheit mitgeteilt werden. So können sich Missachtung und Geringschätzung anderer artikulieren. Deren Selbstwertgefühl wird nicht akzeptiert.

Der Finger-Zeig

„Wie ist es doch schön, wenn die Finger auf dich weisen und alles spricht: Der ist es …“

(Persius)

der Daumen

Sein körpersprachlicher Einsatz will Dominanz signalisieren. Ist er nach oben gerichtet, bringt er ein Verlangen zum Ausdruck oder unterstützt eigene Aufforderungen an andere. Nach unten gerichtet, kann er die Absicht unterstreichen, anderen den eigenen Willen aufzuzwängen.

der Zeigefinger

Dieser Finger in Aktion unterstreicht in der Regel Ermahnungen, Belehrungen oder Verbote. Darüber hinaus will er die Aufmerksamkeit anderer auf etwas richten und bestimmt einen Zielpunkt. Mit dem erhobenen Zeigefinger können dem gesprochenen Wort nonverbale Gewichtungen verliehen werden.

der Mittelfinger

Im körpersprachlichen Einsatz soll er das eigene Selbstwertgefühl unterstreichen, will die eigene Überlegenheit unter Umständen auf aggressive Weise sichtbar machen und spricht von Missachtung oder Geringschätzung der anderen.

die ineinander greifenden Finger

Sie stellen eine symbolische Bedrohung dar. Auf den Konflikt mit anderen gerichtetes Denken und Handeln kann so seine körpersprachliche Unterstreichung erfahren.

Über die Schultern geschaut

hängende Schultern

Sie signalisieren Erschöpfung und Antriebsschwäche und bringen ein Gefühl des Überfordertseins zum Ausdruck. Sie offenbaren aber auch Schuldgefühle oder sprechen von der Tatsache, von schweren Problemen bedrückt zu werden.

hochgezogene Schultern

Hochgezogene Schultern sprechen von momentaner Angst, sie signalisieren ein Gefühl des Bedrohtseins.

das Schulterzucken

Es will Gleichgültigkeit oder Verständnislosigkeit demonstrieren. Hier kommen aber auch die eigene Unschlüssigkeit oder Selbstzweifel zum Ausdruck.

Der Oberkörper – Ausdruck des Dabeiseins

der vorgebeugte Oberkörper

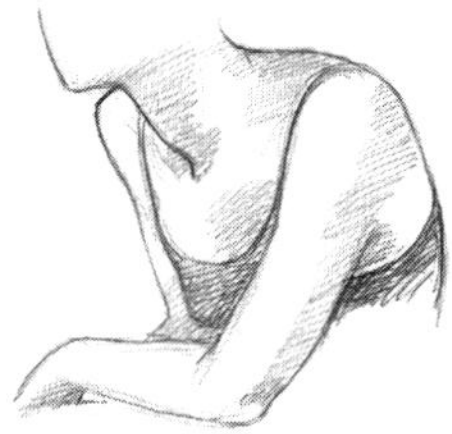

Diese Körperhaltung bekundet ein allgemeines Interesse an anderen und fordert regelrecht zum Gespräch auf. Hier können Bemühungen um Annäherung abgelesen werden.

der zurückgebeugte Oberkörper

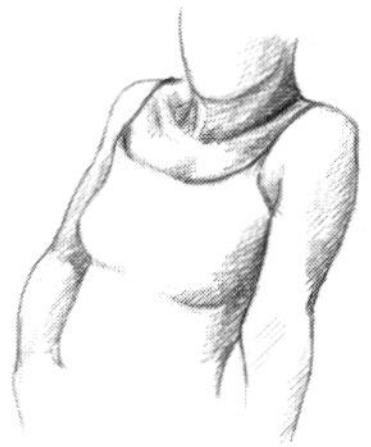

Diese Körperhaltung strahlt eine gewisse Reserviertheit aus. Sie spricht von Gleichgültigkeit und dem nur schwachen Bedürfnis, sich anderen mitzuteilen.

der aufgerichtete Oberkörper

Diese Körperhaltung wirkt mitunter gekünstelt und will in übertriebener Weise signalisieren, dass das eigene Leben vorzugsweise auf Ordnung und Selbstdisziplin ausgerichtet ist.

Eine haarige Angelegenheit

gefärbte Haare

Gefärbte Haare haben in jedem Fall eine Signalwirkung. Man will bewusst auffallen oder hat sich aus den unterschiedlichsten Gründen einer Mode angepasst. Gefärbte Haare können auch von einer inneren Protesthaltung sprechen, die sichtbar gemacht werden soll. Vielerorts dienen gefärbte Haare auch der Retuschierung der eigenen Befindlichkeit.

graue Haare

Graue Haare können verschiedene Ursachen haben. Zum einen weisen sie auf das Erreichen eines hohen Lebensalters hin und gelten als Symbol von Lebenserfahrung und Weisheit. Zum anderen können sie für dauerhaften Kummer und Sorge sprechen.

Ihre Aktivitäten – TUN®

- Haben Sie sich in diesen oder jenen analogen Deutungen unserer Körpersprache wiedererkannt?
- Überlegen Sie sich, ob Sie in Zukunft nonverbales Verhalten auch bewusst einsetzen können!
- Achten Sie in Ihrer Familie, Ihrem Bekanntenkreis auf die unterschiedlichsten körpersprachlichen Ausdrucksformen Ihrer Mitmenschen! Versuchen Sie, sie zu deuten!

Kapitel 6

Das Netz der Wirklichkeit

Der Mensch nimmt wahr, was er denkt

„Achte auf deine Gedanken,
denn sie werden Worte.
Achte auf deine Worte,
denn sie werden Handlungen.
Achte auf deine Handlungen,
denn sie werden Gewohnheiten.
Achte auf deine Gewohnheiten,
denn sie werden dein Charakter,
Achte auf deinen Charakter,
denn er wird dein Schicksal."

(Talmud)

In den vorangegangenen Kapiteln und Abschnitten habe ich Sie unter anderem mit der sinnlichen Wahrnehmungsfähigkeit des Menschen bekannt gemacht. An dieser Stelle will ich noch einmal darauf zurückkommen. Und deshalb frage ich Sie jetzt, was eigentlich vorgeht, wenn Sie z. B. ein Bild an der Wand sehen, einen Ton hören, etwas Hartes fühlen, etwas Deftiges schmecken oder Angenehmes riechen? Ich vermute einmal, dass Sie jetzt der Meinung sind, die Beantwortung dieser Frage dürfte ja wohl nicht so schwer sein. Sie sehen das Bild an der Wand, weil es da hängt, sie hören eindringliche Töne, weil gerade jetzt die Feuerwehr mit Martinshorn an Ihrem Haus vorbeifährt usw.

Richtig. Nehme ich jetzt aber das Bild von der Wand, sehen Sie es nicht mehr und ist die Feuerwehr vorbeigefahren, hören Sie nichts mehr.

Ich hänge das Bild erneut an seinen angestammten Platz zurück und Sie sehen es wieder. Und was wir uns eigentlich nicht wünschen, es brennt wieder irgendwo, die Feuerwehr fährt aus und Sie hören erneut diese Töne.

Jetzt werden Sie vielleicht einwenden, dass Sie das Bild sehen, auch wenn es nicht an der Wand hängt, und immer noch jenen Ton im Ohr haben. Denken Sie jetzt bitte an den SEPP zurück: Im Gehirn hat er bestimmte Aufgaben. Er nimmt alle Sinneswahrnehmungen auf und ordnet sie ein. Ich brachte an dieser Stelle den Vergleich mit Bildern, die Sie in ein Fotoalbum einkleben, welches Sie dann in einem Regal ablegen.

Ich sage Ihnen das deshalb noch einmal, um zu verdeutlichen: Das Auge kann nur sehen, das Ohr nur hören, die Finger Ihrer Hand nur spüren, die Nase nur riechen und der Mund nur schmecken, was ihnen jeweils unmittelbar dargeboten wird. Nimmt man den Gegenstand weg, ist er für die menschlichen Sinnesorgane nicht vorhanden. Unsere gesamte Sinnlichkeit ist also nichts anderes als Aufnahmefähigkeit. Nicht mehr, aber auch nicht weniger. Menschliches Erkennen, Denken (GEIST) beginnt immer mit sinnlichen Eindrücken.

Sie sehen das Bild an der Wand vor Ihren Augen und in diesem Zimmer. Es ist Ihr Wohnzimmer und das Wohnzimmer befindet sich in Ihrem Haus. Ihr Haus befindet sich in ländlicher Gegend usw.

Sie können das Bild ganz offensichtlich nur deshalb sehen, weil es sich in diesem Zimmer und damit in einem Raum befindet. Räumliches Sehen ist dreidimensionales Sehen. Hier ist entscheidend: Sie sehen keine drei Dimensionen, sondern dreidimensional. Sie bringen diese Vorstellung in das, was wir Wahrnehmung nennen, von vornherein schon mit ein. Wenn Sie sehen, sehen Sie immer räumlich. Dieses Vermögen haben Sie in sich und aus keiner Welt da draußen. Sie sehen den Hund Ihres Nachbarn und behaupten gleichzeitig, Sie würden einen Dackel sehen. Sie hören einen Ton und behaupten, Sie würden die Feuerwehr hören. Sie sehen weder einen Dackel noch hören Sie die Feuerwehr. Dass der Hund ein Dackel und der Ton das Heulen des Martinshorns sein soll, verdanken Sie sich selbst, Ihrem Denken.

Man hört so oft im Leben, dass es darauf ankommt, sich in der Welt zurechtzufinden. Andere meinen die Welt verändern zu müssen und halten sich darüber hinaus für Weltverbesserer. Ganz andere wiederum sind davon überzeugt, an dieser Welt noch einmal kaputtzugehen.

„Diese Welt ist absurd …“

lässt der französische Philosoph und Schriftsteller Albert Camus (1913–1960) seine Leser wissen. Welche „Welt“, sollte man hier hinterfragen. Der, der meint, dass es darauf ankommt, sich in der Welt zurechtzufinden, kann nach dem bisher Gesagten nur „seine Welt“ meinen. Der vermeintliche Weltverbesserer verliert dann seinen Glorienschein, wenn man bedenkt, dass er eigentlich nur „seine Welt“ besser machen will. Und es war „die“ Welt des Albert Camus selber, die ihm absurd erschien.

„Das All ist Geist, das Universum ist geistig …“

heißt es im „Kybalion“, einer Abhandlung über die mündlich überlieferten hermetischen Lehren.

Sie kennen vielleicht den Ausdruck, wonach etwas „hermetisch abgeriegelt“ ist, und bezeichnen damit Bahnhöfe, Flugplätze oder Ausfallstraßen, die so dicht verschlossen sind, dass niemand hinein- oder herauskommt. Weniger bekannt ist jedoch, dass dieser Ausdruck auf Hermes Trismegistos (griech. Hermes, der dreimal Größte) zurückgeht. Seine Biografie verläuft mehr oder weniger im Dunkeln. In „Eine(r) Studie über die hermetische Philosophie des alten Ägypten und Griechenlands“ heißt es von ihm:

> „Er war der Vater der okkulten Weisheit, der Begründer der Astrologie und der Entdecker der Alchemie. Die Einzelheiten seine Lebens … sind nicht überliefert. Das Datum seines

> Aufenthaltes in Ägypten … ist nicht bekannt. Aber man hat es auf die ersten Anfänge der ältesten ägyptischen Dynastien festgelegt, lange vor den Tagen des MOSES … Als die Jahre vergingen …, machten die Ägypter HERMES zu einem ihrer Götter und nannten ihn ‚THOTH'. Später erhoben ihn die alten Griechen ebenfalls zu einem ihrer vielen Götter mit dem Namen ‚Hermes, Gott der Weisheit'… In allen alten Ländern wurde der Name Trismegistos verehrt und dieser Name war gleichbedeutend mit ‚Quelle der Weisheit' …"

Die Quellen dieser Weisheit liegen heute vielerorts verschüttet. Dass das so ist, vermute ich, hängt damit zusammen, dass wir Menschen in unserer Vergangenheit einen Zeitpunkt festgelegt haben, an dem der endgültige Bruch zwischen Mythos und Logos erfolgt sein soll. Zumindest anhand kleiner Textpassagen werde ich Ihnen im weiteren Verlauf dieses Buches deutlich machen, dass es einen solchen Bruch unter dem Vorzeichen eines Entweder-oder eigentlich nie gegeben hat. Logisches und mythisches Denken greifen weit mehr ineinander, als wir annehmen, und es liegt an uns, mit beiden vom Standpunkt des Sowohl-als-auch umzugehen.

Kehren wir zu unserem Ausgang zurück und nennen noch einmal dieses Grundprinzip des hermetischen Denkens (das übrigens neben sechs weiteren Grundprinzipien steht), wonach das All Geist, das Universum geistig ist. Hier geht es nicht um jene altbekannte Denkungsart, die die Welt in Sein und Bewusstsein einteilt, um im Anschluss daran zu behaupten, dass das Sein das Bewusstsein oder umgekehrt bestimme. Generationen von Philosophen haben sich hieran versucht. Es handelt sich auch nicht um die berühmte Diskussion der Frage, was denn nun eigentlich zuerst da gewesen sei, die Henne oder das Ei.

Es handelt sich doch vielmehr um die „einsichtige" und nichtsdestotrotz tiefe und weitreichende Einsicht, dass alles, aber auch alles, was ich von der Welt und über die Welt wahrnehme, subjektiv ist.

Ich kann nicht mit Sicherheit sagen, dass die Sonne im Mittelpunkt des Universums steht. Ich kann es lediglich denken und behaupten, problem- und gefahrlos.

Das war nicht immer so. Zwischen 1615 und 1616 fand in Rom ein erster Prozess der Inquisition gegen Galileo Galilei (1564–1642) statt, ihm folgte zwischen 1632 und 1633 ein weiterer, und das nur, weil Galileo anders über das Universum dachte als bislang üblich. Dem Universum an sich war dieses andere Denken gleichgültig.

Für Galilei befand sich die Sonne und nicht, wie bisher gedacht, die Erde im Mittelpunkt des Universums. Er durfte zwar weiter schreiben, verblieb aber in Haft. Sein Denken von Welt hat man ihm bis weit ins 19. Jahrhundert hinein nicht verziehen, erst 1835 nahm man seine Schriften vom Index der katholischen Kirche. Sie sehen selbst, wie „gefährlich" es sein kann, im Denken wahrzunehmen.

Dieses uralte Prinzip der Hermetik hat aber noch weiterreichende Konsequenzen. Aus der Tatsache nämlich, dass ich immer nur von „meiner Welt" reden kann, ergibt sich eine bald grenzenlose Verantwortung für meine Welt, die ich mit niemandem teilen kann. Ich trage die Verantwortung für „meine", er die Verantwortung für „seine" Welt. Und ich kann, wenn ich dieses hermetische Prinzip verstanden habe, Schuldzuweisungen nicht mehr so ohne weiteres verteilen.

In „In Sieben Tagen zum Spitzenverkäufer" schrieb ich dazu:

> „Ihre Gedanken schaffen Ihre Wirklichkeit. Sie sind die Antriebe für Ihr TUN® … **Sie sind, was Sie denken.**"

Ihre Gedanken können Sie bewusst beeinflussen und damit „Ihre Welt". Ihre Gedanken steuern Ihr TUN®!

Auf eines will ich Sie an dieser Stelle aufmerksam machen. In der Tat ist es so, dass Gedanken unser TUN® steuern. Nur erhebt sich hier immer wieder die Frage: Wer steuert meine Gedanken und somit meine Energien? Habe ich meine Ideen, Vorstellungen, Absichten usw. völlig im Griff? Bin ich, um es einmal so zu sagen, der Chef meines SEPP oder führt er die Regie? Denke ich oder lasse ich denken, bin ich Spieler oder Spielball?

Ich kann Ihnen diese Entscheidung nicht abnehmen. Ich will Sie aber darauf aufmerksam machen, dass jeder von uns sein Leben lang immer wieder vor diese Entscheidung gestellt wird und es darüber hinaus möglich ist, sich zu entscheiden. Geben Sie sich auf Dauer nicht mit dem Gedanken ab, so zu sein, wie Sie nun einmal sind. Beruhigen Sie sich nicht einfach bei diesem Gedanken, wenn an Sie der Vorwurf herangetragen wird, eben Spielball und nicht Spieler zu sein. Das hat etwas Endgültiges, Absolutes und der Mensch neigt nun einmal dazu, sich angesichts einer solchen Absolutheit „aufzugeben" und zu unterwerfen.

Dieses Absolute löst sich aber auf, wenn Ihnen klar geworden ist, dass Ihre Gedanken Ihre Wirklichkeit sind und diese bewusst beeinflussbar ist. Dann werden Sie auch den tiefen Sinn gerade der beiden letzten Zeilen jener uralten jüdischen Weisheit verstehen, die ich an den Anfang dieses Abschnittes gestellt habe:

„Achte auf deinen Charakter,
denn er wird dein Schicksal."

Die Wirklichkeit als Entsprechung

Im vorangegangenen Abschnitt habe ich darauf aufmerksam gemacht, dass unsere Sinnesorgane nur das registrieren, was ihnen unmittelbar dargeboten wird und: Alles, was der Mensch im Anschluss daran wahrnimmt, denkt er (sich).

Das erweckt den Eindruck, dass unsere Wahrnehmung immer und ausschließlich davon abhängig ist, was wir zunächst als Empfindung bemerken. Als Menschen sehen wir uns aber mit der unabweislichen Tatsache konfrontiert, dass unsere Sinnesleistungen bei Lichte besehen doch recht eingeschränkt sind.

Jede Hundenase ist unseren olfaktorischen Leistungen haushoch überlegen, wir tappen schon lange im Dunkeln, wenn die Hauskatze selbst in tiefster Finsternis noch auf Beute lauert oder die Fledermaus unbeirrt durch die Nacht fliegt. Wir bewundern den scharfen Blick eines Raubvogels und sehen das pulsierende Leben in einem Tropfen abgestandenen Wassers nur mit Hilfe eines Mikroskops. Von einem plötzlich aufziehenden Gewitter werden wir erfahrungsgemäß regelrecht überrascht, während die Herde des Schäfers schon lange Zeit vorher unruhig geworden ist.

So betrachtet, drückt sich unsere Empfindungsskala bescheiden aus, doch unser Denken ist alles andere als so arm, wie nun anzunehmen wäre. Ja, wir denken sogar „Dinge", die sich unserer Vorstellungskraft entziehen: Wir betrachten den Sternenhimmel und denken Unendlichkeit, wenngleich sie uns unvorstellbar ist. Wir sehen einen einzelnen Stern und „wissen" womöglich, dass dieser Lichtreiz eigentlich von einer Katastrophe im All spricht: Dieser Stern ist vor 20 Millionen Jahren „explodiert".

Eine solche Zeit, eine solche Größe ist unvorstellbar. Genauso geht es uns mit dem „Kleinen". Eine Millionstelsekunde ist uns auch nicht gerade vorstellbar und trotzdem sprechen wir von Vorgängen in der Natur, die sich in solchen Zeiträumen abspielen.

Ein Grundsatz hermetischen Denkens ist: „Wie oben, so unten – wie unten, so oben". Sie kennen vielleicht die von Voltaire (1694–1778) erzählte Geschichte über Isaak Newton und den Apfelbaum?

Newton verließ London für zwei Jahre, als dort die Pest wütete, und verbrachte diese Zeit im Norden Englands. Eines Tages begab er sich zur Ruhe in einen Garten und legte sich unter einen Apfelbaum. Hier beobachtete er etwas eigentlich ganz Alltägliches: Ein Apfel fiel vom Baum. Das tat ein Apfel bereits gestern, es tat einer heute wieder und es stand zu vermuten, dass er es auch am kommenden Tag wieder tun wird. Für Newton war nun interessant festzustellen, dass alle Gegenstände nach unten fallen, Äpfel wie Steine. Das alles, wie wir heute vielleicht sagen würden, fand im Mikrokosmos des Isaak Newton statt. Das Geniale nun aber war, dass Newton diesen seinen Mikrokosmos auf die Betrachtung des Universums übertrug und hier das bestätigt fand, was er im Kleinen beobachtet hatte. Dieser unscheinbaren Beobachtung unter einem Apfelbaum in einem Garten irgendwo im Norden Englands vor rund 300 Jahren verdanken wir die Entdeckung des Gravitationsgesetzes.

Sie brachte der Menschheit ein Weltbild und jedem von uns ein verständnisvolles Lächeln ins Gesicht, wenn er gefragt wird, warum alle Jahre wieder die Äpfel in unserem Garten vom Baum fallen.

Dahinter verbirgt sich die Überzeugung, dass die Welt sich nicht in Unten und Oben einteilen oder besser: zweiteilen lässt. Das deckt sich mit den Erkenntnissen der modernen Naturwissenschaft, für die gleichfalls dieses vermeintliche Unten und Oben eine Einheit bilden. Unterschiede ergeben sich einzig und allein aus Entfernungen und Bewegungen.

> „Kameraaufnahmen von der Marsoberfläche haben eine unübersehbare Ähnlichkeit mit der Wüste von Arizona ans Licht gebracht. Offenbar gibt es überall im Universum ‚Landschaften', genauso schön und vielfältig wie die auf der Erde, aber meist grundverschieden von unserem gewohnten Lebensraum. Die Sonne etwa ist ein riesiger glühender Ball … Diese leuchtende Gaskugel wird genauso wie die Erde durch Gravitationskräfte zusammengehalten … All diese Naturerscheinungen beruhen auf universellen Gesetzmäßigkeiten, die Himmel und Erde zu einer umfassenden Einheit verbinden … Sie zu verstehen heißt: einheitliche Züge in der Natur zu entdecken …"

Im „Kybalion" heißt es dann weiter:

> „Die alten Hermetiker betrachten dieses Prinzip als eines der wichtigsten geistigen Werkzeuge, mit denen der Mensch die Hindernisse beiseite räumen konnte, die das Unbekannte dem Blick entzogen … Wie die Kenntnis des Prinzips der Geometrie den Menschen befähigt, weit entfernte Sonnen und ihre Bewegungen … zu erkennen, so befähigt die Kenntnis des Prinzips der Entsprechung den Menschen, verständnisvoll vom Bekannten zum Unbekannten seine Schlüsse zu ziehen …"

Nehmen wir hierfür ein Beispiel. Sie stehen im Sommer abseits eines Wanderwegs in einem Wald und beobachten das emsige Hin und Her auf einem Ameisenhaufen, das Ihnen wie Unordnung erscheint. Langsam bemerken Sie jedoch eine gewisse Ordnung. Die Ameisen bewegen sich nicht irgendwie, ja, Sie glauben, Straßen zu bemerken. Manche Ameisen transportieren erbeutete Insekten, andere transportieren „Baumaterialien". Nehmen Sie einen Stock und stecken Sie ihn nur ein kleines Stück in den Haufen hinein, bemerken Sie, wie wiederum andere ganz aufgeregt versuchen, kleine, weiße und längliche Gebilde tiefer ins Innere des Haufens zu bringen. Die Ihnen zunächst erscheinende vermeintliche Unordnung beginnt, einer gewissen Ordnung zu weichen, die dem ganzen Treiben einen Sinn gibt:

Sie wissen nämlich, dass es für die Lebensweise der Ameisen typisch ist, in „Staaten“ zu leben. Sie wissen, dass es „Arbeiterinnen“, „Soldaten“ und eine „Königin“ gibt, zwischen denen „Arbeitsteilung“ herrscht. Wenn Ihnen das alles zu Bewusstsein kommt, wenn Sie also wie in diesem Falle den Ameisenhaufen so wahrnehmen, denken Sie analog. Sie schreiten, wie es die alten Hermetiker formulierten, verständnisvoll vom Unbekannten zum Bekannten. Schließlich bleibt eben alles Begreifen, Verstehen nur analogisch, wie es Arthur Schopenhauer einmal so schön meinte.

Sie unterlegen einer Welt, die zunächst nicht die Ihrige ist, Ihre eigene Welt, um sie zu begreifen, um in ihr einen Sinn zu sehen. Sie sind wie alle anderen Menschen Gefangene Ihres Universums. Sie beurteilen alles aus Ihrer Wirklichkeit heraus.

Und nach längerem Nachdenken wird Ihnen klar werden, dass Sie eigentlich alles, was über Ihren Mikrokosmos (es gibt so viele verschiedene Mikrokosmen, wie es wahrnehmende und damit denkende Menschen gibt) „hinausgeht“ und Makrokosmos ist, nur im analogen Denken „verstehen“, deuten können. Nur so wird Ihnen zunächst Unvorstellbares auch vorstellbar.

Sehen Sie, die alten Griechen kannten für fast jeden der ihnen unerklärlichen Bereiche des Makrokosmos – Sonne, Mond, Sterne, Himmel, Feuer, Ozeane usw. – eine Gottheit. Auffallend an allen griechischen Göttern und Göttinnen ist, dass sie menschliche Züge trugen und mit menschlichen Charaktereigenschaften versehen waren: rachsüchtig, eitel, nachtragend, weise, kriegerisch, liebevoll und sanft. Sie erklärten sich den Makrokosmos über den Mikrokosmos, analog.

Die Lehre vom Mikrokosmos – Makrokosmos, so heißt es im „Kybalion“, ist die

> „Lehre von der Entsprechung zwischen dem Universum und seinen kleinsten Bauteilen, besonders aber dem Menschen samt seiner seelischen und geistigen Innenwelt. Zwischen diesen beiden Welten besteht eine gegenseitige Beziehung, da beide aus den gleichen Elementen bestehen und ihre materielle Gestalt nur der sichtbare Ausdruck der Kräfte ist, die beide durchströmen."

Nun, wir machen heute keinen Zeus mehr für Donner und Blitz verantwortlich und erklären die Gezeiten „naturwissenschaftlich". Wir sollten uns aber darüber im Klaren sein, dass alle diese naturwissenschaftlichen Erklärungen letztlich Modelle sind oder, wie wir an anderer Stelle schon sagten, „Landkarten" und damit Analogien, Entsprechungen.

Nehmen wir noch ein Beispiel. Sie kennen die Formulierung vom „Löwen, dem König der Tiere". Woran denken Sie, wenn Sie das Wort „König" hören? Richtig, Sie denken an Macht, Unantastbarkeit, absolute Herrschaft, Souveränität und Überlegenheit. Und wenn Sie zu sich ehrlich sind, werden Sie bemerken, dass Ihnen genau über diese Entsprechungen die Rolle des Löwen im Tierreich noch am ehesten einsichtig wird. Denn sehen Sie, wie erklären Sie Ihren Kindern und Enkeln die Ordnung im Tierreich? Genau, mit Fabeln oder Märchen. Und da ist der Fuchs immer „schlau".

Über dieses analoge Denken nehmen Sie dem Makrokosmos die Wirkung, die er auf uns ausübt. Er erscheint nicht mehr als fremd, bedrohlich und unfassbar.

Sie nehmen ihn wahr, und indem Sie ihn wahrnehmen, denken Sie ihn! Von Ihrem Denken und damit TUN® wird es letztlich abhängen, wie Sie mit dem „Makrokosmos" umgehen.

Sie gehen hier nicht mit „etwas" um, sondern mit sich selbst!

„Dasjenige, welches unten ist, ist gleich demjenigen, welches oben ist:
Und dasjenige, welches oben ist, ist gleich demjenigen, welches unten ist, um zu vollbringen die Wunderwerke eines einzelnen Dinges."

(Hermes Trismegistos, Tabula smaragdina)

Die Resonanzfähigkeit von Menschen und Situationen

„Eines Tages, nachdem wir den Wind, die Wellen, die Flut und die Schwerkraft gemeistert haben, werden wir die Energien der Liebe zu lenken lernen. Dann wird der Mensch ein zweites Mal das Feuer entdeckt haben."

(Teilhard de Chardin; 1888–1955)

Den Begriff der Resonanz kennen wir eigentlich aus der Physik. Er beschreibt das Mitschwingen eines Systems bei Anregung durch eine Schwingung, wenn das System die gleiche Eigenfrequenz hat wie die anregende Schwingung.

In unserer Umgangssprache stoßen wir ebenfalls auf diesen Begriff. So kann es z. B. in einer Zeitung am Tag nach der Rede eines Politikers heißen: „Die Worte des Herrn X … fanden bei den Anwesenden eine ungeheure Resonanz." In der Übersetzung meint Resonanz hier Widerhall, Anklang, Verständnis oder Wirkung.

Sie kennen auch andere Umschreibungen dieses Phänomens: „Er sprach mir aus der Seele …", „Ich habe einen Draht zu ihm …" und „Wir haben eine gemeinsame Wellenlänge". Man sagt „Charisma" und meint die besondere Ausstrahlungskraft eines Menschen.

> „Nichts ist in Ruhe, alles bewegt sich, alles ist in Schwingung …"

heißt es im „Kybalion" und dann weiter:

> „Derjenige, der das Prinzip der Schwingung versteht, hat das Zepter der Macht ergriffen …"

Hier geht es nicht um Macht im üblichen Sinne des Wortes, wie wir noch sehen werden.

Wir haben ja schon von tierischen Sinnesleistungen gesprochen, die den unseren ganz offensichtlich überlegen sind. Die menschliche Hörgrenze umfasst z. B. einen Frequenzbereich zwischen 16 000 und 20 000 Hz, während Katzen Geräusche zwischen 20 Hz und 65 KHz hören. Fledermäuse können sogar Ultraschall hören, was es ihnen ermöglicht, in der Nacht noch auf eine Entfernung von ca. 20 m ein Insekt zu orten.

Denken Sie sich an dieser Stelle einen einfachen Radioempfänger. Haben Sie die UKW-Taste gedrückt, können Sie sich bemühen, wie Sie wollen: Einen Sender, der auf Mittelwelle ausstrahlt, wird Ihr Radio nicht empfangen. Polizeifunk ist nur für den abhörbar, der den Frequenzbereich des Senders kennt und seinen Empfänger darauf einstellt. Der Empfänger muss in sich eine Entsprechung haben, die beim Empfang des Senders mitzuschwingen beginnt. Diesen Vorgang nennen wir Resonanzfähigkeit und das oben Gesagte lässt vermuten, dass wir Menschen auch über diese Fähigkeit verfügen.

> „Jeder Mensch kann immer nur jene Bereiche der Wirklichkeit wahrnehmen, für die er eine Resonanzfähigkeit besitzt. Dies gilt nicht nur für den Bereich der rein sinnlichen Wahrnehmung, sondern für die gesamte Erfassung der Wirklichkeit."

Zu dieser Wirklichkeit gehörte schon immer die Begegnung von Menschen untereinander. Menschen nehmen wie gesagt nur wahr, was sie denken. Ihr Denken, ihre Gefühle sind Energien und damit Schwingungen, die von anderen empfangen werden können. Ich sage hier bewusst „können", denn „sendet" der eine auf UKW und der andere „empfängt" auf „Mittelwelle", passiert gar nichts.

Wir Menschen haben den großen Vorteil, unsere Gedanken beeinflussen zu können. Durch Willensanstrengung können wir in uns selbst Gefühle erzeugen. Und nicht nur das: Wir können uns auch auf die „Wellenlänge" des anderen einstellen und damit im anderen bestimmte geistige Zustände, Gefühle oder Gedanken hervorrufen.

Hier geht es nicht um Manipulation, sondern um den verantwortungsvollen Umgang von Menschen untereinander.

Jeder Mensch hat auf Grund seiner Persönlichkeit eine gewisse Resonanz. Der Grad des Selbstwertgefühls macht die Persönlichkeit aus. Das Selbstwertgefühl wird davon beeinflusst, ob der Mensch das lebt, was er leben will. Darin sind auch seine Schattenbereiche inbegriffen. Sie strahlen also Ihre Einstellung zu sich selbst aus, die von Ihren Mitmenschen empfangen wird. Sie empfangen andererseits nichts anderes als die Einstellung Ihrer Mitmenschen zu sich selbst.

Unsere Gedanken beeinflussen meint hier, dass wir in der Lage sind, ein positives Bild von uns selbst zu verinnerlichen. Es wird von anderen angenommen werden, ohne dass wir erst stundenlange Erklärungen und Erläuterungen abgeben müssen. Sie erhalten nach und nach die Resonanz Ihres Selbstbildes von Ihren Mitmenschen.

In einem meiner früheren Bücher schrieb ich:

> „Erwarten Sie, dass Ihnen aufgeschlossene Menschen begegnen, so werden Sie sie treffen. Sie werden immer das bekommen, was Sie erwarten."

Genau das verstehe ich unter einer bewussten Gestaltung unserer zwischenmenschlichen Beziehungen und das meint hermetische Philosophie, wenn sie vom Zepter der Macht spricht.

Das Prinzip der Polarität

An den Anfang dieses Abschnitts möchte ich drei kurze Textpassagen stellen.

> „Alles ist zwiefach, alles hat zwei Pole, alles hat sein Paar von Gegensätzlichkeiten; gleich und ungleich ist dasselbe; Gegensätze sind identisch in der Natur, nur verschieden im Grad; Extreme berühren sich; alle Wahrheiten sind nur halbe Wahrheiten; alle Widersprüche können miteinander in Einklang gebracht werden."

Nun:

> „Wer die tiefsten Geheimnisse der Natur ergründen will, der sehe auf die Minima und Maxima am Entgegengesetzten und Widerstreitenden und fasse diese ins Auge. Es ist eine tiefe Magie, das Entgegengesetzte hervorlocken zu können, nachdem man den Punkt der Vereinigung gefunden hat."

Diese Gedanken stammen von Giordano Bruno (1548–1600). Er war zunächst Dominikanermönch und später einer der bedeutendsten Naturphilosophen seiner Zeit. Nach seiner Verhaftung durch die römische Inquisition und langjähriger Gefangenschaft wurde er öffentlich als Ketzer auf dem Scheiterhaufen verbrannt.

Und schließlich schrieb Georg Friedrich Wilhelm Hegel (1770–1831) von der Polarität als

„von einem Unterschiede, in welchem die Unterschiedenen untrennbar verbunden sind".

Der erste kleine Text stammt aus dem „Kybalion", der Sammlung meist mündlich überlieferter hermetischer Grundsätze, über deren genaues Alter man sich nicht festlegen kann. Hier ist es vielleicht hilfreich zu wissen, dass die sogenannten auf Hermes Trismegistos zurückgehenden hermetischen Schriften eine Sammlung griechischer, lateinischer und arabischer Texte aus dem 2. und 3. Jahrhundert n. Chr. darstellen.

Rund 1600 Jahre „jünger" sind die Gedanken eines Giordano Bruno. Die des Berliner Philosophen Hegel sind gar erst knappe 190 Jahre alt. Und alle berühren sie doch ein und dasselbe Thema: die Polarität.

Wie selbstverständlich erscheint uns doch der folgende Vorgang: Beim Einlegen neuer Batterien in z. B. eine Taschenlampe achtet man genau darauf, dass man die Symbole für Plus und Minus nicht verwechselt, nicht Plus mit Plus und Minus mit Minus in Verbindung bringt. Man weiß ganz einfach, dass der eine Pol vom anderen „lebt". Die für das Leuchten der Lampe notwendige Elektrizität entsteht aus der Spannung zwischen den beiden Polen.

Was hier so leicht erscheint, fällt uns im Leben hingegen offensichtlich sehr schwer. Unser wahrnehmendes Denken vollzieht sich immer in Gegensätzen. Wie wir inzwischen wissen, kann man eine solche Gegensätzlichkeit für die Welt da draußen, die „an sich seiende Welt" nicht geltend machen. Es ist immer schon meine Welt, die ich in Polaritäten zerlege und zergliedere: in schön und hässlich, in links und rechts, hoch und tief, in klein und groß oder dunkel und hell.

Das ist eigentlich nur allzu verständlich und auch ganz normal. Wir wissen spätestens seit Heraklits Tagen (etwa 540–480 v. Chr.), dass Gutes und Böses eins ist. Eine auf den ersten Blick bestürzende Feststellung, die eigentlich meint, dass der Gedanke des Guten ohne den des Bösen sinnlos wäre.

Wahrnehmendes Denken, Erkenntnis ist so erst möglich. Wir erkennen durch das Vergleichen der Dinge und Erscheinungen untereinander. Ich kann nur etwas als schön betrachten, wenn ich gleichzeitig weiß, was hässlich bedeutet. Liebe kann nur der empfinden, der Hass kennt.

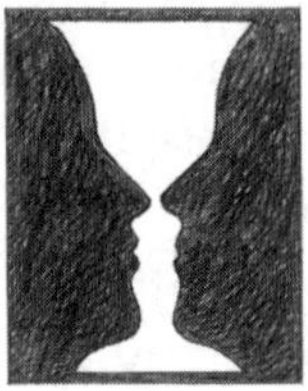

Schauen Sie auf dieses Bild! Was sehen Sie? Einen Kelch? Zwei Gesichter, die einander zugewandt sind? Sie können nur das eine oder das andere wahrnehmen. Beides zugleich funktioniert nicht. Das Bild kippt um, sobald Sie es versuchen.

Liebe, Hass, Schönheit, Dunkelheit, Helligkeit verbinden sich für jeden von uns mit Wertvorstellungen. Die Vielheit der menschlichen Bedürfnisse und Gefühlsweisen erklärt die Verschiedenartigkeit der Wertung. Was dem einen von hohem Wert ist, besitzt für den anderen geringen oder gar keinen:

> „Meerwasser ist das Reinste und das Scheußlichste, für Fische trinkbar und heilsam, für Menschen ungenießbar und verderblich …",

schrieb der griechische Philosoph Heraklit (etwa 540–480 v. Chr.). Dieser tiefe Gedanke wird den Schiffbrüchigen kaum beschäftigen. Für ihn ist das Meer einfach ungenießbar und verderblich. Dass es gleichzeitig Lebenspendend ist, muss ihm in seiner bedauerlichen Lage entgehen. Seine Situation gestattet ihm nur eine Betrachtungsweise: entweder – oder, entweder die See oder ich!

Ich habe dieses krasse Beispiel bewusst gewählt, um Ihnen zu verdeutlichen, dass wir zunächst ständig in solchen Begriffspaaren denken und denken müssen. Jeder von uns denkt in diesen Gegensätzen und fast alle sind wir der Ansicht, dass diese Gegensätze sich ausschließen. Ein Gegenstand ist entweder groß oder klein, ein Bild ist entweder schön oder hässlich, etwas ist entweder heiß oder kalt. Werfen wir an dieser Stelle einen erneuten Blick ins „Kybalion“:

> „Z. B. Hitze und Kälte, obgleich ‚Gegensätze‘, sind in Wirklichkeit dasselbe, die Unterschiede bestehen lediglich in den verschiedenen Graden desselben Dinges. Sieh dein Thermometer an und schau, ob du entdecken kannst, wo die ‚Hitze‘ aufhört und die ‚Kälte‘ beginnt. Es gibt nicht so etwas wie ‚absolute Hitze‘ oder ‚absolute Kälte‘, die beiden Ausdrücke ‚Hitze‘ und ‚Kälte‘ bezeichnen lediglich verschiedene Grade desselben Dings und dieses ‚selbe Ding‘, das als ‚Hitze‘ und ‚Kälte‘ in Erscheinung tritt, ist nur eine Form bzw. ein Grad der Schwingung. So sind ‚Hitze‘ und ‚Kälte‘ nur die beiden Pole dessen, was wir ‚Wärme‘ nennen – und die Erscheinungen, die sich daraus ergeben, sind nur Manifestationen des Prinzips der Polarität.“

Unser Denken in Gegensätzen, die sich ausschließen, unterliegt einem Fehler, einem Denkfehler. Wir müssen dazu kommen, Gegensätze als sich gegenseitig bedingend wahrzunehmen. Wir müssen den Schritt weg vom Entweder-oder und hin zum Sowohl-als-auch gehen.

Wählen wir ein Beispiel. Sie haben momentan trotz bester Voraussetzungen und Absichten beruflich einen Misserfolg nach dem anderen zu verzeichnen. Misserfolg kann nur am Erfolg (und umgekehrt) gemessen werden. Beide bedingen einander, bilden ein polares Verhältnis. Nach mehreren Misserfolgen kann es nun passieren, dass in Ihrem Bewusstsein Erfolg gar nicht mehr vorkommt (Gegensätze schließen ja einander aus): Da, wo Misserfolg eintritt, ist Erfolg unmöglich, Misserfolg wird Ihr ständiger Begleiter. Solange Sie entweder Erfolg oder Misserfolg denken, werden Sie sich unweigerlich für eine der beiden Möglichkeiten entscheiden. Indem Sie also in Gegensätzen denken, verwehren Sie sich den Erfolg auch weiterhin.

Ich sagte, dass wir alle aus unserer Wirklichkeit heraus beurteilen. Nun stellen Sie sich vor, ein Bekannter von Ihnen bringt seine neue Partnerin erstmals zu einer lange schon geplanten Unternehmung mit. Ihr erster Eindruck fällt dabei nicht besonders gut aus.

Von diesem ersten Eindruck aus schließen Sie auf den gesamten Menschen. Sie sind sich sogar noch sicher, dass Sie dabei die Wahrheit erfasst hätten. Diese ist für Sie unumstößlich und wird von Ihnen als absolut betrachtet. Die Folge: Die Partnerin Ihres Bekannten kann sich, wie man so schön sagt, in Zukunft bemühen, wie sie will. Sie werden, wenn Sie ihr begegnen, ständig nach der Bestätigung Ihrer Wahrheit suchen. Zeichen, die Ihrer Wahrheit nicht entsprechen, ignorieren Sie. Und wir können noch einen Schritt weitergehen, Sie legen ihr Ihre Wahrheit „regelrecht in den Mund". Sie verkennen in diesem Augenblick, dass Ihre Wahrheit nur die halbe Wahrheit ist.

Ich las kürzlich, dass die Beziehungen zwischen den Menschen nichts Selbstverständliches mehr an sich haben. Ohne diese Aussage verabsolutieren zu wollen, meine ich schon, dass die Ursachen hierfür vielerorts in unserer polaren Denkart zu suchen sind. Ich denke entweder mich selbst oder den anderen und grenze ihn damit von vornherein aus. Wie sollen da zwischenmenschliche Beziehungen überhaupt zu Stande kommen?

Das „Kybalion" gibt uns hier einen Rat, den ich zitieren möchte:

> „Nennen wir ein radikales und extremes Beispiel – das von ‚Liebe' und ‚Hass', zwei geistige Zustände, die augenscheinlich völlig verschieden sind. Und doch gibt es Grade von ‚Liebe' und ‚Hass' und einen mittleren Punkt, wo wir die Ausdrücke ‚Zuneigung' und ‚Abneigung' gebrauchen, die

so allmählich ineinander übergehen, dass wir manchmal in Verlegenheit sind, zu wissen, ob wir ‚gern mögen' oder ‚nicht mögen' oder ‚keines von beiden'. Alles dies sind lediglich Grade desselben Dinges, was man erkennt, wenn man nur ein wenig nachdenkt … Das Verständnis dieses Prinzips befähigt einen, seine eigene Polarität zu ändern, sowie die der anderen, falls man die Zeit und das Studium darauf verwendet, diese Kunst zu erlernen."

Wir Menschen haben unterschiedliche Wertmaßstäbe. Es sind eigene, aber auch solche, die wir insbesondere über unsere Erziehung aufgenommen haben. Uns sind Grenzen durch unsere Umwelt gesetzt. Jeder von uns bewegt sich im Spannungsfeld seiner eigenen Bedürfnisse und in den vermuteten und tatsächlichen Grenzen. Leben bedeutet, mit diesen Konflikten umzugehen. Den Punkt zwischen den Polen Anpassung und Widerstand zu finden, stellt einen Kompromiss dar, mit dem sowohl der Mensch als auch seine Umwelt leben kann. Anpassung um jeden Preis (entweder) kostet persönliche Opfer. Ständig gegen den Strom zu schwimmen (oder) kostet dagegen sehr viel Kraft und der Mensch kommt nur wenig voran.

Was Polarität meint, zeigt uns Johann Wolfgang von Goethe sehr schön in seinem „Westöstlichen Diwan". Dort lesen wir:

„Im Atemholen sind zweierlei Gnaden:
Die Luft einziehen, sich ihrer entladen.
Jenes bedrängt, dieses erfrischt;
So wunderbar ist das Leben gemischt.
Du danke Gott, wenn er dich presst,
Und dank ihm, wenn er dich wieder entlässt!"

Dieser ständige Wechsel, wie er sich beim Atemholen so sinnfällig darstellt, bildet die Grundstruktur des Rhythmus. Mit dem Atem beginnt und endet unser Leben, es reicht vom ersten bis zum letzten Atemzug. Ein- und Ausatmen wechseln sich ständig ab. Ohne Einatmen kein Ausatmen wie auch umgekehrt. Wer dieses polare Verhältnis unterbricht (entweder – oder), unterbricht das Leben. Leben ist Rhythmus und damit sind wir schon beim nächsten Abschnitt.

Alles fließt – alles ist in Bewegung

„Die Menschen wissen nicht, wie das Verschiedene mit sich selber übereinstimmen kann. Es ist ein Zusammenklingen gegensätzlicher Spannungen, wie des Bogens und der Lyra."

(Heraklit; etwa 540–480 v. Chr.)

Bekannter ist vielleicht der schon fast berühmte Gedanke des Philosophen von Ephesos, dem zufolge alles fließt: „panta rhei"! Oder:

> „Du kannst nicht zweimal in denselben Fluss steigen, denn frische Wasser fließen immer auf dich zu."

Hermetische Philosophie formuliert es ähnlich:

> „Dieses Prinzip enthält die Wahrheit, dass sich in allem eine abgemessene Bewegung zeigt, hin und her; ein Hin- und Zurückfließen, eine pendelgleiche Bewegung, eine gezeitengleiche Ebbe und Flut, ein hoher und niedriger Stand, das alles zwischen den beiden Polen, die gleichmäßig dem Prinzip der Polarität bestehen … Es gibt immer eine Aktion und Reaktion, ein Vorwärtsschreiten und ein Zurückgehen. Und dies in den Geschehnissen des Universums, der Sonnen, der Welten, der Menschen, Tiere, des Geistes, der Energie und der Materie …"

Es hat seinen Sinn, dass hermetische Philosophie das Prinzip des Rhythmus immer und gerade im engsten Zusammenhang mit dem der Polarität darlegt. Das Letztere darf uns nicht dazu verführen, Polaritäten wie hoch und tief, gut und böse usw. als absolute Gegenüberstellungen zu begreifen. Polaritäten sind nie endgültig: „Reise weit genug nach Norden und du wirst dich nach Süden reisend wiederfinden und umgekehrt." Wenn für einen Menschen heute etwas schön ist, muss es das in fünf Jahren nicht mehr sein. Er hat inzwischen andere Vorstellungen von Schönheit und damit einen anderen Begriff von dem, was hässlich ist.

Polaritäten verschieben sich, weil auch sie in ständiger Bewegung sind. Alles ist in Bewegung. Das Einzige, was bleibt, ist das Prinzip der Polarität. Es unterliegt unserem wahrnehmenden Denken und gibt all dem, was wir wahrnehmen, seine Daseinsberechtigung: sowohl – als auch!

Das verstanden zu haben kann bedeuten, ein Unwetter nicht mehr Unwetter und ein Unkraut nicht mehr Unkraut zu nennen. Das verstanden zu haben kann bedeuten, der Nacht ihre Angst, der Krankheit ihre Sinnlosigkeit und dem Tod seinen Schrecken zu nehmen.

Und das verstanden zu haben kann bedeuten, tief in jenen Satz J. W. von Goethes einzudringen, den man heute so oft und leider manchmal ohne zu überlegen zitiert:

„Zwei Seelen wohnen ach! in meiner Brust …"

Diese „Seelen" bezeichnen nichts Endgültiges, kennzeichnen keine festen Markierungen an den jeweiligen Enden eines Spannungsfeldes, in welchem sich der Mensch sein Leben lang bewegt. Gemeint ist vielmehr das, was bereits hermetisches und griechisches Denken wusste: Auch der Mensch ist in ständiger Aktion und Reaktion. Er fühlt sich zwischen seinen Leidenschaften hin- und hergerissen. Er kennt Hochs und Tiefs, Freude und Leid, er meint sich zu kennen und kennt sich doch nicht, er will Liebe geben und bewirkt das Gegenteil. Er sieht am Morgen in den Spiegel und sieht doch nicht den, den er gestern gesehen hat.

Und genau an dieser Stelle nun meint hermetische Philosophie zu allem Überfluss, dass man dieses Prinzip nicht außer Kraft setzen kann: Leben ist Bewegung. Unterbreche ich dieses Prinzip, halte ich das Leben an.

Welchen Sinn machen dann solche Formulierungen wie innere Ruhe, seelische Ausgeglichenheit, psychisches Gleichgewicht? Was ist, wenn mir mein polarisierender SEPP andauernd Bilder von Spannungsfeldern abliefert? Bin ich als Mensch tatsächlich zu dauernder Bewegung und damit Unruhe, wenn nicht gar innerer Zerrissenheit verurteilt?

Sie können zwar dem Prinzip der Polarität, Sie können dem Fluss der Dinge nicht entfliehen. Sie müssen es aber dahin bringen, von ihm nicht beherrscht zu werden. Vom physikalischen Pendel sagt man, dass es um seine Ruhelage schwingt, zumindest nehmen Sie es so wahr. Sie müssen diesen Standpunkt für sich selbst einnehmen und das meinte ich, als im zweiten Kapitel vom Spannungsfeld zwischen Geist und Materie die Rede war. Zu „Entladungen" kann es nur im TUN® kommen.

Und hier bemerken Sie, dass ich Ruhe, Harmonie auch immer relativ betrachte. Sie haben irgendein Problem, das Sie womöglich seit Tagen oder Monaten beschäftigt, es bewegt Sie. Sie denken darüber nach, wie Sie es lösen können, und Sie wissen auch, dass dieses Problem im Moment zu Ihrem Leben gehört. Aber Sie bleiben hierbei stehen und Sie kommen zusehends in Disharmonie mit sich selbst. Versetzen Sie sich auf den Standpunkt des Pendels und durchlaufen die Phase vermeintlicher Ruhe, indem Sie etwas TUN®! Nehmen Sie mit anderen Worten selbst Einfluss auf die andauernden Bewegungen Ihres Lebens und lassen sich nicht bewegen.

„Wenn wir diese Formel nicht erfassen, so nützt uns kein Lernen ...", schrieb Heraklit von Ephesos und über 2000 Jahre später fügte Hegel hinzu: „Lernen vieler Dinge lehrt nicht Verständnis."

Von der Ursache und der Wirkung

Wenn ein Stein zu Boden fällt und man sich fragt, warum das so ist, könnte man geneigt sein zu antworten: Weil das Gravitationsgesetz es so vorschreibt. Und obwohl dieses Gesetz in vergangenen Zeiten noch nicht bekannt war, kann man davon ausgehen, dass bereits im alten Rom und noch früher Steine gefallen und beim Loslassen nicht oben geblieben sind. Die Gravitation ist danach verantwortlich (Ursache), dass alle Äpfel dieser Welt auf den Boden fallen (Wirkung) oder Menschen überhaupt auf der Erdoberfläche laufen können (Wirkung). Noch bevor Newton sein berühmtes Erlebnis mit dem Apfel hatte, hatte Descartes das Kausalitätsprinzip aufgestellt, nachdem jede Veränderung (Wirkung) eine Ursache hat, das Gesetz von Ursache und Wirkung.

> „Wir sprechen von einem Universum, das sinnvoll ist und eine Struktur hat. Der strenge Beweis dieser Rationalität ist die Verlässlichkeit des Prinzips von Ursache und Wirkung. Jedermann weiß, dass nichts ohne eine Ursache passiert. Die Ursache mag offen liegen oder so verborgen sein, dass wir sie nicht erkennen können, doch sie ist stets vorhanden; davon gehen wir jedenfalls aus. Wir führen langwierige und kostspielige Untersuchungen durch, um die Ursache eines Unglücks wie etwa die Explosion der Raumfähre ‚Challenger' herauszufinden. Extrem niedrige Temperaturen, Probleme mit den Dichtungsringen. Niemand meint ernsthaft, dies sei ‚halt nun einmal passiert und damit basta'. Jede Wirkung hat eine Ursache und dies bedeutet, dass es Ketten

> von Ursachen und Wirkungen gibt, Ketten, von denen wir nicht erwarten, dass sie ins Leere führen.
> Auch wenn der Zufall dabei eine Rolle spielte – dass es zu gleicher Zeit widriges Wetter und Probleme mit den Dichtungsringen gab … –, würde niemand behaupten, dass das ‚Gesetz' von Ursache und Wirkung dadurch außer Kraft gesetzt wird. Die Wetterverhältnisse selbst hatten eine Geschichte von Ursache und Wirkung … Das Ganze hat eine Vorgeschichte, und wenn wir diese zurückverfolgen könnten, könnten wir auch das Unglück erklären …"

Ich will Sie anhand dieser Textstelle auf mehrere Dinge aufmerksam machen. Zunächst geht es darum, dass jede Ursache ihre Wirkung und jede Wirkung ihre Ursache hat. Nichts, aber auch nichts ist und bleibt dem Zufall überlassen. Das meinte Descartes und Newton übernahm dieses Prinzip zur Erklärung des Universums. Wir finden dieses Prinzip übrigens nicht erst bei Descartes, ausdrücklich formuliert hat es bereits Demokrit (Demokritos; 460–371 v. Chr.), genannt der „lachende Philosoph". Wir finden es weiterhin bei Epikur (342/41–271/70 v. Chr.) und den Stoikern. Und wir finden es in der hermetischen Philosophie.

So, wie in der obigen Textstelle „das Ganze" eine „Vorgeschichte" hat (ich will ergänzen: im Großen wie im Kleinen!), hat jeder von uns seine „Vorgeschichte":

> „Denke einmal einen Augenblick nach. Wenn in einer weit zurückliegenden dunklen Periode des Steinzeitalters ein bestimmter Mann nicht ein bestimmtes Mädchen getroffen hätte, würdest du, der du diese Zeilen liest, jetzt nicht hier sein."

Menschen denken seit ewigen Zeiten über dieses Verhältnis von Ursache und Wirkung nach. Wir fragen uns häufig, „was wäre gewesen, wenn …". Diese Kette von Ursache und Wirkung lässt sich nach „hinten“ wie nach „vorne“ immer weiterverfolgen, „ad infinitum“, ins Unendliche.

Menschen können hier von Ruhe- und Ratlosigkeit vereinnahmt werden. Man sucht nach den „ersten Ursachen“ und mittlerweile muss man feststellen, dass uns da auch die moderne Wissenschaft nicht weiterhelfen kann. Nach all der Forschung und den Fortschritten, die auf diesem Gebiet gemacht wurden, müssen sich die Wissenschaftler vor der Frage nach der „ersten Ursache“ geschlagen geben. Es scheint, als hätten nun doch die Theologen Recht behalten:

> „Für den Naturwissenschaftler, der bislang fest an die Macht der Vernunft geglaubt hatte, endet die Geschichte wie ein böser Traum. Er hat die Berge der Unwissenheit erklommen, er steht davor, den höchsten Gipfel zu erobern, und in dem Moment, da er über den letzten Felsen klettert, wird er von einer Schar Theologen begrüßt, die bereits seit Jahrhunderten dort oben sitzen …“

Hier geht es nicht darum, zu entscheiden, wer schon immer alles besser gewusst hat, es geht auch nicht darum, „Gott zu entdecken“, es geht ganz einfach darum, aufzuzeigen, dass dem menschlichen rationalen, ursächlichen Denken ganz offensichtlich Grenzen gesetzt sind.

Rationalem, digitalem Denken tut dieser Punkt weh. Einerseits vermag es kausales Denken, uns die Welt zu erklären, anderseits bleibt eine Vielzahl von Fragen offen.

Kausales Denken hat sich in der Zwischenzeit bei der Betrachtung von Makrokosmos und Mikrokosmos so bewährt, dass man meinen könnte, es handele sich um ein Gesetz außer uns, eine Gesetzmäßigkeit, der wir nichts entgegenzustellen haben. Die Angelegenheit wird dann brisant, wenn hier noch polarisierendes Denken ins Spiel kommt. Übertragen auf unsere Problematik bedeutet das nämlich: Entweder Notwendigkeit (Ursache – Wirkung) oder Freiheit. Aber genau hier beginnt sich die Lösung bereits abzuzeichnen: Wir können nicht wissen, ob die Welt da draußen aus Polaritäten besteht, die sich ausschließend gegenüberstehen. Wir nehmen die Welt nur so wahr.

Genauso können wir nicht wissen, ob diese Welt da draußen eine unendliche Kette von Ursache und Wirkung ist. Wir nehmen die Welt nur so wahr, und indem wir so wahrnehmen, denken wir diese Welt auch so. Sie und ich haben noch nie die Kausalität wahrgenommen, wir reflektieren sie nur in ihren unterschiedlichsten Erscheinungsbildern, diese aber sind bereits unsere eigene Welt. Hierüber haben wir vergessen, dass wir es sind, die der Welt da draußen Ursache, Wirkung und Notwendigkeit unterstellen und den Zufall konstruieren, um der Notwendigkeit zu entgehen. Wir sprechen von einem Gesetz und meinen ein Prinzip.

> „Eine sorgfältige Prüfung wird ergeben, dass das, was wir ‚Zufall' nennen, lediglich eine Bezeichnung ist, die auf dunkle Ursachen hinweist, auf Ursachen, die wir nicht feststellen können … Aber wenn man die Sache genau prüft, sieht man, dass beim Fallen des Würfels gar kein Zufall im Spiele ist. Jedes Mal, wenn ein Würfel fällt und eine gewisse Zahl zeigt, gehorcht er einem Gesetz, das ebenso unfehlbar ist wie das, welches die Bewegung der Planeten und der Sonnen beherrscht. Hinter dem Fall des Würfels liegen Ursachen oder Ketten von Ursachen weiter zurück, als der Verstand folgen kann …"

Und in der Tat, betrachtet jeder von uns seine eigene „Vorgeschichte", kommt er nicht umhin, Generationen vor ihm unter dem Blickwinkel von Ursache und Wirkung zu betrachten. Selbst dann, wenn die Namen von Vorfahren nicht mehr nachzuweisen sind, denken wir unsere Herkunft nach diesem Modell. Dann sind wir wieder am Ausgangspunkt unserer Betrachtungen angelangt: Wenn in einer weit zurückliegenden dunklen Periode des Steinzeitalters ein bestimmter Mann nicht eine bestimmte Frau … usw.

Das ist alles vollkommen richtig, denn auch hier gilt das, was ich im Zusammenhang mit dem Prinzip der Polarität bereits ausgeführt habe: Wir erkennen nur durch das Vergleichen der Dinge untereinander und wir erkennen „Geschehnisse" und „verstehen" sie nur, wenn wir sie in den kausalen Zusammenhang „setzen". Darüber haben wir vergessen, dass Kausalität als Bezeichnung für ein Ursache-Wirkungs-Verhältnis die „brauchbarste Analogie" ist, die wir kennen. Es ist nicht die Wirklichkeit da draußen, die sich mir erklärt, ich erkläre mir diese Wirklichkeit. Hierfür verwende ich Analogien, wenn Sie so wollen, „Kunstgriffe" unseres Denkens.

Menschliches Denken benutzt diese Kunstgriffe, um sich die Welt zu erklären und praktische Zwecke zu erreichen. Unsere Urahnen hatten für alle Erscheinungen des Lebens ihre Götter, für das Feuer, für das Wasser, für den Himmel und für die Erde. Später dann erklärten wir das Unerklärliche durch die Wissenschaft und ihre Gesetze – wie das Ursache-Wirkungs-Prinzip!

Das Denken gebraucht alle diese Kunstgriffe, um seine praktischen Zwecke zu erreichen, meint Hans Vaihinger (1852–1933) und fährt sinngemäß fort: Einer dieser Zwecke ist auch eben die Lust des Begreifens. Jahrtausendelang begnügte sich der Mensch damit.

Ursache und Wirkung lassen sich analogisch am besten als Wille und Handlung verstehen und so ist Kausalität

> „… nur eine Etikette, eine Analogie, gleichsam die Bezeichnung eines Verhältnisses mit einem Wort aus einer anderen Sprache …"

Die Mehrzahl der Menschen, so heißt es im „Kybalion", wird dahingetragen wie der fallende Stein und gehorcht ihrer Umgebung, …

„äußeren Einflüssen und inneren Stimmungen, Wünschen usw., ganz zu schweigen von dem Wunsch und Willen anderer, die stärker sind als sie …, die sie dahintragen, ohne dass sie Widerstand leisten oder ihren Willen in Anspruch nehmen. Sie werden wie Figuren auf dem Schachbrett des Lebens hin- und hergerückt, spielen ihre Rolle und werden beiseite gelegt, wenn das Spiel vorbei ist …"

Sie werden sich dem kausalen Denken nicht entziehen können, denn es ist Ihr Denken und auf Dauer können Sie nicht vor sich selbst fliehen. Es liegt aber an Ihnen, wie Sie mit Ihrem Denken „umgehen" und damit die Welt zu Ihrer Welt machen. Nehmen Sie die Welt ausschließlich kausal wahr, würden Sie auf Dauer, wie es Kant einmal sehr drastisch formulierte, tatsächlich zur Marionette. Denken Sie allerdings auch analog und übersetzen Ursache mit Wille, Ihrem eigenen Willen, verstehen Sie besser, was ich mit TUN® meine!

In den „Smaragdtafeln" (tabula smaragdina; sie gehen auf Hermes Trismegistos zurück) heißt es:

„Schau auf die Ursache, die du erschaffst, und du wirst sicherlich sehen, dass alles Wirkung ist."

Das Prinzip der Natur

„Geschlecht ist in allem, alles hat männliche und weibliche Prinzipien, Geschlecht offenbart sich auf allen Ebenen."

(Kybalion)

Das Wort „Geschlecht", so wie wir es heute kennen, hat seine Ursprünge im Lateinischen. Es leitet sich von „genere" ab und bedeutet so viel wie zeugen, erzeugen, erschaffen, hervorbringen, machen.

Worum es hier geht, wird vielleicht dann am deutlichsten, wenn ich mit Ihnen einen kleinen, aber weiten Ausflug in die Geschichte unternehme. Wir reisen ins alte China des 4. und 3. Jahrhunderts v. Chr.

Chinesische Philosophie stand zu dieser Zeit in voller Blüte und war unter anderem davon überzeugt, dass Himmel, Erde und Mensch drei Bestandteile eines einheitlichen Systems sind und in den innigsten Wechselbeziehungen zueinander stehen.

Alle Erscheinungen des Makrokosmos (!) finden im körperlichen, geistigen und sittlichen Leben des Menschen ihre Entsprechung (Analogie). All das, was das menschliche Zusammenleben (Mikrokosmos) regelt, organisiert und aufrechterhält, ist „Richtschnur" für das Universum (Makrokosmos).

Die alten Chinesen glaubten an eine durchgängige Übereinstimmung und Harmonie, die zwischen Makrokosmos und Mikrokosmos besteht und sie sahen den Grund darin, dass die großen Erscheinungen des Universums (Planeten, Jahreszeiten usw.) mit den verschiedenen „irdischen" Erscheinungen und vor allem denen des Menschenlebens übereinstimmen.

Erde, Wasser, Feuer, Holz und Metall sind die fünf Elemente, die von den Chinesen nicht als materielle Substanzen, sondern als Kräfte, Energien vorgestellt werden. Der Erde entsprechen hierbei unter anderem das Gefühl, die Farbe Gelb, der Wind, der Saturn, die Treue und das Verlangen.

Die fünf Kräfte sind nicht die „letzten Dinge", welche die Chinesen kannten. Vielmehr verdanken diese ihr Dasein den beiden Urgewalten Yang und Yin, interpretiert als die Ursachen des ewigen Wechsels aller Dinge.

Yang ist in diesem Verständnis das männliche, aktive, zeugende, schöpferische und lichtvolle, Yin das weibliche, passive, empfangende, hingebende und dunkle Prinzip. Yang und Yin sind Gegensätze, die sich ergänzen, voneinander abhängen. Sie stehen, wie wir heute sagen würden, in der Relation des Sowohl-als-auch zueinander. Wir finden sie im Wechsel der Jahreszeiten. Im Sommer steht die Kraft des Yang auf ihrem vollen Höhepunkt, im Herbst findet ein „Kräfteaustausch" zu Gunsten des Yin statt, das im Winter zur höchsten Entfaltung kommt usw. Auf die Ebbe folgt die Flut, auf den Tag die Nacht.

An keiner Stelle begegnet uns hier ein Denken, das sich auf ein folgenreiches Entweder-oder reduziert. Erst das Yin gibt dem Yang seinen Sinn und umgekehrt! Das gilt für den Makrokosmos wie auch für den Mikrokosmos, gilt für das Frühlingserwachen wie das Fallen der Blätter im Herbst, gilt für die Menschen, gilt für Mann und Frau und gilt für beider Denken, wie uns Thorwald Detlefsen und Rüdiger Dahlke in ihrem Buch „Krankheit als Weg" mitteilen:

> „Die(se) klassischen Polaritäten lassen sich zwanglos auch auf die Ergebnisse der Hirnforschung übertragen. So ist die linke Hemisphäre Yang männlich, aktiv, oberbewusst und entspricht dem Symbol der Sonne und so der Tagseite im Menschen. Die linke Hirnhälfte innerviert ja auch die rechte, d. h. die aktive bzw. männliche Seite des Körpers. Die rechte Hemisphäre ist Yin, negativ, weiblich. Sie entspricht dem Mondprinzip bzw. der Nachtseite oder dem Unbewussten im Menschen und innerviert dementsprechend die linke Körperhälfte des Menschen."

Yang und Yin wurden von den alten Chinesen als die Ursachen des „ewigen Wechsels aller Dinge" begriffen. Sie erschaffen, bringen hervor und machen. Alle unsere heutigen modernen Worte wie Zeugnis, Erzeugnis, erzeugen haben ihre Entsprechung in jenem Wort, welches da Zeugung heißt und die menschliche Fortpflanzung meint.

Dieses sinnfälligste Erscheinungsbild menschlichen Lebens in seiner symbolträchtigen Bedeutung – in den meisten Schöpfungsmythen spielt die erste oder Urzeugung immer eine ganz besondere Rolle – wurde auf das Geschehen der Welt übertragen, um es zu verstehen.

Wir finden diese Interpretation der Welt da draußen wie gezeigt bei den alten Chinesen, wir finden sie, wenn auch mit anderen Worten, in der antiken Philosophie und wir finden sie in der Hermetik.

Im „Kybalion“ lesen wir nun:

> „Das männliche Prinzip des Geistes entspricht dem ‚objektiven, bewussten, freiwilligen, aktiven‘ Geist und der weibliche Geist dem sogenannten ‚subjektiven, unbewussten, unfreiwilligen, passiven‘ Geist.“

Hier wird das vorweggenommen, was ich bereits an verschiedenen Stellen mit der „Gegenüberstellung“ von kausalem (rationalem) und analogem (irrationalem) Denken umschrieben habe. In diesem Sinne habe ich für mich die alte hermetische Philosophie „wiederentdeckt“ und will sie so an meine Leser weitergeben. Deshalb habe ich im ersten Kapitel formuliert, dass eine rationale Sichtweise nur dann einen Sinn erfährt, wenn sie mit dem Irrationalen vernünftig umgeht. Betrachten Sie ruhig diesen vernünftigen Umgang mit dem Irrationalen als das Hervorbringen einer alten/neuen Wahrnehmung von Welt. Und bedenken Sie dabei, dass Sie nur das wahrnehmen, was Sie gleichzeitig denken.

So erklären Dethlefsen und Dahlke:

> „Immer mehr Menschen erkennen ..., dass die Funktion, die von der ‚maskulinen‘ linken Hemisphäre des Gehirns beherrscht werden ... für sich allein weder genügen noch unbedingt zuverlässig sind. Mehr und mehr Aufmerksamkeit schenkt man neuerdings den Funktionen, die von der ‚femininen‘ rechten Hemisphäre bestimmt werden ... der Intuition, die nicht bloß Fakten wahrnimmt, sondern auch die weniger greifbaren Zusammenhänge zwischen einzelnen Fakten erkennt. Die Aussicht, dass die beiden Hemisphären des Gehirns in einem Gleichgewicht zusammenar-

> beiten und sich in ihren Aufgaben gegenseitig ergänzen, bestärkt die Hoffnung auf eine neue individuelle Ganzheit, eine neue psychische Harmonie, ein neues inneres Gleichgewicht."

Dieses Gleichgewicht meint nicht das von, wie es im „Kybalion" heißt, „Ich" und „Mich" bzw. seinem falschen Verständnis. Das „Mich" betrifft, um es einmal so zu sagen, die Äußerlichkeiten meines „Ich":

> „Das Mich vieler Menschen … besteht in weitgehendem Maße aus dem Bewusstsein um ihren Körper und ihren psychischen Wünschen usw. Da ihr Bewusstsein zum großen Teil an ihre körperliche Natur gebunden ist, leben sie praktisch dort …"

Anders gesagt: Viele Menschen reduzieren ihr Selbst auf Äußerlichkeiten. Oder: Der Blick auf den anderen wie auf mich selbst fällt immer durch die Brille seiner oder meiner äußeren Erscheinung. Mir fällt an dieser Stelle immer Gottfried Kellers (1819–1890) Novelle „Kleider machen Leute" ein.

Für diese Menschen besteht die Gefahr, in Abhängigkeit von ihren Kleidern, ihrem Äußeren zu geraten. Wenn diese Menschen Schiffbruch erleiden würden und Wilde ihnen ihre Kleider stählen, so das Kybalion, würden „diese ‚kleiderbewussten' Leute ihre Persönlichkeit verlieren".

Diese konstruierten Abhängigkeiten führen unter anderem dazu, persönliche Erfolge ausschließlich in Beziehung zu Äußerlichkeiten zu setzen und sie, wie gesagt, von ihnen abhängig zu machen. Das blockiert letztlich den Blick auf das eigene Ich und lähmt, was noch viel schlimmer ist, mein eigenes Wollen. Ich will eigentlich nur noch, was andere wollen.

Was geschieht an dieser Stelle? Das „Kybalion" schreibt, dass das weibliche Prinzip die Arbeit der Erzeugung neuer Gedanken, Begriffe, Ideen einschließlich der Tätigkeit der Fantasie leistet und das männliche sich mit der Arbeit des Wollens in seinen verschiedenen Ebenen „begnügt".

Will ich also nur noch, was andere wollen, habe ich sozusagen mein eigenes Wollen „ausgelagert" und ich „begnüge" mich mit Ideen, Zielvorstellungen und Gedanken, TUN® findet nicht statt.

„Geschlecht ist in allem, alles hat männliche und weibliche Prinzipien …", mit diesen Worten begann dieser Abschnitt und sie stehen für erzeugen, hervorbringen und machen und ich will ergänzen: für TUN®.

Trenne ich das männliche vom weiblichen Prinzip, trenne ich Yin von Yang, trenne ich die Ratio von der Irratio, verbleibe ich im NICHT-TUN®.

Kapitel 7

Zur Symbolik des Körpers und seiner Organe

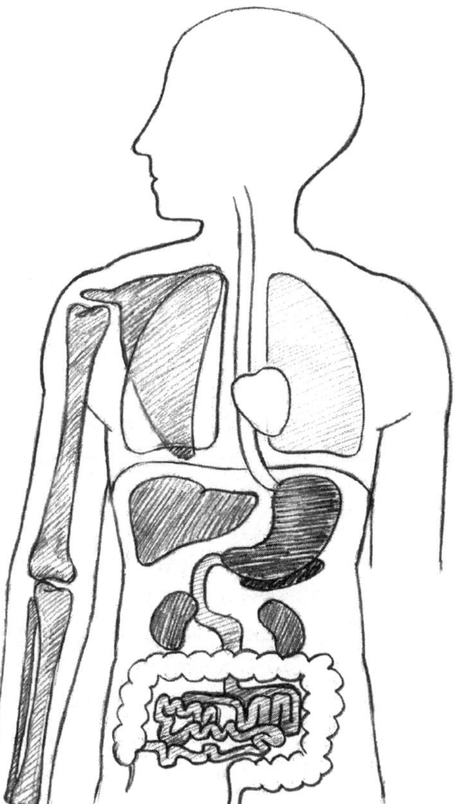

Analoges Denken, bezogen auf den Körper und seine Organe, kann uns beim bewussten Umgang mit unserem gesamten Organismus hilfreich sein. Viele Aspekte, Erklärungen und Deutungen aus den Bereichen Menschenkenntnis, Charakterkunde und Körpersprache haben hier ihren Ursprung.

Körper, Geist und Seele bilden eine Einheit. Geist sowie Seele können vom Körper nicht abgetrennt werden. Die Befindlichkeiten des Geistes sind im Körper „zu Hause“, sie nehmen von hier entsprechend ihrer Bedeutung ihren Ausgang. Der Geist oder die Seele sind nicht materiell, aber wir spüren sie tagtäglich.

Der Körper ist der materielle Träger der Seele und dadurch lebendig. In unserem Körper, in unseren Organen, ja bis in unsere Zellen hinein, manifestiert sich unser Bewusstsein. Wir alle haben schon die Erfahrung gemacht, dass sich das, was wir denken und fühlen, in körperlichen Reaktionen ausdrückt. Oft wird uns „ganz schlecht“ bei einem unangenehmen Gedanken, bereitet uns ein Problem „Kopfschmerzen“. Unsere körperliche Befindlichkeit, unsere Gesundheit, hat eine ganz bestimmte Relation zum Unbewussten. Diese Beziehungen erkannt zu haben ist eine wesentliche Voraussetzung für Ihren bewussten und vor allen Dingen verantwortlichen Umgang mit Ihrem eigenen Körper.

Wenn Sie oder jemand in Ihrer Umgebung immer wieder von denselben körperlichen Problemen geplagt werden, bietet es sich an, zu analysieren, woher dieser Schmerz, diese Entzündung oder Ähnliches kommen mag. Ob man immer wieder mit dem Rücken, dem Magen oder dem Nacken zu kämpfen hat: All dies lässt Rückschlüsse auf den seelischen Zustand des Menschen zu. Gezielte Veränderungen im geistigen Bereich, also in unserem Leben, unseren Einstellungen und Verhaltensweisen, können dann helfen, die körperlichen Probleme zu lösen. Im Laufe der Jahre haben sich für mich Bedeutungen der jeweiligen Körperteile herauskristallisiert, die ich Ihnen im Folgenden vorstellen will.

Der gesamte Organismus

rechte Körperseite

- Sachlichkeit
- gebende, austeilende Seite
- verstandesmäßigen Willen kundtuend

linke Körperseite

- Gefühl und Herzlichkeit
- aufnehmende, empfindsame Seite
- gefühlsmäßige Botschaften

Von Kopf bis Fuß

Kopf

- Haupt des Körpers
- zentrale Steuerung des Organismus
- Orientierung
- Träger fast aller Wahrnehmungen
- analoge Redewendungen: „den Kopf oben behalten", „jemandem den Kopf verdrehen", „den Kopf voll haben", „sich den Kopf zerbrechen", „die Köpfe zusammenstecken", „einen klaren Kopf bewahren", „sich etwas durch den Kopf gehen lassen", „wie vor den Kopf geschlagen sein"

Haar

- Freiheit
- Antennen nach außen
- Macht

- analoge Redewendungen: „krauses Haar, krauser Sinn", „langes Haar, kurzer Verstand", „jemandem stehen die Haare zu Berge", „Haare lassen müssen"

Gesicht

- das, was der Welt präsentiert wird, die Visitenkarte
- die Individualität
- Spiegel der Stimmungen
- analoge Redewendungen: „das Gesicht wahren", „Gesicht verlieren", „sein wahres Gesicht zeigen", „ein langes Gesicht machen", „jemanden aus dem Gesicht verlieren", „der Wahrheit ins Gesicht schlagen"

Stirn

- Konfrontation und Kraft des Geistes
- Schutzschild fürs Denken
- Geisteskraft
- analoge Redewendungen: „die Stirn haben …", „jemandem die Stirn bieten", „sich an die Stirn fassen", „jemandem auf der Stirn geschrieben stehen"

Augen

- bildliche Wahrnehmung
- Einsicht
- Aussicht
- Gesichtskreis
- analoge Redewendungen: „jemandem gehen die Augen auf", „da bleibt kein Auge trocken", „große Augen machen", „jemandem die Augen öffnen", „ein Auge riskieren", „beide Augen zudrücken", „Augen im Kopf haben", „Augen haben wie ein Luchs", „aus den Augen, aus dem Sinn"

Tränendrüsen

- Abgabe von überschäumender Seelenenergie
- Ausspülen von Trauer, Schmerz und Freude
- analoge Redewendungen: „auf die Tränendrüse drücken“

Nase

- Dominanz
- Macht
- Sexualität
- Stolz
- Sinneswahrnehmung: Geruch
- Filtern der Atemluft
- analoge Redewendungen: „jemandem passt meine Nase nicht“, „die richtige Nase haben“, „eine feine/gute Nase für etwas haben“, „die Nase vorn haben“, „die Nase hoch tragen“, „die Nase überall hineinstecken“, „sich eine goldene Nase verdienen“, „auf die Nase fallen“, „jemandem auf der Nase herumtanzen“, „jemanden vor die Nase gesetzt bekommen“

Nebenhöhlen

- Auflockerung der Knochenstruktur
- Luftigkeit
- Leichtigkeit

Mund

- Ein- und Ausgang des Körpers
- Wahrnehmung: Geschmack
- Sinnlichkeit
- Ausdrucksorgan der Sprache
- analoge Redewendungen: „einen großen Mund haben“, „sich den Mund verbrennen“, „den Mund zu voll nehmen“,

„nicht auf den Mund gefallen sein“, „jemandem über den Mund fahren“, „jemandem den Mund verbieten“, „von Mund zu Mund gehen“, „jemandem Honig um den Mund schmieren“

Lippen

- Sinnlichkeit
- Aufnahme
- Kontakt
- Sprache formulieren
- analoge Redewendungen: „eine große Lippe riskieren“, „etwas nicht über die Lippen bringen“, „es geht jemandem leicht von den Lippen“, „an seinen Lippen hängen“

Zunge

- Geschmacksorgan
- Transport der Nahrung
- Artikulation der Sprache
- analoge Redewendungen: „eine lose Zunge …“, „eine scharfe Zunge …“, „eine spitze Zunge …“, „sich eher die Zunge abbeißen“, „seine Zunge im Zaum halten“, „etwas auf der Zunge haben“, „sich etwas auf der Zunge zergehen lassen“, „mit gespaltener Zunge reden“, „das Herz auf der Zunge haben“

Zähne

- härtester Teil des Körpers
- Waffen
- ein Stück vom Leben abbeißen
- Problembewältigung: „große Brocken zerkleinern“
- analoge Redewendungen: „jemandem die Zähne zeigen“, „jemandem den Zahn ziehen“, „sich an etwas die Zähne

ausbeißen", „jemandem auf den Zahn fühlen", „bis an die Zähne bewaffnet sein", „die Zähne zusammenbeißen"

Zahnfleisch

- Halt und Versorgung der Zähne
- analoge Redewendungen: „auf dem Zahnfleisch kriechen"

Kinn

- Wille
- Zielstrebigkeit
- Durchsetzung
- Trotz

Kiefer

- die Waffen des Körpers in Bewegung setzen
- Mund öffnen und schließen

Ohren

- Gehör
- Empfang
- Gehorchen
- analoge Redewendungen: „seinen Ohren nicht trauen", „auf den Ohren sitzen", „auf diesem Ohr schlecht hören"

Gleichgewichtsorgan

- im Innenohr
- hält alles im Lot
- meldet Schlingern und Schaukeln des Lebensschiffes

Hals

- trägt das Haupt
- umschließt die Versorgungskanäle wie Schlagader, Luftröhre und Speiseröhre
- empfindliche Körperregion, wird bei Gefahr zuerst geschützt
- analoge Redewendungen: „den Hals umdrehen"

Halswirbel

- Beweglichkeit
- Umsicht
- Halsstarrigkeit bei Unbeweglichkeit auf der Ebene des Miteinander
- analoge Redewendungen: „Wendehals"

Nacken

- Willen
- Hartnäckigkeit
- Ort der Kraft
- Verbindung des Kopfes zur Schulter
- Schutz des Rückenmarks
- analoge Redewendungen: „den Nacken steif halten", „jemandem im Nacken sitzen", „die Faust im Nacken spüren", „jemandem sitzt die Angst im Nacken", „einen Nacken wie ein Stier haben"

Kehlkopf

- enthält die Stimmbänder
- ermöglich unsere Ausdrucksfähigkeit
- kleiner Kehlkopf: hohe Stimme (weiblich, Knaben)
- großer Kehlkopf: tiefe Stimmlage (männlich, Adamsapfel)

Stimmbänder

- Saiten des Instruments Sprache
- werden durch den Atemstrom zum Klingen gebracht
- geben der Stimme die individuelle Klangfarbe

Brust und Brustkorb

- Ort, auf den wir mit dem Zeigefinger tippen, wenn wir „ich" sagen
- Brustkorb umschließt und schützt das Herz (Gefühl) und die Lunge (intensiver Kontakt zur Außenwelt)
- analoge Redewendungen: „sich an die Brust schlagen", „sich etwas an die Brust heften", „schwach auf der Brust sein", „mit geschwellter Brust", „sich jemanden zur Brust nehmen", „im Brustton der Überzeugung"

Rippen

- Teil des Brustkorbs
- elastischer Sicherheitskäfig
- Anpassung an den Atemrhythmus
- analoge Redewendungen: „bei jemandem kann man alle Rippen zählen", „sich etwas nicht aus den Rippen schneiden können"

Weibliche Brust

- Mütterlichkeit
- Nahrung
- Geborgenheit
- Symbol der Weiblichkeit
- sexuelle Ausstrahlung
- stark erogene Zone
- analoge Redewendungen: „am Busen der Natur", „eine Schlange am Busen nähren"

Schultern

- Tragen der Last des Lebens
- Ausdruck des Lebensgefühls
- Haltung zu seinen Mitmenschen
- analoge Redewendungen: „Schulter an Schulter", „jemandem die kalte Schulter zeigen", „etwas auf die leichte Schulter nehmen"

Rücken

- Aufrichtigkeit
- Rückhalt geben
- Lasten tragen
- Rückgrat besitzen
- analoge Redewendungen: „ein schöner Rücken kann auch entzücken", „den Rücken krumm machen", „den Rücken frei haben", „mit dem Rücken zur Wand stehen", „jemandem in den Rücken fallen", „einer Sache den Rücken kehren", „jemandem das Rückgrat brechen", „Rückgrat zeigen/beweisen", „jemandem das Rückgrat stärken"

Schultergelenk

- Garant für die Beweglichkeit der Arme
- Spielraum für (Bewegungs-)Freiheit mit nur geringfügigen Abstrichen (eingeschränkter Bewegungsraum nach hinten)

Arme

- Werkzeuge zum Heranholen von Teilen der Außenwelt
- ausladende Gestik
- analoge Redewendungen: „einen langen Arm haben", „jemanden auf den Arm nehmen", „jemandem in den Arm fallen", „jemanden mit offenen Armen aufnehmen", „jemandem unter die Arme greifen", „die ganze Welt umarmen"

Oberarme

- Kraft
- Schlagkraft
- Durchhaltevermögen
- Abwehr

Unterarme

- Handlungsfähigkeit
- Hebel der Arme

Ellenbogen

- Durchsetzungsvermögen, sich Raum verschaffen
- analoge Redewendungen: „seine Ellenbogen gebrauchen“, „keine Ellenbogen haben“, „Ellenbogengesellschaft“

Ellenbeuge

- sensibles Gegenstück zum Ellenbogen
- Offenheit

Handgelenk

- Beweglichkeit
- analoge Redewendungen: „sich etwas aus dem Handgelenk schütteln“, „etwas aus dem Handgelenk machen“

Hände

- geben und nehmen
- ergreifen – der Initiative oder von Besitz
- begreifen – im Sinne von erkennen, ertasten
- offene Hände – offene Haltung
- rechte Hand – Sachbezogenheit

- linke Hand – Gefühlsbezogenheit
- analoge Redewendungen: „jemandes rechte Hand sein", „die linke Hand/die Linke kommt vom Herzen", „eine Hand wäscht die andere", „seine Hände im Spiel haben", „seine Hände in Unschuld waschen", „freie Hand haben", „eine unglückliche Hand haben", „zwei linke Hände haben", „aus erster und aus zweiter Hand", „mit leeren Händen", „sich mit Händen (und Füßen) dagegen wehren", „etwas von langer Hand vorbereiten"

Handflächen

- Ehrlichkeit
- Offenheit
- friedliche Absicht bekundend
- Hilfe annehmen
- Schutz geben
- analoge Redewendungen: im Sinne von „in sicheren Händen sein", „etwas in jemandes Hände legen", „die schützende/helfende Hand von ihm abziehen"

Finger

- das Leben voll in den Griff bekommen
- Fertigkeiten, Feinmotorik
- analoge Redewendungen: „keinen Finger krumm machen", „keinen Finger rühren", „die Finger im Spiel haben", „sich die Finger verbrennen", „jemandem auf die Finger klopfen", „sich etwas aus den Fingern saugen", „etwas mit spitzen Fingern anfassen", „das sagt mir mein kleiner Finger", „wenn man jemandem den kleinen Finger gibt, nimmt er gleich die ganze Hand", „mit den Fingern auf etwas zeigen", „grüne Finger haben"

Daumen

- Dominanz
- hält als Einziger den Fingern entgegen (bildet den Gegenpol)
- ohne Daumen wären Ergreifen und Festhalten unmöglich
- analoge Redewendungen: „jemandem den Daumen drücken/die Daumen halten“, „den Daumen auf etwas halten“

Zeigefinger

- Sachfinger
- erhobener Zeigefinger
- Hinweisfinger: „Da geht es lang!“

Mittelfinger

- längster aller Finger
- steht für das Selbstwertgefühl
- „Stinkefinger“ – Geste, wenn sich jemand im Selbstwertgefühl angegriffen fühlt

Ringfinger

- steht für Emotionen und Status (Ehestand, Besitz)

Kleiner Finger

- soziales Verhalten
- soziale Beweglichkeit
- Hilfe suchen und Hilfe anbieten
- Gespür

Fingernägel

- Aggressionswerkzeuge – Krallen
- Festhalten – sich verkrallen
- Schutz für die sensiblen Fingerspitzen
- analoge Redewendungen: „jemandem auf den Nägeln brennen“, „sich etwas unter den Nagel reißen“

Fingerspitzen

- verstärkter Tastsinn
- Gefühl und Antennen
- feines Gespür
- erahnen – Fingerspitzengefühl
- analoge Redewendungen: „gefühlvoll/musikalisch bis in die Fingerspitzen“

Zwerchfell

- Trennung zwischen Lunge und Bauchraum
- Atemstütze
- Blasebalg der Lunge
- verantwortlich für den Atemrhythmus
- analoge Redewendungen: „jemandes Zwerchfell massieren“

Bauch

- enthält in der Bauchhöhle alle Verdauungsorgane
- Sitz des Gefühls und der Instinkte
- analoge Redewendungen: „aus dem hohlen Bauch heraus“, „Wut im Bauch haben“, „Löcher in den Bauch fragen“, „sich die Beine in den Bauch stehen“

Bauchnabel

- Mitte des Menschen
- Verbindungsstelle zur Mutter
- analoge Redewendungen: „er hat sich endlich abgenabelt"

Bauchdecke

- deckt und schützt alle Organe in der Bauchhöhle
- elastischer Halt

Bauchfell

- innere Hülle der empfindlichen Organe in der Bauchhöhle
- Signalgeber, wenn etwas nicht stimmt

Becken

- Grundlage, auf der das Körpergeschehen lastet
- trägt die Organe der Bauchhöhle und die Geschlechtsorgane
- Körperein- und -ausgänge

Hüfte

- Grundlage der Beweglichkeit der unteren Gliedmaßen
- ermöglicht das Fortschreiten

Leiste

- Umfeld der Geschlechtsorgane, sehr weich und verletzlich
- vordere Verbindung von Körper und Beinen

Gesäß

- passives Durchhaltevermögen, etwas aussitzen
- seinen Platz ausfüllen
- Wichtigkeit
- sexuelles Symbol
- hintere Verbindung von Körper und Beinen
- analoge Redewendungen: im Sinne von „sich in den Hintern beißen“, „jemandem Feuer unter den Hintern machen“, „Pfeffer im Hintern haben“

Beine

- Standfestigkeit und Vorwärtskommen im Leben
- Bewegung
- Bodenkontakt
- Bodenständigkeit
- Wehrhaftigkeit
- gehen, laufen, tanzen, treten
- analoge Redewendungen: „Beine bekommen“, „sich kein Bein ausreißen“, „sich etwas ans Bein binden“, „wieder auf die Beine kommen“, „mit beiden Beinen auf der Erde stehen“, „Lügen haben kurze Beine“, „mit einem Bein im Grabe stehen“, „Stein und Bein schwören“

Oberschenkel

- Kraft und Fortschritt

Knie

- beugen
- analoge Redewendungen: „in die Knie zwingen“, „vor jemandem in die Knie gehen“, „in den Knien weich werden“, „etwas übers Knie brechen“

Unterschenkel

- Sprungkraft
- Spannkraft
- Spontaneität
- Veränderung

Füße

- Bodenständigkeit
- Kontakt und Haftung
- Halt und Verwurzelung
- analoge Redewendungen: „kalte Füße bekommen", „festen Fuß fassen", „jemandem den Fuß auf den Nacken setzen", „immer wieder auf die Füße fallen", „jemandem auf die Füße treten", „auf eigenen Füßen stehen", „auf großem Fuß leben"

Ferse

- darauf ruht die Last des Körpers
- der Kontakt zum Boden ist am intensivsten
- empfindlich (Achillessehne)
- analoge Redewendungen: „sich an jemandes Fersen heften", „Fersengeld geben"

Fußgewölbe

- gibt Elastizität beim Laufen
- ermöglicht kleine und große Sprünge und auch den aufrechten Gang

Zehen

- sichern unsere Standfestigkeit ab
- ermöglichen Beweglichkeit der Füße, sind ihre „Fühler“ nach vorn
- analoge Redewendungen: „jemandem auf die Zehen treten“, „etwas im kleinen Zeh spüren“

Zehennägel

- Krallen an den Füßen
- sichern den Halt auf dem Boden und schützen die „Fühler“ (Zehen) vor groben Stößen

Das Abwehrsystem

Immunsystem

- Verteidigung gegen äußere Feinde oder das, was dafür gehalten wird (Allergie)
- Feinde erkennen und zu Gegenmaßnahmen greifen

Lymphsystem

- Reinigung des Organismus
- Transportaufgabe
- Polizeiposten im Körper (Lymphknoten)

Das Herz

Herz

- das Lebenskraftwerk
- die energetische Mitte
- der Motor des Lebens

- sich selbst die Impulse für den Rhythmus gebend
- Sitz der Liebe und der Gefühlsempfindung
- analoge Redewendungen: „jemandem geht das Herz auf", „ein Herz und eine Seele sein"; „alles, was das Herz begehrt", „jemandem sein Herz ausschütten", „jemandem dreht sich das Herz im Leibe", „ihm rutscht das Herz in die Hose", „jemandem das Herz brechen", „ein Herz aus Stein haben", „das Herz auf dem rechten Fleck haben"

Herzklappen

- Ventile des Herzens
- sichern die Vorwärtsrichtung des Blutes

Herzscheidewand

- Polarität des Herzens
- teilt das Herz in die linke und rechte Herzkammer

Herzbeutel

- umschließt das Herz
- Schutzmantel

Aorta

- Transport der Energie
- Hauptschlagader
- pulsierendes Leben
- „Autobahn" vom Energiezentrum Herz
- Weiterleitung zu den Arterien (Verteilung im gesamten Organismus)

Blut und Blutkreislauf

Blut

- Transportflüssigkeit der Lebenskraft
- Versorgungsmedium des Organismus – Sauerstoff, Energie aus der Nahrung
- Individualität (Zusammensetzung mit familiärer Ähnlichkeit)
- analoge Redewendungen: „Blut ist dicker als Wasser“, „Blut (und Wasser) schwitzen“, „böses Blut machen“, „heißes Blut haben“, „kaltes Blut bewahren“, „die Bande des Blutes“, „jemandem im Blut liegen“, „ins Blut gehen“

Blutkreislauf

- in sich geschlossene Einheit von Lungen- und Körperkreislauf
- Ver- und Entsorgung im Organismus
- Transport von Energie und Botenstoffen
- dynamische Infrastruktur des Organismus
- Freude, die zurückkehrt

Blutdruck

- Ausdruck des Zusammenspiels der Kraft des Herzens und des geschmeidigen Widerstands der Gefäßwände

Blutgefäße

- Netz von „Verbindungsstraßen“ des Organismus
- mit „Hauptverkehrs- und Landstraßen“ sowie „Feld- und kleinen Zufahrtswegen“ (Kapillaren)

Arterien

- Hintransport von Energie und Sauerstoff bis zur Körperperipherie (Außenbezirke)
- sauerstoffarmer Weg zur Lunge

Venen

- Rückweg
- Rücktransport des Verbrauchten zur Erneuerung des Blutes
- sauerstoffreich von der Lunge wegführend

Atemwege

Nase und Nasenschleimhaut

- Reinigung, Erwärmung, Befeuchtung und Kontrolle der Atemluft

Mund

- zentrales Ausdrucksorgan
- Artikulation mit Hilfe der Zunge
- Lippen und Resonanzraum (Rachen)

Kehlkopf

- enthält neben den Taschenfalten (falsche Stimmfalten) die echten Stimmfalten oder Stimmbänder
- Schwingung der Atemluft – Resonanzraum

Luftröhre

- Kanal für den Transport der Luft bis zu den Bronchien

Bronchien

- teilen den Atemstrom aus der Luftröhre und versorgen beide Lungenflügel über die Bronchialäste

Lunge

- besteht aus zwei Lungenflügeln
- Kontaktorgan mit der Außenwelt (Gasaustausch)
- Versorgung des Organismus mit Sauerstoff
- Leichtigkeit durch Lungenbläschen
- analoge Redewendungen: „sich die Lunge aus dem Hals schreien", „sich die Lunge aus dem Hals rennen", „aus voller Lunge singen"

Zwerchfell

- führt den Rhythmus des Atems aus
- kräftiges Zwerchfell bedingt kräftige Stimme
- Atemstütze der Sänger

Verdauungsorgane

Speicheldrüsen

- Vorbereitung der Nahrungsaufnahme – Appetit
- Geschmeidigmachen der aufgenommenen Nahrung, Spaltung der Stärke in der Nahrung

Speiseröhre

- Weiterleitung der Nahrung durch wellenförmiges Zusammenziehen ihrer Muskulatur, alles einmal „Geschluckte" passiert sie

Magen

- Aufnahme der Nahrung
- Gefühl von Befriedigtsein (Sattheit) oder Bedürftigkeit (Hunger)
- aggressive Auseinandersetzung mit dem „Geschluckten" (Magensäure)
- Ausspeien von Unverträglichem
- analoge Redewendungen: „jemandem auf den Magen schlagen", „Liebe geht durch den Magen", „jemandem dreht sich der Magen um", „jemandem schwer wie Blei im Magen liegen"

Dünndarm

- besteht aus Zwölffingerdarm, Leerdarm und Krummdarm
- Hauptarbeit der Verdauungstätigkeit im Zwölffingerdarm – Eiweiß-, Kohlehydrat- und Fettaufspaltung
- Eintritt der Verdauungssekrete aus Bauchspeicheldrüse und Leber
- Nutzbarmachung der Nahrung durch Umwandlung in körpereigene Stoffe
- Abgabe der Inhaltsstoffe über die Blutbahn an den Organismus

Blinddarm

- mit Wurmfortsatz (Sackgasse – Überbleibsel aus der Entwicklungsgeschichte)
- Schutz des Darms vor schädigenden Eindringlingen

Dickdarm

- Weiterleitung in die „Tiefe“ des Organismus, dorthin, wo die Abläufe vom Bewusstsein kaum wahrgenommen werden
- Aufspaltung und Entzug der verbliebenen und für den Organismus wertvollen Inhaltsstoffe
- Vorbereitung des Loslassens von Verbrauchtem – Ballaststoffe, die nun Abfall werden

Mastdarm

- Ort des Sammelns (Geiz), vorläufige Deponie des Abfalls
- Verdichtung durch Entzug des Wassers

After

- Ein- und Ausgang der Unterwelt

Innere Organe

Leber

- das Körperlabor
- Wertung alles Aufgenommenen
- Lebenssinn
- Schaffung neuen körperlichen Lebens (Blut) und Aggressivität (Gallensaft)
- das rechte Maß (Entgiftung)
- analoge Redewendungen: „eine durstige/trockene Leber haben“, „frisch von der Leber weg reden“, „jemandem ist eine Laus über die Leber gelaufen“

Galle/Gallenblase

- Vorratsspeicher des Lebersekrets zur Aufspaltung des Fetts in der aufgenommenen Nahrung
- bittere Aggression
- zerlegen und nutzbar machen
- analoge Redewendungen: „jemandem läuft die Galle über", „jemandem kommt die Galle hoch"

Milz

- (siehe Drüsen)

Nieren

- partnerschaftliches Organ
- sorgt für Gleichgewicht zwischen Säuren und Basen im Körper
- Filterfunktion
- verantwortlich für den Wasserhaushalt
- analoge Redewendungen: „jemandem an die Nieren gehen", „auf (Herz) und Nieren prüfen"

Nierenbecken

- Auffang- und Sammelbecken des Überflüssigen
- Bildung von Steinen aus ungelösten Anteilen möglich

Harnleiter

- Kanal des Urins von der Niere zur Harnblase
- Ableitung des Verbrauchten

Harnblase

- Hohlorgan
- dehnbarer Sammelbehälter, der Druck und Spannung aushalten muss
- Abgabe der verbrauchten Körperflüssigkeit in aufgesammelten Mengen
- analoge Redewendungen: im Sinne von „etwas im Urin haben“

Harnröhre

- Stück des Kanalsystems, das nach außen führt
- Ableitung des Verbrauchten: gefärbtes Wasser, Kochsalz, Harnstoff und Harnsäure

Drüsen

Drüsen

- Produktion von Botenstoffen, die als Informationsträger die Selbststeuerung der Organismen ermöglichen

Zirbeldrüse

- gibt den inneren Rhythmus an
- unsere innere Uhr

Hirnanhangdrüse

- Gehirn der Drüsen
- „Dispatcher-Drüse“
- Regelung des harmonischen Zusammenwirkens im Innern und der bestmöglichen Anpassung an äußere Anforderungen

Speicheldrüse

- ermöglicht das Spucken, das Küssen, den Appetit auf Nahrungsmittel zu spüren (Wasser, das im Munde zusammenläuft)
- Beginn des Verdauungstrakts
- Gleitfähigmachen der Nahrung

Schilddrüse

- regelt alle Umschlagprozesse im Körper
- Stoffwechsel
- Temperatur
- Entwicklung, Stimmung, Lebhaftigkeit, Temperament, Wachstum und Reifung

Nebenschilddrüsen

- Vermittlung zwischen hart und weich, Festigkeit und Beweglichkeit
- regulieren den Spannungszustand im Körper

Thymusdrüse

- hinter dem Brustbein liegend
- „Militärakademie“ des Abwehrsystems
- Reifungsprozess der Persönlichkeit
- Ausprägung der Lebensenergie
- bildet sich im Erwachsenenalter zurück

Geschlechtsorgane

Geschlechtsorgane

- Sexualität und Fortpflanzung
- Sinnlichkeit
- Lust als Geschenk
- Vereinigung des männlichen und weiblichen Pols
- Einheit im Organismus
- Möglichkeit der Entstehung neuen Lebens

erogene Zonen

- alle Körperstellen, deren zärtliche Berührung verstärkt Lustempfindungen auslösen (Klitoris, Schamlippen, Brustknospen, Penis, Innenseiten von Oberarmen und -schenkeln, Hals)
- dienen dem Spannungsaufbau vor der geschlechtlichen Vereinigung

Venushügel

- „bewaldeter Hügel“, der erklommen und überwunden werden will, um in den Genuss der Lust zu zweit zu kommen

Eierstöcke

- Aufbewahrungsort der Fruchtbarkeit und des entwicklungsgeschichtlichen Gedächtnisses
- Depot neuen Lebens
- Quelle der Kreativität
- Hormonproduktion zur Aufrechterhaltung des Monatszyklus

Eileiter

- aktive Transportröhre für eine befruchtete Eizelle zur Gebärmutter
- erste Etappe des entstandenen Lebens (Befruchtung erfolgt oft bereits hier)

Gebärmutter

- mit Schleimhaut
- Bett der befruchteten Eizelle
- Aufnahme und Ernährung
- Geborgenheit und Fürsorge
- dehnungsfähigster aller menschlichen Muskeln
- weiblicher Rhythmus im gebärfähigen Alter (Abstoßen der nicht gebrauchten Gebärmutterschleimhaut und Neuaufbau im folgenden Zyklus)

Mutterkuchen

- erster Kuchen der Mutter für ihr Kind
- Nahrung für das neue Leben
- Ernährung aus dem eigenen Blut

Scheide

- Aufnahme des Penis bei der sexuellen Vereinigung
- Geburtskanal bei der Entlassung neuen Lebens in die Polarität

Schamlippen

- Vorhänge des Ein- und Ausgangs zur geschlechtlichen Unterwelt
- dehnungsfähiger Verschluss der Schatzkammer
- Schutz vor Austrocknung

Klitoris

- Kitzler
- empfindlichste Reizfläche bis hin zu einem eigenständigen Orgasmus
  vergleichbar mit dem Penis des Mannes

Hoden

- Fruchtbarkeit
- Produktion der Samenzellen im Überfluss (Sicherstellung der Fortpflanzung)
- empfindliche Körperstelle
- Lustorgan
- Zeugungskraft (Kraft der Lenden …)

Nebenhoden

- Speicher der Samenzellen

Samenleiter

- Weg der Samenzellen
- Rennstrecke: Nur der Stärkste kann der Sieger sein und das Ziel erreichen! Länge ca. 50 cm
- führt über die Vorsteherdrüse bis zur Harnröhre

Prostata

- fügt den Samenzellen in den Samenbläschen Sekret bei, das Beweglichkeit und Überleben im sauren Scheidenmilieu sichert
- letzter Aufenthalt der Samenzellen vor dem Samenerguss
- umklammert die Harnröhre

Penis

- männliches Machtinstrument
- Lenkwaffe der Samenzellen
- Lust schenken
- Versteifung und Vergrößerung bei sexueller Erregung
- dadurch ist sexuelle Vereinigung möglich
- Rückzug nach Orgasmus
- weich und kleiner im Ruhezustand
- enthält die Harnröhre

Eichel

- Waffenspitze
- Bereich größter Reizbarkeit und Lustempfindung
- bahnt den Weg für die Vereinigung und die Samenzellen

Vorhaut

- weiche Umhüllung von Penis und Eichel
- Schutz und Bewahrung der Empfindsamkeit

Haut

- Außengrenze des Körpers
- Tastsinn und Gefühl der Wahrnehmung
- Kontakt und Berührung
- Zärtlichkeit
- Schutz und Isolation
- Spiegel der inneren Befindlichkeit
- Atmung und Austausch (Wärme und Wasser)
- Reflexzonen der inneren Organe
- analoge Redewendungen: „aus der Haut fahren", „nicht aus seiner Haut herauskönnen", „sich in seiner Haut wohl/nicht wohl fühlen", „nicht in jemandes Haut stecken mö-

gen“, „mit heiler Haut davonkommen“, „sich etwas mit Haut (und Haaren) verschreiben“

Schleimhaut

- Innengrenze
- Schutz und Aufnahme
- Filter zur Innenwelt
- Fruchtbarkeit

Muskel-, Binde- und Fettgewebe

Muskulatur

- Antriebsmaschinerie des Körpers
- Kraftübertragung
- Umsetzen eines Teils der Körperenergie in Bewegung
- Polarität zwischen Anspannung und Entspannung
- analoge Redewendungen: „die Muskeln spielen lassen“

Bindegewebe

- Halt und Verbindung
- hält Organe an ihrem Platz und den Körper in Form
- sichert die Verbindung und das Zusammenspiel der Muskelgruppen

Sehnen und Bänder

- Verbindung und Kraftübertragung
- Taue und Stricke in den Gliedmaßen sowie um die Gelenke und die Wirbelsäule
- stehen für Beweglichkeit in vorgegebenen Grenzen

Fettgewebe

- Schutz- und Isolationsschicht
- Energievorrat
- Reservedepot aus dem Überfluss
- Gewicht und Ausdehnung
- die Wirbelsäule, Gelenke und Knochen

Wirbelsäule, Gelenke und Knochen

Wirbelsäule

- Rückgrat des Körpers
- Haltung – hält den Körper aufrecht
- Achse des Körpers
- Beweglichkeit und Stabilität
- trägt das Gewicht des Körpers über die Erde
- Abfederung durch Bandscheiben (weiblicher Teil der Wirbelsäule)

Halswirbelsäule

- Tragen und Bewegen des Kopfes
- Umsicht und Überblick – Gesichtsfelderweiterung
- hat die Last des Kopfes zu tragen

Lendenwirbel

- „das Kreuz haben", zu etwas zu stehen
- Last des Lebens tragen
- Problemzone
- Beweglichkeit und Stabilität gleichzeitig

Gelenke

- Beweglichkeit
- den Menschen und der Welt näher kommen, sie an sich heranholen
- körpersprachliche Artikulation

Gelenkinnenseiten

- Offenheit, Sicherheit und Vertrauen, wenn nach außen gewendet
- Verletzbarkeit und Schutzlosigkeit

Gelenkaußenseiten

- Schutz und Abgrenzung

Handgelenk

- Beweglichkeit
- Handlungsfähigkeit

Ellenbogen

- Durchsetzungsvermögen, sich Raum verschaffen

Schultergelenk

- Garant für die Beweglichkeit der Arme
- Spielraum für (Bewegungs-)Freiheit mit nur geringfügigen Abstrichen

Hüftgelenk

- Ausgangspunkt der Schritte
- Grundlage der Fortbewegung
- verantwortlich für Ausmaß des Wirkungskreises

Kniegelenk

- ermöglicht das Auf und Nieder der Beine bei der Vorwärtsbewegung, der Erde näher zu kommen, sich klein zu machen und eine demutsvolle Haltung einzunehmen

Sprunggelenk

- Grundlagen für den aufrechten Gang und Absprung
- federndes Gehen
- fließende Vorwärtsbewegungen

Knochen

- Tragwerk des Körpers
- gibt Halt und Festigkeit
- zunehmende Verknöcherung verringert Flexibilität
- analoge Redewendungen: „für etwas seine Knochen hinhalten", „jemandem in die Knochen fahren", „den Schreck in den Knochen spüren", „jemandem das Mark aus den Knochen saugen"

Knorpelgewebe

- Verbindlichkeit (zwischen Knochen)
- Umhüllung der Gelenkköpfe und -pfannen
- Abfederung bei Belastung und Beweglichkeit
- jugendliche Biegsamkeit

Bandscheiben

- weicher, elastischer Puffer zwischen den Wirbelkörpern
- Stoßdämpferfunktion
- Belastungsausgleich und -verteilung
- weiblicher Anteil der Wirbelsäule, der reibungslose Funktion, Biegsamkeit, Belastungsanpassung und Wendigkeit ermöglicht

Das Gehirn

Gehirn

- Regierungssitz unseres Körpers
- Metropole mit allen wichtigen verwaltungstechnischen Institutionen, zentrale Verwaltung, Archiv und Zentralbibliothek (Gedächtnis und Wissen)
- Logistikzentrum, Steuerungs- und Informationszentrum

linke Hirnhälfte

- Sitz der Logik und des kausalen Denkens (Ursache und Wirkung)
- Sachlichkeit
- glasklarer Verstand
- Ratio
- Steuerung der rechten Körperseite
- analoge Redewendungen: im Sinne von „jemandem bleibt der Verstand stehen“, „über jemandes Verstand gehen“

rechte Hirnhälfte

- Sitz des bildhaften Vorstellungsvermögens
- Kreativität

- Gefühlsenergie durch gespeicherte, aufgenommene und vorgestellte Bilder
- Fantasie
- Irratio
- Steuerung der linken Körperhälfte

Großhirn

- Steuerungszentrale des Organismus
- ermöglicht ganzheitliches Denken
- Ratio sowie Irratio
- Vereinigung der sonst getrennten Hirnhälften durch den Balken

Kleinhirn

- verantwortlich für nicht willentliche Bewegung und Genauigkeit bei der Ausführung der Bewegungsbefehle aus der obersten Ebene

Stammhirn

- auch das „alte Gehirn" (entwicklungsgeschichtlich)
- regelt alle wichtigen Lebens- und Überlebensfunktionen wie Atmung, Lidschlag und Herzschlag

limbisches System

- Teil des Stammhirns
- das Gefühlsgehirn
- dem Großhirn beigeordnet
- Verarbeitung von Reizen aus dem Inneren des Körpers und der Außenwelt und Weiterleitung der Signale

Riechhirn

- Reptiliengehirn
- Verbindung von Geruchswahrnehmung (Witterung) und Gefühl, Instinkt und Eingabe (Intuition)
- starker Reiz – Entscheidung über Kampf oder Flucht

Gehirnhäute

- Schutz und Versorgung des Gehirns
- Abpolsterung und Isolation

Rückenmark

- Verwaltung auf der nächstunteren Ebene (Länder, Distrikte, Provinzen)
- Verbindung zwischen oben und unten, gewisser Handlungsspielraum bei Entscheidungen vor Ort

Rückenmarkshäute

- Verpackung der Hauptnervenbahnen
- Schutz und Umhüllung mit Wasserpolster

Das Nervensystem

Nervensystem

- System der Verbindung, Übermittlung, Steuerung, Koordinierung, Kontrolle über das gesamte Körpergeschehen des Denkens, Fühlen und Handelns
- analoge Redewendungen: „jemandem gehen die Nerven durch“, „keine Nerven haben“, „die Nerven behalten“, „Nerven wie Drahtseile“, „jemandem den letzten Nerv rauben“, „die Nerven verlieren“, „mit den Nerven herunter sein“

vegetatives Nervensystem

- selbstständig arbeitende Relaisstation des Körpers
- dem Willen nicht unterworfen
- Reflexe
- Eingeweidenervensystem

Sympathikus

- Teil des vegetativen Nervensystems
- zuständig für Aktivierung, Anspannung, Antrieb, Kampf oder Flucht

Parasympathikus

- Teil des vegetativen Nervensystems
- zuständig für Erholung, Entspannung, Ruhe, Wiederherstellung

zentrales Nervensystem

- unterliegt dem Willen
- Steuerung unseres Handelns
- Agieren und Reagieren

Literaturverzeichnis

Aerni, Fritz: Lehrbuch der Menschenkenntnis. Zürich 1988

Appel, Walter A.: Handbuch Biorhythmus

Appel, Walter A.: Biorhythmik – Die biologische Erfolgsuhr. Landsberg/Lech 1984

Baigent, Michael; Leigh, Richard: Verschlusssache Magie. München 1997

Bierach, Alfred J.: In Gesichtern lesen. Menschenkenntnis auf den ersten Blick. Genf 1990

Bischoff, Dr. Erich: Das Buch Jezirah. Barsverlag Leipzig 1913

Breidbach, Olaf: Expeditionen ins Innere des Kopfes. Stuttgart 1993

Bruno, Giordano: Von der Ursache, dem Prinzip und dem Einen. Leipzig 1923

Calamini, Manuele; Grüner, Cordula: Zähne und Gesundheit. Naturkundlich vorsorgen und behandeln. Heidelberg 1997

Changeux, Jean-Pierre: Der neuronale Mensch. Reinbek bei Hamburg 1984

Corell, Werner: Menschen durchschauen und richtig behandeln. Psychologie für Beruf und Familie. München 1995

Dahlke, Rüdiger: Der Mensch und die Welt sind eins. München 1987

Damm, Friedbert; Reineke, Wolfgang: Signale im Gespräch. Heidelberg 1997

Delacour, Jean Baptiste: Das große Lexikon der Charakterkunde. Herrsching 1980

Dethlefsen, Thorwald: Schicksal als Chance. München 1979

Dethlefsen, Thorwald: Gut und Böse. München 1989

Dethlefsen, Thorwald; Dahlke, Rüdiger: Krankheit als Weg. München 1990

De Witt, Hermann: Analogik. Grundlagen einer Wissenschaft der Analogien. Oberwil/Zug 1983

Die Vorsokratiker. Die Fragmente und Quellenberichte. Berlin 1961

Doucet, Friedrich W.: Menschenkenntnis. Selbsterkenntnis in Partnerschaft und Beruf. 1986

Eisler, Rudolf: Kant-Lexikon. Hildesheim u. New York 1972

Fast, Julius: Körpersprache. Reinbek bei Hamburg 1979

Ferguson, Kitty: Gottes Freiheit und die Gesetze der Schöpfung. Düsseldorf 1996

Fortune, Dion: Die mystische Kabbala. Auvinia e.K., Hamburg 2004 Hall, Dorothy: Handbuch der Irisdiagnose. München 1994

Fritsche, Herbert: Die Erhöhung der Schlage – Homöopathie. Burgdorf Verlag, Göttingen 1994

Fröhling, Ingrid; Jakoby, Bengt: Vorbeugen und heilen mit Farbtherapie. o.J.

Funk, Dr. S.: Talmutproben. VWV, Leipzig 1921

Hall, Dorothy: Handbuch der Irisdiagnose. München 1994

Hartenbach, Walter: Was Ohren verraten. Frankfurt/Main 1993

Hegel, Georg Wilhelm Friedrich: Wissenschaft der Logik. Leipzig 1951

Heisenberg, Werner: Naturwissenschaftliche und religiöse Wahrheit. In: Schritte über Grenzen. Gesammelte Reden und Aufsätze. München 1973

Huter, Carl: Illustriertes Handbuch der praktischen Menschenkenntnis nach meinem System der wissenschaftlichen Psycho-Physiognomik. Schwaig bei Nürnberg 1985

Ibelgaufts, Renate: Körpersprache. Wahrnehmen, deuten und anwenden. Augsburg 1997

Kant, Immanuel: Allgemeine Naturgeschichte und Theorie des Himmels. Leipzig o.J.

Kant, Immanuel: Anthropologie in pragmatischer Hinsicht. Stuttgart 1983

Kant, Immanuel: Kritik der reinen Vernunft. Leipzig o.J.

Känzig, Rudolf: Graphologie. Menschen anhand ihrer Schrift verstehen und beurteilen. München 1991

Keynes, John Maynard: Newton, the Man. Cambridge 1947

Klages, Ludwig: Die Grundlagen der Charakterkunde. Leipzig 1926

Klages, Ludwig: Grundlegung der Wissenschaft vom Ausdruck. Leipzig 1942

Klages, Ludwig: Handschrift und Charakter. Leipzig 1941

Krusche, Helmut: Der Frosch auf der Butter. Düsseldorf 1992

Kurtz, Ron; Prestera, Hector: Botschaften des Körpers. Bodyreading: ein illustrierter Leitfaden. München 1991

Kupfer, Amandus: Grundlagen der Menschenkenntnis. Arlesheim 1989

Kupfer, Siegfried (Hrsg.): Aus dem literarischen Nachlass von Carl Huter. Schwaig bei Nürnberg 1985

Kurth, Hans: Menschenkenntnis auf den ersten Blick. Genf/ München 1989

Kybalion. Eine Studie über die hermetischen Philosophien des alten Ägyptens und Griechenlands. Sauerlach bei München 1997

Landau, Terry: Von Angesicht zu Angesicht. Was Gesichter verraten und was sie verbergen. Heidelberg, Berlin, Oxford 1993

Lexikon der Antike. Berlin und Leipzig 1977

Lexikon der Philosophischen Werke. Stuttgart 1988

Molcho, Samy: Körpersprache. München 1998

Morrison, Philip und Phylis: Zehn^{HOCH}. Dimensionen zwischen Quarks und Galaxien. o.J.

Peltzer, Karl: Das treffende Zitat. Bindlach o.J.

Philosophisches Wörterbuch. Stuttgart 1991

Platon: Der Staat. Leipzig o.J.

Reutler, Bernd H.: Körpersprache verstehen. München 1995

Reclams Bibellexikon. Stuttgart 1992

Reutler, Bernd H.: Körpersprache verstehen. München 1995

Robbins, Anthony: Das Powerprinzip. München 1996

Robert, Jacques-Michel: Das Gehirn. Bergisch Gladbach 1998

Rosenberg, Anna: Körpersprache verstehen und bewusst einsetzen. o.J.

Röthlein, Brigitte: Unser Gehirn wird entschlüsselt. Hamburg 1993

Rückle, Horst: Körpersprache verstehen und deuten. Niedernhausen/Ts. 1991/93

Rückle, Horst: Körpersprache für Manager. Landsberg/Lech 1998

Rückle, Horst: Körpersprache für Manager. Signale des Körpers erkennen und erfolgreich umsetzen. Landsberg/Lech 1982

Ryberg, Karl: Farbtherapie. München 1992

Ryborz, Heinz: Menschen erkennen, durchschauen, verstehen. Zürich 1988

Seiwert, Lothar J.: Mehr Zeit für das Wesentliche. Landsberg/Lech 1984

Schopenhauer, Arthur: Die Welt als Wille und Vorstellung I/II. Leipzig 1979

Spiethz, Rudolph: Menschenkenntnis im Alltag. Körpersprache, Charakterdeutung, Testverfahren. 1994

Stadtlaender, Chris: Graphologie. Rastatt 1995

Strobel, Hermann: Das Zahnweh, subjektiv genommen. Olten u. Freiburg i. Breisgau 1990

Weinreb, Friedrich: Der göttliche Bauplan der Welt. Origo Verlag Bern/Schweiz 1978

Wirth, Bernhard P.: 30 Minuten für bessere Menschenkenntnis. Frankfurt am Main 2003

Wirth, Bernhard P.: 30 Minuten für bessere Selbsterkenntnis. Frankfurt am Main 2003

Wirth, Bernhard P.: Das 1x1 der erfolgreichen Kommunikation. Kilchberg 2000

Wirth, Bernhard P.: Heile dich selbst, sonst heilt dich keiner … Kilchberg 1998

Wirth, Bernhard P.: In 7 Tagen zum Spitzenverkäufer. Kilchberg 1999

Wirth, Bernhard P.: Krankheitsbilder und ihre verschlüsselten Botschaften. Kilchberg 1999

Wirth, Bernhard P.: Krankheit – Schicksal – Heilung. Oberhaching, München 2004

Wirth, Bernhard P.: Magie der Gefühle. Oberhaching, München 2004

Wirth, Bernhard P.: Was Sie schon immer über Menschenkenntnis, Charakterkunde und Körpersprache wissen wollten. Frankfurt am Main 2003

Weischedel, Wilhelm: Die philosophische Hintertreppe. München 1996

Zielke, Wolfgang: Sprechen ohne Worte. München 1987

Stichwortverzeichnis

Viele Menschen suchen neben dem Lesen eines Buches eine Vertiefung des Erlernten im praxisnahen Erleben.

Weitere Informationen und Wissenswertes zu

Bernhard P. Wirth finden Sie auf folgenden Homepages:

www.bernhard-p-wirth.de

den Vorträgen und den Seminaren nach den Inhalten des Buches:

www.menschenkenntnis.info

www.charakterkunde.de

Anfragen und Informationen zu Seminaren erhalten Sie bei uns auf Anfrage:

Wirth Institut für Coaching GmbH
Hans-Driesch-Str. 20
04179 Leipzig

Tel.: (03 41) 44 92 86-7
Fax: (03 41) 44 92 86-9

E-mail: wirthinstitut@aol.com